KB070203

혁신의 용광로

나남
nanam

2018년 4월 1일 1쇄 2019년 4월 20일 13쇄
2018년 4월 20일 2쇄 2019년 5월 5일 14쇄
2018년 5월 2일 3쇄 2019년 9월 25일 15쇄
2018년 5월 25일 4쇄 2019년 10월 15일 16쇄
2018년 6월 15일 5쇄 2020년 2월 5일 17쇄
2018년 6월 18일 6쇄 2020년 2월 20일 18쇄
2018년 6월 20일 7쇄 2020년 11월 5일 19쇄
2018년 6월 25일 8쇄 2021년 2월 15일 20쇄
2018년 10월 15일 9쇄 2021년 5월 20일 21쇄
2018년 11월 5일 10쇄 2021년 10월 5일 22쇄
2019년 3월 5일 11쇄 2022년 3월 5일 23쇄
2019년 4월 5일 12쇄

나남신서 1961

혁신의 용광로

벅찬 미래를 달구는 포스코 스토리

발행일 2018년 4월 1일

지은이 宋虎根
발행자 趙相浩
발행처 (주) 나남
주소 10881 경기도 파주시 회동길 193
전화 (031) 955-4601(代)
FAX (031) 955-4555
등록 제 1-71호(1979.5.12)
홈페이지 http://www.nanam.net
전자우편 post@nanam.net

ISBN 978-89-300-8961-6
ISBN 978-89-300-8655-4 (세트)

나남신서 1961

혁신의 용광로

벅찬 미래를 달구는
포스코 스토리

송호근 지음

나남
nanam

송호근

포스텍 석좌교수. 한국의 대표적인 사회학자. 정치와 경제를 포함, 사회 현상과 사회 정책에 관한 정교한 분석으로 널리 알려진 학자이자 칼럼니스트다. 1956년 경북 영주 출생으로 서울대 사회학과를 졸업하고 동대학원에서 석사 과정을 마쳤으며, 1989년 미국 하버드대에서 박사 학위를 받았다. 춘천 한림대 조교수와 부교수를 거쳐 1994년 서울대 사회학과에 임용되어 학과장과 사회발전연구소 소장, 1998년 스탠퍼드대 방문교수, 2005년 캘리포니아대(샌디에이고) 초빙교수를 역임하였으며, 현재 포스텍 인문사회학부장으로 재직 중이다. 대표 저서로 20세기 한국인의 기원을 탐구한 탄생 3부작,《인민의 탄생》(2011),《시민의 탄생》(2013),《국민의 탄생》(2020)을 펴냈다. 이른바 문사(文士)라면 시(詩), 부(賦), 론(論), 소(疏), 가(歌), 사(辭)를 두루 써야 한다는 신념을 갖고 있다.〈중앙일보〉에 기명칼럼을 17년간 기고했으며, 이를 저본(底本)으로《정의보다 더 소중한 것》(2021)을 펴냈다. 박근혜 탄핵이 한창 진행될 당시《촛불의 시간》(2017)을 냈으며, 현장 르포《가 보지 않은 길》(2017), 소설《강화도》(2017)와《다시, 빛 속으로》(2018)를 출간했다.

머리말

그곳에서 희망을 봤다

서울대 관악캠퍼스는 4월 중순에 몸살을 앓는다. 겨우내 움츠렸던 나무들이 기다렸다는 듯 일제히 꽃을 쏟아 낸다. 산수유가 먼저 신호를 보내면 개나리, 진달래, 벚나무, 목련이 꽃잎을 피워 답신한다. 꽃의 향연 속에서 사람들은 우울할 새가 없다.

2017년 4월 중순경, 필자는 우울했다. 자동차공장 관찰기를 출간하고 한국 제조업의 앞날에 대한 기대와 걱정이 교차했다. '기술과 노동의 분리'는 자동차산업의 세계적 추세다. 한국의 자동차메이커들은 그런 추세의 첨단을 달렸고, 유례없는 성공을 거뒀다. 그런데 그 성공 속에서 미래의 위협 요인이 무럭무럭 자라났다. 기술은 점점 고도화했고, 노동은 점점 단순화했다. '첨단 기술'과 '단순 노동'의 유연한 결합은 결코 쉬운 일이 아니다. 선진국에서는 성숙한 노사문화가 그 역할을 담당한다. 한국은 서로 다른 방향으로 뻗어 난 힘이 충돌한다. 경영은 '자동화'에 명운을 걸었고, 노동은 '보상 극대화'에 열의를 집중했다. 자동차공장에는 항상 전운이 감돈다.

이런 분위기는 조선업도 마찬가지다. 한국은 세계적 조선강국이다. 그런데 불황이 엄습하자 내부 취약 요인이 그대로 드러났다. 조선업에서 위기관리 방식은 비인간적이다. 비정규직을 해고하면 된다. 2016년 한 해 동안 울산과 거제에서 비정규직 약 4만 명이 짐을 쌌다. 그들이 고향으로 갔는지 아니면 다른 일감을 찾아 타지로 이동했는지는 아무도 모른다. 조선업 '최고 강국'은 위기관리 '최빈국'이었다. 그러니 우울할 수밖에.

포스코에서 연구단이 찾아온 것은 그 우울한 꽃 향연이 한창 벌어지던 계절이었다. 포스코를 관찰해 달라는 요청서를 들고서 말이다. 필자는 약간 지쳐 있었다. 아니, 힘을 낼 수가 없었다. 몇 년 남지 않은 정년을 앞두고 완료해야 할 과제가 놓여 있었다. 거절과 요청이 반복됐다. 그러는 사이, 철강산업에 대한 관심이 솔솔 일어났다. 더 늦으면 현장을 관찰할 관심과 여력이 사라질 것도 같았다. 혹시 한국 제조업을 일으켜 세울 실마리가 발견될 수도 있지 않을까. 남은 힘을 모았다. 그러나 근거 없는 희망은 금물, 또 다시 비판적 관찰에 심지를 돋우고 철강산업의 현장으로 내려갔다.

25년 전, 학생들을 대동하고 산업시찰을 간 기억이 희미하게 남아 있기는 했다. 시뻘건 용강과 롤러 위를 쏜살같이 달리는 쇳판, 공장 안을 가득 메운 매연과 화기. 방문 첫날은 공장 내로 진입하지 않았다. 영일만 횟집에서 저녁을 먹으면서 연기를 뿜어내는 제철소

야경을 한참 바라봤다. 굴뚝, 고로, 철탑이 즐비한 근육질 공장을 사회학적으로 분해할 지력智力을 모아야 했다. 마음의 준비에는 시간이 걸렸다. 한국의 중화학공업을 일으킨 저 근육질 공장에서 뭔가 희망의 실마리가 발견되지 않을지도 모른다는 두려움도 앞섰다.

그러나 나의 예상은 빗나갔다. 부정적 시선이 소멸되는 데에는 시간이 오래 걸리지 않았다. 방문 횟수가 늘어날수록 부정적 시선은 긍정적 이해로, 긍정적 이해는 급기야 존경심으로 진화했다. 사회학자가 찬사를 늘어놓는 것만큼 꼴불견은 없다. 그런데 비판할 거리가 없는데 어찌하랴. '비판거리의 소멸' 앞에서 필자는 조금 어이가 없었다. 열연공장의 부서 책임자는 오·폐수를 정화해 버들치를 키우고 있었고, 화초가 자라는 작업통제실이 많았다. 수조는 오·폐수가 제대로 정화되었는지를 측정하는 장치였고, 화초는 통제실 직원들의 건강과 직결된 공기의 오염도를 가늠해 주는 예보관이었다. 작업현장을 그렇게 지켜 내는 조금은 이상한 사람들이었다.

필자는 안내한 현장 경영진을 의심했다. 어느 날은 담당 직원이 소개한 인터뷰이interviewee를 물리치고 필자가 임의로 선정하겠다고 나섰다. 그리하여 찾아간 부서의 작업문화는 더 놀라운 것이었다. 일종의 종교조직 같았다. 이 책에서도 소개했지만, 부서원의 팀워크는 최고 수준이었고, 작업장의 몰입과 헌신은 단연 돋보였다. 스웨덴의 '생산성 동맹productivity coalition'보다 월등히 나은 조직,자본을 배양하고 있었다. 한국형 생산성 동맹이었다. 사실은 포스코의 작업현장 전체가 그렇게 작동하고 있었다. 거기에, 다른 대공장에서는 찾을 수 없는 사명감이라니! 포스코의 태생적 유전자에 해당하는 저 사명감은 대일청구권 자금을 썼다는 역사적 사실로부터 유래한다. 조상의 피와 땀에 보답해야 한다는 부채의식이 이른바 공公의식으로 발화했다. "포스코에 입사하는 순간 모두 공인公人 명부에 등록된다." 고故 박태준 회장의 어록은 포스코인의 가슴에 각인된 최고의 금과옥조다.

필자는 시선을 아예 바꿨다. 포스코의 조직 자본과 문화 자본에 사회학적 개념을 입혀 수출하기로 말이다. 희망의 불씨가 거기에 있었다. 한국 제조업의 위기를 극복할 수 있는 지혜가 거기에 있었다. 포스코는 우리가 흔히 말하는 기업의 사회적 책임을 조용히 실천하고, 기업의 사회적 가치를 말없이 생산하고 있었는데, 정작 포스코인들만 그걸 몰랐다. 정치적 외풍을 우려해 납작 엎드려 있었다고해야 옳다. 이제는 말할 수 있다, 아니 이제는 말해야 한다고 필자가 부추겼다. 한국 제조업의 갱신을 위해, 한국의 성장 동력을 되살리기 위해.

필자는 4차 산업혁명의 단초를 포스코에서 목격했다. 단초를 넘어 4차 산업혁명을 주도할 힘과 지혜, 실천력을 포스코 작업현장에서 목격했다. 철강산업은 최첨단 기술과 빅데이터, 정보화, AI가 최첨단 방식으로 융합되고 실행되는 산업분야이다. 고철산업이 아니다. 철강공장의 노동자는 정보·지식 노동자임을 이제는 알겠다. 경영직 직원은 대체로 최고 명문대학을 나온 인재들이다. 경영직과 기술직은 다투지 않는다. 불신이 없다. 서로 배우고 토론한다. 연봉도 엇비슷하다. 정말 이상한 사람들이고 이상한 공장이다. 그들은 끊임없이 학습하고 협력한다. 생산성 동맹의 조직 자본은 학습, 토론, 혁신의 연합체다. 그곳에서 '협력경쟁'이 쇳물처럼 뿜어져 나온다. 그러니 철강 선진국이 150년 걸린 발전과정을 50년 만에 단축했고, 이제 추월자로 우뚝 섰다.

그렇다고 성공의 그늘에 드리운 어두운 이면이 없는 것은 아니다. 모든 기업과 공장이 그러하듯, 개혁을 기다리는 많은 요인들을 여전히 품고 있다. 예전에 포스코는 고객에 대한 갑甲질로 비난을 받은 때가 있었다. 계열사, 협력업체, 납품업체와의 관계가 그렇고, 인재 다양성이 부족한 면도 그렇다. 미래 신수종을 찾아야 할 이 시점에서 과감한 선택과 자원 집중을 주도할 리더십 배양도 중대한 미래 과제다. 포스코의 인적 자본, 조직 자본, 문화 자본을 십분 활용하면 이런 미래 과제를 충분히 해낼 것으로 믿는다.

포스코를 관찰하고 연구한 지난 1년은 행복한 시간이었음을 솔직히 고백해야겠다. 임직원들과 면담하는 과정에서 필자가 부끄러움을 느낀 적이 한두 번이 아니었다. 지역사회와의 접촉을 일상화한 사실 때문만은 아니었고, 직장에 대한 헌신과 몰입을 넘어 '타인에의 배려'가 돋보이는 사람들이었다. '공유와 공감'이라는 시민적 자질이 충만하다. 한국사회에 가장 필요한 그것, 사회학자들이 '시민성civicness'으로 개념화한 양심良心을 그들은 일종의 '마음의 습속'으로 내면화하고 있었다. 모두 그런 것은 아닐 터지만, 적어도 내가 만나 장시간 면담한 사람들에게서 그런 모습이 스스로 드러났다.

이 연구를 마무리할 즈음 포스코 창립 50주년이라는 사실을 우연히 접했다. 이 책은 50년간 훌륭한 공장을 구축한 포스코인에게 헌정하는 생일선물이 될 듯하다. 더 크게는, 산업화 50년을 줄기차게 달려온 한국사회에 올리는 희망의 봉화다. 한국 제조업에 불꽃을 재점화할 귀중한 자산은 도처에 널려 있다. 그걸 살려 내야 한다. 국민 모두가 간절히 바라는 바다.

끝으로 이 저술에 기여한 두 분이 있다. 독일과 영국 철강산업사(5장)는 한림대 박근갑 교수가 집필했다. 박근갑 교수는 독일 빌레펠트대에서 독일철강 사회사로 학위를 받았고, 지금은 은퇴해 학문 활동을 계속하고 있다. 철강도시(9장)와 청년세대(11장) 관련 내용은 숭실대 배영 교수가 맡았다. 젊은 사회학자의 날카로운 시선이 투입됐다. 이 자리를 빌려 감사의 말씀을 드린다.

아울러 연구 진행을 도와준 포스코경영연구원 임원과 연구원들, 인터뷰에 응해 주신 100여 명의 포스코 임직원들께도 심심한 감사의 말씀을 올린다. 혹시 서술 내용이 그들의 본뜻을 비켜 갔을까 걱정이다. 이해와 오해 모두 필자의 몫이다.

2018년 3월

송호근

나남신서 1961

혁신의 용광로

벅찬 미래를 달구는
포스코 스토리

차 례

1부

새로운 스토리를 찾아서

영일만의 새벽

철鐵의 철학 1장

천덕꾸러기, 철鐵

필자의 유년 기억에 철은 항상 녹슨 물건이었다. 닦아도 벗겨지지 않는 뻘건 녹, 그것은 마치 음식을 부패시키는 곰팡이처럼 느껴졌는데, 반짝이는 쇠붙이를 덮은 그 녹은 매우 완강했다. '뻬빠'(샌드페이퍼)로 문질러도 끄떡없는 그 녹은 쇠붙이와 사실상 한 몸이었다. 양은냄비나 놋그릇이 유행하던 1960년대, 집 마당 구석에 나뒹굴던 철 쪼가리들은 그야말로 천덕꾸러기였다. 집에서 어찌 고쳐 쓸 수 없는 물건이어서 녹이 슬면 버려야 했다.

1960년대 아동들, 지금은 노년을 바라보는 60대 신 중년세대에게 가장 익숙한 철제품은 녹슨 농기구와 못일 거다. 괭이, 삽, 낫, 호미자루를 들고 부모를 따라 논두렁과 밭두렁을 위태롭게 걸은 기억, 손에 쥔 그 단단한 쇠붙이가 질경이와 민들레 뿌리를 통째로 뽑아

버릴 위력을 갖추고 있음을 일찍이 터득했다. 쇠붙이는 세상의 어떤 물건보다 단호했다. 그러나 창고에 애지중지 모셔 놓는 부친의 노력에도 아랑곳 않고 농기구들은 장마철 습기에 스스로 몸을 해치기 일쑤였다. 그 단단한 몸이 뻘건 녹과 함께 스스로 부스러지는 허망함이란…. 궁핍했던 시절, 일상생활 속의 철은 단호함과 허망함의 상반된 이미지로 우리에게 다가왔다.

아! 그 녹슨 못의 순간적 변신을 기억하지 않을 수 없다. 동네 어귀를 지나는 철로 변은 짓궂은 아동들의 놀이터였다. 검은 연기를 뿜으며 괴성과 함께 출현하는 증기기관차의 위용을 우리는 잊을 수 없다. 기적소리를 울리며 나타났다가 순식간에 산을 돌아 사라지는 증기기관차에 동네 아이들은 꿈을 실어 보냈다. 산 넘어 가보고 싶은 꿈, 어디론가 질주하고 싶은 꿈, 그런 것 말이다. 누군가 획기적인 꿈을 제안했다. 철로에 녹슨 못을 얹어 놓으면 반짝이는 단도(短刀)가 된다는 사실을. 쓸모없던 녹슨 물건이 멋진 소장품으로 변신하는 과정을 그때 처음 목격했다.

우리는 철로 둔덕에 배를 깔고 증기기관차의 출현을 숨죽여 기다렸다. 물론, 집안을 죄다 뒤져 모은 녹슨 못을 철로에 가지런히 눕혀 놓은 채. 기차가 괴성을 지르며 달려왔고, 지축을 흔들며 지나갔다. 기차 꼬리가 눈앞을 지나감과 동시에 몸을 일으킨 우리는 철로 위에 얌전히 놓인 날렵한 신제품들을 확인하고는 환호성을 질렀다.

지금 생각해 보면, 그 기발한 놀이는 압연과정과 유사하다. 철로는 매우 단단한 강철판이고, 육중한 기차는 수백 톤 중량의 롤러라면, 쏜살같이 달리는 수십 개의 기차 바퀴가 녹슨 못들을 반복적으로 눌러 얇은 강판을 만들어 내는 과정 말이다. 물론 거기에 가마솥이나 녹슨 삽, 괭이를 얹어 놓았다면 압연과정이고 뭐고 따질 계제가 아니다. 기차는 괴성을 지르며 탈선했을 것이기에.

아무튼, 그 은빛 단도는 동네 뒷동산 고목에 수십 개가 박혔고, 때로는 친구의 얼굴에 상처를 내기도 했다. 쓸모없는 녹슨 못이 위험한 물건으로 바뀌는 순간이었다. '단호'와 '허망'에 더하여 '위험스런' 이미지가 덧붙여졌다. 반짝이는 쇠붙이가 본래 기능을 유지하는 한 유용한 것임에 틀림없지만 위험했고, 녹이 슬면 아무 짝에 쓸모없는 천덕꾸러기가 철이었다.

철제품을 생산하는 곳은 항상 덥고 지저분했다. 농촌에는 대장간이, 도시에는 철공소가 있었다. 언제나 화덕을 끼고 사는 대장장이는 근육질에 입이 거친 사람이 태반이었다. 시뻘겋게 달군 쇠붙이를 망치로 내려치는 팔에는 근육이 불끈거렸고, 수건을 동여맨 이마엔 땀방울이 흘렀다. 화덕에서 붉은 액체를 담아내 쇠틀에 붓고 물로 식혀 사정없이 망치로 담금질하는 모습이 대장장이의 이미지다. 왜 그가 험상궂은 얼굴로 시도 때도 없이 욕설을 해댔는지는 모르지만, 어린 눈에도 교양 없는 무쇠 사나이로 느껴졌다.

철공소도 마찬가지다. 후텁지근한 공간에 매캐한 냄새가 가득 찬 철공소는 언제나 뚝딱거리는 망치 소리와 철을 절단하고 연마하는 소리로 시끄러웠다. 철공소 한쪽 귀퉁이에는 그 쓸모없는 고철들이 쌓여 있었다. 넝마주이나 엿장수들이 가져다 준 것임에 틀림없었다. 단단하고 허망한 것들로 무엇을 만드는지 알 까닭이 없던 어린 눈에 철공소는 지저분하고 위험한 곳으로 각인되었다. 거처를 알 수 없는 넝마주이, 리어카에 고물을 잔뜩 싣고 동네를 떠도는 엿장수와 모종의 연관이 있을 거라는 생각이 그런 인식을 부추겼다.

그리하여 철은 신사적이지 않은 사람들, 쓸모없는 것들을 즐겁게 걷어 가는 사람들, 근육질의 욕쟁이, 시끄러운 공작소와 한패로 남았다.

1970년대, 대장간과 철공소는 서서히 자취를 감췄다. 지금에야 비로소 깨달았지만, 그 전통적 공법에 대한 인류학적, 역사학적 기록이 아쉽다는 생각마저 든다. 그런데 동네는 결코 조용해지지 않았다. 대장간과 철공소의 소음이 사라진 공간에서는 철거와 건설공사가 시작되었는데, 그 소음은 동네 일대의 일상생활을 방해할 만큼 크고 거슬렸다.

'증산·수출·건설'의 메아리가 전국 방방곡곡 울려 퍼진 그때, 도시는 녹슨 못이 변신하듯 시시각각 모습을 바꾸었다. 동네 뒷산이 헐리고, 도로가 뚫리고, 아스팔트가 깔렸으며, 산 중턱과 기슭의 집들은 철거됐다. 동네 어귀를 흐르는 개천이 복개되자 새로운 시가지가 형성됐다. 철거되는 집에서 고철조각들이 쏟아져 나왔다. 신축공사장에는 콘크리트 기둥에 들어갈 철근들이 쌓였다. 역시 벌건 녹을 뒤집어쓴 채 말이다. 그걸 철로에 눕혀 놓았다면, 덩치가 훨씬 커진 힘센 디젤기관차가 세상에서 가장 긴 은빛 장도長刀를 제조할 법했다. 천덕꾸러기 철이 우리의 환경을 완전히 바꾸는 유용한 물건이라는 사실을 비로소 수긍하기 시작한 시절이었다.

'증산·수출·건설'은 철의 시대였다. 증산을 위해 경운기와 트랙터가 만들어졌는데, 모두 철제품이었다. 건설현장에는 거대한 철제 빔이 세워졌고, 진공장치를 장착한 압착기가 강철 해머로 철제 빔을 땅속에 박아 넣었다. 철은 힘이 세다. 강철 해머가 내려치는 충격을 견디면서 철제 빔은 화강암 지반을 뚫고 깊은 지층까지 내려 꽂혔다. 철기계가 철빔을 철망치로 내려쳐 단단한 철기둥을 세웠다. 신축 건물 옆구리에는 가끔 절단을 기다리는 철근이 삐져나온 채였는데, 건물을 지탱하는 힘을 과시하는 듯했다. '천덕꾸러기'로부터 '오만한 물건'으로 철의 이미지가 바뀌기 시작했다.

철의 오만함은 자동차의 근접할 수 없는 자태로부터 뿜어졌다. 자동차가 귀했던 시절, 신분과 부귀를 상징하는 그 문명적 예술품은 철의 소산이었다. 시발택시, 지프차, 버스의 외관은 그리 부럽지 않았지만, 날씬한 몸매를 뽐내던 일제日製 자가용은 오만함 그 자체였다.

시뻘건 녹이 아니라 여인의 손톱을 물들이는 매니큐어처럼 매끈한 눈부신 외관은 철의 아름다운 변신이었다. 허망함은커녕 녹슬지 않는 아름다움이 감촉에 전해졌다. 당시 '도락쿠'로 불렸던 GMC 트럭들은 연식이 오래돼 너덜너덜해진 범퍼를 여전히 달고 다녔고, 녹슨 외장이 결국 헐어 차체가 훤히 드러난 승합차도 돌아다녔다. 철에 대한 두 개의 상반된 이미지, 추醜와 미美가 뒤섞였다.

문명은 그 천덕꾸러기 철로부터 시작되었다는 사실을 체득한 시절이었다. 사라진 대장간과 철공소가 남쪽 해안에 건설된 거대한 제철소로 빨려 들어갔음을 처음 인지한 시절이었다. 우리의 일상을 뒤바꿔 놓은 생활혁명을 근대화라고 하면, 철은 생활환경을 완전히 뒤집은 무기이고, 대장간과 철공소를 진공소제기처럼 빨아들인 제철소는 근대화의 독전대督戰隊다. 현재 50대와 60대는 남쪽 해안도시 포항에 건설된 제철소가 그런 엄청난 역사役事의 대장정을 시작했다는 사실에 무심한 채 유년기와 청소년기를 보냈다. 1970년대 이후에 태어난 젊은 세대는 말할 것도 없지만 말이다.

무철無鐵국가, 한국

프로메테우스가 제우스의 불을 훔쳐 인간에게 주면서 문명이 시작되었다면, 인간은 철금속ferrous metal을 생산하면서 진보의 과정을 출발했다. 철이 빠진 근대를 상상하기란 힘들다. 온갖 도구와 기계, 건축 자재와 운반 기구, 철로와 기차, 자동차와 선박, 이 모든 산업화의 상징물들은 철 생산 덕택에 가능했다. 산업혁명은 유럽의 발명품인데 철을 만드는 기술 또한 유럽에서 처음 시작했을까? 그 귀중한 금속의 쓰임새를 먼저 알아챈 사람들은 까마득한 옛날, 유럽 바깥 지역에 살고 있었다. 그것이 유럽으로 유입돼 산업혁명을 일으켰으니 역사적 아이러니다.

지구에 철 자원은 비교적 풍부하다. 지구 핵이 상당 부분 용융 상태의 철이고, 지각에서 철이 차지하는 비중은 산소, 규소, 알루미늄 다음이다. 지구 구성요소의 35%가 철 성분이다. 이 자원을 각종 생산도구에 이용하기 시작한 시점을 우리는 철기鐵器시대라고 부른다. 그러나 인류는 그보다 훨씬 이전에 철의 가치를 알아냈다. 그것이 너무나 구하기 힘들고 귀중해서 '하늘의 철'이라고 불린 물건이 있었다.

이집트의 두 무덤에서 기원전 3500년 무렵에 만들어진 것으로 보이는 구슬들이 발굴되었다. 그것들은 약 7.5%가량의 니켈을 함유한 운철隕鐵, meteoric iron이었다. 우연히 하늘에서 떨어진 이 금속은 너무나 희귀해서 특별한 장신구와 장식품에만 쓰였다. 그 가공 방법은 알려지지 않았는데, 운철을 활용하는 방법에서 차츰 철광석 야금법冶金法이 개발되었을 것이다.

고대 메소포타미아 지역 사람들은 이미 광석에서 철을 얻는 기술을 알고 있었던 것으로 보인다. 1930년대 미국 학자들이 이라크 텔 아스마르Tel Asmar 부근의 에슈눈나Ešnunna 유적을 발굴했는데, 여기서 청동 손잡이가 달린 철제 검이 나왔다. 기원전 3000년과 2700년 사이에 제조된 것으로 보이는 그 유물은 니켈이 함유되지 않은 철물이었다. 철기시대 이전에 이미 철이 야금되었다는 증거다.

터키 아나톨리아Anatolia 지방의 보가즈쾨이Bogazköy 문서고에 소장된 고대 히타이트Hittite 왕국의 자료를 보면 늦어도 기원전 1400년경에는 철광석에서 철을 얻는 제련작업이 시작됐다. 귀중품에 사용되었을 철은 이 왕국의 비밀스런 독점 제품이었다. 기원전 1180년경이 거대 제국이 멸망하면서 인근 지역으로 퍼져나간 야금술이 본격적인 철기시대를 열었다. 이렇게 확산된 고대 철 야금은 내화성耐火性의 점토와 돌로 쌓은 일종의 괴철로塊鐵爐, bloomery hearth에서 고체 상태나 반 용융 상태의 해면철海綿鐵을 얻는 방식이었다.

불순물이 섞인 이 철 덩어리를 다시 가열하여 달구고 두드려 광재鑛滓, slag를 분리하여 얻는 금속이 연철鍊鐵, wrought iron이다. 말 그대로 탄소 함량이 너무 적어(0.1% 미만) 쉽게 구부려지고 펴지는 이 철은 다시 탄소를 흡수하는 과정을 거쳐 보다 강성의 철로 바뀐다. 이런 제련법이 변함없이 산업시대까지 이어졌다.

이와는 다른 제철 방법이 기원전 550년경 중국에서 출현했다. 이른바 주철鑄鐵, cast iron이다. 오늘날 선철銑鐵, pig iron의 원형에 해당하는 이 철은 연철과는 반대로 탄소 함량이 너무 많아(3.7~4.3%) 단단하고 잘 부서진다. 고대 중국 사람들은 이 물질을 녹여 거푸집에 부어 여러 주물을 쉽게 만드는 방법을 창안했다.

철은 힘과 권력이었다. 생산력 그 자체였다. 생산력이 발전하면 생산품을 관리하는 권력집단이 출현하고, 관리체계가 진화해 국가로 발전한다. 그러므로 고대국가의 탄생은 철과 직접적인 연관이 있다. 아니 철이 고대국가를 탄생시켰다고 해도 과언이 아니다. 철은 곧 '문명의 산파産婆'라는 명제는 오늘날에도 여전히 유효하다. 1

---

1 강창훈, 《철의 시대》, 창비, 2015. 철이 갖는 인류문명사적 의미를 잘 설명한 책이다.

아무튼, 고대국가에서 왕은 철을 다루고 제조하는 대장장이를 극진히 대접했다. 철은 생산력이자 군사력이기도 했다. 이집트의 전차군단은 그 막강한 철제 무기로 중동 일대를 장악했고, 뒤이어 출현한 로마제국은 전차군단과 철제 투구, 철제 칼로 무장한 기마병을 앞세워 유럽 일대와 북아프리카까지 세력을 넓혔다. 고대국가에서 대장장이는 지배계급의 일원이자 당시 최고의 첨단 상품을 제조하는 장인이었다.

필자가 어린 시절 그랬듯이, 대장장이를 우습게 본 나라는 한국뿐일 것이다. 고려와 조선, 그리고 20세기 식민시기를 거친 그 오랜 세월 생활용구, 군사무기, 농기구를 제조하는 수공업자를 천대했기 때문이다. 조선의 수공업자는 대체로 역驛 부근에 위치해 파발擺撥이 필요로 하는 물품을 제조하거나 조잡한 농기구를 만들어 납품했다. 더러 시장에 내다 팔기도 했는데, 판매수익은 대부분 국가로 귀속되었다. 전국의 장시場市가 해당 관아의 소관이었던 것처럼, 수공업자와 장인도 국가 관리하에 있었던 관공장체제官工匠體制였다.

그러던 것이 정조 대에 이르러 관 통제가 해체되자 일종의 하층민에 속했던 공장工匠들은 고용 수공업자 내지 자영 수공업자로 변했다. 이들은 정부의 통제를 벗어나 자유로운 제조와 판매를 개척했는데, 숙종 대에 약 6천 명이던 수공업자 수는 정조 이후에 급증했을 것으로 추측된다. 그럼에도 철 생산은 지극히 소량이었고 화살촉, 낫, 삽, 쟁기 정도를 만드는 조잡한 수준이었다.

연금술사, 오늘날 기술공과 기능공의 선조 격인 대장장이는 조선에서 주변집단이었다. 문사文士의 나라 조선의 전통이었다. 고래로 철이 생산력이자 군사력이라 한다면, 대장장이가 사람대접을 못 받고 국가 관리에 갇혀 있었던 조선의 국력이 형편없었다는 점은 쉽게 이해가 간다.

근대문명이 철과 맺은 관계는 고대와 중세의 국력이 철에 좌우되었던 정도를 훨씬 능가한다. 그 수백 배, 아니 수천 배라 해야 맞다. 근대문명은 철제품에서 발원되었다. 증기기관이 그렇고, 기차와 증기선이 그렇고, 대포와 총기, 군함과 전함이 그러하다. 제임스 와트가 발명한 철로 된 증기기관은 산업혁명의 방아쇠를 당길 정도로 비약적인 생산력 발전을 가져왔다. 잉여생산물을 운송하거나 가공해야 할 필요성에 직면한 지주계급이 과학자와 기술자를 우대하는 정책을 편 결과였다.

산업혁명 당시 기술력은 독일이 약간 앞섰던 것으로 평가되는데, 영국의 지배층이 당면한 경제적 수요와 그들이 창출한 사회제도가 기술발명을 가속화하는 촉매로 작용했다. 마르크스Karl Marx의 명제대로 생산력 발전은 생산관계의 전면 재편을 가져와 농민이 노동자로 급속히 분해되고, 이들을 고용하는 공장이 도시 곳곳에 세워졌다. 말하자면 증기기관이라는 획기적인 생산력이 시장제도를 바탕으로 자본가와 임금노동자라는 신생계급을 낳은 것이다.

이런 상황에서 증기기관이 기차와 선박의 동력으로 장착되는 것은 시간문제였다. 대륙에는 증기기차가 출현했고, 대양에서는 증기선이 운항했다. 증기선에 대포와 총기를 장착하면 전함으로 바뀐다. 군대는 더 성능이 좋아진 총과 더 단단하고 예리한 칼로 무장했다. 모두 철로 만든 제품이었다. 영국의 제강製鋼기술이 철제품의 품질과 성능 향상에 결정적 기여를 한 것은 물론이다.

베서머 공법! 영국의 제철업자인 헨리 베서머Henry Bessemer, 1813~1898가 창안한 제강공법으로서, 연철과 주철밖에 없었던 당시 그는 오늘날의 강철을 만들어 내는 전로轉爐를 개발하였다. 1856년의 일이다. 활자 주조업자의 아들로 태어나 야금술에 밝았던 그는 선철을 녹인 쇳물에 산소를 불어넣으면 불순물이 제거되고 탄소가 산화되면서 새로운 성질의 강철이 만들어진다는 사실을 발견했다. 말하자면, 원하는 새로운 성격의 강철을 얻어내는 새로운 전로가 '베서머 전로'다. 강철은 얇고 단단하며 유연성이 있어 쉽게 부서지지 않는다. 강철의 발명은 모든 철제품의 획기적인 변형과 성능향상을 가져왔다. 빠르고 안전한 대륙 간 항해가 가능해졌고, 대륙횡단 철로가 가설됐다. 전함은 더욱 단단한 대포를 장착해 대양을 누볐다. 본격적 식민시대가 열린 것이다.

최초의 철제 증기선 '그레이트 브리튼'호the Great Britain는 1845년 영국 브리스톨에서 미국 뉴욕까지 운항을 개시했으며, 아편전쟁에서 중국을 굴복시킨 전함 네메시스호the Nemesis는 120문의 대포를 장착한 철선이었다.[2] 그때까지는 강철선은 아니었다. 1816년 조선의

---

2 김서형, "철산업 주무른 영국, 세계질서를 재편하다", 〈경향신문〉, 2017년 5월 6일 자.

고군산도 앞바다에 출현한 프리깃함 알세스트호the Alcest, 1835년 황해도 몽금포에 출현한 상선 애머스트호the Amherst 역시 강철선은 아니었는데, 1885년 나가사키항을 출발해 거문도를 점령한 아가멤논호the Agamemnon, 페가수스호the Pegasus, 파이어브랜드호the Firebrand는 모두 강철을 두른 첨단 전함이었다.

그보다 15년 전인 1871년, 강화도에 미국 함대가 왔다. 제너럴 셔먼호the General Sherman를 침몰시킨 책임을 추궁하려는 침공이었는데 알래스카호the Alaska, 모노캐시호the Monocasy, 팔로스호the Palos, 콜로라도호the Colorado 모두 강철 전함이었다. 이 전투에서 조선 병사 350명이 전사했다. 당시 조선의 화기火器는 16세기에 쓰던 조총과 편전(활의 일종)이었고, 블랑키포와 화포가 있었지만 납덩이를 발사하는 수준이었다. 사거리도 150미터를 넘지 못했다. 한양 군기청에서 만든 매우 조잡한 수준의 철제 무기였다. 당시 조선에는 약간의 규모를 갖춘 제련소도 없었고 군기창에는 조야粗野한 수준의 로爐가 설치되었을 뿐이다.

1885년 말경 경복궁 향원정 부근에 100촉광 서치라이트 두 대가 켜졌다. 조선에서 최초로 켜진 이 전등은 궁내 사람들을 놀라게 했는데, 연못물을 끌어 발동기를 돌렸기에 '물불', 혹은 덜덜거리는 발동기로 켰기에 '덜덜불'로 불렸다. 근대의 상징이 경복궁의 어두운 중세를 물리친 것이다.

석유, 램프(석유등), 성냥은 일본에 갔던 김옥균 일행이 구입하여 소개한 바 있지만, 벨 사Bell 社 미국인이 홍보차 가져온 그 발동기와 전등은 조선에 출현한 최초의 근대적 철제품이었을 것이다. 1897년 한양에 일본산 전차가 달렸다. 이 또한 근대적 철제품이었다. 1900년대 초반에는 고종이 한양 도시계획에 착수했다. 시청 앞 광장이 만들어지고 원형극장이 세워졌으며, 덕수궁에 석조전이 건축되었다. 건축에 사용된 철근 보강보가 일본산이라는 추측이 가능한데, 당시까지만 해도 한국에서 건축 재료는 단연 흙, 나무, 돌이었다. 생활공간에 철은 존재하지 않았다. 이런 사정은 1945년 해방까지 결코 변하지 않았다.

1968년 국가가 제철소를 기획할 무렵, 대한민국에 존재했던 가장 큰 고로는 강원도 삼척 소재 삼화제철소에 설치된 일생산 20톤 규모의 고로다. 일제강점기 고레가와제철是川製鐵이 만든 소형 용광로 8개 중 마지막 남은 것이었다. 최고령의 이 고로는 현재 포항제철 역사관 마당에 전시되어 있다.

한국은 1968년까지 본격적 철기문명에 진입하지 못한 상태였다. 철을 쓰면서도 철을 생산하지 못하는 나라였다. 철이 생산력, 군사력, 국력을 뜻한다면, 철을 생산하지 못하는 한국은 힘이 없는 나라였으며, 철이 경제적 풍요를 뜻한다면, 한국은 궁핍한 생활 속에서 헤맨 나라였다. 말하자면, 무철無鐵국가였다.

심화된 철기시대

무철국가인 한국에서 6·25전쟁은 세계에 가용한 모든 유형의 철을 선보인 비극적 계기였다. 철의 다양한 이미지 중 가장 나쁜 '위험' 이미지가 극한적으로 펼쳐졌다. 철은 '생산'과 '파괴'라는 두 개의 상반된 얼굴을 갖는다. 3 이 생산과 파괴를 양극으로 한 스펙트럼에서 철의 용도는 수만 개에 달하는데, 하필 무철국가에서 철의 '극한적 파괴 기능'이 행사되었다는 점은 일종의 역설이다. 탱크, 전투기, 구축함, 수송선, 총알, 소총과 권총, 기관총, 수류탄, 폭탄은 철의 파괴적 얼굴을 극대화한 위험한 물건이다. 철의 생산적 기능이 시작하기도 전에 파괴적 기능이 생활 터전을 강타했고 황폐화했다.

　영국 〈타임스*the Times*〉의 한국 특파원 앤드루 새먼Andrew Salmon은 영국 연대 병력의 절반이 몰살한 임진강 전투를 인터뷰를 통해 되살려 냈다. 중공군과 맞붙은 설마리 전투였는데, 참전용사들의 입을 빌려 그 치열했던 야간전투 장면을 이렇게 묘사한다. 4

　327고지 공격을 위해 화력이 모여들었다. 45야전포대의 25파운드 대포 25문, 170박격포대의 4.3인치 박격포 17문. … 여기에 센츄리온 탱크와 브랜 기관총이 가세했다. … 어디선가 기분 나쁜 피리 소리가

3　강창훈, 앞의 책, 서문.
4　앤드루 새먼(박수현 역), 《마지막 한 발》, 시대정신, 2009. 여기저기에서 발췌.

들렸나. 예광탄이 발사됐다. 모든 총구가 불을 뿜었고, 수류탄이 터졌다. 조명등이 골짜기를 밝혔다. … 밤새 모든 종류의 쇠붙이가 머리 위를 날아다녔다.

'모든 종류의 쇠붙이'는 물론 살상용 강철이었다. 무철국가의 국민이 철의 단호함, 냉혹함, 잔인함을 압축적으로 체험한 것이다. 그로부터 68년 동안, 무철국가 한국은 그 '모든 종류의 쇠붙이'를 자체 생산하는 국가로 변신했을 뿐만 아니라, 그보다 더 성능이 뛰어난 쇠붙이를 세계 주요 국가에 수출하는 '철강의 나라'가 되었다. 68년 전 전쟁 때와 비교해서 철의 종류도 수십 배 늘었다. 이제는 결코 철을 수입할 필요가 없어졌다. 국내 수요를 훨씬 뛰어넘어 세계 유수 자동차 메이커와 글로벌 시장에 내다 판다.

그런 만큼, 한국인은 철과 일상적으로 대면하고 철의 생산적 기능과 효용을 극대화하며 살아가는 몇 안 되는 민족이 되었다. '철의 일상화'가 일어난 것이다. 철이 생산력이자 국력이라는 명제는 지금도 유효하지만, 그보다 '철의 일상화'란 현대화와 선진화를 뜻한다는 점에서 조금 색다른 혁명이다.

'생활의 풍요', 즉 선진화를 측정하는 지표는 여럿인데, 혹시 '첨단 철의 소비량'이나 '소유량'이 가장 중요한 지표가 아닐까 해서다. 물론 사회과학에서 이런 유형의 이론이 제안된 적은 없지만, 철은 물질적 풍요를 측정하는 주요 지표임에 틀림없다는 점에서 한번 고려해 봄 직하다. 철 구조물이 장착된 건물이 그렇고, 우리 생활공간에서 쉽게 발견되는 것들, 가령 자동차와 가전제품, 주방기구, 안경, 만년필 등이 철이 가미된 제품들이다. 가만 둘러보면, 우리는 철제품에 둘러싸여 살고 있다. 현대적 삶은 철의 효용성이 극대화된 공간에서 이뤄진다고 해도 과언이 아니다. 예를 들어 보자.

주부가 사용하는 주방기구는 대부분 철제품이다. 요즘은 세라믹 제품이 인기를 끌지만 쇠로 만든 프라이팬에 요리를 하고, 무쇠 전기밥솥으로 밥을 한다. 믹서, 레인지, 냉장고, 세척기 모두 고급 철 강제품이 들어간 제품이다. 식기와 수저, 조리기구는 대체로 스테인리스로 만드는데, 이는 철에 니켈과 크롬을 합성한 제품이다. 냄비, 구이판, 컵, 주전자도 철 성분이 가미되었으며, 도자기에도 철 성분을 입혔다.

아침에 사무실에 출근하면 철로 만든 커피메이커로 커피를 만들고, 철 성분이 가미된 찻잔이나 머그잔에 마신다. 사무실 기구들도 대체로 철제품이다. 철제 다리가 장착된 책상에서 철 성분이 들어간 컴퓨터를 켜고 하루를 시작한다. 전기제품엔 철이 필수 재료다. 요즘은 전기제품에 들어가는 전기강판이 수익성이 특히 높아 제품 다양화 목록 윗자리를 차지한다.

의료기술의 발전은 선진국의 또 다른 지표인데, 병원에 가면 온통 철제품이다. MRI, CT는 물론, 의사들이 들고 다니는 청진기에도 철이 들어간다. 내시경도 철이고, 수술도구도 특수 처리된 철제품이다. 처방약에도 철 성분이 들어간다. 관절이나 척추가 손상되면 철심을 박는다. 철심은 살과 접촉해도 썩지 않게끔 특수 처리한 합금제품으로 몸과 일체를 이룬다. 철이 생물학적 신체의 일부가 되는 것이다. 병원은 그야말로 철제품의 전시장이다.

자동차는 철 덩어리다. 외장은 물론 차체도 특수강철로 만들어진다. 자동차용 외장강판은 수요가 많아서 제철소의 주력제품이고, 최근에는 차체의 견고함을 높이기 위해 기가스틸Giga Steel 열풍이 불고 있다. 기가스틸이란 1제곱밀리미터 너비의 작은 철 조각이 100킬로그램의 중량을 견디는 고강도 철을 의미하는데, 이는 10원짜리 동전 크기가 10톤의 하중을 견디고, 손바닥 크기라면 1,500톤, 그러니까 1톤 자동차 1,500대를 올려놓을 수 있다는 얘기다. 한국은 기가스틸의 기술개발과 생산을 선도하는 선두주자다.

자동차가 달리는 도로 주변에는 온통 철제품이 가득하다. 가로등과 전등이 그렇고, 도로 표지판과 신호등이 그렇다. 교통위반을 적발하고 안전운전을 감시하는 CCTV, 그것을 공중에 고정하는 지지대 또한 철제품이다. 보도와 차로를 구분하는 철제 펜스는 선철을 보강한 제품이다. 아스팔트 밑바닥에는 고로에서 분리된 슬래그가 깔린다.

필자의 집필실은 철제품을 빼면 작동을 멈춘다. 컴퓨터와 프린터를 위시하여, 철제 책상 위에 스탠드가 놓여 불을 밝혀 주고, 서랍이나 분류상자에 철 손잡이가 달려 있다. 사무용품도 모두 철이다. 볼펜 심, 안경, 분류철, 커터, 스테이플러, 집게, 오디오세트, 전등 모두 철이 재료다. 낡은 가방에도 철이 붙어 있다. 철은 삶 속에 깊숙이 진입한 인생의 동반자이자 삶 자체를 구성하는 가장 중요한 도구다.

　이천 년 전 시작된 철기시대가 지금은 삶과 더욱 혼융된 형태로 진화했다. '심화된 철기시대'다. 철의 용도가 무한하듯이, 철기시대는 형태와 쓰임새를 달리하여 영원히 지속될 전망이다.

영일만의 아침

어촌의 역사(役事)

일상 속에 깊숙이 진입한 철의 혁명, 그것을 가능하게 만든 주역이 포항종합제철소다. 포항제철은 1992년에는 최첨단 설비를 갖춘 광양제철소를 완공하고, 두 거대 공장을 합쳐 2002년 포스코Posco, Pohang Steel Corporation로 개칭하였다. 포항과 광양을 일약 세계적 제철명소로 도약시킨 일관제철소 포스코야말로 무철국가 한국에서 '철의 혁명'을 주도해 온 혁명전사革命戰士다.

　영일만 내해에 깊숙이 자리 잡은 포항은 1968년 포항제철 설립 당시 인구 7만 명에 불과한 작은 어촌이었다. 필자는 우연히도 그때 그 아담한 어촌 풍경을 간직하고 있다. 초등학교 시절, 대구에 살던 백부를 따라 포항 송도해수욕장에 놀러갔던 기억 말이다. 해변을 따라 울창하게 늘어선 송림, 그 뒤편에 옹기종기 모인 마을 초가집들이 떠오른다. 작은 어선을 타고 영일대 방파제 쪽으로 건너가는 바닷길은 푸른 속살이 훤히 보이는 물고기 놀이터였다. 코발트블루,

바람과 파도는 모두 그 색깔이었다.

거의 직선으로 뻗어 내린 동해안 해안선에서 항아리처럼 움푹 파인 유일한 만灣 지형이 영일만이다. 그 내해에 형성된 포항은 외양外洋에서는 잘 보이지 않는 천연의 요새다. 왜구의 침입은 울산과 경주가 감당했고, 고래를 쫓아온 이양선異樣船들은 그 깊숙한 곳에 무엇이 있는지 모른 채 지나쳤으니 포항은 왜양倭洋과 이적夷狄의 화를 거의 입지 않았다. 19세기 자주 출몰한 포경선을 해망장海望將(해안 동태를 살피는 군졸 우두머리)이 관찰해 관아에 장계를 띄우곤 했는데, 포항엔 해망장도 없었다. 포항발發 장계를 거의 찾아볼 수 없는 이유다.

1849년, 영해군 축산포동(현재 축산항)에 사는 어부가 큰 파도에 난파된 적이 있는데 부근을 지나던 이양선이 그를 구출해 주었다. 배의 길이는 19파(57미터) 남짓, 너비는 5파(15미터) 정도였다고 했다. 선원들이 자신들을 가리켜 '며리계旀里界'라고 말했다는데, '아메리카'를 그리 들었던 것 같다. 난파 어부는 전라도 상선을 만나 축산포동으로 돌아왔다. 5

이처럼 포항 위쪽 영해에서는 포경 이양선이 자주 관찰되었다. 외양에 노출된 대부분의 해안 촌락들이 그러했을 것이다. 19세기 후반, 그들은 수평선에 나타난 증기선의 정체를 몰라 '바다 위의 화산'이라 불렀다. 수평선에서 검은 연기를 뿜는 작은 섬! 그러나 포

---

5 박천홍, 《악령이 출몰하던 조선의 바다》, 현실문화, 2008, 482~485쪽.

1967년 7월 종합제철소 입지가 결정될 당시의 경상북도 영일군 대송면 동촌동 마을 전경

항에는 표류민도 없었고 화산火山도 출몰하지 않았다. 그저 평화롭기 그지없는 어촌이었다. 가수 최백호가 노래했듯 "갈매기 나래 위에 시를 적어 띄우는" 그런 마을, 어촌 아동들이 푸른 파도로 대책 없이 뛰어드는 해안가 마을이었다. 그런 마을이 인구 53만 명이 거주하는 경상북도 최대의 도시가 되었으니 상전벽해桑田碧海라 할 만하다. 6

6 인근 산업도시 울산의 인구는 110만 명. 같은 기간에 포항보다 훨씬 빠르게 팽창한 것은 대공장 밀집지역이기 때문이다. 울산에는 포항제철소 규모의 대공장이 서너 개 있다면, 포항 인구 50만 명을 포항제철소 하나가 창출한 셈이다.

이 바닷가 마을 1,200세대가 하루아침에 헐렸다. 어느 날 불도저 수십 대가 동원돼 푸른 해안을 메웠고, 송림은 훗날 제철소 녹지 조성을 위해 이식되었다. 대역사大役事였다. 박정희 정권이 벌인 가장 의욕적이고 모험적인 역사였고, 이성계의 한양 천도 이래 최대의 기획이었다. 포항에서 50킬로미터 떨어진 울산에도 그런 대공사가 동시에 진행되고 있었다. 조선소와 자동차공장 말이다. 1968년 이미 기공식을 마친 현대자동차를 모태로 조선업을 구상 중이었으니 포항과 울산을 합치면 '단군 이래 최대의 역사'라 할 만하다.

울산에는 정주영鄭周永이라는 탁월한 민간기업인이 있었다. 손재주가 좋은 한민족으로서 배와 자동차는 도전해 볼 만한 꿈이었을 것이다. 16세기 말, 세계 최고의 전함인 거북선을 제조한 민족 아닌가. 깡통과 드럼통을 곧게 펴서 외장과 차체를 만들고 거기에 바퀴를 달면 자동차가 된다! 고난도의 기술을 요하는 엔진은 일단 수입하면 해결된다. 배와 자동차는 한민족의 상상력 속에 이미 완성된 것과 마찬가지였다.

그런데, 철은 달랐다. 철광석을 녹이면 철이 되지만, 고로 제작 기술은 조선과 자동차보다 훨씬 높은 수준의 신기神技였으며, 펄펄 끓는 쇳물의 성분을 조절할 방법은 상상력과 오기가 남다른 한민족으로서도 어찌해 볼 도리가 없었다. 철강 지식에 해박한 경영자를 기업인 가운데 발견하기도 불가능한 상황이었다. 대장장이 외에 철강 제품과 산업을 다뤘던 관리나 기업인이 어디 있었는가.

해안 모래밭 위에서 해결할 문제는 산적했다. 제철소의 기소基所

는 어느 정도의 중량을 견뎌야 하는지, 기둥과 지붕 높이는 얼마여야 하는지, 제품별 공장과 생산 시설을 어떻게 배치해야 하는지, 아니 어떤 생산설비를 도입할 것인지 등 기본적이고도 핵심적인 문제가 널려 있었다. 일본의 제철소를 곁눈질하면서 1970년 4월 1일 포항제철소 기공식이 열렸다. 봄의 해풍이 불어오는 모래언덕 위에서 박정희朴正熙 대통령과 박태준朴泰俊 초대 사장이 단추를 눌렀다. 〈포철가〉가 군가軍歌처럼 울려 퍼졌다.

끓어라 용광로여 '조국근대화'
줄기차게 이어가는 장엄한 심장
겨레의 의지와 슬기를 모아
통일과 중흥의 원동력 되자
내일의 풍요한 조국건설의
기적을 이룩하는 포항종합제철

군가를 부르면 용감해지는 법이다. 군복을 입고 일사불란하게 행진하면 죽음도 불사하리란 무모한 생각에 사로잡힌다. 기공식장에 도열한 창립요원 34명은 그들의 청춘 앞에 닥쳐올 고난이 무엇인지도 모른 채 가슴이 벅찼다.

철의 철학(哲學)

50년이 흐른 오늘, 그날처럼 영일만에 여름해가 떠올랐다. 해무海霧가 걷히자 근육질의 포항제철소가 모습을 드러냈다. 바다로 내닫는 작은 산맥처럼 보였다. 밤새 시뻘건 쇳물을 토해 낸 제철소는 증기 뿜는 소리에 잠겨 있다. 쇳물이 슬래브로, 슬래브가 압연코일과 고강도 첨단강판으로 빠르게 변신하는 가치증식의 숨소리였다. 287만 평, 여의도 3배의 광활한 면적에 수십 개의 공장 건물과 굴뚝이 서 있고, 저 멀리 해안 가까운 곳에 5기의 고로가 흰 연기를 토해 내고 있었다.

밤새 생산한 제품들을 싣고 트럭들이 분주하게 운행했지만, 시속 40킬로미터로 제한된 내부 규준을 지키느라 슬로모션 비디오처럼 움직였다. 1만 5천 '철의 노동자'들은 쉽게 목격되지 않았다. 모두 작업통제실 깊숙이 들어가 자동제어장치를 열심히 조작하는 중이었다. 그들의 눈동자는 사람 손으로는 만질 수 없는 뜨거운 쇳물과 육중한 쇠판이 형질을 바꿔 가는 변형과정에 꽂혀 있었다.

제철소의 규모는 너무나 커서 보통 사람들의 두뇌공간을 훌쩍 뛰어넘는다. 그러나 간단한 방법이 있다. 어린 시절 목격했던 대장간을 수만 배 확장한 것이 오늘날의 제철소라고 보면 된다. 대장장이는 철광석 원료를 어디서 조달받거나 그게 없으면 고철을 갈무리했다. 사람 크기의 용광로에 원료나 고철을 넣고 참숯을 때면 밑바닥에 쇳물이 흘러나온다. 그걸 무쇠 용기나 쇠틀에 담아 물로 식히면 연철이나 선철이 생산된다. 여기까지가 포항제철소 중간을 가로지

포항제철소 전경. 수십 개의 건물들이 모여 포항제철소를 이룬다.

르는 중앙로 왼편 지역에 위치한 부두와 원료 저장소, 그리고 제선, 제강 지역이다.

규모는 어마어마하다. 우선 브라질, 호주, 캐나다에서 구입한 철광석과 유연탄을 싣고 온 30만 톤급 수송선을 접안할 수 있는 부두가 있다. 그걸 하역해 저장소에 쌓았다가 흙 상태의 철광석을 뭉쳐 주먹 크기의 소결광으로, 가루 상태의 유연탄은 코크스로 만든다. 그것을 컨베이어에 실어 110미터 높이의 고로에 시루떡처럼 켜켜이 쌓고 자동풀무로 1천 도 이상의 뜨거운 공기를 불어넣으면 쇳물이 흘러내린다. 고로공장 내부는 그 열기와 화기로 인해 사시사철 끓는다. 방열복을 입어야 하루를 견딘다.

공장 바닥엔 용암처럼 두 개의 화천火川이 흐른다. 하나는 쇳물천이고, 다른 하나는 탄재와 불순물이 혼합된 슬래그천이다. 쇳물은 지하에 대기 중인 특수 용기TSL, Torpedo Steel Ladle에 담겨 기차로 제강공장으로 운반된다. 제강공장의 전로轉爐는 쇳물 성분을 조정하는 거대한 솥이다. 산소를 불어넣어 탄소를 태우거나, 주문 사양에 맞춰 니켈, 크롬, 황, 마그네슘 등의 비철 성분을 가미해 성질을 맞추고 주조를 통해 판 모양의 반제품을 만든다. 슬래브다. 대장장이가 쇠망치로 담금질해 주문받은 제품을 만들기 직전의 그 재료다.

중앙선 오른편엔 제품 생산공장이 밀집해 있다. 슬래브가 운송되면 불과 물을 동시에 쏘면서 거의 1천 톤에 달하는 육중한 무게의 롤러로 눌러 얇게 편다. 마치 대장장이가 벌건 쇳물을 식히면서 삽, 낫, 칼, 호미 등속을 만들려고 얇은 쇠판으로 펴는 과정에 해당한다. 이게 압연과정이다. 압연공장의 길이는 거의 200미터에 달하는데, 45센티미터 두께의 슬래브를 200여 미터가 넘는 얇은 코일로 펴는 일련의 공정에 십여 대가 넘는 거대 롤러가 작동한다. 물과 불이 뿜어지는 수십 개의 공정이 그 사이에 빈틈없이 연결되어 있다.

시뻘겋게 달궈진 쇠판이 컨베이어에서 시속 100킬로미터 속도로 달려가는 그 순간적 과정에 정확히 물이 뿜어지고 롤러가 눌러 대는 광경은 숨이 막힐 정도다. 실제로 압연공장 내부는 증기와 불순물 타는 냄새로 숨이 막힌다. 압연공장은 두께 1밀리미터 정도의 코일을 생산한다. 이 철판을 가공해 최종 상품을 만드는 국내외 기업들에게 판매하는 것이다.

트레일러가 둥글게 만 철제코일을 싣고 가는 모습을 보았을 것이다. 그게 압연공장에서 생산된 코일이다. 냉연공장은 이보다 훨씬 고난도의 첨단기술을 요한다. 날씬하고 단단한 자동차 외장을 만드는 곳, 현재 포스코 경쟁력의 가장 주요한 원천이자 수익창출의 일등공신이다. 그 밖에 쇠밧줄을 만드는 선재공장도 수익창출에 한몫한다.

자, 이제 제철소의 윤곽을 대강 그릴 수 있을 것이다. 한글 자음 'ㅃ' 자를 생각해 보라. 두 개의 'ㅂ'이 접선하는 가운데 선이 중앙로이고, 왼편 'ㅂ'은 제선·제강 지역, 오른편 'ㅂ'은 열연·냉연 지역이다. 왼편 끝선에 접안부두가 위치하고, 원료 하역소와 저장소가 있다. 고로 다섯 기^基도 그와 연결된 지점에 위치한다. 오른편 끝선에는 생산품을 수출하는 선박과 트레일러가 대기 중이다. 수십 개의

높은 곳에서 바라본 포항제철소의 모습.
가운데 위치한 중앙로 왼편은 제선·제강 지역, 오른편은 열연·냉연 지역이다.

공장은 모두 '배' 내부 'ㅁ' 영역에 위치해 있다고 보면 된다. 말하자면, 대장장이 한 명이 했던 작업과정을 1만 5천 가지 과정으로 세분한 것, 1인 가내수공업을 글로벌 시장 대량생산체제로 확대한 것이 일관제철소의 웅장한 모습이다.

대장간은 고철더미와 먼지로 지저분했다. 포항제철소는 185만 그루의 나무가 숲을 이루는 일종의 공원이다. 전체 면적의 4분의 1이 녹지인데, 건립 초기에 어떻게 '숲속 제철소'를 구상했는지 의아하다. 옛날 잘나가는 대장간이라도 친환경 대장간은 생각하지 못했을 것이다. 아, 대장간과 구별되는 가장 중요한 요소가 바로 거미줄처럼 얽힌 배관이다. 이 배관은 철의 변형과정에 투입되는 핵심 자원을 각 공장에 실어 나른다. 물, 질소, 산소, 배기가스가 흐르는 일종의 강江, 총 1천 킬로미터에 달하는 에너지 강이다. 이 배관이 야말로 제철소를 다른 제조업과 구별해 주는 가장 웅장한 광경이자, '철鐵의 철학哲學'이 생성되는 원천이다.

철에도 철학이 있는가? 있다. 지구 성분의 35%가 철Fe로 구성되어 있음은 앞에서 말했다. 그것은 주로 흙 상태, 붉은 흙이다. 붉은 흙을 물, 불, 공기와 융화시키면 철이 된다. 말하자면, 제철소는 '물, 불, 공기, 흙'이라는 4원소로 인류생활의 혁명을 가져온 물질을 생산하는 곳이다. 이 4원소는 고대 그리스 철학자들이 생명의 본질을 탐구하면서 찾아낸 원초적인 질료였다.

모든 생명은 4원소로 환원될 수 있다! 무기물인 불생不生에서 불멸의 생명이 나온다. 동양의 오행설도 물水, 불火, 공기木, 흙土, 그리고 쇠金의 오묘한 결합과정을 풀어낸 것이다. 불협不協의 물질이 숨겨진 성정을 발현해 협화로 바뀌는 우주의 원리다. 프랑스의 철학자 바슐라르Gaston Bachelard는 인간의 상상력을 4원소로 분해해 문학적 이미지를 구성하는 최종 원소를 찾아내고자 했다.

펄 벅Pearl Buck의 《대지The Good Earth》는 흙의 이미지, 구스타프 말러Gustav Mahler의 교향곡은 불과 공기가 결합해 물로 변하는 이미지다. 라흐마니노프Sergei Rachmaninoff의 아름다운 피아노 선율은 물과 공기가 율동을 타다가 공기로 사뿐히 증발하는 낭만의 극치다. 상상력의 힘은 자신을 지구로부터 들어 올리거나 심지어는 비행기를 날게 할 만큼 거대한 위력을 발휘한다. 그 원천이 물, 불, 공기, 흙이라면, 인간 상상력의 미학은 4원소로 타오른다. 타오를 뿐 아니라 변형되거나 자유의 공간을 무한히 확장한다. '상상력의 미학'이다.

제철소는 물, 불, 공기, 흙의 강工이다. 붉은 흙에 물, 불, 공기를 투입하고 교차시켜 새로운 상상력을 생성해 낸다. 인간의 상상력이 무한하듯, 4원소를 자유롭게 결합시킨 최종 산물은 '무한의 미학'을 간직한다. 제철소는 상상력의 종합발전소다. 어린 시절 각인되었던 '위험하고 지저분한 곳'이라는 이미지는 바로 이 지점에서 '미학의 발전소'로 바뀐다. 철은 세계를 바꿔 왔다. 철의 미학이다.

제철소 정문에 이런 간판이 붙어 있다.

"자원은 유한有限, 창의는 무한無限."

상상력의 근육과 공간을 넓히면(창의), 물, 불, 공기, 흙도 무한해진다(자원). 4원소의 본질에 한발 다가서기 때문이다. 무한의 상상력이 자원의 가능성을 무한히 확장한다. 제철소를 걸어 나오면서 맞는 영일만의 여름 아침은 상쾌했다.

협곡 건너기

아침 땡볕이 선선해서 상쾌한 건 아니었다. 방금 들렀던 고로의 열기를 생각하면 바깥 공기가 선선하지 않을 수 없었다. 높이 110미터, 폭 30여 미터의 고로는 불덩어리 화로다. 고로는 1년 365일 불을 품어야 한다는 게 제철소 화공火工의 신념이다. 고로 옆구리 창에 선홍색 불꽃이 이글거렸다.

실내 온도는 섭씨 40도 내외, 금시 땀이 영글어 볼을 타고 흘렀다. 고로 하단 창으로 시뻘건 쇳물이 마치 폭포처럼 쏟아지는 모습이 보였다. 층층이 쌓인 코크스와 소결광에 뜨거운 열풍을 불어넣어 태운 최초의 생산품은 용암이었다. 용암폭포였다. 십여 미터 전방에도 열기가 후끈했다. 그 용암폭포는 바닥 깊이 파인 고랑을 통해 특수 용기에 담긴다. 제철공장의 꽃인 고로 내부는 온통 시뻘건 불꽃으로 이글거렸고, 최초의 제품도 시뻘건 쇳물이다.

방열복을 입고 밤새 작업한 고로반장에게 필자가 물었다. 고로가 서면 어떻게 되느냐고. 답은 간단명료했다.

"대한민국이 서지요."

입사 28년 차 K씨, 그 긴 세월 고로와 함께 보낸 초로初老의 고로 반장이 말했다.

"고로가 어머니처럼 느껴져요. 흙덩이를 태워 저 귀중한 것을 주니까요."

고로는 어머니다. 불, 공기, 흙을 융화해 철을 잉태한다. 그 잉태 과정을 일일이 체크하고 점검하는 수십 개의 센서가 용광로 정보를 시시각각 모니터에 전송한다. 고로팀은 철의 잉태를 지키는 산파들이다. 밤새 야간작업을 한 고로팀의 얼굴은 상기되어 있었다. 대한민국의 미래를 밝히는 표정이 거기 있었다.

그런데 대한민국을 일으켜 세운 기업에도 불미스런 일이 발생한다. 국민 대표기업이니 작은 불상사가 일어나도 신문에 대문짝만하게 대서특필된다. 국민적 관심이 그만큼 크고 사회적 책임이 그만큼 무겁다는 얘기다. 2010년 이후 특히 그러했다. 안전사고는 물론, 잘못된 투자전략이 빚어낸 불미스런 소식들과 스캔들이 터져 나왔다. 1970년 이후 한국 산업화의 듬직한 맏형으로 국민적 믿음의 기둥이었던 포스코가 어느 날 문득 말썽 많은 문제기업이 돼버린 듯한 느낌이었다.

그 기간에는 포스코의 경영실적이 급격히 하락해 창사 이후 최초로 연결재무제표 기준 적자를 기록한 해도 있었으니 국민적 우려를 자아낼 만했다. 포스코의 영업실적은 2010년 이후 줄곧 내리막을 탔다. 2015년은 최악의 해였다. 주가도 곤두박질쳤다. 2010년 주당 70만 원을 호가했던 주가가 20만 원대로 주저앉았다. 제철소는 여전히 흑자였으나 계열사가 문제였다. 2009년부터 추진한 사업다각화 전략에 따라 70여 개로 급격히 늘어난 국내외 계열사가 적자를 냈거나 지지부진한 상황을 면치 못했다. 'M&A 기회가 있으면 거침없이 하겠다'던 전임 CEO의 공격적 전략이 포스코를 수익성 악화의 늪으로 몰고 갔다. 철 전공을 타 영업으로 확장하는 응용력 부족이 문제였다.

그럼에도 여전히 건재했던 철강부문이 신생 계열사의 적자를 감당했으나 국민들은 연결재무제표상의 적자를 철강산업의 침체로 받아들였다. 적자는 몰락을 의미하는가? 한국의 제철산업이 무너지는가? 국민들의 우려는 점점 커졌다. 포스코가 주저앉으면 한국의 제조업에 비상이 걸린다.

철강산업의 세계시장 동향도 만만치 않았다. 대형화 전략에 따라 경쟁력을 강화한 중국의 추격은 무서웠고 일본 신일철주금의 철강 현대화 전략도 포스코를 위협했다. 과감한 M&A를 통해 유럽의 철강산업을 재편한 초대형기업 아르셀로미탈ArcelorMittal의 물량공세는 포스코의 입지를 좁혀 왔다.

여기에 여러 스캔들이 포스코를 궁지에 몰아넣었다. 창사 이래 최대의 위기였다. 주인 없는 기업이 겪는 'CEO 리스크'는 침체의 협곡에서 막 벗어나기 시작한 포스코를 또 한 번 덮쳤다. 그때마다 포스코 직원들은 깊은 상처를 입는다. 2016년 가을, 한국정치의 지축을 흔든 최순실 사태에 포스코가 휘말렸다. 포스코 광고대행업체였던 '포레카'의 지분을 헐값에 넘겨받으려던 최순실의 음모 전말이 드러난 것이다.

그 사건을 캐는 과정에서 국가대표선수로 활약할 배드민턴단[뼈]을 창단하라는 압력을 받았다가 결국 거절했다는 소식도 흘러나왔다. 일종의 정치적 외압이었는데, 포스코가 버티는 바람에 불발된 사건이었다. 오너가 없는 국민기업, 대일對日청구권 자금으로 세운 기업, 그래서 새로운 정권이 들어서면 일종의 권리의식을 발동하게 되는 대상 기업이 포스코의 태생적 운명이다.

이 사건으로 K회장이 검찰청 포토라인에 섰다. 조사를 마치고 회사로 돌아오는 회장의 발걸음은 무거웠다. 고로팀원도 텔레비전 뉴스에서 그 장면을 보았을 것이다. 누군가 말했다.

정권이 와서 집적대는 게 문제지요. 주인 없는 기업이니까. 뭔가 해달라는 요구를 최고경영진이 물리칠 수 없는 게 포스코의 팔자예요. 옛날에 박태준 회장이 계실 때에는 정치적 외압을 막는다고 자신이 직접 정치에 나갔잖아요. 그때만 해도 그런대로 방어를 잘했는데, 1992년인가 … 부터는 뚫렸지요. 지금이라고 해서 뭐 달라졌겠어요?1

---

1 근속 28년 차 고로반 K씨 인터뷰, 포항.

정권의 욕심과 정치적 연관성에서 발원하는 이 'CEO 리스크'는 언제나 대기 중이다. 직원들은 "정권이 와서 빨대를 꽂는다"고 표현했다. 그때마다 직원들의 가슴에 빨대가 꽂히는 심정이다. 벗어날 방법이 묘연하다. 여기에 내부 비리가 터지면 그야말로 엎친 데 덮친 격, 내우외환內憂外患이다.

마침 이명박李明博 정부가 추진한 자원외교 정책에 부응한 측면도 무시할 수 없다. 우려를 자아내는 일들이 지난 몇 년간 신문지상에 오르내렸는데, 포스코는 예상치 못한 사회적 비난을 감수할 수밖에 없었다. 포스코는 국세청 조사를 받기도 했다. 직원들의 마음엔 서늘한 바람이 일었을 것이다.

그해 계열사 상무가 항공사 여승무원을 폭행한 '라면 상무' 사건이 일어났다. 갑甲질에 대한 사회적 비난이 폭발했다. 거기에 대한항공 오너 딸이 기내 서비스에 불만을 제기해 항공기 이륙을 지연시킨 '땅콩회항' 사건이 겹쳤다. 포스코와 대한항공이 갑질의 대명사로 떠올랐다. 국민기업이라는 자부심이 수치심으로 바뀌는 순간이었다. 근속 37년 차, 50대 중반의 현장직 직원 P씨는 당혹스러움을 토로했다. 이런 대형사고가 터져도 생산에는 차질이 없으나 솔직히 말해 '정서적으로 좀 흔들린다'는 거였다.

생산을 하고, 품질을 내고 하는 거와는 관계없어요. 어차피 몇 사람에 의해서 생산 품질이 정해지는 건 아니잖아요. 여기는 전부 맨파워 manpower가 딱 이렇게 갖춰져 있기 때문에 그거는 정상적으로 가는 거죠. 그런데 정서적으로는 좀 흔들려요. 위에서 흔들리니까. 야, 우리 이래가지고 뭐 하나, 이런 기분이 드는 거죠. 한 방에 다 죽으니까. [2]

그렇다고 한 방에 다 죽지는 않을 터지만, 자부심은 한 방에 날아 갈 위험이 있다. 무엇보다도 직원들의 멘탈이 흔들리면 생산에도 차질이 발생한다.

그래도 깃발은 펄럭이고

포스코 직원들 가슴에는 다른 기업에서는 찾아보기 힘든 남다른 깃발이 펄럭인다. 어려울 때, 기쁠 때, 보람을 느낄 때, 그 깃발은 더욱 빛을 발해 작업장의 동료들을 하나의 공동체로 묶는다. 동료들은 이심전심이다. 거친 말을 하고 때로는 푸념을 쏟을 때에도 '보은報恩 정신'과 '공공公共의식'의 깃발이 흩날리고 있음을 안다. 대일청구권 자금, 조상이 흘린 피의 대가에 은혜를 갚는다는 게 보은의식이고, 조국 산업화의 핵심동력으로서 공익창출에 기여해야 한다는 마음가짐이 공공의식이다. 민간기업과 구별되는 은恩과 공公 의식이 작은 어촌마을에서 시작된 포항종합제철을 세계 굴지의 철강기업, 현재의 포스코로 키워 냈다.

2 　근속 37년 차 제강공장 현장직 P씨 인터뷰, 광양.

창업세대의 한 사람이자 박태준 명예회장을 지근거리에서 보좌한 H 전 회장은 88세다. 밝고 온화한 표정을 잃지 않던 그는 화제가 최근의 사태에 이르자 잠시 얼굴이 어두워졌다.

"국민의 자부심, 존경심의 대상인 포스코가 어느 순간 국민의 우려로 바뀌었으니 … 대오각성, 환골탈태해서 거듭나야 … 국민의 신뢰를 다시 찾아와야 해요."

H 전 회장이 비장한 표정으로 말했듯, 과거의 상처를 치유하면서 국민의 신뢰를 찾아와야 할 시점이다. 매일 40도를 웃도는 작업장을 지키는 직원들, 영일만과 광양만에 떠오르는 아침 해를 보면서 출퇴근하는 제철전사들의 마음가짐을 보면 그게 어려운 일이 아님을 깨닫는다. 근속 36년 차, 중간관리자인 A씨의 말이다.

저희 진짜 300원짜리 장갑 빨아 씁니다. 그게 가져다주는 돈은 얼마 안 돼요. 근데 그게 상징이죠. 우리가 이만큼 아껴서 하자, 현장에서 500원 쓸 걸 300원 쓰자, 이런 문화를 만들어 가는 거죠. 빨간 장갑 버리지 말고 큰 박스에 담아라, 그럽니다. 그러면 한 달에 한 번씩 우리 중간관리자들하고 노경협의회원들하고 목욕탕에 가 갖고 고무장갑 끼고 몇 시간을 빱니다. 빨아가지고, 널어놓고 사진 다 찍고, 직원들한테 새로 빤 걸 딱 던져 주죠. 이렇게 해서 어렵지만 우리가 기여하고 있다. … 3

---

3 제강공장 현장직 과장 A씨 인터뷰, 광양.

철강부문이 창출한 막대한 수익금이 경영진의 판단착오로 증발해 버렸다는 허망한 소식을 접하는 이들의 심정은 어떨까. 다른 계열사의 적자를 메우는 급전急錢 조달창구라는 생각이 들면 기운이 빠진다. 300원짜리 장갑을 수억 켤레 빨아 쓴들 어느 날 갑자기 미궁의 블랙홀로 쓸려 들어갈지 모른다는 불안, 열대야보다 더 무더운 작업장을 밤새 지켜도 정권의 빨대가 무작정 꽂힐지 모른다는 두려움을 물리치기는 어렵다. 그래도 장갑을 빤다. 그래도 불꽃을 지킨다. 내가 아니면 누가 하랴. 이럴 때일수록 은과 공 의식의 깃발이 나부낀다.

이런 직원들이 작업현장을 지키고 있는 한 지난 몇 년간 포스코를 엄습했던 상처는 아물 것이다. 그 상처를 딛고 포스코는 다시 출발할 것이다.

경장更張, 다시 본업으로

영원한 신소재

낡은 것을 뜯어고쳐 새롭게 하는 광폭의 개혁을 일본에서는 유신維新, 조선에서는 경장更張이라 했다. 구 제도와 관습을 완전히 타파해 새로운 것으로 교체하는 서양적 의미의 혁명革命과는 다르다. 완전교체가 혁명이라면, 경장과 유신은 수정, 변형, 창조를 포괄한다. 창조를 통해 구 제도의 장점을 흡수하는 구본신참舊本新參의 동양적

지혜다.

정보산업, 인터넷산업은 광통신망과 무선통신망이라는 과학기술이 단절적 혁명을 가능케 한 21세기의 대표주자다. 그런데 산업 특성상 철강산업에는 단절적 혁명이 불가능하다. 대장간의 기본 레이아웃, 대장장이의 육감과 직감이 여전히 유효하기 때문이다. 그래서 혁명보다는 경장이 더 어울린다. 갑오경장甲午更張, 1894년 시대를 앞서간 개화파가 중세에 잠긴 조선을 일깨운 일대 개혁이 순조롭게 추진되었다면 한국은 일찌감치 선진국 대열에 끼었을 것이다.

2014년 갑오년, 신임 CEO를 맞은 포스코는 철강산업의 갑오경장을 선언했다. "영원한 신소재인 철을 기반으로 끊임없이 새로운 가치를 창출하는 세계적 기업, '위대한 포스코Posco, the Great'의 재창조"가 갑오경장의 핵심 요체였다.[4] 단절적 창조가 아니다. 포스코가 걸어온 궤적, 놀라운 결실, 소중한 실력을 '하나의 목표'로 수렴해 '제2의 도약'을 이루겠다는 각오였다. 하나의 목표란 바로 '철강산업의 본원경쟁력 강화'였다. 본업으로의 회귀, 방황 끝에 지친 몸을 이끌고 돌아오는 회귀가 아니라 그 험악한 외지 탐험에서 본업의 무한한 가능성을 새로 터득한 '각성의 회귀'였다. '철은 영원한 신소재'라는 K회장의 명제는 포스코의 '영원한 잠재력'을 일깨운 일성一聲이었다.

가능성은 외부에 있는 것이 아니라 자신도 몰랐던, 새로운 시선

---

4 2014년 3월 14일, 제8대 권오준 회장 취임사.

을 기다리는 내부에 있다는 깨달음이었다. 그러자 포스코가 쌓은 내부 자산이 새롭게 보이기 시작했다. 부자 나라에서 궁핍한 생각에 사로잡혀 있었음을 깨달았다. 은연중 입은 상처가 자신들을 움츠리게 만들었음을 깨달았다. '선택과 집중'이라는 일반화된 전략적 용어가 포스코만큼 주효한 기업은 없을 것이다. 정신을 가다듬고 주변을 둘러보니 세계적 경쟁력을 갖춘 월드프리미엄world premium 제품이 기업 내부에 널려 있다는 것을 깨닫고 전율했다. 포스코 갑오경장의 출발이었다.

포항제철소 A소장이 포스코 제복인 푸른색 유니폼에 군화를 신은 채 나타났다. 설비의 장인답게 원료와 제품의 이동공정과 생산시설이 제대로 작동하는지를 점검하고 오는 길이었다. 서글서글한 인상 뒤에 매서운 경륜이 감춰져 있었다. 여의도 면적의 3배에 달하는 저 드넓은 공장을 책임지는 사람은 밤잠을 설칠 것이다.

"저는 어지간해선 위수지역을 벗어나지 않습니다."

술자리도 1시간 내에 달려올 수 있는 지역에서 갖는다는 그는 24시간 비상근무다. 군대에서 5분대기조는 하사관의 업무지만, 제철소에서는 최고책임자인 소장이 그 역할을 맡는다. 설비에 이상이 생기면 철강제품이 생산을 멈춘다. 컴퓨터나 자동차가 생산되지 않는 것과는 질적으로 다르다. 한국의 산업생산이 정지하기 때문이다. 이 엄청난 중압감을 어떻게 버틸 수 있을까? 다부진 체격, 선이 굵은 성격, 한평생 제철소에서 보낸 경륜 아니고는 버티기 어렵다. 경륜은 기술 이상의 자산을 뜻한다. 그것은 포스코에 내재된 남다른 자산이자 경장의 에너지다.

그는 포스코의 미국합자회사 UPI US Steel & Pohang Industry의 책임자로 근무한 경험이 있다. 미국인 경영자가 의아한 표정으로 물었다.

"무철국가 한국이 어떻게 미국을 가르칠 정도가 되었는가?"

그의 답은 간단명료했다.

"당신들은 마차를 타고 지금껏 왔지만, 우리는 벤츠를 먼저 탔다."

그렇다. 포스코는 벤츠를 타고 달리는 중이다. 철강산업의 벤츠, 그것을 우리 자신도 몰랐던 거다. 포스코의 갑오경장은 숨어 있는 1인치, 숨어 있는 우리의 장점과 특기를 발굴해 새로운 옷을 입히는 일이다.

광양제철소 K소장 역시 다부진 체격에 매서운 눈초리를 가졌다. 철의 사나이들은 다 이런가. 제철과정에 하나라도 착오가 생기면 제품이 몽땅 망가진다는 긴장의 끈을 놓지 않은 탓일 게다. 그는 포항제철소의 1.5배 면적, 460만 평 매립지에 들어선 세계 최대의 공장을 관할하는 야전사령관이다. 근육질의 공장 모습과는 달리 그의 입에서는 4차 산업혁명의 섬세한 말들이 쏟아졌다. 철이 4차 산업혁명의 선두주자가 될 것임을 확신한 어조였는데, '철은 영원한 신소재'라는 K회장의 철학과도 일치했다.

어제 독일의 티센그룹이 찾아왔어요. 독일 제조업의 미래 먹거리를 스마트 인더스트리에서 찾았거든요. 그런데 우리가 제철소 전체 공정을 스마트 인더스트리로 탈바꿈하는 것을 1년 반 전부터 해왔어요. 그러니까 컴퓨터화, 자동화, 정보화를 통해서 스마트 팩토리 쪽으로 탈바꿈하는 것, 철강업을 굴뚝산업이 아니라 첨단산업으로 만들어 주는 것, 저희가 그렇게 하고 있습니다. 아직도 철기시대고 앞으로 100년, 200년은 더 철기시대가 아니겠는가 해서 철의 고급화이고, 이것의 극치가 기가스틸이라고 하는데요, 알루미늄보다도 더 가볍고 더 질기고 더 강도 높은 철을 생산한다는 이야기입니다. 국가적 스마트 인더스트리는 독일이 먼저 하지만 철강업에서는 우리가 선두가 될 겁니다. 부단히 노력해야 하지요.

경장은 철의 무한 잠재력을 발굴하고 철의 미래를 밝히는 탐조등이다. 이제 길고 험한 여정이 시작됐다. 다른 산업의 경우, 4차 산업혁명의 미래는 아직 오리무중이다. 여행은 시작됐지만 길은 없다. 그러나 철은 진화의 궤적을 착실히 밟는 산업이다. 예견 가능한 선상에 있다. 여행이 시작되고 길도 있다. 어떻게 갈 것인지가 중요하다.

새로운 50년, 스토리를 찾아

2018년은 포스코 창립 50주년, 포항 모래사장 가건물에서 출발한 포항종합제철소가 50년 세월을 달려왔다. 나이 50은 지천명知天命의 시간, 하늘의 뜻을 헤아릴 지혜와 역량을 갖췄다는 의미다. 창립세대는 최근 포스코가 겪는 진통의 원인을 스스로의 문제로 돌렸다. 견책사유가 자신에게 있다는 뜻이다. '겉멋이 들었다'는 창립세대의 질책에는 다시 몸을 낮추고 원점으로 돌아가라는 엄중한 경고가 담겨 있다. 원점 회귀가 아니라, 새로운 출발을 향한 원점이다.

그래서인지, K회장은 요즘 부쩍 바빠졌다. 주요 일간지와 경제지에 기사가 자주 나온다. 대체로 긍정적이고 기대가 실린 소식들이다. 솔루션 마케팅solution marketing을 전면에 내세운 임직원들이 고객 주문에 충실한 자세로 돌아섰고, 현장탐사와 협력에 바쁘다.

프로보노pro bono로 불리는 임원 동반성장지원단이 2016년부터 본격 활동을 개시한 결과다. 임원들이 고객 회사와 기술현장을 직접 방문해 각종 인적·물적 자원을 지원하는 제도를 말한다. K회장의 동선은 국내외 경계를 부지런히 넘나든다. 2017년 3월, 포스코가 세운 일관제철소의 시동을 걸기 위해 인도네시아로 날아갔다. 브라질 리튬광산을 돌아봤고, 스마트 팩토리 협의차 독일의 지멘스Siemens와 미국의 제너럴일렉트릭GE을 방문했다. 돌아오기가 무섭게 6월 초에는 스마트 고로 화입식을 하러 포항제철소로 내려갔다.

4개월간 개수공사를 마친 제3고로는 빅데이터 운용기반 첨단센서가 부착된 스마트 용광로다. 연간 쇳물 생산량이 500만 톤에 달하며, 하루 소나타 1만 대를 제작할 수 있는 쇳물을 쏟아낸다. 지난 40년 동안 엄청난 화기와 중량을 견디며 쇳물을 쏟아 준 제3고로, 선배들이 쌓은 내화벽돌과 정성껏 구축한 몸체가 인내한 세월을 생각하면 감개무량했을 것이다.

다행히 포스코의 영업이익은 2015년 바닥을 찍고 2016년부터 상승세로 돌아섰다. 영업이익률이 2016년 1분기에 5.3%를 회복한

2017년 6월 제3고로 화입식을 진행 중인 포스코 권오준 회장

것을 신호로, 2017년 전반기에는 매출액과 영업이익률이 전년 대비 각각 16.2%, 44.3% 상승했다. 부채비율도 연결재무제표 기준 70%로 2010년 이래 최저로 내려앉았다.

　고부가가치 제품인 월드프리미엄 제품 판매 비중은 2016년 44%에서 2017년 56%로 수직상승했다. 실적이 이렇게 빨리 호전된 것은 포스코 구성원들조차도 의아해할 정도인데, 여기에는 2014년 K회장 취임 후 꾸준히 추진한 '본업회귀'와 구조조정이 주효했다. 2011년 71개로 늘었던 계열사를 2017년 말까지 32개로 정리한다는 계획이 착실히 추진되었으며, 사내 149개 구조조정 과제는 50주년에 맞춰 완수할 계획이다. 이를 통해 엄청난 재무개선 효과를 거뒀다. '불확실성의 제거'가 경영실적 개선과 사기 진작에 긍정적 효과를 분출하고 있다.

K회장이 최고기술책임자CTO 출신답게 가장 심혈을 기울이는 핵심목표는 스마트 팩토리smart factory로의 변신, 즉 스마트화smartization다. 여기에 포스코 미래를 걸었다. 근육질 제조공장에 스마트화란 개념이 어울리는가? 어울린다. 철판이 두꺼울수록, 뜨거울수록, 거칠수록 더 어울린다. 아니, 어울려야 하고, 어울리게 만들어야 한다는 게 K회장의 집념이다. 그의 집념이 성과를 내고 있는 중이다.

그 바탕에는 작업현장 포스코 직원들의 열렬한 호응이 깔려 있다. 그 호응은 경영진이 호명하기 이전에 이미 작업현장에 도사리고 있었다. 각 미세 공정에 적용되는 기술을 갱신해 생산성이 떨어지는 것을 방지하고 새로운 촉감을 부여하는 것, 새로운 동작을 창출하는 것이 스마트화다. 직원들은 그런 것에 이미 갈증을 느끼고 있었다.

기름을 적기에 완전 연소하고, 적정량의 물을 적기에 쏘며, 적기에 적정량의 산소를 적정 압력으로 불어넣는 것, 각 미세 공정에 쌓인 정보를 수집해 데이터화하고 이것을 감시 조정 센서에 투입하는 것이 스마트화다. 품질향상은 물론 원가절감의 묘법이다. 기술에 남다른 감각을 가진 K회장이 현장의 요구를 적시하자 각 공정에서 화답한 결과다.

철의 사나이들은 육체노동자가 아니다. 정보지식노동자다. 외부인 방문코스에서는 한 사람도 보이지 않는다. 모두 작업통제실에 들어가 있는데, 그곳은 공항 관제탑처럼 각종 모니터에 둘러싸여 있다. 철광석이 용해되고, 엄청난 철광 두레박 래들ladle에 쇳물을 쏟아 붓고, 육중한 롤러가 압연작업을 하는 일련의 공정을 감시하고 조정하는 정보의 달인들이다.

열연공정 작업통제실, 2시간 운전을 마친 현장직 직원은 휴식시간도 없이 자신이 맡은 개선과제가 기다리는 컴퓨터로 돌아갔다. 롤러에 가해지는 전력공급의 반복주기를 한 치의 오차도 없이 정확히 맞춰 내는 과제가 그의 몫이었다. 그러는 동안 시뻘건 슬래브가 롤러 위를 시속 100킬로미터로 달려간다. 새로운 50년이 그렇게 잉태되고 있다.

2017년 7월 〈포브스Forbes〉는 '글로벌 2000' 기업에서 포스코를 299위로 평가했다. 1년 만에 277계단을 수직상승해 철강기업으로서는 룩셈부르크의 아르셀로미탈에 이어 세계 2위에 올랐다.[5] 에너지와 신소재 분야를 집중 공략한 결과가 회복을 넘어 새로운 50년을 향한 길을 닦고 있는 중이다. 그러나 중국발 공급과잉과 철강산업의 글로벌 구조조정의 파고가 만만치 않다. 세계 1년 공급량은 24억 톤에 달해 실제 수요 16억 톤을 훨씬 능가하는 실정에서 중국 홀로 초과공급의 60%를 쏟아 낸다. 이 대책 없는 상황을 뚫고 나가야 한다. 과제가 산적해 있다.

포스코에서 평생을 보낸 상임고문역 K사장은 그 과제를 세 가지로 요약했다. 설비 경쟁력, 우수한 인력, 제품 경쟁력이 그것이다.

---

5 〈포브스〉, 커버스토리, 2017년 7월호.

철강산업은 장치산업이기 때문에 창출된 이윤을 설비 현대화에 꾸준히 쏟아 장치 패러다임의 변화를 견인하는 것이 우선이다. 또한 기술력으로 승부하는 철강산업에서 우수한 인재 확보는 필수적 요건으로, 그래야 우수한 품질을 구현한다는 것이다. 그런데 그게 어디 쉬운가.

2000년대의 초기 7년을 이끈 L 전 회장은 이러한 세 가지 과제에 더 중요한 한 가지 덕목을 추가했다.[6] 인문학적 스토리가 그것이다. 포스코는 스토리가 있는, 스토리를 만든 기업이다. 국민들은 스토리를 갈구한다. 스토리가 없는 기업에 사랑을 보내지 않는다. 세상의 그 많은 연심戀心에는 사람 수만큼의 스토리가 내재한다. 국민의 사랑을 회복하려면 스토리를 제조해야 한다는 말이다. 어떤 스토리?

그것은 창업세대의 신화神話를 대체할 스토리다. 먼 훗날 새로운 신화가 될 스토리다. 새로운 역사 만들기history-making가 작업현장에서, 경영일선에서 빚어져야 한다. 포항과 광양, 그 드넓은 공장 내부에서 조각조각 만들어진 작은 스토리 지류가 모여 냇물을 이루고, 그 냇물이 합쳐져 대하大河로 일렁거리는 물결이 역사 만들기의 질료다. 그 과정에서 모든 구성원은 작은 주체들이다. 자아를 갖춘 소신의 물결이 새로운 스토리를 창조한다. 새로운 50년은 그렇게 만들어진다.

---

6 이구택 전 회장 인터뷰, 2017년 6월.

새로운 신화는 먼 곳에 있지 않다. 작업현장, 경영현장, 그리고 시민들과 만나는 사회현장에 있다. 이 연구는 '지난 50년의 신화'를 대체할 '새로운 신화'를 찾아 나서는 일대 탐험이다. 신화 자체가 아니라 신화의 질료를 찾아내는 것이 탐험의 목적이다.

정신적 유산遺産 3장

내면 풍경

택시가 포항 지곡동 사원아파트 지역에 들어섰다. 드문드문 선 가로등이 울창한 숲길을 밝혔다. 사원용 5층 아파트는 숲속의 집이었다. 택시기사가 말했다.

"아휴, 여기 아줌마들, 짠순이예요. 택시가 잘 들어오지 않으려하지요."

의아해 하는 필자에게 설명을 덧붙였다.

"예전에는 여기가 제일 잘살았거든요. 그런데 아줌마들이 합승을 해도 한 사람 비용만 냈어요. 월급도 센데 …."

빈말이 아닐 것이다. 월급도 셌고, 주택환경도 최고였다. 거기에서 사원들은 교육과 생계를 동시에 해결했다. 악착같이 재산을 모은 억척아줌마들이 거기 살았다. 유치원, 초등학교는 물론 중·고등학교까지 있었다. 나중에는 명문대학으로 발돋움한 포항공대가 세워졌다. 박태준 명예회장의 경영철학이 만들어 낸 산물이었다. 공장과 사원주택, 학교를 동시에 짓는 것, 그 커뮤니티에서 인생주기의 모든 수요를 해결하는 일관생활공간이다.

일관제철소와 일관생활공간의 동시건립 구상은 박태준 명예회장이 최초는 아니다. 이미 일본과 독일에서 그런 실험을 했다. 그러나 일본은 규모가 작았고, 독일은 중산층 도시와는 구별되는 허름한 노동자 타운이었다. 한국의 대표적 산업도시인 울산, 포항, 창원은 노동계급만이 거주하는 노동자 타운이 아니다. 중산층과 노동자가 뒤섞인 계급혼합 커뮤니티다. 처음부터 그리 설계한 것은 아니지만, 계급구분과 신분차별을 지극히 혐오하는 한국적 심성이 그런 혼합적 풍경을 연출했다.

울산과 포항은 오히려 거꾸로다. 현장직 사원을 노동계급으로 분류한다면 울산과 포항의 거대기업들은 이들의 주거공간을 오히려 일반 도시민보다 훨씬 아늑하고 품위 있게 지어 공급했다. 1985년에 착공해 1987년 가동한 광양제철소도 그렇다. 광양만 금호대교를 건너 광양제철소 지역으로 들어서면 울창한 숲속에 드문드문 사원아파트가 서 있다. 숲속의 집이다. 인근에는 제철유치원부터 제철고등학교까지 있고, 야구장, 축구장, 체육시설은 물론 쇼핑몰과 극장이 성업 중이다.

포항제철소 단지 안에 포항 스틸러스Steelers 전용구장이 있듯이, 광양제철소 단지 안에는 전남 드래곤즈Dragons 전용구장이 있다. 쾌

포항시 신 주택단지의 모습

적하다. 아무튼 아파트 가격이 급등하면서 분양받은 사원아파트가 재산 형성의 가장 중요한 주춧돌이 되었다. 울산, 포항, 광양에서 풍요한 노동자affluent workers가 탄생한 배경이다. 1

포항제철소의 야간 풍경은 관광코스다. 영일대해수욕장 두호동 방파제 쪽에서 바라본 야간 풍경은 제철소라기보다는 무슨 놀이공원 같다는 착각을 불러일으킨다. 바다로 쭉 뻗어 나간 놀이공원. 제철소 해안선을 따라 형형색색의 LED 라이트가 네온사인처럼 작렬하기 때문이다.

영일대해수욕장 상인들은 반색이다. 야간 관광객이 몰려 매출이 늘었다. 필자와 마주앉은 제강공장 30년 차 L씨는 전광판이 안 보여 아쉽다고 했다. 전광판에는 필자의 '포항제철 방문을 환영한다'는 문구가 약 10분간 반짝일 거라고 귀띔했다. 야간 전광판 문구 요청이 밀려 인기몰이 중이다. 부인의 생일축하 편지, 예비부부의 사랑 고백 등이 쇄도한다. 제철소의 인문학, 제철소가 시민과 커뮤니티에 다가서려는 노력의 일환이다.

그곳에서 일하는 포스코 사람들은 행복한가? 용암 같은 쇳물을 24시간 쏟아 내는 뜨거운 공장에서 평생 일해 온 사람들은 행복한가? 1970년대 말 일본 토요타 공장은 일종의 지옥이었다. 2 일본식

---

1 광양 사원아파트는 인근의 거주인구가 적어서 쾌적함에 비해 가격이 싸다. 광양인구는 겨우 15만 명이다.

2 Satoshi Kamata, *Japan in the Passing Lane*, Pantheon, 1983.

영일대해수욕장에서 바라본 포항 국제불빛축제.
멀리 바라보이는 포항제철소에서는 매일 밤 형형색색의 LED 라이트를 뿜는다.

경영관리가 진통을 앓았던 1970년대를 반성하면서 차츰 인간중심적 작업장으로 진화한 결과 1980년대 '일본의 기적'을 만들어 냈다. 한국의 노동현장은 1980년대 말까지 '억압적 통제' 그 자체였다. 국가도, 자본도 권위주의적 통제로 최고의 생산성을 구가한 시절에 노동자들이 행복할 리 만무했다.

1987년 노동자 대투쟁을 겪고 30년이 지난 지금 "노동자들은 행복한가?"라는 질문에 "그렇다"고 자신 있게 답할 작업장은 아직 그리 많지 않다. 이런 점에서 포스코 패밀리Posco Family는 좀 달랐다.[3] 직영 정규직은 대부분 그렇다고 답했고, 외주 파트너 사원들의 반응도 그리 나쁘지 않았다.[4]

현장직은 대부분 인근 공고 출신이지만, 관리직은 전국 명문대에서 몰려온다. 현장직과 관리직 간 신분차별의식 같은 것은 아예 보이지 않는다는 점은 타 대기업에 비해 정말 특이한 모습이다.[5] 작업현장이 긴밀한 협력체제로 짜여 있으니 신분구별이 별 의미가 없다. 포스코가 한창 스캔들에 휘말린 지난 몇 년간 명문대 졸업생들의 취업선호도는 거의 바닥 수준을 헤맸는데, 2017년 포스코는 다시 1위

---

3 포스코 사람들은 직영 정규직과 협력사 직원들을 통칭해 '포스코 패밀리'라 부른다. 내부에 갈등이 없는 것은 아니다. 제2부에서 분석할 예정이다.

4 포스코는 '협력사'를 '외주 파트너'로 명칭을 달리 했다. 외주업체에 독립적 인격을 부여한 개념이다. 외주사와의 관계는 제2부에서 분석할 예정이다.

5 포스코는 경영직/기술직으로 직원을 구분해 부르는데, 이 연구에서는 문맥에 따라 관리직/현장직 개념을 같이 쓴다.

로 등극했다. 좋은 신호다.

삼성동 테헤란로에 위치한 포스코 서울사옥이 한몫을 했음에 분명하지만, 지방 근무자들, 특히 광양에 발령받은 젊은 세대는 불만이 많다. 신혼부부는 겨우 시골티를 벗은 광양읍에서 일종의 유배생활을 하는 셈이고, 총각들은 데이트 상대를 찾기 어렵다. 문화생활과 오락을 위해 인근 순천까지 진출해야 하니 일종의 고립감을 느낀다. 35세, 입사 8년 차 관리직 P씨는 고립을 '택했다'고 토로했다. "이젠 대학 동기생들도 연락을 끊었다"고 했다. 동기 모임에 가고 싶지만 서울까지 갈 수도 없다. 그래서 자체적으로 고안한 게 싱글파티single party다. 총각들이 배필을 찾도록 광양시청 여성공무원과 기획한 합동데이트, 이를 통해 더러 부부가 탄생한다고 했다. 포항은 이런 점에서는 좀 사정이 낫다.

해안도시에 격리된 고독한 생활을 버티게 하는 힘은 놀랍게도 공공公共의식이었다. 민영기업이지만 포스코를 감싸 안은 공공의식이 여전히 젊은 사원들의 뇌리에 박혀 있다. 입사 10년 차 N씨는 가족과 함께 아예 광양에 눌러앉았다. 이제 갈 곳도 없고, 갈 수도 없으며, 가서도 안 된다. 입사동기들은 더러 다른 대기업으로 빠져나갔다고 했다. 한국수자원공사나 KT같이 서울 소재 공기업이 주요 타깃이었다.

제가 신입사원 때부터 포스코에 계속 남아 있는 이유도 제철기업이라는 점이죠. 한 가지 이상한 건, 사실 저희는 시총 7위인데, 일본이나 유럽 철강사 중에 기업 시총 7위 하는 데가 없거든요. 포스코는 우리의 산업화에 일조한 회사구나, 그래서 굉장히 윤리적이고, 공기업적인 그런, 공익을 위한 회사라는 사명감이 있어요. 최근 뉴스에서 윤리문제, 뭐 '라면상무' 이런 것들이 나와서 조금 그런데요, 지금도 저는 자긍심, 우리나라 근대화에 기여한 기업이라는 사명의식이 있어요.[6] 입사할 때는 그런 비슷한 느낌이었죠. 그 어떤, 포스코라는 기업문화, 그리고 인지도. 국민들이 굉장히 선호하는 기업, 깨끗한 기업. 그런 것들이 아무래도 다가오죠. 그러다 보니 그때 당시에는 대학생들이 가장 가고 싶은 기업 1위이기도 했고요.[7]

2017년 포스코는 대학생 취업선호도 1위를 회복했다. 설령 순위가 내려가더라도 취업희망자의 마음에는 사명의식에 대한 끌림이 있을 것이다. 사명의식은 '제철보국製鐵報國'이라는 19세기 말 유럽제국의 이데올로기로 소급되는데, 1960년대 '무철국가' 한국의 형편에 꼭 들어맞았던 까닭이다.

'산업화는 철로부터 시작한다'는 역사적 명제를 직시한 통치자가 있고, 그 거대한 명제를 금과옥조로 국가사업을 일으킨 탁월한 지도자가 있기에 가능한 일이었다. 사업수완, 통찰력, 리더십으로 보자면 정주영, 이병철李秉喆 같은 혁혁한 기업인이 존재하지만, 공공의

6　광양제철소 10년 차 N씨 면담기록.
7　광양제철소 10년 차 L씨 면담기록.

식이 등대처럼 돌출된 기업인, 그것도 사리를 취하지 않은 채 오롯이 국부國富를 위해 헌신한 공공기업인은 흔치 않다.[8]

후발국에서 철강산업을 일으키려면 박태준을 수입하라는 '박태준 수입론'은 유명한 일화가 되었다. 박태준 명예회장이 작고하기 전 베트남 국립하노이대학에서 그의 평전 출판기념회가 열렸다. 기념회 특별강연에서 박태준은 '순교자적 희생'을 강조했고, 강연장을 꽉 메운 청중은 역사적 진정성이 실린 그의 충고에 아낌없는 갈채를 보냈다.[9] 업적을 일군 사람의 말은 아무리 사소해도 감동을 주는 법이다.

작가 이대환은 업적은 물론 '인간 박태준'에 꽂힌 사람이다. 대작 《박태준 평전》을 포함해 박태준 관련 서적만 여러 권을 냈다.[10] 현재 포스코가 들어선 영일만 해안 마을에서 유년시절을 보낸 이대환은 22세에 등단한 주목받는 청년작가였다. 고향마을을 쓸어버린 괴

---

8 '민간기업인'과 대비하여 '공공기업인'이라는 용어를 썼다. 국가 재정이 투입된 공기업을 민영기업 이상으로 일궈 낸 최고의 정신이 우선 국부 증식에 있었다는 점에 주목한다. 민간기업의 최고 목표는 자본 축적이다.

9 베트남어로 된 그 평전의 제목은 《철의 사나이 박태준》이다. 이 책은 이대환이 집필한 《박태준 평전》(현암사, 2004)을 번역한 것인데, 2004년 이후 2011년 타계할 때까지 어록과 자료를 보완하여 증보판이 간행되었다. 이대환, 《세계 최고의 철강인 박태준 평전》(아시아, 2016). 이대환은 이 일화를 《태준이즘》(아시아, 2012) 1권 권두 에세이에 소개했다.

10 《대한민국의 위대한 만남, 박정희와 박태준》(아시아, 2015)을 비롯해 《쇳물에 흐르는 푸른 청춘》(아시아, 2006)을 썼으며, 많은 지식인과 교수들이 참여한 《태준이즘》(아시아, 2012) 전 5권을 책임 편집했다.

물 공장에 대한 저항심은 운동권적 신념과 더불어 증오심으로 타올랐다.

그러던 어느 날, 소련과 동구권이 붕괴되던 1990년대 초반 무렵, 그 공장의 지층에 깔린 한국인의 고난과 절규, 그것을 빈곤 탈출의 도화선으로 만든 박태준의 인간 됨됨이와 리더십이 문득 가슴을 파고들었다. 유년시절의 꿈을 깔아뭉갠 그 자리에 새로운 시대를 향한 새로운 꿈의 길이 열리는 듯했다. 그의 소설 쓰기는 일종의 사필史筆로 방향을 전환했다. 베트남 특별강연에 앞서 저자 이대환은 집필 동기에 대해 운을 뗐다.

고난의 시대는 영웅을 창조하고, 영웅은 역사의 지평을 개척합니다. 그러나 인간의 얼굴과 체온을 상실한 영웅은 청동이나 대리석으로 빚은 우상처럼 공적의 표상으로 전락하게 됩니다. … 그를 인간의 이름으로 불러내서 인간으로 읽고, 드디어 그가 인간의 이름으로 살아가게 하는 일, 이것이 전기문학의 중요한 존재 이유의 하나라고, 저는 생각합니다. 11

그는 박태준의 최고 매력을 통속을 거부하는 '정신적 가치'에서 찾았다. 영일만 철거민 출신의 작가에게 박태준은 "연인의 향기처럼" 풍겼다. 12 연인은 묘사할 수 없는 총체적 매혹으로 다가온다. 박태

---

11 송복 외, 《태준이즘》(아시아, 2012) 1권, 이대환의 권두 에세이.

준이 분출한 '정신적 가치'의 우물은 퍼내도 고갈되지 않는 불굴의 무엇이다.

앞에서 얘기한 공공의식, 사명감 같은 개념으로도 다 잡히지 않는 풍요로운 향기를 연구자들은 심층적 논의와 고심 끝에 '태준이즘 Taejoonism'으로 명명했다.[13] 영국의 대처리즘Thatcherism, 미국의 레이거니즘Reaganism은 국가지도자라는 관점에서 흔히 수용되는 용어지만, 일개 공기업의 창립자에게 '~ism'을 붙여도 되는가?

'가능하고 또 의미 있다'는 것이 송복 교수의 결론이다. 그러나 '태준이즘'이 정확히 무엇을 지시하고 포괄하는지에 대해 많은 논의와 해석이 필요하다. 포스코 사람들이라면 이런 갈증을 더욱 느낄 법하다. 그래서 '창업정신'에 더하여 '플러스알파$^{+\alpha}$ 리더십'이라 일단 확장해 놓고, 이 플러스알파에 적합한 정신적 요소들을 찾아내는 방법도 동원되었다.[14] 그런데 어떤 장엄한 개념과 가치를 적어 넣어도 갈증은 쉽게 가시지 않는 게 '태준이즘'의 특성이다. 깊이와 폭, 울림이 남달라서다.

그렇다고 해도, 대처리즘과 레이거니즘처럼 문제의식과 출발점은 분명하다. 공公의식이다. 창업요원 사이에 끊임없이 샘솟았던 공의식의 공유다.

---

12 위 책, 29쪽.
13 송복, "특수성으로서의 태준이즘 연구", 《태준이즘》(아시아, 2012) 1권.
14 포스코경영연구소, 《위기극복의 길, 포스코에서 찾는다》, 2009.

"우리는 단순히 봉급만을 위한 회사 고용인이 아니다. 포항제철 직원이 되는 순간부터 우리는 국민에게 봉사하는 공인公人이 된 것이다."[15]

후진국 한국에 절실했던 많은 유형의 공적 가치들, 시대가 요청했던 리더십의 덕목들, 정치적 시기와 모략을 물리친 과묵한 행보와 결단의 복합체는 공의식이라는 씨앗에서 잉태되었다. 그 복합적 가치망은 창업요원 34명이 만들어 낸 앙상블이었고, 그 파란만장한 앙상블의 총체적 지휘자가 박태준이었다. 포스코는 그 앙상블의 지층을 딛고 우뚝 섰다. 그 앙상블의 의미는 날로 갱신돼 한국사회와 포스코 사람들에게는 이른바 '성스런 경험 지층地層'이 되었다.

박태준 명예회장이 포스코를 떠난 1992년 이후 그 경험지층은 포스코가 기댄 버팀목이었다. 카리스마의 빈자리는 크다. 박태준 부재의 공간에서 포스코는 내우외환에 시달리면서도 성장과 변신을 거듭했다. 영일만과 광양만 후배세대가 현실적 난관에 봉착할 때 그 경험지층은 급기야 '성스런 천개sacred canopy'로 승화됐다.

성스런 천개天蓋는 일종의 신앙이다. 근거 없는 신심은 사교邪敎가 되기 일쑤지만, '태준이즘'은 이야기와 흔적과 업적이 분명한 실증적 근거를 확보한 작은 신앙이다. 그 성스런 경험지층에 담긴 '정신적 유산遺産'과 그 유산에서 발아한 '제도적 자산資産'이 여전히 빛을 발하고 있다.

---

15 1976년 7월 3일, 임원간담회.

감동스린 정신유산과 풍부한 제도자산을 소유한 포스코 사람들이 행복하지 않을 수 없는 이유다. '행복의 일상화'가 그것이다. 자, 그렇다면 이 유산과 자산 속으로 한번 들어가 보자. 외부인이라면 더 잘 보일 것이다.

이 장에서는 먼저 '유산'을 살펴보려 한다. 전제가 있다. 정신적 유산은 처음부터 정립된 어떤 분명한 개념이 존재하는 것이 아니라 과정과 관계 속에서 형성되어 차츰 모양새를 갖추는 복합적 가치망價值網이라는 사실이다. 이런 추상적, 관념적 특성이 가시적, 실증적 제도자산과 다른 점이다. '정신적 유산'은 이야기story에 배태되어 인식을 지배하고, '제도자산'은 행동양식과 질서를 조직한다. 그렇다면 창업요원 34명이 만들어 낸 초기의 앙상블에서 정신적 유산의 씨앗을 찾아보기로 하자.

시원始原의 드라마

분업학습의 드라마

인간은 가족을 떠나서는 살 수 없다. 자신의 출생 비밀과 타고난 성정이 거기에 숨어 있다. 자신의 자화상自畵像, 현재 삶의 양상을 설명해 주는 발원의 조각들이 가족사에서 발견된다는 것은 이상한 일이 아니다. 여기에 재구성하는 포스코의 정신적 유산도 포스코가 발원한 그 시절 속에 숨어 있다. 다른 기업과 견줄 수 없는 기가 막힌

드라마다.

창업요원 34명은 어떻게 모였을까? 예외 없이 박태준의 활동반경에 놓여 있던 사람들이다. 군대 시절에 인연을 맺은 사람들, 대한중석 사장 시절 임직원들, 그리고 박태준의 '절친'들, 예를 들면, 윤동석 서울대 교수와 이한빈李漢彬 전 부총리가 추천한 사람들이었다. 주류는 당연히 영관급 장교 경력을 가진 대한중석 임직원들이었다. 장교라고 해서 육군사관학교나 갑종군사학교 같은 장교 양성과정을 이수한 사람들이 아니라, 서울대를 비롯한 명문대를 진학한 민간 엘리트들이었다.

출생연도는 1927~1935년, 포항종합제철이 주식회사 체제로 출범한 1968년 4월 1일에는 대체로 30대 중후반의 젊은 나이였다. 박태준의 부탁을 받고 동참한 공군 예비역 대령이자 대한중석 이사 고준식은 1921년생, 당시 나이 47세로 창업요원 중 최고 연장자였다.

"같이합시다"라는 굵직한 한마디가 그들의 인생을 결정했다. 재무담당 황경로는 서울대 정치학과에 다니다 육군 소령으로 전선을 누볐다. 예편 후 일단 1년만 돕다가 자신의 사업으로 복귀할 예정이었지만 한번 닿으면 헤어 나오지 못하는 박태준의 촉수에 걸려 포스코에 평생을 바쳤다.

서울대 영문과를 졸업하고 육군 대위로 종군했다가 대한중석 업무부장을 지낸 안병화도 어느 날 박태준의 부름을 받고 두말없이 짐을 쌌다. 서울대 금속공학과를 나온 장경환은 대한중석에 근무하다가 합류했고, 입담 좋은 사나이 이상수도 서울대 화공과를 졸업, 대한중석을 다니다 박태준의 부탁을 거절하지 못했다.

국민대 법대, 서울대 행정대학원을 졸업한 홍건유는 대한중석 자재관리과장을 지내다 1968년 2월 박태준의 전화를 받았다. 그냥 유네스코회관으로 가보라는 권유였다. 제철소 추진위원회가 입주한 그곳으로 아무 말 없이 갔다. 그게 포항제철소 토목공사 대업을 담당하게 된 시발이었다.

서울대 토목공학과를 나와 외국 석유회사 부사장으로 일하던 정명식도 1969년 가을 박태준의 제안을 받았다. 그 좋은 직장을 접었다. 고로담당 한경식은 전남대 전기공학과를 나와 대한석탄공사에서 실력을 쌓았다. 석탄 전문가가 필요했던 박태준은 수소문 끝에 그를 찾아냈다. 한경식이 포항 모래벌판 '롬멜하우스'에서 입사신고를 한 것은 불과 며칠 후였다.

1968년 4월 1일, 서울 유네스코회관 3층, 포항종합제철소 창립식에 나타난 창업요원들은 박태준의 요청에 아무 조건 없이 화답한 사람들이었다. 박정희 대통령이 제철소 건립 의지를 강력하게 표명하기는 했지만, 자금과 계획, 기술과 인력, 그 어떤 것도 확보하지 못한 상황이었다. 단지 서방 5개국으로 구성된 KISA(대한국제제철차관단)의 지원 약속이 일종의 보증 역할을 할 뿐이었다.[16] 앞으로

---

16 KISA(Korea International Steel Associates). 미국, 영국, 독일, 이탈리아, 프랑스 5개국 8개 철강사로 구성된 차관단을 지칭한다. 차관단은 포항을 둘러보고 세계 철강업체의 상황을 검토한 후 차관계획을 철회했다. 당시 한국이 제출한 계획은 기술적 수준에 비춰 무모하다는 게 이유였다.

1969년 포항제철소 부지조성공사 현장

건설사무소 '롬멜하우스' 전경

의 일을 누가 알랴, 무슨 일이 닥칠지. 따지고 보면 무모한 사람들이었다. 가진 게 없어 무모했고, 뭔가 해야 했기에 무모했다.

1970년 4월 1일, 해안의 거친 바람이 불었던 그날, 박정희 대통령과 박태준 사장이 착공식 버튼을 눌렀다. 파일 항타 굉음이 모래사장으로 퍼져 나갔다. KISA의 배신을 질타하듯 압착기가 파일을 박았다. KISA 차관 대신 겨우 마련한 대일청구권 자금에 기어이 보답한다는 창업요원들의 결기가 지층을 뚫고 암반에 닿았다.

첫 파일을 박은 자리는 수송과 설비담당 안덕주가 야하타八幡제철소를 방문해 일본자문단JG 아리가 단장과 협의한 끝에 점지한 지점이었다. 어디서 시작해야 할지, 전체 레이아웃을 어떻게 그려야 할지를 구상하는 과정과 건설과정이 동시에 진행됐다.

철거된 마을의 잔해에서 연기가 피어올랐다. 홍건유, 안병화, 이원희는 1,200여 가구의 철거작업을 마무리하느라 눈코 뜰 새가 없었다. 창업요원 중 착공식에 참석한 사람은 몇 안 됐다. 모두 자신이 맡은 업무에 매달려 더러는 일본 연수로, 더러는 작업현장에서 고군분투했다.[17]

창립식 이후 착공식까지는 '분업학습divisionary learning'의 시기였다. 제철소의 큰 그림을 아는 사람이 거의 없었던 그때, 요원들은 일본

---

17 후술하는 내용은 두 권의 책을 주로 참조했음을 밝힌다. 창업요원들을 인터뷰해 쓴 책, 이대환, 《쇳물에 흐르는 푸른 청춘》(아시아, 2006) 과 포스코 '94 클럽'의 수기인 《영일만의 추억》(푸른물결, 2013) 이 그것이다. 그리고 포스코 '뉴스룸'과 〈포스코 투데이〉 '우리들의 이야기' 연재물도 참조했다.

의 제철소를 수시로 들락거렸다. 건설본부를 맡은 백덕현, 이상수, 유석기는 400만 톤 조강능력을 보유한 히로하타廣畑제철소를 눈으로 베꼈고, 무로란室蘭제철소의 레이아웃을 꼼꼼히 살폈다. 기본기술계획PE에 따라 우선 건설하기로 한 열연공장의 설비구입 사양을 논의했다.

재무담당 노중열은 KISA 차관이 취소된 이후 자금마련과 설비구매를 위해 백방으로 뛰었다. 이상수, 이재옥, 이원희는 한 팀을 이뤄 중후판공장 설비공급을 맡은 오스트리아 푀스트알피네Voestalpine 사로 날아갔다. 푀스트알피네는 맨손으로 달려드는 한국의 젊은 친구들을 '이씨 3형제'로 불렀다. 이원희, 이상수가 여러 업무를 동시에 추진한 것처럼 당시 창업요원들은 이른바 '전방위 분업체제'였다.

노중열은 자금담당 최주선과 함께 고준식을 보좌해 국회의원을 설득했고, 은행장을 만나 자금제공을 요청했다. 승용차 트렁크에는 과일상자가 그득했다. 건설소장을 맡은 박종태는 김영환, 신상은, 김택동과 함께 곰솔 살리기 작전에 골머리를 앓았다. 농대 출신 원윤재가 녹화기본계획을 짰다. 해송海松 이식작전을 전개해 1만여 그루의 소나무를 친환경제철소의 파수꾼으로 살려 냈다.

최연소 창업요원 여상환은 기획담당 황경로의 보좌역이었다. 100만 톤 조강 제철소에 필요한 적정 인력을 구상하라는 박태준 사장의 지시에는 고려대 법대, 서울대 행정대학원을 나온 그도 막막했다. 야하타제철소로 날아갔다. 외국 전문가들은 1만 2천~1만 4천 명 정도를 귀띔했다. 그는 연구에 착수해 4천 명가량의 인력이 적정하다고 결론지었다. '4직계, 64직종, 328직무, 총 4,268명'이었다. 포스코 고유의 직무체계와 인력체계가 탄생했다.

서울대 금속공학과를 졸업한 권태협의 첫 업무는 제선 분야 '원료, 소결, 코크스'의 생산공정과 공급처를 결정하는 것이었다. 그는 무로란, 가마이시釜石제철소로 날아가 정보를 수집했다. 환경오염도 문제였다. 원료저장소에서 철광석과 석탄가루가 날리는 것을 방지할 대책도 꼼꼼히 살폈다. 마을 철거작업은 그런대로 진행되었지만, 19년 동안 고아원을 운영했던 예수성심수녀회의 수녀원은 여전히 문제였다. 건설담당 심인보, 박종태는 신부님을 설득해 결국 동양 최대의 수녀원이 철거됐다.

심인보는 공정관리실장을 겸했는데, 안덕주의 아이디어로 "공정상황"을 만들어 매일 회람했다. 창업요원들이 어디서 무슨 일을 하는지가 한눈에 파악됐다. 창업요원 간 긴밀한 정보네트워크가 만들어지는 순간이었다. 여상환은 창업요원들과 신입사원들, 현장직 사원의 소식을 담은 사보 〈쇳물〉을 발간했다.

착공식을 전후해서 일본, 호주, 오스트리아에서 인수하고 돌아온 누적 횟수는 600여 회를 헤아렸고, KISA와의 협상, 일본고문단과 설비 및 자재구매 협의, 자금조달 협상을 위해 긴급 출장을 다녀온 총 인원은 헤아릴 수 없을 정도다. 그들은 밤낮없이 뛰었다. 제철소의 종합적 구상도를 가슴에 품고 말이다. 분업학습의 본부, 구상과 건설의 동시적 과정을 총괄한 사령실은 '롬멜하우스'였고, 사령관은 박태준이었다.

말하자면, 미친 사람들이었다. 불가능에 도전한 사람들의 경험 바닥에는 6 · 25전쟁이 있었다. 전장에서 생환해 새로 얻은 인생, 덤으로 얻은 인생을 바쳐야 할 대상이 포항 모래밭에 있었다. 미친 듯이 달려든 '전방위 분업'을 연소시킨 에너지원은 전우애, 조국애였다. 그럴 능력을 갖춘 엘리트였기에 가능했고, 34명의 미친 요원을 진두지휘한 리더십이 있었기에 가능했다.

황경로 전 회장이 회상에 잠겼다.

대학 공부하다가 1 · 4 후퇴 때 할 수 없이 장교로 들어갔지. 장교 들어가서 소대장 노릇을 열심히 했어요. 이 전쟁에서 내가 살아서 나갈 수가 없다고 판단해서. 그 전방에서. 난 빽도 없고, 내가 죽어야 여기서 끝나겠지, 그러니까 매일 공격하고 몇십 명 죽고, 아침에 보면 저녁에 없고. … 그런데 살아남았거든. 요새는 덤으로 살았다고 그래요. 많이 죽었죠. 친구들 18명이 갔는데 다 죽었으니까. 두 사람 부상당하고, 나 하나 남고 다 없어졌대요. 그러니까 나는 덤으로 남은 건데 … 무슨 일을 못 하겠어요.

근데 처음에 우리도 이게 성공을 할지, 사실 의문을 가지고 있었다고. 68년 말에 KISA로 최종 확인하러 갈 때, 박태준 사장이 나보고 그러는 거야. "야, 회사 해산하면 어떻게 되는지 미리 생각해 두라"고. 그런데 세계 1등으로 올라설지 누가 꿈이라도 꿨겠어요. 다 미친 사람들 덕분이지. … 18

외국 제철소를 꼼꼼히 살펴본 창업요원들의 연수경험은 일단 제품을 생산해 내는 '하공정downstream'을 먼저 구축하는 전략으로 모아졌다. 고로를 필요로 하는 제선, 제강 공정(상공정upstream)은 기술적 난관이 너무 많기 때문에 슬래브를 수입해 일단 제품을 생산하는 것이 전략적으로 타당하다는 결론에 도달했다. 대일청구권 자금을 갚아야 한다는 채무의식과 제품생산으로 수익을 올리면 부정적 국내 여론을 잠재울 수 있다는 계산도 작용했다.

1972년 7월 31일, 같은 달 4일 준공된 중후판공장에서 유류저장 탱크용 중후판이 생산됐고, 그해 10월 열연공장에서 강판이 선을 보였다. 호주에서 긴급 조달한 슬래브로 만든 강판은 한 달 뒤 수출 수송선에 실렸다. 미국으로 가는 수송 선박이었다. 여론은 호전됐다. 남은 문제는 상공정을 완료하는 것이었다.

석탄 전문가 한경식이 투입됐고, 1고로 공장장 조용선은 설비구매차 일본과 한국을 드나들었다. 무엇보다 고로 전문인력이 부재하다는 게 문제였다. 있다 해도 주물공장 화공 경험이 전부였다. 시공을 어떻게 하는지, 내화벽돌을 어떻게 쌓는지 아는 이도 없었고, 코크스와 소결광을 적정량 주입하는 컨베이어벨트, 열풍을 불어넣는 풀무의 생산과 조작 기술도 낯설었다.

그런 가운데, 롬멜하우스의 결정이 내려졌다.

'고로 화입火入 1973년 6월 8일.'

---

18 황경로 전 회장 면담기록.

고로 잔炎공사 비상사태가 선포됐다. 고로 건설대원들은 고소공 포증을 극복하지 못한 상태였다. 그들은 형산강 철교 위에서 유격훈 련을 받았다. 철교에서 떨어지면 목숨은 건지지만, 100미터 고로에 서 떨어지면 그날이 끝이다. 유격훈련은 대원들의 고소공포증을 씻 어 줬다.

포스코에 전설처럼 얘기되는 '우향우 정신'과 '돌관突貫작업'이 위 력을 발휘했다. 일단 정해진 공기목표를 맞춰야 한다, 그렇지 못하 면 모두 '우향우' 해서 영일만에 빠져 죽는다는 것. 죽음도 불사한 작업, 조상이 치른 식민지 고통을 보상하는 청구권 자금을 허투루 쓸 수 없다는 역사적 사명감의 발로다. 돌관작업은 우향우 정신을 실행하는 수단이다. 공기를 맞추지 못하면 자금훼손이 발생해 원가 상승과 경쟁력 하락을 초래한다. 무슨 일이 있어도 공기는 단축해야 한다!

열연공장 가동식을 며칠 앞두고 열연비상을 선포한 지휘부도 불 을 환하게 밝힌 작업현장에 나와 레미콘차를 독려했다. 제1고로, 지금은 '민족고로'라 불리는 대한민국 최초의 고로를 목표일에 완공 하기 위해 모든 임직원들이 야간작업에 돌입했다. 빨간 안전모를 쓴 박태준도 현장을 지켰다. '공사는 공기단축, 조업은 예비점검'이라 는 포스코 특유의 집념이 여기서 발원했다.

이윽고 고로 잔공사 500여 개가 완료되자 6월 8일 10시 30분 박태 준은 붉은 화염을 고로 속에 집어넣었다. 모두 숨을 죽인 채였다. 다음 날 새벽 7시 30분, 한국 철강 역사상 최초로 황금빛 쇳물이 터

1973년 6월 9일 새벽, 첫 출선 순간에 만세를 부르는 박태준 사장과 임직원들

져 나왔다. 일관제철소가 완성되는 순간이었다. 한경식과 조용선은 서로 부둥켜안고 울었다. 너나없이 외치는 만세 소리가 고로공장을 가득 메웠다.

창업정신의 원형질(DNA)

전쟁에서 생과 사를 넘나든 창업요원들, 전후 폐허와 극단적 빈곤을 체험한 창업요원들은 세 가지 공통적 덕목을 갖고 있었다. 이것이 포스코 창업정신의 DNA이자, 정신적 유산의 씨앗이다.

첫째, 열망熱望, aspiration이다.

열망은 성취동기다. 한국인의 성취동기는 세계적으로 유명하다. 누구나 계층상승을 꿈꾼다. 하층민일수록 자식들의 교육에 투자한다. 논 팔고 소 팔아 자식교육에 올인 하는 한국인을 따를 민족이 없다. 전통사회의 신분차별이 하층민의 서러움과 한을 쌓았기 때문이다. 전통사회에서 사농공상士農工商의 신분적 차별이 엄격하기론 일본도 마찬가지였지만, 한국은 신분이동의 사다리가 마련되어 있었다는 점이 다르다. 학문과 배움, 그리고 과거제도가 평민들에게도 얼마간 열려 있었다.

계층이동이 엄격히 제한된 일본에서는 자기 직분에 충실하는 것, 자기 직업에서 최고가 되는 것을 지향했다. 농민이 사무라이가 되는 일은 양자로 가는 길 외에는 허용되지 않았다. 스시 장인, 우동 장인, 사케 장인이 그래서 태어났다. 한국의 농민은 자신의 직분을 넘고자 했다. 부지런히 일해서 부자가 되거나, 족보를 사고 벼슬을 사서 기어이 신분상승을 꾀했다. 부정적 폐해도 속출했지만, 열망의 긍정적 효과는 그 자체로 사회발전의 동력이 되었다.

한국인에게 보편적인 이 열망인자는 6·25전쟁 후 위력을 발휘했다. 폐허 위에 무엇인가를 건설하고 국부를 축적해야 한다는 오기가 발동했다. 식민지민의 한을 푸는 방법이자 도약을 향한 새로운 각오였다. 포항에 모인 34명의 창업요원들도 그랬다. 자신의 영달도 중요했지만, 모두 대학을 나온 엘리트로서 한국사회의 재건을 위해 뛰어야 한다는 욕망과 사명감은 평범한 서민들보다 더 타올랐을 것이다. 그렇지 않고서야 한 번도 본 일이 없고 대학에서도 건성으로 배웠을 제철소 건설에 감히 뛰어들었겠는가? 뭔가 해낸다는 한국인의 기질에 당시 엘리트 그룹이 불태웠던 산업화 의지가 합처저 대역사大役事가 만들어졌다.

둘째, 공公의식이다.

국가가 기획하고 만든 기업이 포항제철소의 태생적 본질이다. 비록 상법상으로는 주식회사 형태로 출발했으나 국가가 기획하고, 정부가 지원하고, 국가적 차원에서 추진된 공기업이다. 그래서 민간기업과는 달리 포항제철소에 취직하는 순간부터 공인公人이 된다.

최고의 공인은 국가다. 더욱이 죽어야 할 전장에서 생환한 전후의 삶은, 말하자면, 덤이다. 제2의 인생이다. 얻을 것은 죽음밖에 없는데 무엇을 두려워하랴. 죽기 살기로 덤비면 모래사장 위에 제철소 하나 세우지 못하랴. 아무것도 가진 것이 없는 그들의 빈손엔 산업화라는 새로운 전쟁을 치르는 군대 소환장이 들려 있었다. 앞에서 언급한 '순교자의 희생정신'이 지칭하는 정신이기도 하다.

공의식은 멸사봉공의 애국심과 일치한다. 그들은 제 2의 인생을 시작하면서 사私를 묻고 공公에 헌신한다는 각오를 새겼다. 전쟁과 빈곤의 기원은 조선 말기 혼란상과 지배집단의 부패, 그리고 조국 관념이 부재한 국민적 무지에 있었음을 깨달은 사람들이다.

신채호가 '애국하는 국민'을 외쳤을 때는 이미 일제에 나라가 넘어간 후였다. 일본은 1900년에 이미 제철소를 세워 제국 행진의 대열에 끼었음을 알고 있었다. 그리하여 제철보국, 조국근대화는 비장한 애국심 위에 기초해야 한다는 신념을 내면화했다. 최상위의 공公은 조국에 대한 헌신이다. 애국심이야말로 당시 최고의 민간 엘리트 집단이 지향할 최선의 가치였다. 박태준 회장의 좌우명 "짧은 인생을 영원 조국에"처럼 그들은 제 2의 인생을 조국에 바칠 정신무장이 일찌감치 된 사람들이었다.

셋째, 은恩의식이다.

이는 조상이 치른 희생의 대가로 받아 낸 돈, 대일청구권 자금에 대한 채무의식이다. KISA 차관이 취소되자 실의에 빠진 창업요원들을 구제한 그 막대한 자금 1억 2천만 달러는 지금 가치로 계산하면 수십조 원을 훌쩍 넘는다. 1970년 당시 1인당 국민소득은 겨우 254달러에 불과했고, 1억 달러 수출 달성을 축하한 정부 기념식이 그 몇 년 전인 1964년도에 열렸을 정도였다.

일본이 피해보상 차원으로 약속한 대일청구권 자금은 모두 6억 달러였으니, 포항제철소가 공여받은 그 자금은 피에 젖은 돈이었다. 여기에 국가재정이 투입됐다. 포항제철은 당연히 공인이자 채무자였다. 가난한 국가와 한 맺힌 역사에 대한 보은報恩의식이 창업 요원들을 숙연하고 비장하게 만든 것은 당연한 이치였다.

일본 전문가인 루스 베네딕트Ruth Benedict는 저서 《국화와 칼》에서 보은의식을 일본인의 배타적 정신요소로 지목했다.[19] 일본인들은 태어날 때부터 누구에겐가 은혜를 입었다는 생래적 관념을 갖는다는 것이다. 부모에 대한 은恩의식은 회사 고용주에게로 투영되고, 급기야 국가로 전이된다. 천황이 숭배되는 이치이다.

보은의식은 의리義理와 의무義務로 구성되는데, 좋건 나쁘건 생래적으로 맺은 인연을 소중하게 생각하는 것이 의리이고, 그 의리에 대해 부채를 갚는 것이 의무이다. 그 의리가 생래적으로 나쁜 성격의 것이라면, 그에 따른 의무는 딜레마에 부딪힌다. "노!"라고 말할 수 없다. 그런데, 포항제철소 창업요원들이 졌던 채무의식, 즉 의무는 조상의 핏값을 보상해야 한다는, 그야말로 누구도 거역할 수 없는 당대의 성스런 과제였다. 의리와 의무가 서로 상승작용을 했다.

열망熱望과 공의식公으로 무장한 창업요원들의 정신세계에 역사적 성격의 보은의식恩이 투여되자 이른바 망望─공公─은恩 간의 화학작용이 일어났다. 매우 독특하고 고유한 포스코의 정신적 자계磁界가 창출됐다. 원래 열망과 보은에는 사적 욕심이 들어 있는 법이다. 자

19 루스 베네딕트(김윤식·오인석 역), 《국화와 칼: 일본 문화의 틀》, 을유문화사, 1974.

신의 영달榮達이 그렇고, 자기와 특수 인연을 맺은 자에 대한 의리義理가 그렇다.

그런데 공公이 중심에 서자 망과 은의 사적 성격은 탈색되고 모두 공적 성격으로 변했다. 공이 망과 은을 끌어들여 매우 강력한 공공의식의 자장磁場이 형성된 것이다. 그것은 실력과 능력, 지혜와 덕망을 겸비한 도덕적 공동체였다. 그 마을의 촌장은 부정, 비리, 불법, 탈법, 태만, 나태, 부패, 담합, 포기, 체념, 보복, 증오 같은 온갖 부도덕과 불합리한 정서를 쫓아낸 박태준이었다.

포스코의 정신적 원형은 그렇게 만들어졌다. 매우 강력한 도덕적 사단이자, 매우 과감한 판단력과 실천력을 겸비한 독전대였다. 말하자면, '도덕적 실천 공동체moral and practical commonwealth'였다. 그러니 성공하지 않을 리 있겠는가?

창업요원들도 자신들이 모르는 사이 어떤 성격의 공동체를 만들었는지 잘 이해되지 않을 것이다. 빈손으로 그 거대한 제철소를 어떻게 만들었는지 의아해할 것이다. 그들이 창출한 포스코의 정신적 원형은 세계기업사에서 전무후무한 사례다. 포스코 사람들 가슴속에 각인된 정신적 원형을 '가치삼각형value triangle'이라 부르자. 이를 그림으로 보면 〈그림 3-1〉과 같다.

타 기업이 절대 흉내 낼 수 없는 요소가 바로 중심을 차지하고 있는 공의식의 결정체 국가다. 공의식은 망과 은을 끌어들이고, 서로 상승작용을 해서 독특한 정신적 자장을 형성해 간다. 그 정신적 자

〈그림 3-1〉 포스코의 가치삼각형 (Value Triangle)

장은 작업현장의 성격에 따라, 주어진 업무목표에 따라 변화무쌍하게 형질을 바꿔 가지만, 항상 공의식이라는 가치관과 피가 통한다. 때로는 망과 은이 섞이고, 어떤 때는 공과 은이 섞이면서 정신적 자장의 내적 성격이 진화한다.

이것이 롬멜하우스에서, 공정회의에서, 조찬회의와 임시회의에서 확인되고 공유된 가치관이다. 오늘날 포스코에 유증된 정신적 유산은 이로부터 출발한다.

정신적 자계磁界의 확장

구조화된 신념

'문文'의 나라 조선의 정치는 학파 간 경쟁이었다. 하늘의 이치, 즉 천리天理와 천명天命을 어떻게 해석하는가를 두고 경합했다. 그 해석은 조선의 지배구조와 직결되었다. 왕권과 신권을 구분하고, 사대부가 평민의 정신세계를 관할하는 지식정치였다. 지식 체계와 원리는 학파마다 차이가 있었다. 학파의 원리가 보완적 관계에 놓일 때에는 태평성대를 구가했지만, 서로를 이단異端으로 몰면 적대적 붕당정치로 변질되었다.

이理와 기氣의 관계를 두고 조선시대 내내 대립했던 주리론과 주기론의 경합이 그것이다. 이가 기를 다스리는가, 아니면 기에서 이가 발현되는가? 오늘날의 용어로 풀면, 관념론과 현실론의 대립이었다. 이퇴계의 주리론과 이율곡의 주기론은 결국 접점을 찾지 못하고 남인과 노론 간 격렬한 당쟁을 촉발했으며, 이는 조선 후기에 접어들면서 우암 송시열의 후예인 노론의 정권 독점으로 마감되었다.

정신적 중핵이란 이런 것이다. 공, 망, 은이라는 3원소元素로 구성된 정신의 원형질, 우리가 앞 절에서 그림으로 본 '포스코의 정신적 중핵'은, 그러나 조선시대 붕당정치처럼 서로 격렬하게 다투는 성격의 것이 아니다. 다퉈야 할 대상도 없다.

이런 유형의 정신적 원형질을 배태한 기업은 적어도 한국에서는 찾아보기 힘들다. 여타의 재벌기업들, 예를 들면 삼성, 현대, 롯데의 경우 이런 정신적 중핵이 있다면 대체로 재벌 오너의 인격 및 기업형성 과정과 관련 있다. 돌다리도 두드려 가는 삼성, 일단 돌격하는 현대, 배수진을 치고 시장의 빈틈을 공략하는 롯데의 성향 속에서 설립자의 인품을 발견하는 것은 그리 어려운 일이 아니다. 그로부터 각 재벌기업 임직원들이 가슴에 품고 있는 정신적 중핵을 그려 볼 수 있을 것이다. [20]

여타의 재벌기업과 포스코를 구분하는 가장 큰 특징은 역시 공公의식이다. 취업과 동시에 스스로를 공인으로 규정하고 그 가치관에 맞춰 행동과 판단을 간추려 나가는 보편적 행태는 일종의 습속習俗, folklore이 되었다.

습속이란 어떤 공동체가 오랜 기간에 걸쳐 자연스럽게 형성한 사고와 행동양식을 일컫는다. 외부인이 그 공동체의 일원이 되었을 때 자연스레 수용하고 내면화하게 되는 강력한 코드다. 프랑스의 사회학자 알렉시스 드 토크빌Alexis de Tocqueville이 1830년 미국을 방문했을 당시 놀라움을 금치 못했던 미국인의 '마음의 습관'이 바로 마을 자치였다. 국가는 없었고, 마을 주민들이 모든 사태를 논의하고 해결했다. 보안관을 뽑아 치안을 맡겼고, 마을 공동체의 자치규율을 법제화하여 모든 성원이 준수하도록 했다. 이것이 미국 민주주의의 모태이자 가치관의 중핵이다. [21] 거의 190년이 지난 오늘날에도 미

---

20 현대의 경우 필자의 저서 《가 보지 않은 길》(나남, 2017)을 참고하면 좋다. 현대 임직원은 '파이팅 정신'(fighting spirit), 즉 열정과 도전정신이 돋보인다.

국 민주주의의 바탕에는 자율통치의 가치관이 깔려 있다.

이런 관점에서 포스코의 정신적 중핵은 토크빌적 의미에서 '습속'에 해당한다. 현대적 용어로는, 오랜 기간 변하지 않고 구성원의 사고와 행동에 지대한 영향을 미치는 저변의 가치관, 즉 '구조화된 신념structured belief'으로 개념화할 수 있겠다. 22 가치관의 가장 저변에 위치해 어지간해서는 변하지 않고, 상황변화에 따라 돌발하는 쟁점들을 마치 위성처럼 거느리면서 그 방향으로 수렴해 가는 강력한 자장이다. 공公을 중심으로 망望과 은恩이 융합해 만들어 내는 강력한 자계磁界는 장기근속자는 물론 저근속자의 마음을 사로잡는다. 23

저희가 창립 때부터 선배님들의 포스코 정신을 노래로 했는데 최근에 광양제철소 30년이 되지 않습니까. 30년을 기념해서 선배님들의 정신을 다시 한 번 되새기자는 의미로 사가社歌를 이렇게 틀어요. 전체 고로에, 소결공장과 원료공장까지 사가를 직원들이랑 들을 수 있도록 하고 있습니다. 우리 직원들 하는 얘기가, 이 사가를 들으면 뭔가 대단한 의지를 느낄 수 있고 선배님들의 혼을 느낄 수 있어서 일을 제대로

---

21 Alexis de Tocqueville, *Democracy in America*, J. P. Mayer ed., New York: Harper & Row, 1969. 이런 관점에서 한국사회의 평등주의를 분석한 연구로 송호근, 《평등주의, 한국인의 마음의 습관》(삼성경제연구소, 2004) 이 있다.

22 구조화된 신념에 대해서는 러셀 달튼(서유경 역), 《시민정치론: 선진산업민주주의 국가의 여론과 정당》, 아르케, 2010 참조.

23 '정신적 자계' 용어는 이대환의 앞의 글에서 빌려 왔다. 이대환은 박태준의 개인적 신념의 자계를 중심에 놓았는데, 이 글에서는 창업요원 전체의 정신구조를 의미하는 포괄적 용어로 썼다.

해야 되겠다는 생각을 하게 된다고 해요. 저도 마찬가지입니다. … 저는 박태준 회장을 신적으로 존경하는 사람이기 때문에 저 사가를 들으면 항상 박태준 회장이 생각납니다. 만세 부르시던, 1고로에서 쇳물 나올 때 만세 부르시던 … . 24

저는 이제 정비부서에 있다 보니까, 설비사고나 좀 큰 사고가 나면, 실제 포스코 사람들이 그거를 해결하기 위해서 응축된 힘을 발휘한다는 걸 느껴요. 그걸 많이 느껴요. 각자의 자리에서 역할을 하면서 문제를 해결하는 걸 볼 때, '아, 내공이 있다' 그런 느낌을 많이 받거든요. 실제 보면 '과연 이게 될까?' 이런 생각을 하는데, 정해진 그 시간 안에 그 문제를 딱 해결해서 다시 공장을 가동할 때 보면 '아 진짜 대단하구나' 그런 느낌을 받을 때가 많이 있습니다. 25

광양 제1고로에 들어서자 포스코 사가社歌가 울려 퍼졌다. 필자에게는 〈새마을 노래〉처럼 들렸으나 50대 초반의 고로반원은 사뭇 고무된 표정이었다. "저걸 들으면 힘이 난다"고 했다. 사실 필자에게도 알 수 없는 힘을 불러오는 듯했다. 그의 뇌리에는 박태준 회장의 초상이 걸려 있다. 선배들의 위패를 가슴에 모시고 있다. 이게 정신적 중핵이고 구조화된 신념이다.

---

24 광양 1고로 20년 차 L씨 면담기록.
25 포항 제강공장 10년 차 U씨 면담기록.

30대 후반, 10년 차 관리직 사원에게도 그 정신적 중핵이 어른거리고 있다. 50대 초반의 고로반원처럼 그의 가슴에 초상화가 걸려 있는 것은 아니지만, 현장의 협력체계가 뿜어내는 '응축된 힘'에서 그 구조화된 신념의 위력을 느낀다.

몇 년 전, 제강파트 전로 밑 거미줄처럼 얽힌 전기설비에 불이 났다. 설비가동이 불가능한 상태였다. 전로 하나가 서면 제철소 생산성의 15%가 단번에 날아간다. 엄청난 사고였다. 복구기간을 최대 6개월까지 전망했다. 그런데 두 달 만에 복구했다. 돌관작업이었다.

전로라는 설비는 제강부 설비인데 워낙 범위가 커서 그런 것도 있었겠지만, 제철소 내 모든 부서들이 있지 않습니까. 저, 압연부서부터 스태프부서들까지 조를 짜가지고 전부 다 왔어요. 그래 가지고, 복구를 한 7주? 8주 그 정도? 24시간을 하루도 안 쉬고, 모든 직원들이 다 그렇게 했거든요. 비상대책위원회 세워서 치킨 사다 나르고, 물 사다 나르고, 그렇게 하면서 거기서 자고 복구해 냈어요. 나도 놀랬어요. [26]

포스코이즘(Poscoism)

정신적 중핵은 시간이 갈수록 확장을 거듭한다. 세계시장이 변하고 철강산업의 세계적 구조조정이 빠르게 진행되는 상황에서 포스코는 경영 유연성과 제품 다양화를 시도하지 않을 수 없다. 그때마다 이

---

26 광양 제강공장 11년 차 P씨 면담기록.

정신적 중핵은 스스로 대응력과 적응력을 키워 영역을 확장해 나간다. 상황 타개를 위한 새로운 가치관의 요소들이 부가되는 것이다. 말하자면, '태준이즘'의 진화다.

송복 교수는 '태준이즘'을 고유의 사상思想 반열에 올려놓으면서 순명殉命, 대성취, 가치라는 세 가지 특성으로 요약했다.[27] 순교자의 희생정신, 목숨을 바쳐 이루는 것이 순명이다. 그런데 대성취가 없으면 순명의 의미는 희석된다. 산업화를 추진하는 가장 강력한 동력을 구축했다. 누구도 부정할 수 없는 명백한 사실이다.

대성취를 이룩한 가치관이 바로 무사심無私心과 결백성潔白性이다. 그것이 포스코 사람들의 감동과 무한 신뢰를 끌어냈다. 앞에서 얘기한 망望과 은恩이 공公에 의해 절제되고 정련된 정신적 원형질의 모습이다.

이 정신적 원형질은 세월이 지날수록 새로운 가치 요소들을 흡수하면서 진화, 확장의 과정을 거친다는 사실에 주목하고 싶다. '태준이즘'의 진화다. 박태준이 경영일선에서 진두지휘했던 기간에 행한 연설과 어록을 말뭉치 기법으로 분석해 인지지도를 작성한 한 연구는 리더십과 가치체계의 전체 그림을 그려 냈다.

이 연구에 의하면, '인간 존중과 신뢰', '문제해결을 위한 총체적 개념의 복합성', '과업 지향성'이 리더십의 가장 중요한 특성으로 잡혔고, '인재 양성', '국가', '세계시장'이 인지의 저변을 구성하고 있

---

27 송복, 앞의 논문.

음을 발견했다. 28 그리하여, 포스코가 단기간에 글로벌 철강회사로 도약할 수 있었던 이유를 이렇게 집약했다.

> 청암(박태준)이 직원들과의 상호신뢰를 바탕으로 기술연구와 자주관리를 중시하는 데에 그친 것이 아니라, 국가의 미래를 내다보고 '끊임없는 목표의 수립과 달성을 반복한 선순환 구조'에 그 답이 있다고 할 수 있다. 29

필자는 이렇게 바꾸고 싶다. '끊임없이 새로운 목표를 수립하고 달성 방법을 고안해 나가는 나선형 구조'로 말이다. 나선형 구조는 일종의 회오리다. 이 회오리 속으로 새로운 가치 요소들이 빨려 들어가며 자체 진화한다. '정신적 중핵'을 '태풍의 눈'으로 하는 이 나선형 회오리바람은 '태준이즘'을 오늘날의 상황과 미래 목표에 맞춰 진화시키는 포스코의 내부 동력이다.

새로운 가치 요소들이란 시대변화와 세대교체에 따라 자연스레 유입되는 생경한 규범과 행동양식, 사고방식을 말한다. 그런데 포스코의 인력구성은 허리가 잘록한 장구형 모양이기 때문에 향후 10년 내에는 전면적 세대교체에 대비해야 한다. 원형적 가치체계로는 신세대를 감동시키거나 견인해 낼 수 없다.

---

28 최동주, "어록의 내용분석을 통한 청암 박태준의 가치체계 연구", 《태준이즘》 1권.
29 위 논문, 100쪽.

나선형 구조가 만들어 낸 주목할 만한 제도들이 도처에서 발견되는 것은 상당히 고무적인 일이다. 그 광활한 공장을 거미줄처럼 연결하는 정보네트워크가 대표적인 예다. 흔히 타 기업에서 운영되는 소식, 게시판, 동향 등 직원의 최근 뉴스와 의견을 유통하는 사내 네트워크를 넘어 각 팀과 반에서 해결하고자 하는 기술적 문제, 개인 과제, 생산공정의 제반 쟁점들이 정보네트워크를 타고 흐른다. 예전 창업요원이 고안한 "공정상황"을 연상시키는데, 이보다 진일보한 과제 리스트이자 쟁점해결 리스트다.

이런 정보네트워크가 사내 협력경쟁을 촉진하는 것은 당연한 결과다. 협력경쟁뿐 아니라 종적, 횡적 교차점에 어떤 책임이 있는가를 분명히 밝혀 주는 '리더십 분산' 효과를 만들어 낸다. 탈집중화decentralization 기업구조는 누구에게나 크고 작은 책임의식을 갖게 만든다. 나선형 구조가 낳은 포스코의 정신 요소다.

말하자면, '태준이즘'은 영웅 신화처럼 떡 버티고 서 있는 것이 아니다. 시대변화와 세대교체가 요청하는 새로운 가치 요소들을 끊임없이 수용하면서 확장을 거듭한다. '구조화된 신념'은 항상 그곳에 있지만, 모든 것을 그 중핵으로 환원하는 게 아니라 새로운 영역을 개척하고 확장하며 스스로 진화한다.

나날이 진화하는 그 실체를 '포스코이즘Poscoism'이라 불러도 좋을 것이다. 고정된 실체가 아니라 유동적 생물체이며, 구심력이 아니라 원심력을 뿜어내고, 수축보다는 팽창을, 엄숙한 노동보다는 흥겨운 놀이를, 매뉴얼보다는 상호협약을 중시하는 그런 유연한 신념의 덩어리 말이다. 세계를 강타한 〈강남스타일〉에 싸이의 자유분방한 창의정신이 도사린 것처럼, 그것은 멀지 않은 훗날 '포스코 스타일Posco Style'로 진화해 세계 철강산업을 강타할 것이다.

빈말이 아니다. 필자는 제철소 현장에서 그런 가능성을 목격했다. 포스코 스타일의 가장 감동적인 발명품은 협력경쟁cooperative competition이었다. 정보네트워크는 정보의 공유와 확산을 1차적 목적으로 하지만 부지불식간 협력경쟁을 유발한다는 것이 작업현장의 공통된 인식이었다. 한 가지 사례만 들어 보자.

2016년 포항과 광양 소장을 교차 발령했다. 두 공장에서 실험해 효력이 입증된 제도들을 서로 접목해 보려는 시도였다. 형兄 격인 포항은 동생 격인 광양의 높은 생산성에 항상 긴장감을 갖고 있다. 포항의 낡은 설비를 감안하더라도 창의적 제안이 곧바로 공정에 투입돼 좋은 결과를 만들어 내는 광양의 유연하고 혁신적인 기업문화에 내심 질투를 느끼던 참이었다. 질투는 만회의 노력을 부추긴다. 포항의 창발적 시도가 광양으로 유입되고, 광양의 작은 발명이 포항으로 수출되는 상생적 관계가 형성됐다. 협력경쟁이다. 두 공장 간 인력교환, 기술교환도 상시적으로 일어난다. 포항과 광양을 오가는 출장팀이 하루에도 수십 명에 달한다.

광양제철소는 노량해협 입구에 위치해 있다. 제철소 앞 해협을 건너 맞은편엔 임진왜란 당시 이순신 장군이 함대 사령부를 설치한 도독都督마을이 있다. 함대 사령부가 있었다고 해서 도독마을이다. 이순신 장군은 여기서 좌측 순천 방향 해안 깊숙이 은신한 고니시

하늘에서 바라본 광양제철소의 전경

유키나가小西行長 함대를 공격했다. 퇴로가 막힌 고니시는 순천에 왜성倭城을 구축하고 탈출을 모색했는데, 결국 노량해협으로 빠져나가는 일본 함대를 이순신 장군이 수몰시켰다. 천수기단天守基壇으로 불렸던 왜성은 사라지고 터만 남았다. 그 터에 올라서면 좌측 먼 곳에 광양제철소가 펼쳐지고 그 앞에 도독마을이 보인다. 이순신 장군에 쫓긴 고니시의 고민이 거기에 묻혀 있다.

무슨 말을 하려는가? 광양을 '제2제철소'로 지정한 것은 지극히 우연이었다. 처음에는 아산만 일대를 물색했는데 간만의 차가 너무 커서 배를 접안할 항구가 마땅치 않았다. 그런 관점에서 광양이 적지였다. 그런데, 그곳은 이순신 장군의 전략적 고뇌와 장엄한 전투 유산이 가득 찬 곳이다.

우수영이 바로 지척이고, 광양제철소는 노량해협 진입로에 버티고 섰다. 일본이 공여한 기술, 일본에서 보고 배운 기술로 일본을 공략하는 총사령부가 그곳에 있다는 말이다. 일본 관계자들도 결국 호랑이를 키웠다고 실토할 정도다. 첨단시설과 생산성, 작업공정의 효율적 설계 면에서 세계적 명성을 날리는 공장이 광양제철소다. 오죽했으면 덩샤오핑이 일본의 제철협회장에게 광양제철소 같은 것을 지어 달라고 요청했겠는가. 일본 협회장의 답은 걸작이었다.

"중국에는 박태준이 없다!"

철강산업으로 보자면, 포항은 좌수영, 광양은 우수영이다. 일본을 상대로 한 민족주의를 강조하려는 게 아니다. 좌수영과 우수영의 협력경쟁이 민족주의를 넘어 세계주의로 뻗게 만드는 동력이다. 이른바 글로벌 포스코다. 이 협력경쟁은 포스코 비장의 무기인 월드프리미엄world premium 제품을 만드는 과정에도 치열하게 작동한다. 마치 임진왜란 당시 전국의 장인들이 십시일반 모여들어 최고의 전함 거북선을 제조하듯이 말이다.

기가스틸, 내지진강재 등 월드프리미엄 제품은 포스코 총 매출액의 절반을 넘어섰다. 작업현장 직원들이 기술혁신을 서로 공유하며 개별 과제와 팀 과제를 착실히 수행한 결과다. 작업통제실에는 낭비요소와 원가절감, 쟁점해결 현안과 이행실적이 빼곡히 적힌 차트가 걸려 있고 매주 수정된다. 월드프리미엄 제품의 원동력인 협력경쟁은 '포스코이즘', 글로벌 포스코를 향해 질주하는 포스코 스타일의 소중한 자산이자 정신적 자계磁界가 확장하고 있다는 증거다.

새로운 신화를 향하여 4장

The POSCO Way

가치삼각형의 변형

신화(神話)일까?

광양제철소 정문 진입로 우측에 박태준 동상이 서 있다. 이곳은 사원주택이 밀집한 곳이자 사원가족의 생활공간이어서 포스코 패밀리의 일상을 지켜 주는 수호신처럼 보인다. 사찰 대웅전 앞에 버틴 사천왕상은 괴기스런 표정 때문에 섬뜩한 느낌을 주지만, 박태준 동상은 전혀 그렇지 않다. 인자한 할아버지의 모습과 선구자적 아우라가 겹친다. 오가며 얼핏 마주치는 그에게 자신의 애환을 털어놓고 싶은 충동이 생긴다.

친근하다. 뭔가 해법을 가르쳐 줄 것 같다. 포스코 패밀리에게 박태준의 아우라는 현재진행형이다. 타계한 지 8년이 채 안 된 탓도 있고, 포항과 광양제철소 구석구석에 그의 손길이 닿아 있기 때문이기도 하다. 그들은 박태준이 깔아 놓은 경험지층을 밟고 다닌다. 그의 손길은 지워지지 않는다. 도처에 산재한 그의 흔적은 새로운 옷을 입고 거듭 선명하게 떠오르는 중이다.

광양제철소 어느 고로반원의 고백이 떠오른다.

"저는 박태준 회장을 신적으로 존경하는 사람입니다."

포스코에서 48년을 몸담은 K상임고문은 '작지만 큰 사람'이라는 역설적 표현을 썼다. 어떻게 이런 스케일의 공장을 구상했는지 그가 품은 비전의 넓이와 깊이를 상상조차 할 수 없다고 했다. 인간경영의 달인, 옳은 제안은 서슴없이 수용하는 넉넉한 인품과 포용력, 불가능불용不可能不容의 추상같은 실천력, 불타는 애국심 등 수많은 수식어가 따라붙는다. 고로반원처럼 박태준을 회상하면 '신적 존경심'이 우러난다.

그가 부재한 공간에서 회사가 곤경에 처할수록, 내우외환에 시달릴수록 그의 신적 아우라가 그리워진다. 이 신적 아우라는 사실상 포스코의 최대 자산이다. 신입사원 교육에 단골로 등장하는 메뉴가 이것이며, 홍보 영상과 책자, 그리고 CEO 취임사, 비상사태를 해결하기 위한 경영진의 결단에도 등장한다. 역발산기개세力拔山氣蓋世, 박태준은 세상을 통째로 뽑아 옮기듯, 거대한 세계적 공장을 포항 모래밭과 광양 매립지에 심어 놓았다. 살아생전 뿜어낸 위대한 인물의 업적이 크면 클수록 그 카리스마는 신의 영역으로 방향을 튼다. 신화神話로 가는 길로 접어드는 것이다.

신화는 설화說話와 다르다. 각 지방마다, 고산준령마다 깃든 얘기가 설화다. 자연재해가 많을수록 설화도 넘친다. 제주도 설문대할망 설화는 한강 토사를 치맛자락에 퍼서 제주도를 만든 얘기다. 설문대할망이 오줌을 싸서 협곡에 물줄기를 만들었다는 얘기, 사랑을 구하다 농경신이 된 세경할망 얘기가 모두 설화다. "님아 강을 건너지 마오"를 절규하는 〈공무도하가公無渡河歌〉는 실연의 슬픔을 달래 주는 설화다.

수백 개의 가락과 가사로 변형되는 우리 민족가요 〈아리랑〉에는 모두 형색이 다른 설화가 뒤따른다. 설화에는 크고 작은 귀신이 등장하는데, 오랜 세월을 지나면서 이들이 인간의 제례의식에 얹히면 크고 작은 신神이 된다. 귀신은 한을 품고 해코지하는 악한 영혼이거나 가엾은 혼백인 데 반하여, 신은 예지와 신통력을 발휘하는 영생의 카리스마다. 설화의 주인공은 스케일이 작고 평범하지만, 신화의 주인공은 웅장한 스케일과 영웅적 면모를 유감없이 발휘한다. 말하자면 카리스마적 영혼의 얘기가 신화다.

카리스마의 웅장한 얘기를 가진 촌락민은 행복하다. 촌락사의 저변에 흐르는 그 얘기가 어지간한 난관도 돌파할 수 있는 자신감을 심어 준다. 기업도 국가도 마찬가지다. 신화가 공동체 구성원의 응집력을 키워 준다. 사고와 행동의 방향을 알려 주며, 존폐 여부를 좌우하는 위급한 사태를 극복할 슬기로운 지혜를 제공한다. 신화만큼 공동체의 정신 재무장에 중대한 효과를 발휘하는 드라마가 없다.

그렇다고 신화가 모두 긍정적 기능을 갖는 것은 아니다. 신화는 아름답다. 감동적이다. 그러나 신화의 생성, 의미부여, 활용방식에 따라 기능의 차이가 발생한다. 역기능과 순기능의 운명이 갈린다. 역기능의 대표적인 사례가 일본의 천손강림天孫降臨 신화다.

280여 개의 번藩으로 분열된 일본을 하나의 근대국가로 통합한 일대 혁명이 메이지유신明治維新이다. 메이지유신 지도부는 근대국가를 향한 개혁을 일사천리로 추진했다. 문제는 통합된 이질적 영토와 인민을 하나로 묶어 주는 정신적 기축基軸이 없다는 사실이었다. 이토 히로부미伊藤博文가 주목한 것이 바로 황실皇室이고 천황의 상징적 의미였다. 천황의 신성성과 영세불멸성을 끄집어냈다. 일본인들은 진무천황의 '천손강림 신화'와 '천양무궁의 신칙'이라는 신비주의적 광채와 권위 속으로 은신했다.[1]

'비종교적 종교'로서 신정적神政的 천황제가 창출된 배경이다. 정치적 '신화 만들기'였지만 유신 지도부는 '만세일계萬世一系의 천황'이 결코 신화가 아님을 못 박고 천황을 현인신現人神으로 설정하기에 이른다. '신화 사실설'이라고 해야 할 신비주의적 천황론은 '아마테라스 오미카미의 후예로서 천황은 곧 신이고', '일본은 그 아마테라스가 태어난 곳이기에 만국의 근본이다'라는 해석으로 치달았다.[2] 그 결과는 역사의 신화화다. 신화 속에 역사를 담았다.

세기적 신화학자 레비-스트로스Levi-Strauss는 1980년대 일본을 방

---

1   진무천황은 《고사기》와 《일본서기》에 나오는 1대 천황으로서 야마토 가시하라궁
    (大和原宮)에서 즉위하였다고 하나 실재적 근거는 없다.
2   위의 책, 107쪽.

문한 자리에서 천손강림 신화가 아주 깊은 감동을 불러일으켰다고 고백했다. "천신 아마테라스 여신이 갇혀 있던 동굴을 마주한 아마노이와토 신사 등이 다비드 사원과 베들레헴 동굴, 나사렛 예수의 무덤이 있었다고 추정되는 곳보다 더 큰 감동을 불러일으켰다"고 했다. 3 그러나 그 신화의 테마들이 일본에만 고유하게 나타나는 것은 아니라고 덧붙였다. 아메리카와 인도네시아 원주민에게도 천손강림 신화가 공통적으로 나타나기에 일본만이 '신주의 나라'여야 할 필연성은 없다.

각국의 신화는 거대한 이미지들의 파편적 요소들이 여기저기 발현되어 나타나는 것이고 그것의 총체는 결국 인류 공통의 문화유산으로 편입된다. '유일한 근원은 없다'는 것이 레비-스트로스가 일본인들에게 전하고 싶은 말이었다. 역사를 신화 속에 심은 일본제국의 '신화 만들기myth-making'가 어떤 재앙을 초래했는지 다 알고 있다. 히로시마와 나가사키에 원폭이 떨어진 후에야 신화의 몽상이 깨졌다.

역으로, 19세기 말 조선 지식인들이 찾아 나선 단군신화는 순기능을 발휘했다. 그것은 약소국가 조선의 대항의식과 민족의식을 고취하는 기점起點이었다. 일본의 천황기원설인 아마테라스 신화가 역사로 편입되자 그의 절대성을 부정하기 위해 착목한 것이 단군신화였다. 야담野談 《환단고기桓檀古記》에 처음 언급된 단군의 천강설과

---

3 클로드 레비-스트로스(류재화 역), 《레비스트로스-일본을 말하다》, 문학과 지성사, 2011, 21쪽.

신시神市에 관한 얘기가 실증적 근거를 갖고 있는가에 대해서는 고대 사학자 간에도 의견이 분분하다.

신채호와 최남선이 단군의 유적을 찾아 만주와 백두산을 헤맨 것은 신정적 천황주의의 절대성을 부정하려는 눈물겨운 시도였다. 역시 '신화의 역사화'에 해당하는 이들의 노력은 결국 절반의 성공으로 끝났지만, 온전히 성공했더라도 그것을 국가정치의 정점에 놓는다거나 국민들의 일상생활과 사고방식을 총괄하는 최상의 종교로 설정하지는 않았을 것이다. 상대주의적 관점에서 출발했기 때문이다. 단군신화가 애국심과 민족운동의 기폭제가 된 것은 분명한데, 단일민족 기원설이 민족응집력과 항일정신을 배태한 외에 현실생활과 정치에 개입한 흔적은 전혀 없다. 그것은 민족 동질성을 확인해 주는 스토리였지, 현실을 구속하는 이념이 아니다.

신화와 현실 간에는 일정한 거리가 존재한다. 신화는 생활양식과 습속의 공유를 확인해 주는 상상적 구성물일 뿐, 현실에 개입하거나 자유로운 사고공간을 훼방하는 외적 구속으로 작용하지 않는다. 문제는 일본 천황설처럼 정치적으로 주조된 신화가 강력한 통제력을 발휘할 때 현재의 '나'를 주변으로 몰아낸다는 사실이다. 행동규준, 가치, 자긍심과 자부심을 제공하는 것은 바람직하나, 신화 속에는 '내'가 없고 '그'가 있을 따름이다.

'신화의 시간'에는 모든 책임이 그에게 전가된다. 그가 그렇게 지시했기 때문이다. 모든 세상현실이 그에게서 발원되고 그에게로 환원된다. 전지전능한 신이다. 신화는 현실을 외면한다. 모든 모순이 신화 속에서 합리화되고 해소된다. 현실을 살아가는 모든 구성원들의 인식을 압도한다. 동경대 정치학 교수 마루야마 마사오丸山眞男는 일본인 고유의 '무책임의 전통'을 뼈아프게 지적했다. 모든 책임을 천황신에게 전가하는 신화의 구조로부터 비롯되었다고 했다.

무슨 말을 하려는가? 신화는 긍정적, 부정적 효과를 창출하는데, 일본의 사례처럼 시대착오적, 자국중심적 성격이라면 정말 소중한 자산을 망가뜨릴 위험이 있다는 말을 하고 싶은 것이다. 인자한 할아버지, 친절한 상담역, 정신적 풍향계 이미지가 바람직하다. 포스코 사람들과 최고경영진이 의식·무의식적으로, 일상적으로 압도당하는 영웅의 드라마라면, 차라리 정겨운 설화가 낫다는 말이다.

이쯤에서 지적하고 싶은 점은 앞 절에서 서술한 정신적 원형, 또는 가치삼각형value triangle의 중심부에 창업요원들이 가득 들어 있다는 사실이다. 창립 50년이 지난 이 시점에도 여전히 박태준 명예회장을 포함한 창업요원들이 정신적 기반이자 주체다. 그 가치삼각형은 '회귀할 신화'가 아니라 전진을 위한 '정신적 디딤틀'에 다름 아니다. 그것은 현재의 포스코 사람들에게는 미래 창출의 기반이다.

그렇다면, 그 가치삼각형에서 '나'는 어디에 있는가를 물어야 한다. 가치삼각형이 일종의 신화가 된다면, 그 중심부를 차지한 창업요원이 '아我'이고, 현재의 나는 주변인 혹은 '비아非我'다. '주체'가 아닌 '비아'로서 새로운 50년을 어떻게 주도할 수 있는가. 가치삼각형의 변형이 필요한 시점이다. 그렇다면, 어떻게?

아(我)와 새로운 가치

포스코 사람들이 가치삼각형을 내면화하고 정신적 원형으로 삼는다고 해서 아(我)가 발생하는 것은 아니다. 가치삼각형이 신화의 영역으로 진입하는 순간 현재의 나는 그것을 신봉하는 주변인이 된다. 가치삼각형을 실행하고 새롭게 해석하는 '주체'가 아니라 그것에 따라 움직이는 수동적 존재, 즉 비아(非我)인 것이다.

깃발은 항상 펄럭이지만 내가 만든 깃발이 아니다. 그 깃발이 펄럭이는 마을에 입촌해 촌민이 되었으나 내면화의 정도는 각기 다르다. 시대변화와 세대교체에 따라 그 깃발의 가치는 아득한 과거이거나 태곳적 스토리로 여겨질 개연성이 농후하다. 특히 신세대 직원들에게 그 얘기는 심드렁하다.

13년 전 일이다. 10·26사태를 다룬 영화 〈그때 그 사람들〉을 보고 엘리베이터를 탔다. 우연히 대학생 커플이 나누는 대화가 들렸다. 여학생이 물었다.

"그런데, 오빠, 그 총 맞은 사람이 누구야?"

2005년 대학생도 박정희가 누군지 몰랐다. 하물며 2018년 신입사원들에게 박태준 명예회장과 창업요원의 얘기가 들리겠는가? 37년 차 고참사원 W씨의 말이다.

또 뭐냐면, 제가 좀 보수적으로 보이지만, 박 대통령이 뭐 하는 사람인데, 이래 얘기하는 사람도 있어요, 요새 애들은. 그러니까 요즘 애들이 역사관이 완전히 잘못돼가 대화가 안 돼요. 북침했다고 그러고.

요즘 이런 정치 애기는 곤란하지만 우리나라가 제대로 되려면 요즘 애들 역사관이 바로잡혀야 할 거 같아요. 이게 회사에 영향을 미쳐요. 세대 갈등 문제도 있고. 그리고 옛날 같으면 10월 유신, 생활사 이런 얘기를 하는데, 생활사 하면 달나라 얘기처럼 생각하니까 대화가 안 되는 거예요. 우리가 애들한테 그걸 주입시키는 건 아니지만 애들도 그거를 알아야 지금 현재 흘러온 걸 알게 되는데 이게 안 되더라고요.[4]

세태가 이러한데, 어떻게 진정한 주인, 진정한 아我가 될 것인가? 구세대는 아를 가치삼각형으로 채웠지만, 향후 포스코를 짐질 신세대는 '즐기는 나', '놀이하는 나'로 채운다. 가치삼각형에서 그 '즐기는 나'는 비아非我다. 주인이 아닌 것이다. 이 비아를 어떻게 아로 만들 것인가?

우리의 전통적 사고방식에서 '나는 누구인가'를 묻는 질문은 매우 낯설다. 천리와 천명을 절대적 가치로 설정한 성리학에서 개별 인간은 별로 의미가 없고, 보편적 진리와 맞닿는 순간에야 비로소 존재감을 획득하기 때문이다. 개인을 비워야 진정한 나를 찾는다는 논리다. 사단칠정四端七情을 극복한 존재, 탈각과 각성을 통해 해탈한 존재가 진정한 자아다. 조선 성리학의 보편성은 개별 자아를 부정했다. 신세대에게는 통하지 않는 논리다.

근대에 들어 아我를 문제 삼은 역사가가 단재丹齋 신채호다. 근대

---

4 포항제철소 제강파트 W씨 면담기록.

는 개별 자아에 눈을 뜬 시간대이며, 이성적 사고와 감성적 오감을 유기체의 존재론적 근거로 설정한 시대이다. 철학자에게 국가의 존재는 자아를 추론하는 가장 중요한 기점이다. 국가라는 실체로부터 사회와 개인으로 하강하고, 이를 다시 역방향으로 상승해 가면 개별 인간의 주체론적 위치를 파악할 수 있다. 그러나 국가가 붕괴했다. 어느 날 갑자기 아의 본질을 캐낼 기점이 소멸된 것이다.

신채호가 묻는다. 아는 어디에 있는가? 아가 소멸된 상황에서 역사는 어떻게 형성되는가? 그의 고뇌는 자아인식의 문을 열었다. 역사란 무엇이뇨? 그가 찾아낸 답은 이렇다.

"인류사회의 '아我와 비아非我'의 투쟁이 시간부터 발전하며 공간부터 확장하는 심적 활동의 상태의 기록이니 ⋯ ."

'역사는 아와 비아의 투쟁의 기록'이다. 아와 비아의 부단한 접촉과 투쟁에서 역사발전의 동력이 나온다. 여기서 아는 기존의 것, 과거의 시대정신, 선조들이 이룩한 찬란한 문명, 현실을 지배하는 강력한 정신구조 등을 지칭하는데, 이에 대해 꾸준히 반성적 성찰을 행하는 과정에서 비로소 비아의 주체적 지위가 형성된다는 것이다. 그 과정은 간단치 않다.

서양의 사상체계에서 가장 중요한 줄거리가 존재론적 '자아 찾기'다. 데카르트René Descartes의 '코기토 에르고 숨'(나는 생각한다, 고로 존재한다) 명제로부터 칸트Immanuel Kant와 피히테Johann G. Fichte의 철학에 이르기까지 비판철학의 핵심 과제가 온전한 자아를 정립하는 것, 아무런 조건에도 얽매이지 않은 절대적 존재, 생각하고 행동하

는 존재의 인식론적 근거를 찾아내는 것이었다. 5

그런데 인간은 매우 복합적인 조건의 묶음, 매우 벅찬 문명의 짐 속에 던져진다. 내 것이 아닌 생경한 현재에 던져지는 것, 비아非我적 운명을 타고난다. 따라서 진정한 자아 찾기의 우선적 칼날이 과거 문명, 심지어는 권위의 상징인 아버지에게 향하는 것은 자연스런 이치다. 그리하여 친부親父 살인에까지 이르는 '아버지 콤플렉스'가 문명의 동력이라는 역사철학적 명제가 출현하기도 한다.

이렇게 보면, 진정한 자아 찾기는 아我와 대결하는 것이다. 아를 뒤집고 저항하고 대체하는 가운데 비아는 아의 지위를 획득한다. 유럽에서 '1914년 세대the Generation of 1914'로 불리는 일단의 이단아들이 그러했다. 선배들이 이룩한 실증주의적 문명이 국가 간 파괴적 전쟁을 초래했고, 그것을 해결할 능력이 없음을 간파한 지성인들의 사상적 혁명이 시작됐다. '경박한' 문명세대에 대해 '인간주의적' 문화세대가 탄생했다.

가치삼각형이 암시하는 포스코 사람들의 '비아적 상태'를 진정한 아의 지위로 승격해야 한다는 말이다. 중심부를 차지한 그 정신적 원형은 시대변화와 세대교체에 따라 변화해야 하고, 현재 포스코 마을에 몸담고 있는 촌민들이 그 변화의 주체여야 한다는 말이다. 새로운 가치체계new values를 만들어 원형적 가치삼각형에 미래지향적

---

5 서양철학에서 자아 찾기를 논의한 연구로는 박근갑, "이제 모두 고고학으로? 주체의 해석을 위하여", 한림대 한림과학원, 〈개념과 소통〉, 2017년 통권 19호.

추동력을 부여해야 한다. 그리하여 현재의 내가 중심을 차지한 '신가치삼각형new value triangle'의 주체로 거듭나야 한다. 새로운 가치체계의 윤곽을 제시하면 이렇다. 물론 이에 대한 치열한 논의가 필요하다고 생각한다.

신(新) 가치삼각형

가장 중요한 골자는 공公, 망望, 은恩의식의 현대화다. 우선, 과거의 민족주의와 애국심으로는 신세대를 감동시킬 수 없으며, 더욱이 그것으로 21세기 세계화 시대를 건너갈 수 없다. 그렇다고 무용지물이라는 뜻은 아니다. 공公의 의미해석을 바꿔야 한다. 국가로부터 시민사회 일반으로, 애국심에서 시민성civility으로 공익의 개념을 전환하는 것이 시의에 맞는다. 국가에 대한 헌신을 포괄하면서 더불어 사는 시민정신, 즉 공유시민 정신으로의 전환이 절실하다. 공유시민은 독일어로 Mitbürger, 같이 살아가는 시민이란 뜻이다. 공유시민으로의 공共, 시민성을 발현하고 솔선하는 기업시민corporate citizenship이란 새로운 가치로 변환될 필요가 있다.

새로운 망望은 무엇인가? 열망의 방향은 세계 최고의 '글로벌 경쟁력'에 맞춰져야 한다. 포스코는 이제 개인적, 국민적 열망을 충족하고 세계 굴지의 기업으로 행진 중이다. 월드프리미엄 제품을 생산하는 최고의 기업, 최고의 경쟁력을 갖춘 글로벌 기업이 새로운 가치다. 세계 1등 제품을 어떤 방식으로 생산할 것인가? 새로운 망의식은 곧 4차 산업혁명의 요동치는 세계와 조우한다.

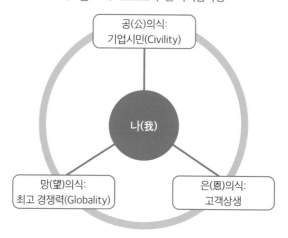

〈그림 4-1〉 포스코의 신 가치삼각형

이런 의미에서 은恩의 진원인 '조상 혈세' 개념은 유효성을 소진했다. 대일청구권 자금을 모두 갚은 지 오래다. 은의식이 향할 새로운 대상을 찾아 나서야 한다. 그것은 고객이다. 한국은 물론 세계시장에 널리 분포한 포스코 고객과의 상생정신을 공유해야 한다. 솔루션 마케팅solution marketing이 바로 그런 것이다. 세계시장의 고객들은 포스코가 명실공히 글로벌 기업으로 가는 동반자다. 이와 함께, 포스코 협력사들과도 상생의 협력관계를 맺어야 한다. 고객과의 융합customization은 4차 산업혁명의 화두다. 은의식이 향할 대상은 국내외에 널리 퍼져 있다.

시민성civility, 글로벌 경쟁력globality, 고객융합customization, 이것이 새로운 가치삼각형인데, 이 중심부에 진정한 자아의식을 갖춘 '내'가 생성된다. 선배의 아我와 꾸준히 접촉하고 경쟁하면서 시대적 상황

변화에 맞는 가치관을 고안하고 적립하는 실천행동 가운데 나는 진정한 자아로 승격된다. 이른바 주인 없는 기업의 주인이 되는 것이다. 이는 4차 산업혁명에의 대비를 넘어 그것을 선도하는 변신의 조건이다. 이를 '신 가치삼각형'이라 부르면, 그 내용은 〈그림 4-1〉과 같다.

포스코의 자산: 생산성 동맹

미국 경제학자 게리 베커Gary Becker는 마르크스의 자본capital 개념을 인간의 자질과 능력에 확대 적용하여 '인적 자본론'을 만들었다.[6] 베커는 취업자의 임금이 개인이 가진 능력에 비례한다는 지극히 상식적인 이론을 펼쳤는데, 개인 능력을 '인적 자본human capital'이라고 개념화한 것은 매우 신선한 논리였다. 건강을 포함해 학력, 기술, 지식, 성gender, 인간관계까지를 포괄하는 넓은 개념이었다. 특히 교육이 중요했다. 교육 투자가 결국 소득 증대와 불평등 완화 효과를 가져온다는 논리는 미국에서 1960년대 공교육 혁신의 이념적 배경이 되었다.

이런 변용이 다시 문화 개념에 적용되었다. 한 사회를 지배하는

---

6 Gary Becker, *Human Capital: The Theoretical and Empirical Analysis with Special Reference to Education*, Chicago: The University of Chicago Press, 1963.

가치관, 행동규범, 계급적 취향, 신조를 포함해 넓게는 국민성에 이르기까지 문화적 취향과 양식이 '문화 자본cultural capital'으로 개념화되었다. 7 프랑스 사회학자 부르디외Pierre Bourdieu는 이를 토크빌의 습속floklore과 유사한 아비투스Habitus로 불렀다.

앞에서 조명한 정신적 원형과 가치삼각형은 바로 포스코의 문화 자본이다. 문화 자본은 조직 자본과 한 쌍을 이룰 때 그 효과가 극대화된다. 조직의 구성원리가 인간관계를 관리하는 크고 작은 규범의 그물망이라면, 사람들의 상호관계로부터 문화적 특성이 생성되기에 그렇다. 한 사회나 기업이 쌓고 배양한 조직적 특성과 제도적 자산들을 뭉뚱그려 '조직 자본organizational capital'이라 할 수 있다.

삼성, 현대, SK의 조직적 특성과 구성 원리, 제도적 짜임새는 다르다. 같은 학력, 동일한 능력을 소유한 동기생이 이런 재벌기업에 입사해 20년 직장생활을 했다고 가정하면, 그들이 뚫고 올라온 경쟁구조, 직장생활 양식, 직책, 직종은 서로 다르다. 기업의 조직구조가 다르기 때문이다. 심지어는 세계관도 달라진다. 어떤 이는 지쳐 있고, 어떤 이는 여전히 의욕적이며, 또 어떤 이는 사익보다는 공익을 훨씬 더 많이 생각한다.

인적 자본이 개인 능력을 발휘해 소득을 높일 수 있는 능동적 변수라 한다면, 조직 자본은 그런 개별 구성원의 생활양식과 사고방식에 영향을 미치는 환경 변수다. 그렇다면, 포스코의 조직 자본은 대

---

7   피에르 부르디외(최종철 역), 《자본주의의 아비투스》, 동문선, 2002.

체로 어떤 모습을 갖는가? 스마트 포스코의 조직자산, 이 절에서는 그 대강의 모습을 스케치하는 것에 그치려고 한다. 자세한 분석은 제2부에서 할 예정이다.

철공장에 핀 꽃

권투로 치면, 자동차공장은 경량급이다. 반면에 철광석을 녹여 쇳물을 뽑아내고 1천 톤에 달하는 롤러로 시뻘건 쇠판을 수차례 압착해 압연강판을 만드는 제철소는 헤비급이다. 근육질 공장, 철의 노동자다. 특수 군대처럼 푸른 제복에 전투화와 철모를 착용한다. 위험요소가 도처에 산재한 작업현장은 온갖 규칙의 그물망이다. 굉음, 열기, 화기, 매캐한 냄새, 분진, 증기가 가득 찼다. 천정에는 쇳덩이를 탑재한 육중한 크레인이 가동되고 있으며, 30여 미터 높이의 제강설비가 시뻘겋게 달궈진 전로轉爐를 작동한다. 그러니 안전제일, 규칙준수다.

작업현장에 들어서는 공장장은 우선 "안전"이라 외친다. 직원들의 생명이 무엇보다 중요하다는 말이다. 그러면 부하직원들은 '엄지척'과 함께 "제일!"을 복창한다. '안전제일!'이다. 손발이 척척 맞는다. 약간 잡념에 잠기다가도 엄지를 척 올리면서 정신을 번쩍 차린다. 통제실로 올라가는 계단에는 각종 구호가 쓰여 있다. 예컨대 이런 구절들이다. [8]

---

[8] 포스코는 10대 안전수칙과 운영기준을 정해 임직원들이 철저히 준수한다.

시뻘건 쇳물을 쏟아내는 포항제철소의 전로

- 어떠한 공적도 안전을 뛰어넘을 수 없다.
- 안전보호구 착용
- 안전장치 임의해체 금지
- 지적 확인 생활화로 안전문화 정착
- 고소작업 안전벨트 착용
- 가동설비 임의접근 금지

외부인에게는 조금 유치해 보이는 구절들이지만, 내부인에게는 생명줄이다. 통제실 내부 게시판에는 각종 실천전략과 실행상황이 적혀 있다. 2017년 7월 제강 파트 '생산계획' 전략은 다음의 세 가지였다.

- 공정별 사이클 타임 단축
- 조업여건에 따른 최적 용강 공급 프로세스 수립
- 제강 리드타임 단축을 통한 Loss시간 절감

이 전략을 각각 어떻게 실행하고 있는지 개별 사원의 실적상황이 이름과 함께 게시된다. '1인 낭비개선 상황', '일상과제 실적' 같은 것이다. 이와 더불어 팀별 실적도 파트장의 이름 밑에 매월 측정한 수치로 게시된다. 파트장 책임 과제에 따라 '용선 리드타임 단축활동'이 주간별, 월별, 분기별로 공개되고, 다른 파트장은 '본동 집진기 성능향상' 건수를 주간별, 월별로 측정 게시한다. 누가, 어느 조가 어떤 일을 하고 어떤 과제를 수행하는지 한눈에 알 수 있다.

이렇게만 보면, 예전 봉제공장에서 유행한 QCQuality Control 활동을 연상케 한다. QC가 생산성 증진을 위한 강제적 노동통제의 일환이었다면, 제철소 작업현장의 작업규칙과 실황표들은 자율통제이자 자율경쟁이라는 점이 다르다. 작업 자율성work autonomy! 그들은 스스로 그런 규칙을 만들고 실행했다. 사내 정보망을 통해 그 실행업적을 전 부서가 공유하며, 개별 혁신과제도 모두 공개돼 누가 어떤 기술혁신에 공을 들이고 있는지를 서로 안다.

제철소를 거미줄처럼 연결한 정보네트워크에는 각 부서가 수행하는 업무와 현재 씨름하는 미래 과제에 대한 정보가 흐른다. 이 정보들은 작업현장에서 수합돼 팀, 부서, 공장 수준별로 가동되는 협의회에서 점검되고 논의된다. 각 수준에 설치된 생산성 협의체다. 경영진의 핵심 전략이 각 수준별로 하달되면 현장 토론과 기획, 실행 및 검토를 거쳐 다시 위로 올라간다. 이 과정에서 상호수정이 이루어진다. 상의하달과 하의상달이 동시적으로 행해지는 종적, 횡적 네트워크가 작동하는 것이다. 정보네트워크는 제철소를 토론조직deliberative organization으로 만들었다. 자율통제가 가능한 내적 메커니즘이다.

작업자율성이 충만한 작업현장에는 직원들의 직무몰입도job commitment도 높았다. 열기와 분진이 가득한 제강공장 통제실 내부, 한편에 조성된 작은 실내 화단에 여름 꽃이 피었다. 마치 온실이나 꽃집 같은 분위기를 자아냈다. 작업반장은 그 화단을 만든 이유를 말하면서 웃었다.

"공장에서 나는 분진과 오염물질을 정화한 공기가 얼마나 깨끗한지 실험 중입니다."

공장 1층 바닥 한구석에는 작은 연못이 설치되어 있는데, 이곳에는 공장 오·폐수를 정화한 물로 키우는 피라미 떼가 놀고 있었다. 물 위에 뜬 부레옥잠이 하얀 꽃을 피웠다.

노조보다 나은

포스코는 연결재무제표 기준 적자를 기록한 2015년에 경영진의 자발적 보수 반납과 직원의 임금 동결을 수용했다. 포스코가 낸 적자가 아니라 계열사의 적자를 메워 준다는 연대의식의 표현이었다. 불만이 있었겠지만 포스코 패밀리라는 공동체 정신이 발동했다. 그러나 자동차산업은 달랐다. 제조업 선두주자인 자동차, 조선산업 정규직 노동자들의 임금 수준이 높다는 사실은 이미 알려진 바다. 중산층 진입신고를 마친 지 오래다.

울산 현대차는 2016년 여름 조합원 투표로 파업을 가결했다. 한국 GM은 같은 해 6월 파업을 가결해 이미 투쟁 열기를 고취하고 있었다. 중국발 사드보복으로 현대차는 판매의 40%가 증발된 상황이었고, 2016년까지 3년간 2조 원의 적자를 내고 내수판매가 16% 줄어든 한국 GM 노조는 꾸준히 나도는 철수설에도 불구하고 고임금과 노동시간 단축을 향해 파업을 불사했다.

귀족노조, 강성노조라고 손가락질하는 세간의 비난에 자동차산업 노조원은 이미 신경을 껐다. 경제환경이 열악할수록 노조의 투쟁 열기는 한곳에 수렴된다. '돈은 더 많이, 고용은 더 길게, 일은 더 적게'다. '대마불사'가 머리에 박혔다. 그러나 글로벌 경쟁은 대마大馬도 즉사即死시킬 만큼 냉혹하다.

풍요와 빈곤이 병존하는 노동현장의 양극화 구조는 노동운동의 독毒이다. 노동운동의 가장 중요한 화력火力인 연대solidarity를 저해한다. 대공장 노조는 독점이익을 향해 기꺼이 독주獨走를 선택했다. 이 산업분야에서 '전투적 실리주의'가 탄생한 요인은 세 가지다. ① 수만 명이 운집한 거대 규모, ② 기능 차이가 적은 동질적 노동, ③ 담장 밖 사회상황과 노동사정을 외면한 도덕적 타락이 그것이다.

그런데, 이런 노조가 세계노동사에 존재했던가? 단언컨대, 유럽 노동사에는 없다. 반면 절대 풍요와 빈곤이 뒤섞인 대륙, 남미에는 흔하다. 남미경제가 설령 성장을 구가해도 비인간적 결과를 낳는 이유다. 자동차산업과 조선산업에 군림하는 한국의 강성노조는 남미형 변종이다. 원래 상승산업과 노조의 만남은 '타협주의'를 낳는다. 경쟁력을 저해하지 않는 범위에서 노조는 적정이익을 취한다. 그러나 한국의 노조에게 경쟁력이란 단어는 없다. 최대이익을 향한 돌격! 경쟁력 증진은 경영자만의 몫이다. 한국의 제조업 성장엔진은 이미 부식이 심각한 상태다.

포스코는 노조보다 더 나은 노조를 만들었다. 이름하여 '노경勞經협의회'다. 주인 없는 기업, 아니 진짜 주인인 국민을 대리한 경영진과 직원 간 임단협 협의체가 노경협의회다. 사민주의 국가에서 보는 진짜 노조다. 노경협의회 근로자위원인 K씨(30년 차 현장직)는 이렇게 말한다.

"노조는 공장을 세울 위험이 있어요. 롤러에 놓인 철이 식으면 고철이 될 뿐이죠. 나는 고로의 불꽃을 지키고, 생산설비가 힘을 내도록 신경을 씁니다."9

대의원은 바쁘다. 매일 현장노동자에게서 올라오는 민원을 처리하고 결과를 정보 시스템으로 알려 준다. 현장에서 임금인상률을 제안받아 적정안을 조율하고 노동조건 개선 일람표를 작성한다. 노경협의회 근로자위원은 현장직 2천 명당 한 명꼴로 선거에 의해 선출된다. 포항·광양제철소 합쳐 총 10명의 대의원이 활약 중이다. 파업할 겨를이 없다. 신新 가치삼각형의 공公, 망望, 은恩으로 무장한 '신형 조직'이다.

왜 불만이 없겠는가? 인근에 위치한 현대제철소보다 급여가 다소 적은데 왜 민원이 없겠는가? 설비정비를 담당한 서울 명문대 출신 젊은 관리직 직원이 말했다.

"우리는 한국을 지키는 파수꾼이지요. 연봉 천만 원 적다고 불평할 상황이 아닙니다."

하루에도 몇 차례씩 관리직과 현장직이 만나 논의한다. 앞에서 서술한바, 정보네트워크가 관리직에서 작업현장까지 조밀하게 쳐져 있다. 파트-부서-공장-전사全社 순으로 매주 협의회가 개최되

---

9 포항제철소 노경협의회 위원 K씨 면담기록.

고, 파트 간 횡적 협의회도 수시로 열린다. 기술 문제와 개별 과제, 팀별, 부서별, 공장별 과제가 논의되고 점검된다.

여기에 부가해 임단협 쟁점을 포함하여 안전 캠페인, 낭비요소 발굴, 기술개선, 작업환경과 근무태도에 관해 폭넓게 토론하고 정보 시스템을 통해 그 결과를 공유한다. 2017년, 노경협의회는 '3UP 운동'을 전개했다. 의식 개혁mind-up, 제도 개혁system-up, 경쟁력 개혁power-up이 그것이다. 모두 나섰다. 결과는 영업이익률 세계 최고 달성이었다. WSD World Steel Dynamics에서 발표하는 포스코 경쟁력이 8년 연속(2010~2017년) 세계 철강사 중 1위를 기록한 동력이다. 2017년에는 대학생이 취업하고 싶은 기업 1위에 등극했다.

학습 공동체

포스코는 이미 복지 공동체다. 고용은 60세까지 보장되고, 임금은 적정 비율로 상승한다. 자녀교육비는 자녀 수 제한 없이 총액 8천만 원까지 제공되고, 사원주택은 물론 주택 구입자금과 전·월세 자금이 저리로 제공된다. 주택단지에 사원복지회관, 영화관, 커피숍, 쇼핑센터가 성업 중이다. 생산성 동맹과 복지 공동체는 동의어다. 그러니 공장에서 발생한 사고현장에 각 부서의 응급팀이 파견된다. 응급팀은 밤을 새워 사고를 수습한다.

"치킨 사다 나르고, 물 사다 나르고 … 그때 내공을 느꼈어요."

앞에서 소개한 저근속자의 고백처럼, 사고 난 공장이 바로 내 작업장인 것이다.

생산성 동맹이라는 상생의식이 낳은 제도가 바로 현장교육이다. 포스코의 직원들은 직책교육뿐만 아니라 직급에 따라 다양한 교육을 받는다. 현장교육OJT이라는 소극적 의미를 넘어서 기능·기술교육은 물론 인문교양교육, 직업교육, 사내훈련 등 다양하다. 신입사원의 경우 현장교육을 담당할 멘토mentor가 지정된다. 말하자면, 작업장 경험을 가르칠 선배이자 형이다. 기술의 달인, 명장名匠이 그렇게 탄생한다.

2016년 명장에 등극한 K씨는 행복하다. 정년까지 5년이 남았고, 정년 이후에는 기술연구소 교수로 임명될 예정이다. 그는 광양제철소에서 드물게 보는 인문고 출신이다. 제철고와 명문 공고 출신을 제치고 기술명장에 오른 그의 자부심은 대단했다. 포항과 광양 다 합쳐 명장이 10명에 불과하니 대학으로 치면 석좌교수가 된 셈이다. 그러니 행복하지 않을 리 없다.

자동차공장에는 명장이 없다. 자동화 라인이 조립공의 기능을 모두 동일하게 만들었다. '컨베이어벨트는 숙련을 앗아간다.' 탈숙련화deskilling 명제다. 제철소 역시 자동화기계와 첨단설비로 가득 찬 장치산업이지만 숙련도가 여전히 중요하다. 장인이 되기 위한 노력은 공고와 인문고 출신배경을 가리지 않는다. 현장학습이 중요하기 때문이다. 인문고 출신이 명장이 되었으니 개인적 명예이기도 하지만, 그것을 가능하게 만든 기업 내 학습제도가 가동하고 있다는 사실이 더 중요하다. 명장이 운을 뗐다.

대부분은 포스코 자체교육 시스템이 있어요. 사이버교육이 있고, 또 직무교육이라고 해서 집합교육이 있고. 또 부서 자체적으로도 강종鋼種이 바뀌면 자체교육을 합니다. 옛날에 비하면 상상할 수 없을 만큼 현장직원들 기술 수준이 올라 있어요. 옛날에는 이런 생각을 아예 안 했죠. 그냥 철판 민다, 그땐 그런 것들만 많이 밀었으니까. 요즘은 튜브도 나오고 기가스틸 해서 강종 특성을 모르면 작업하기 어려워요. … 저는 압연 기능장을 10년 전에 땄고요. 우리 신입사원들은 기술 자격증 없는 사람이 없고요. 대부분 서너 개씩은 갖고 있어요. 저 같은 경우는 아무래도 파트장이다 보니까 테스트라든가 강종 개발이라든가 이런 분야의 회의에 많이 다닐 수밖에 없어요. 그런 데에서 회의하고 토론하면서 자연스럽게 습득하고 메모했다가 기록하고, 우리 반원들한테 전파하고 반원들 교육도 시켜야 하고. 그런 과정에서 자연스레 습득된 거 같아요. 내 위치에서 기술 공부가 이뤄지더라구요. 10

자연스레 습득했다? 그렇게 습득하는 제도가 마련되어 있다는 사실이 중요하다. 눈썰미가 있었고, 감각도 남달랐을 것이다. 그러나 사내 교육제도가 없으면 불가능한 일이다. '학습조직learning organization'의 전형이다. 불편한 게 있다. 명장이 되자 술집에서도 사람들 눈을 의식해야 한다는 사실, 그러나 행복한 고민이다.

포스코가 현장직원들 간에 모든 쟁점을 놓고 토론하는 '토론조직'

---

10 광양 명장 K씨 면담기록.

임은 앞에서 지적했다. 그 논의의 결과를 알리고 유통하는 정보 시스템이 구축되어 있다. 이런 관행이 정착되려면 중요한 조건이 전제되어야 한다. 현장직과 경영직(관리직) 간 신분차별의식이 없어야 한다. 노동자와 사무직 간 괴리는 한국 제조업의 일반적 관행일 뿐만 아니라 선진국 역시 크게 다르지 않다.

학력과 교양 수준이 다르며, 언어와 행동이 다르다. 생활양식과 문화자본의 차이가 뚜렷한 일종의 계급을 구성한다. 노동계급, 중간계급, 자본가계급, 이런 식이다. 자동차공장에는 그런 계급의식이 팽배해 있다. 관리직은 자본의 이익에 봉사하는 '회사의 주구走狗'로 불린다. 양 계급 간에는 대화가 없을뿐더러 그 필요성도 느끼지 않는다. 적대감을 키워야 노동운동이 활성화한다고 믿기 때문이다.[11]

평등조직

그러나 포스코는 다르다. 현장직과 관리직 간 구별이 별로 의미가 없다. 분업과 직책의 차이가 있을 뿐, 개인이 담당한 업무는 총체적 공정과 생산성의 작은 조각일 뿐이다. 11년 차 관리직 N씨는 과장 직급(P3)인데 작업통제실에 근무하는 현장직 신입사원(E1), 20년 차 파트장(E3)과 업무와 생산공정에 관해 터놓고 상의한다.

예전에는 저희 팀장님 이상 되는 분들은 뭐, 차별했을 수도 있겠지만,

---

11 이런 현장 분위기에 대해서는 송호근, 《가 보지 않은 길》(나남, 2017)을 참조.

저희 입사했을 때부터는 그런 거는 진짜 없는 것 같습니다. 구별받고 싶은 욕망, 그런 욕심이 좀 있기는 해요. 아 이거 … 저희가 어떤 기준을, 생산기준 이런 거 있지 않습니까, 그걸 세워서 이대로 해줬으면 좋겠는데, 현장에서는 "이렇게 하면 조업 … 기술적 발전이 있을 수는 있겠지만, 조업안정성 측면에서 안 된다, 말도 안 되는 소리 마라", 단박에 컷 되거든요. 항상 상생하는 그런 게 더 중요해요. 12

저희는 업무적으로도, 그분들의 잡job이 있고, 저희의 잡이 있고. 저희가 나중에 관리직으로 성장해 가기는 하지만, 지금은 실무를 하는 입장이고 저희 관리 역할이 있기 때문에 co-work를 하면서 소통하고 협의해야 하는 부분들이 있기 때문에. 어떤, 계층 차원에서 구별하는 그런 생각은 애초부터 가질 수 없어요. 다른 회사랑 비교했을 때 차이점이죠. 13

포스코의 직책은 전문가Professional를 뜻하는 P직군(관리직)과 엑스퍼트를 뜻하는 E직군(현장직)으로 나뉜다. 직급은 P직군이 13단계, E직군이 7단계로 구성되는데, 직군 내 '종적 위계질서'가 중요하지 직군 간 '횡적 위계'는 존재하지 않는다. 상호협력관계다. P직군과 E직군 간 직책별 연봉 차이는 거의 없고 다만 근속연수(직급)에 따

---

12 제강공장 10년 차 관리직 N씨 면담기록.
13 제선공장 11년 차 관리직 O씨 면담기록.

라 차이가 난다. 야간근무 현장직이 근속이 같은 관리직보다 더 많이 받는 것이 상례이고 보면, 관리직과 현장직은 한 그루 나무를 구성하는 두 개의 줄기다. 학력 차이가 존재하지 않는 '평등조직'이다. 이것이 현장직과 관리직 간 긴밀한 논의와 협력을 가능케 한다. 토론조직이 생성되는 조직 자본이다.

공동체조직

관리직과 현장직을 막론하고 이들이 다 함께 참여하는 활동이 있다. 지역봉사활동이다. 경영실적이 좋지 않았던 기간에도 포스코 직원들은 임금 1%를 할애한 나눔재단 사회봉사활동을 오히려 확대했다. 포항시와 광양시는 물론 인근 농촌 지역까지 '철의 노동자'의 손길이 닿지 않은 곳이 없다. 전사 임직원이 매월 셋째 주 토요일을 비워 마을봉사에 나선다. 봉사단 방문 날은 마을 축제일이다. 현장직 직원 P씨(20년 차, 선재공장)는 약간의 중독성이 있다고 웃는다.

제선공장 파트장 W씨는 아예 마을봉사가 취미가 됐다. 나눔재단 기금 외에도 반원들이 십시일반 모은 돈으로 자매마을 봉사를 나간다. 노후주택 수리, 고령자 수발들기, 머리 깎기, 농사일 돕기, 화단 꾸미기 등을 하고 있으면 보람을 느낀다고 했다. 다른 마을 이장은 왜 자기 마을이 봉사대상에서 빠졌는지 따지기도 한다고 했다. 포스코 봉사단을 유치하는 것이 이장의 능력을 가늠하는 기준이 될 정도다.

말하자면, 작업현장 조직이 인근 지역으로 확장된 '공동체조직'이다. 19세기 말, 사민주의社民主義 노조가 그렇게 출발했다. 주로 노동자로 구성된 마을 주민들을 돕고, 자녀들의 교육과 양육, 의료서비스를 지원하고, 노동기금을 만들어 생활자금을 대여하는 생활조직이었다. 삶의 터전에 단단하게 뿌리내린 공동체조직은 기업의 성장이 마을의 번영임을 오랜 기간 경험을 통해 터득했다. 기업이 사회적 책무를 다하는 '기업시민'의 전형이자, 공장과 지역사회가 결합한 사회적 노동운동이다. 집단 양심collective conscience이 한 국가의 지배이념이라고 한다면, 경영과 노동, 마을 주민과 정치인이 다 같이 만드는 문화 자본의 산물이다. 필자의 질문에 W씨는 서슴없이 답했다.

"노조보다 나은 걸요!"

생산성 동맹

알고 보면, 철의 노동자들은 사내외 정보로 무장한 지식노동자, 신분차별 없이 종횡으로 의견을 나누는 토론노동자다. 유럽 사민주의 국가에서나 볼 수 있는 '생산성 동맹productivity coalition'이 포스코에서 목격되는 것은 놀라움이자 즐거움이었다.

독일과 스웨덴 공장에는 '생산성 동맹'이란 것이 있다. 경쟁력과 시민의식으로 똘똘 뭉친 작업팀을 일컫는데, 노조가 주축이다. 노동자의 '최선의 헌신'에 경영진은 '최고의 대우'로 보답한다. 작업현장에서 일어나는 '교환의 정치'다.

그 유명한 연대임금정책solidarity-wage policy도 여기서 탄생했다. 연대임금정책은 평등지향적 성격을 갖는다. 시장임금을 그대로 두면 고임금과 저임금 간 불평등 격차가 커진다. 스웨덴 노조 LO는 임금 격차 완화방안을 고안했다. 고임금 분야는 임금상승률을 낮추고 저임금 분야는 상승률을 높인다. 시간이 가면 격차가 완화된다.

여기에는 고임금 노동자의 임금 양보가 필수적인데, LO는 설득을 통해 양보를 얻어 냈다. 양보한 임금을 노동자 공공기금으로 적립해 임대아파트 공급, 부가연금, 부가복지 형태로 활용한다는 전제에 동의한 것이다. 정부는 매칭 펀드를 냈다. 임금 가이드라인을 감당하지 못하는 한계기업은 도태시키고 실직자는 국가의 노동시장 기구를 통해 흡수한다. 노동시장국이 관리하는 실직자에게는 기존 급여의 90%를 제공하고 재취업교육과 직업훈련을 통해 더 좋은 직장의 취업 기회를 높여 준다. 고임금을 양보해 기업 고용능력을 높이고 공공복지를 늘린다. 고용창출과 복지가 선순환하는 구조다.

이런 사회적 합의가 실행되자 파업이 줄고 직무 헌신도가 높아졌다. 고임금기업의 노동자들은 임대아파트나 여타의 복지혜택으로 양보한 임금만큼 보상을 받았고, 저임금 노동자들은 소득이 높아져 불평등 격차가 줄었다. 작업현장에서 노동자들이 임금인상을 위해 투쟁할 여지가 축소되었으며, 생산성 향상을 위한 노력에 십시일반 관심이 모였다. 노동자들은 생산성 증대에 복무했고, 경영진은 복지혜택과 고용안정으로 보답했다. 경제성장률이 고공행진을 했다. 생산성 동맹이란 이런 것이다. 우리가 흔히 말하는 상생적 노사관계다.

사회적 합의가 가능하려면 무엇보다 노동과 자본의 사회의식이 성숙해야 한다. 2005년 겨울, 필자가 만난 독일 금속노조위원장은 당시 한창 진행되던 하르츠 IV Hartz IV 법안에 찬성 의사를 표명했다. 실업급여를 위시해 사회보장 혜택을 삭감하는 조치에 많은 노동자들이 이의를 제기했음에도 그 위원장은 복지혜택을 삭감하더라도 경제성장이 중요하다고 말했고, 무엇보다 '국민이 그걸 원한다'고 토로했다. 노조는 국민의 신뢰를 훼손하는 일을 할 수 없다고 못 박았다.

1997년 여름, 영국 산업도시 맨체스터의 금속노조위원장도 그랬다. 당시는 토니 블레어 노동당 정부가 보수당의 노동개혁을 그대로 실행하던 때였다. 노조의 권한을 위축시키는 다섯 차례의 노동법 대수술이 단행된 후였다. 당연히 노조의 원성이 높아졌지만, 노조위원장은 인내심 어린 목소리로 말했다.

"국민의 신뢰를 회복하자면 더 먼 길을 가야 합니다. 노조의 전면적 전환이 필요한 시점입니다."[14]

위원장은 국민의 신뢰를 노조의 생명이자 존재이유로 생각했다. 포스코의 노경협의회가 그러했다. 노조가 아닌 진짜 노조가 노경협의회다. 단체협약권 37조에 따라 설립된 이 협의체는 경영진과 직원을 연결하는 소통기구이자 협력기구, 협약기구다. 노사 간 상호

---

14 필자의 두 연구를 참조. 송호근, "불안한 새 출발", 〈사회과학연구〉, 서울대학교 사회과학연구소, 1998; 송호근, 《이분법 사회를 넘어서》, 다산북스, 2012.

신뢰와 사회적 기여를 중시한다는 측면에서 한국에서는 보기 드문 노사협의체다. 앞에서 잠시 언급하였듯이, 포스코의 최고경영진이 정권과 집권여당에 휘둘릴 때 파트장들은 노경협의회 위원들과 '장갑을 빤다'. 절약하는 작업장 정신은 살아 있다는 표시다.

2006년 인도의 미탈스틸Mittal Steel이 유럽 최대의 철강회사 아르셀로를 매수해 세계 최대의 철강회사 아르셀로미탈ArcelorMittal이 탄생했다.[15] 포스코 노경협의회는 적대적 M&A에 대비해 2009년 '포스코 주식 1주 더 갖기 운동'을 전개했다. 물론 국민연금과 우호적 지분이 버티고 있는 포스코를 매입하기란 어려운 일이었지만, 인수합병 바람이 거세게 부는 철강산업의 위협적 추세에 대비한다는 주인의식의 표명이었다. 2013년 2월, 〈광양경제신문〉에 실린 광양제철소 노경협의회 대표의 말이다.

노경협의회는 단순한 노동조합이 아닌 노사협의체로서 회사의 수익성과 생산성 향상에 주력하고 있습니다. … 근로자의 소리에 더 귀를 기울이고 회사의 어려움을 직원들에게 전달하는 명실공히 가교 역할을 하려 합니다. … 서로 상생하는 것, 서로 배려하고 나누는 길이 함께 가는 길입니다.[16]

---

15 조항(정연태 역), 《세계의 철강대전: 신일본제철 vs. 아르셀로미탈》, 한국경제매거진, 2008.
16 조경심 기자, "사랑받는 포스코, 노경협의회가 만들겠습니다", 차재문 대표의 말이다. 〈광양경제신문〉, 2013년 2월 6일 자.

전투적 실리주의로 규정되는 여느 대공장 노조의 호전 의지와는 사뭇 다르다. 전투적 노조의 관점에서 보면 일종의 '어용노조'처럼 들린다. '회사의 주구走狗'나 할 소리로 들릴지 모른다. 그러나 아니다. 노조보다 훨씬 나은 노조다. 회사의 수익성과 생산성 향상에 기여하면 그것이 직원들에게 되돌아온다는 사실을 그들은 이미 터득했다. 그래서 과도한 임금인상을 요구하지 않는다. 과도한 복지혜택을 협상안에 열거하지도 않는다. 다른 노조처럼 임단협에서 경영진과 도박 같은 두뇌게임을 벌이지도 않는다. 두뇌게임은 불신을 전제로 한다.

학습조직, 토론조직, 평등조직, 그리고 공동체조직이 포스코의 조직 자본이자 생산성 동맹의 구조다. 물론, 다른 기업에서는 찾아볼 수 없는 이런 긍정적이고 밝은 장면의 이면에는 어두운 측면이 존재한다. 이는 제2부에서 상세히 논의할 예정이지만, 포스코의 조직 자본은 한국의 다른 대공장이 본받을 강한 잠재력과 역동성을 내포한다는 사실에 주목할 필요가 있다. 포스코로서는 4차 산업혁명의 파고를 헤쳐 나가는 소중한 자원이다.

productivity coalition

포스코 웨이, 생산성 동맹

유럽의 철강산업과 POSCO 5장

제철보국의 기원

포스코의 기적

영국은 산업혁명의 진원지이자 철 제련법의 선두주자였다. 고대 중국인의 제철법이 어떻게 영국에 전래되었는지 모르지만, 14세기 이래로 덩어리 형태의 괴철을 용해하는 괴철로를 썼다. 괴철로의 높이는 처음에는 4미터 정도였는데, 17세기에 이르면 10미터로 높아졌다. 생산품은 여전히 조야粗野한 철이었다. 이로부터 오늘날의 강철을 얻을 때까지 영국은 무수한 시행착오를 거쳐야 했다. 강철이 출현한 것은 거의 19세기 후반에 이르러서였다. 산업혁명 이후 1백여 년이 경과한 시점이었다. 영국은 철 생산력을 앞세워 세계의 바다를 누볐다.

　독일이 가만있을 리 없었다. 영국에서 수입한 제철법을 응용하고 대량생산에 적합한 공장체제를 창안해서 영국에 맞섰고 급기야 선두 자리를 차지했다. 20세기 초반의 일이다. 철광석과 유연탄이 풍부한 미국 역시 철강 각축전에 끼었다. 철강 패권이 영국에서 독일로, 독일에서 미국으로 이전되었다. 이런 각축전에 양차 대전을 겪으면서 일본이 부상했고, 뒤늦게 한국이 합류했다. 강철이 출현한 지 100년 만의 일이었다. 한국은 조강생산 세계 4위 국가로 발돋움하였고, 세계 최고급 제품을 수출하는 철강 강국이 되었다.

세계 철강산업 150년 역사는 곧 산업화의 역사이자 기업 간, 국가 간 각축전의 역사다. 그 과정에는 세계 굴지 철강기업의 성장과 몰락의 스토리가 들어 있으며, 철강기업에서 발원한 공장체제factory regime의 다양한 모습이 발견된다.1 즉, 노동자와 노동과정을 결합하는 제도와 권력의 역사가 고스란히 담겨 있다는 말이다. 대규모 노동력을 필요로 하는 철강산업의 특성 때문에 국가의 적극적 개입과 후원은 필수적이었다.

국가 통치자는 우선 철강기업의 향방에 신경을 쓰지 않으면 안 되었다. 철강기업의 몰락은 국력의 쇠락과 통치자의 무능을 입증하는 가장 선명한 지표였다. 초기의 철강 강국, 특히 영국과 독일의 철강산업에서는 대체 어떤 일이 일어났는가? 그 기업들은 어떤 굴곡과 난관을 헤쳐 왔는가? 어떤 기술을 발전시켰는가? 그리하여 철강산

---

1 공장체제(*factory regime*)란 생산공정, 작업공정, 노동과정, 그리고 관리체계를 포괄하는 공장운영체제다. 공장의 내부질서를 구성하는 국가, 경영, 노동 간의 권력적 상호관계를 내포한다. Michael Buroway, *Manufacturing Consent*, Chicago: University of Chicago Press, 1979.

업은 각국의 20세기 산업화에 어떻게 기여했는가?

경제사가인 거셴크론Alexander Gerschenkron은 '후발국의 이점advantage of backwardness'에 주목했다. 2 선발국의 시행착오를 건너뛰어 큰 비용을 치르지 않고 곧장 성공의 경로를 갈 수 있다. 한국의 포스코가 그런 사례에 해당한다. 포스코는 초기 유럽의 철강기업들이 헤쳐 온 무수한 장애와 시행착오를 겪지 않는 행운을 누렸다. 그것을 건너뛴 용의주도한 기획이 주효했다. 후발국이지만 선발국의 두꺼운 벽을 뚫고 선두에 나서는 기적을 일궜다.

이 장에서는 영국과 독일이 걸어온 철강산업의 굴곡진 경로를 상세히 들여다보고자 한다. 제철보국製鐵報國의 역사적 기원과 정치경제학적 배경을 이해하게 될 것이다. 또한 포스코가 활용한 '후발국의 이점'이 얼마나 보탬이 됐는지 알게 될 터이다.

강철의 시대

철이 유럽에 도착했다. 유럽 산업혁명과 접목한 제철방법은 고대 아시아 사람들이 창안한 원리와 조금도 다를 바 없었다. 광석과 용재를 내화로耐火爐에 넣어 송풍과정을 거친 뒤 환원된 철을 가공하는

---

2 Alexander Gerschenkron, *Economic Backwardness of Historical Perspective*, Belknap Press, 1962.

기본 방식이 유럽 땅에 정착하는 과정에서 크게 바뀌지 않았다. 다만 용광로의 규모가 커지고 구조가 복잡해졌다. 고로高爐, blast furnace는 유럽의 발명품이다. 이로부터 강철을 생산할 때까지 먼 길을 가야 했다. 대장정이었다.

'강철의 시대'[3]는 강철steel이 모든 철금속산업의 중심이 된 시기다. 왜 강철이 중요한가? 강철은 물성, 경제성, 친환경 측면에서 타소재와 대체 불가한 영속적 가치를 갖고 있다. 금속은 탄소 함량이 높을수록 더 견고하다. 반면 탄소 함량이 낮을수록 물러져 가단성可鍛性이 높아진다. 금속의 견고성은 탄소 함량 1.2%에서 피크에 이른다. 이 화학적 기준을 강철 존zone이라고 부른다.

강철의 원재료는 고로에서 생산되는 선철銑鐵, pig iron이다. 이 제품은 괴철이나 주철처럼 2.5~4%가량의 탄소를 함유하고 있다. 선철은 단단하지만 부서지기 쉬우며, 연철은 쉽게 구부러진다. 강철은 두 가지 단점을 보강한다. 0.1~2%가량의 탄소를 함유한 이 금속은 견고하면서도 유연하고 가소성可塑性이 뛰어나다.

따라서 강철은 다른 금속을 자르거나 빚어내는 데 적합하다. 충격과 마모에 잘 견디는 속성 덕택에 해머, 모루, 철도 레일 등에 적합한 이상적 금속이고, 정밀 기계와 엔진 제작을 가능케 한다. 압축

---

3 '강철의 시대'라는 용어의 의미와 그 현상의 특징들은 다음 책에 자세히 서술되어 있다. David S. Landes, *The Unbound Prometheus. Technological Change and Industrial Development in Western Europe from 1750 to the Present*, New York: Cambridge University Press, 1969.

성과 강도가 뛰어난 강철은 특히 선박 제조에 적합한 금속이 되었다. '강철의 시대'란 이 금속의 독특하고 대체 불가능한 주요 장점들이 산업 발전과정과 결합한 시점을 지칭한다. 강철과 기계 사이의 밀접한 관련성 때문에 1인당 강철 소비량은 산업화의 가장 중요한 지표였다.

'강철의 시대'가 개막하기 전, 유럽 사람들은 선철에 함유된 탄소를 '강철 존'(약 1.2%) 수준으로 조절하는 기술을 알지 못했다. 탄소가 없는 연철의 표면부에 탄소 성분을 주입해 금속 강도를 높이는 삼탄법滲炭法, cementation process이 유일했는데, 많은 시간과 비싼 비용을 요했다. 비용과 시간을 줄이려면 선철을 이용하는 방법을 개발해야만 했다.

선철은 여러 가지 불순물을 함유한다. 이 오염물질을 제거하는 과정이 곧 정련精鍊인데, 1784년 영국 발명가 헨리 코트Henry Cort, 1741~1800가 매우 효율적 정련법인 교련법puddling process을 창안했다. 이 정련기술은 내화벽돌 반사로反射爐, reverberatory furnace 속에 일종의 화교火橋를 설치해 선철과 연료의 직접 접촉을 차단하는 것이다. 단점이 없는 것은 아니었다. 오염물질인 슬래그 제거도 문제였고, 교련공의 수작업도 번번이 제품의 품질을 떨어뜨렸다. 그럼에도 교련법은 산업혁명 이전 100여 년 동안 급속도로 증대한 철강 수요를 메꿨다.

드디어 진정한 '강철의 시대'가 왔다. 베서머 전로Bessemer Converter다. 영국의 엔지니어이자 발명가인 헨리 베서머는 1856년 회전이

영국 셰필드 산업박물관에 전시되어 있는 베서머 전로

가능한 항아리 모양의 전로轉爐를 개발해 철강의 대량생산 시대를 열었다. 그 기술적 원리는 이렇다. 먼저 용융 상태의 선철을 전로에 장입한 뒤 높은 송풍 열기로 탄소의 산화작용을 유도한다. 전로 속에서 탈탄작업은 신속하게 전개된다. 그 과정에서 선철의 탄소 성분은 자동으로 조절된다. 이전에 순전히 숙련노동력에 의존했던 정련작업이 기계로 대체된 셈이다.

그 결과 균질한 강철이 생산됐다. 아울러 공정 시간도 대폭 줄었다. 교련법에 비하면, 전로 방식은 3~5톤의 강철 가공에 소요되는 시간을 24시간에서 10분 내지 20분으로 급격히 단축했다. 강철산업에서 드디어 '규모의 경제'를 실현한 것이다.

문제가 전혀 없는 것은 아니었다. 베서머 제강법은 정련과정에서

0.5% 미만의 인(P)을 함유한 선철만을 사용해야 하는 취약점을 안고 있었다. 인은 강철의 주조와 단련을 저해하는 요소다. 고열로부터 전로를 보호하는 규산성 내벽의 화학적 작용으로 말미암아 선철에 함유된 인 성분이 그대로 남기 때문이다. 이러한 기술적 난제는 1876년 영국 엔지니어 시드니 토마스Sidney G. Thomas, 1850~1885가 퍼시 길크라이스트Percy C. Gilchrist, 1851~1935의 도움을 받아 염기성 전로법을 개발하면서 해결되었다.

토마스 전로는 용선鎔銑에 석회석을 혼합하여 전로에 장입하고, 백운석과 타르가 혼합된 벽돌로 내벽을 만들어 인 성분을 효율적으로 제거했다. 인이 함유된 선철을 정련 재료로 사용할 수 있게 되자 원료 구매와 관련된 비용 문제가 해소되었다. 석회석과 염기성 내화물의 화학적 반응을 활용해 압연과 주조가 편리한 연강鍊鋼을 대량 생산함으로써 강철시장이 더욱 확대되었다.

'강철의 시대'를 연 세 번째 이노베이션은 평로 제강법open hearth process이다. 1857년 독일의 유명한 엔지니어 가문 출신으로 영국에서 활동하던 칼 지멘스Carl W. Siemens, 1823~1883는 그의 동생 프리드리히 지멘스Friedrich Siemens, 1826~1904와 함께 재생열을 이용하는 제강기술을 개발했다. 연료가 탈 때 발생하는 배기가스의 열을 모아 납작한 모양의 제강로, 곧 '평로'의 온도를 높이는 폐열 회수기술이 요체다. 이 기술은 같은 양의 연료를 사용하고도 생산성을 20% 정도 증가시켰지만, 평로의 높은 온도를 견디는 내화물을 쉽게 구하지 못하는 단점이 있었다.

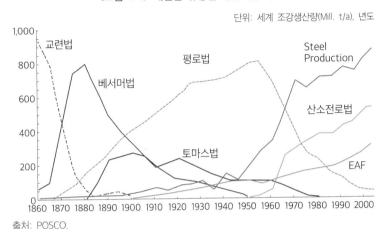

〈그림 5-1〉 제련법 유형별 생산비율 추이

단위: 세계 조강생산량(Mill. t/a), 년도

출처: POSCO.

　평로 제강법의 상업적 성공은 1864년 프랑스 엔지니어 피에르-에밀 마르탱Pierre-Émile Martin, 1824~1915이 고철 부스러기를 선철 용탕에 섞어서 원활한 탈탄과정을 유도해 냈을 때 가능했다. 지멘스-마르탱 평로법이다. 1870년대 후반 토마스 정련법이 확산되고 평로 내벽을 염기성 물질로 대체하는 방식이 개발되면서, 평로 제강법은 토마스법과 더불어 현대 제강기술의 견인차 역할을 해냈다. 저렴하고 효율적인 철강 대량생산 시대가 이렇게 열렸다. 〈그림 5-1〉은 19세기 후반부터 현재까지 제련법 유형별 생산비율의 추이를 나타낸다.

제국의 패권 경쟁

각축전

베서머의 산성 전로법, 토머스의 염기성 전로법, 그리고 지멘스-마르탱의 평로법이 함께 이끈 강철생산의 이노베이션은 놀랄 만한 통계수치로 그 효력을 입증한다. 신기술이 작동하기 시작한 1860년대 이후 약 30년간 조강crude steel의 실질 가격은 90%가량 하락했다. 그 동안 강철생산량이 대폭 증가했기 때문이다. 유럽 철강산업의 중심에 섰던 영국, 프랑스, 독일, 벨기에의 총 강철생산량은 1861년에 12만 5천 톤에 불과했다. 약 10년 뒤 새로운 제강법이 출현했을 때 그 수치는 38만 5천 톤에 달했는데, 1913년에는 무려 3,202만 톤에 이르렀다. 4개국 강철생산량이 매년 10.8% 증가한 셈이다.

이 같은 성장세의 선두에 영국이 있었다. 초반기 '강철의 시대'를 이끈 베서머 전로가 철도 선로에 가장 적합한 양질의 강철을 싼 비용으로 대량생산한 점이 결정적이었다. 영국의 철강생산은 제2차 산업혁명 초기에도 압도적 위치에 있었다. 세기 전환기 각국 철강생산량을 비교한 〈표 5-1〉과 수출량을 비교한 〈표 5-2〉를 보면 그러한 추세가 드러난다.

1870년대 후반 영국의 선철과 강철 생산량은 세계 전체 생산량에서 각각 46%와 35.9%를 차지했다(〈표 5-1〉). 영국의 철강수출 규모도 경쟁국들이 범접할 수 없는 수준이었다(〈표 5-2〉). 이러한 현상은 얼마나 지속했을까? 경쟁국들은 영국의 위상을 그대로 내버

〈표 5-1〉주요 산업국의 철강생산량 비교 [4]
(세계 전체 철강생산량에서 차지하는 비율)

단위: %

	영국		독일		미국		벨기에	
	선철	강철	선철	강철	선철	강철	선철	강철
1875~1879	46.0	35.9	12.7	16.7	15.6	26.0	3.9	3.7
1880~1884	40.8	32.7	14.2	17.7	21.3	28.4	3.5	3.0
1885~1889	34.7	31.8	15.8	17.8	27.4	31.4	3.4	2.4
1890~1894	28.5	24.6	16.7	22.4	31.7	33.7	2.9	2.2
1895~1899	26.1	19.8	17.7	22.5	32.1	35.4	2.9	2.8
1900~1904	20.4	15.1	18.4	23.3	38.6	41.0	2.5	2.4
1905~1909	17.5	12.4	18.9	22.1	41.7	43.5	2.5	2.8
1910~1913	13.9	10.3	21.0	22.7	40.2	42.3	3.1	3.4

〈표 5-2〉주요 산업국의 철강수출량 비교 [5]

단위 : 1천 톤

	영국	독일	벨기에	미국
1878	2,297	746	269	-
1885	3,131	948	396	-
1890	4,001	943	470	-
1895	2,738	1,504	491	-
1900	3,477	1,525	459	1,154
1905	3,721	3,287	1,044	1,009
1910	4,588	4,797	1,241	1,536
1913	4,934	6,401	1,479	2,907

4 Willfried Spohn, *Weltmarktkonnkurrenz und Industrialisierung Deutschlands 1870-1914. Eine Untersuchung zur nationalen und internationalen Geschichte der kapitalistischen Produktionsweise*, Berlin(W) : Olle & Wolter, 1977, p. 119.
5 같은 책, p. 120.

려 두지 않았다.

〈표 5-1〉에서 보듯, 영국은 1890년대에 이르러 미국에게 철강생산의 선두 자리를 양보했다. 강철의 질과 생산성을 좌우하는 철광석 보유량이 결정적 요인으로 작용했다. 주로 베서머 전로가 생산하는 산성강acid steel은 인을 거의 함유하지 않은 적철광haematite ores의 가공물인데, 온 지구를 통틀어 미국 땅에 그 원료가 가장 풍부했다. 이런 자원 여건이 1880년대에 괄목할 만한 성장세를 보인 철도산업과 결합했다.

영국은 미국에 비해서는 다소 불리했지만 유럽의 경쟁상대는 물리칠 만했다. 잉글랜드 북부 컴벌랜드Cumberland 인근에 상당한 양의 적철광 광산이 있었다. 그럼에도 영국은 세기 전환기 즈음에 독일이란 후발주자에게 추월당하고 말았다. 1910년대에 이르면 철강수출 대국의 명성도 독일에게 양보해야만 했다(〈표 5-2〉). 미국의 철강 기업이 내수시장에 집중했던 만큼, 영국 철강산업이 대결해야 했던 경쟁자는 바로 독일이었다. 영국과 독일 철강산업에 대체 무슨 차이가 있었을까?

가장 중요한 차이는 공장 규모였다. 독일의 거대 작업장과 영국의 왜소한 파트너, 이것이 대강의 그림이다. 새 공장이 많이 세워졌던 1890년대 영국의 철강공장 규모는 독일 경쟁자들의 3분의 1 내지 4분의 1 수준이었다. 작업장 규모의 차이는 생산공정의 구조적 차이에서 유래한 것이었다. 독일의 철강기업은 초반부터 선강일관銑鋼 一貫 공정combination을 선호해 세기 전환기에 이르면 독일 강철 카르텔에 속한 대부분의 공장은 영국보다 4배 더 큰 규모를 자랑했다. 1902년 통계에 의하면 영국의 72개 평로 제강소 가운데 21개 공장만이 제선용광로를 설비하고 있었을 따름이다. 독일의 일관제철소가 제강과 압연을 하나의 공정으로 연결하는 설비에 주력했던 반면, 영국은 제강과 압연 공장을 분리했다.

공장 규모와 생산조직의 차이는 곧바로 생산성 차이로 나타났다. 1870년에 영국의 고로는 독일의 경쟁자들보다 일평균 74%가량 더 많은 선철(8,700톤 대 5,000톤)을 생산했는데, 1910년에 이르면 사정이 뒤바뀌었다. 이때 독일의 고로는 평균적으로 4만 9천 톤을 생산한 반면, 영국은 평균 3만 톤에 그쳤다. 강철 생산에서도 비슷한 양상이 나타났다. 1901년에 독일 전로는 평균 3만 4천 톤을 산출했는데, 영국 공장은 평균 21,750톤을 생산하는 데에 그쳤다. 철강산업의 패권이 독일로 옮겨간 것이다. 말하자면, 패권 이전의 가장 중대한 요인이 공장 규모와 생산조직이었다는 뜻이다.

'규모의 경제'는 꾸준한 기술혁신을 요구했다. 대규모 장치산업에 투입한 막대한 자금을 효율적으로 회수하지 않으면 대자본은 파산에 직면한다. 파산 위험과 시장 불안정을 극복하는 최선의 방안은 기술혁신이었다. 독일의 철강기업은 기술혁신에 사활을 걸었다. [6]

6 Ulrich Wengenroth, *Unternehmensstrategien und technischer Fortschritt. Die deutsche und die britische Stahlindustrie 1865-1895*, Göttingen/Zürich: Vandenhoeck & Ruprecht, 1986.

후발주자 독일

영국 기업들은 베서머법 이래 기술혁신을 이뤄 내지 못했다. 기술 진보는 기업의 전략적 결단에 의해 응용방식이 업그레이드되는 과정에서 일어난다. 기존 기술과 생산조직의 결합에서 새로운 기술에 대한 요구가 발생한다. 영국의 철강기업들은 양질의 산성강 생산을 고집하는 가운데 세분화된 작업공정을 선호하는 경향을 보였다.

이에 반해 독일의 철강기업들은 질보다는 대량생산, 단순 공정보다는 일관 공정에 치중했는데, 토마스 전로가 생산하는 염기성 강철이 그러한 생산방식에 더 적합했다. 영국으로부터 신기술을 받아들인 후발주자가 생산구조를 개선하기 위해 치밀한 경영전략을 펼쳤다는 점이 주효했다.

독일 철강기업이 추구했던 생산조직의 합리화 전략은 이미 베서머 전로의 도입 단계에서 시작했다. 신기술이 비싼 투자비용을 강요했기 때문이다. 베서머 제강법은 1870년대 초반 기준으로 약 100만 마르크가량의 설비비용이 들었다. 오직 대기업만이 엄청난 고정자본을 감당할 수 있었다. 여기에 더하여 신기술은 비싼 생산원가를 요구했다.

앞서 보았듯 베서머 전로는 산성내화물을 사용하는 까닭에 0.5% 이상의 인을 지니는 선철을 원료로 사용할 수 없었는데 독일 땅에서 채광되는 철광석은 거의 대부분 다량의 인을 함유하고 있었다는 게 문제였다. 독일은 정련 원료를 해외로부터 수입했다. 이는 엄청난 비용압박을 초래했다. 1878년 영국에서 베서머 전로용 제선 비용은

1톤당 53~58마르크를 기록했는데, 독일의 경쟁자들은 61~80마르크가량의 비용을 치렀다.

그래도 1870년대 초반의 호황기에 새로운 전로를 장착한 독일 기업들은 내수시장에서 초과이윤을 향유할 수 있었다. 그러나 '1차 공황'(1873~1879년)으로 불리는 심각한 불황이 도래하자 독일 기업들은 난관에 봉착했다. 생산설비를 축소할 것인지, 아니면 가동을 최대화할 것인지의 양자택일 상황에 몰렸다. 절체절명의 상황에서 독일 기업들은 과감한 공격전략을 선택했다. 생산설비의 풀가동, 그리고 잉여생산물은 덤핑수출로 해소한다는 지극히 위험한 전략이었다. 두 가지 대비책이 마련되었다. 하나는 내수시장 가격을 담합하는 철강기업 카르텔의 구축, 다른 하나는 추가 투자 없이 생산설비 가동률을 극대화하는 조직합리화 작업이었다.

비용가격의 절감에 역점을 둔 합리화 전략은 우선 정련공정의 연속성을 도모한 '고속가동방식'에 주력했는데, 그 출발점은 큐폴라cupola의 사용이었다. 일종의 제선용 기계인 이 용해로는 재래식 반사로의 단점을 해결했다. 이전의 기계는 상당한 양의 연료를 소모하면서도 고장이 잦아서 생산성을 떨어뜨렸는데 새 큐폴라는 연료를 절감하면서 용선을 연속적으로 전로에 공급함으로써 전체 정련과정 사이의 생산성 격차를 해소했다.

'규모의 경제'에 더하여 '속도의 경제'가 가능해진 것이다. 이와 함께 고장이 잦았던 전로 문제가 해결되면서 고속가동방식은 본궤도에 올랐다. 베서머법 초창기의 전로 내벽과 기저부는 정련과정에서 발생하는 높은 열을 견디지 못해 쉽게 마모되는 까닭에 보통 3회 내지 6회 용선 장입 시 교체를 요렸는데, 수리작업에만 10~30시간이 소요되었다. 오늘날 기술 수준으로는 단순해 보이는 그 문제점은 용손이 심한 전로 저부만 교체하는 기술개발로 해결되었다. 이 방법으로 하루 최고 8회에 불과했던 전로의 장입회수가 30~35회로 늘어났고 정련공정에 두 기機 이상의 전로가 동시에 작동함으로써 생산성은 대폭 오르고 생산비용 또한 그만큼 낮아졌다.

독일의 대규모 생산방식을 한 단계 더 끌어올린 기술혁신은 용강 크레인의 개발이었다. 여러 대의 증기주조차가 길게 연결된 궤도를 따라 연속적으로 움직이면서 조괴공장 주형에 용강을 빠른 속도로 공급하는 새로운 주조방식이었다. 정련작업과 주조작업이 공간적으로 완벽하게 분리됨으로써 전로의 설비수와 용량은 주조설비의 작업능력과 관계없이 증가될 수 있었다.

이와 동시에 제선에서 정련을 거쳐 압연에 이르는 전체 제강과정이 연속적으로 이루어졌다. 용선에 석회석을 섞어서 전로에 직접 공급하는 국자 모양의 래들이 장착됨으로써 전체 공정시간도 더욱 단축되었다. 기술혁신은 놀라운 생산량 증가를 가져왔다. 1890년대 토마스 전로는 20톤 규모의 장입용량, 하루 평균 72회 가동, 그리고 2,268톤의 생산량을 기록하게 되었다.

이러한 기술혁신은 가중된 비용부담을 낮추는 데에 역점을 둔 독일 철강기업의 합리화 노력의 산물이었다. 생산비 절감 경영전략은 독일이 해외시장에서 치열한 가격경쟁 압박에 당면했을 때 더욱 절실히 요청되었다. 기술혁신이 어느 정도 달성되자 독일 기업은 노동력에 눈을 돌렸다.

노동력을 최대한 활용하는 최선의 전략을 짜내 급기야 12시간 노동, 2교대제가 고안되었다. 장시간 노동에 의한 노동생산성의 극대화야말로 비용부담을 축소할 또 다른 효율적 방안이었다. 소규모 공장에 그친 영국과는 달리 독일은 대규모 공장 운영에 적합한 새로운 생산조직을 창안해 생산비 가운데 특히 노동비용을 대폭 줄이는 데에 성공했다. 철강산업에 고유한 공장체제factory regime가 출현한 것이다. 7

제철보국으로 가는 길

보호관세: 시장을 보호하라

1873년에서 1879년까지 지속된 1차 공황은 수많은 작업장 폐쇄를 강요할 만한 충격적 사건이었다. 유럽 철강산업을 강타한 위기는 미국 철도산업을 겨냥했던 자본시장이 투자를 이끌어 내지 못하고 무너진 사정에서 발발했지만, 내부적으로는 새로운 강철 수요에 명운을 걸었던 과잉투자에서 비롯한 것이었다. 1차 공황에 대한 대응책에서 영국과 독일은 서로 엇갈린 길을 선택했다.

---

7 박근갑, "노동시간·노동정책·노동운동", 〈경제와 사회〉, 9호, 1991, 193~217쪽.

영국 기업들은 우월한 기술력과 시장 선점을 바탕으로 각개전투 전략을 선택했다. 독일 기업들도 수출 확대에 명운을 건 점은 같았으나 기업연합적 이익단체를 앞세웠다는 점에서 차이가 났다. 1874년, 독일 철강기업들은 '독일철강기업연합'이라는 압력단체를 탄생시켰는데, 이 전대미문의 경제적 이익단체는 정부와 의회의 경제정책에 영향력을 행사했다. 독일은 1870년에 관세를 철폐한 바 있다. 그래서 보호관세 문제가 중요한 쟁점으로 떠올랐다.[8]

선철과 강철공장은 물론이려니와 압연작업장까지 갖춘 대규모 독일 기업들이 단체결성의 주도세력이었다. 이 조직은 정부에 불황 타개책을 제출했다. 도산 위기에 내몰린 전체 산업분야 가운데 철강공업이 '가장 먼저' 그리고 '가장 큰' 피해를 입었으며, 이런 점을 고려하지 않은 제국의 자유무역 관세정책이 국가 기간산업의 존립기반을 위협하고 있다는 주장이었다. 철강기업연합은 이렇게 주장했다.

독일제국은 '해외세력의 위협'으로부터 내수시장을 '보호하여' 낙후한 산업을 육성할 제도적 장치를 마련해야만 한다. 그 지름길은 보호관세의 확립이다. 보호관세는 철강기업의 '순수한 조국 사랑'과 '국가적, 사회적 차원의 이익'을 도모할 것이기에, '모든 경제적, 국가적 이해관계의 결합'에 기여하고 '공익'을 증진할 것이다.[9]

8 박근갑, "독일 철강공업과 보호관세정책(1873~1879)", 〈역사학보〉, 125호, 1990, 107~136쪽.
9 Bundesarchiv Koblenz, Reichsakten 13 I/171: Denkschrift des Vereins

'국부의 손실을 막고 자본과 노동의 파손을 예방하여' 마침내 유럽 국가들 간 각축전에서 '독일제국의 지위'를 공고하게 다질 최선의 방패막이 보호관세라는 주장이었다. 독일제국의 지위를 다질 '제철보국'의 신념이 여기에서 유래했다.

제국 수상 비스마르크O. V. Bismarck가 철강기업의 절규에 호응해 결국 1879년 자유무역을 폐지하고 엄격한 보호관세를 제정했다. 비스마르크는 그의 이름을 만방에 알린 유명한 연설로써 국가 기간산업의 외침에 화답했다.

"오늘날 중대한 문제들은 연설과 다수결만으로 해결될 수 없습니다. … 그것들은 오직 쇠鐵와 피血를 요구할 따름입니다."10

그의 별칭인 '철혈鐵血재상'은 국익을 위해 철과 피가 필요하다는 이 레토릭에서 발원했다. 독일 철강산업을 덮친 위기는 국가를 끌어들여 경제정책의 기조를 바꾸어야 할 정도로 심각했다. 과잉생산과 그에 따른 내수시장의 포화상태가 문제였다. 철강기업 크룹Krupp의 어떤 경영자는 이렇게 설명했다.

"새로운 방식의 기술은 상당히 빠른 속도로 발전하여 같은 기계로 이전의 4배 내지 6배의 양을 생산할 수 있게 되었다. 곧 설비의 생산능력이 수요를 훨씬 초과하여 증가한 것이다."11

Deutscher Eisen- und Stahlindustrieller ("Die gegenwärtige Lage der deutschen Eisen- und Stahlindustrie", Berlin, 1875).

10 Otto von Bismark, *Werke in Auswahl*, III, Darmstadt, 2001, p. 3.
11 박근갑, 앞의 글, 1990, 120쪽.

과잉생산은 제품 가격의 하락을 부추겼는데, 실제로 1874년과 1878년 사이 베서머강 가격은 절반 가까운 수준으로 폭락했다. 보쿰 연합철강 이사장은 독일 철강기업들이 겪은 장기불황의 위기를 한마디로 '기술공황technological crisis'이라고 진단했다.

이런 상황에서 가격경쟁에서 유리했던 영국의 강철용 선철이 독일의 내수시장을 위협할 여지가 점점 커졌다. 1876년 독일 제강공장에 유입된 영국 선철은 전체 소비량 가운데 30%가량을 차지했다. 말하자면, 독일의 제선산업이 당면한 문제는 선철의 수입량과 그것이 내수시장에 미치는 가격 영향력을 차단해야 하는 과제였다. 보호관세는 그 영향을 실질적으로 차단하는 국가적 수단이었다.

이로써 독일 제강업은 내수시장을 성공적으로 방어했으며 해외시장에서는 차츰 강력한 위협세력으로 부상할 수 있었다. 대공장은 내수시장에서 높은 가격으로 제품을 판매해 이익을 취하고 해외시장에서는 덤핑을 하는 방법으로 대응해 나갔다. 높은 가격을 지불해야 하는 중소기업들의 완강한 저항에도 불구하고 철혈재상의 지배정치는 대기업의 손을 들어 줬다.

이런 관점에서 '독일철강기업연합' 회장 리히터Richter의 말은 의미심장하다.

"나의 견해로는 우리 철강기업들의 수출능력은 보호관세 제도에 달려 있다. 우리가 내수시장에서 높은 가격을 유지해야만 해외시장에서 더욱 저렴하게 팔 수 있기 때문이다."12

보호관세를 둘러싼 지배정치는 분명히 대기업 편향적 방향으로 흘렀다. 그것은 철강시장의 구조변동에 적응하지 못했거나 단순 제조에 머물렀던 중소기업을 희생시키면서 혼합생산 대기업의 경쟁력을 키우는 국가부조Staatshilfe의 한 방편이었다. 보호관세 덕분에 선강 일관공정 대기업들은 대불황의 위기를 전화위복의 기회로 활용했다. 중소기업의 도산과 기업합병이 늘어났다.

이와 더불어 카르텔과 신디케이트 등의 독과점 조직이 내외 시장 장악력의 견인차 역할을 담당했다. 1880년대에는 '선철 카르텔'과 '압연 카르텔'이 수입관세의 '보호' 아래 가격담합을 이뤄 냈다. 거의 대부분 '독일철강기업연합'의 직접 관여와 후원에 의한 독과점 구조였다. 요약하자면, 독일 기업이 영국 경쟁자를 이긴 제도적 고안물은 바로 국가개입과 그에 따른 보호관세였다는 말이다. 독일은 강철 패권을 거머쥐었다. 거대자본과 철혈재상이 밀고 간 제철보국의 꿈이 그렇게 실현되었다. 13

철강산업: 사회보험의 산파

세월이 한참 지난 뒤 이야기다. 1908년 영국 재무부장관 로이드 조지Lloyd George가 고위 공무원들과 함께 독일 산업현장을 견학했다. 그 무렵 영국 정부가 기획하던 국민보험법National Insurance Act의 본보

---

12 같은 글, 131쪽.

13 Bak, Geun-Gab, *Industrielle Interessenpolitik im frühen Kaiserreich. Der Verein Deutscher Eisen- und Stahlindustrieller 1874-1895*, Phil. Dissertation Universität Bielefeld, 1987.

기를 찾으려는 답사여행이었다. 답사단은 이른바 '비스마르크 사회보험'이 작동하는 원리와, 그것이 산업과 노동 조직에 미치는 효과에 관심이 있었다.[14] 그들 가운데 통상부 대표로 참여한 윈스턴 처칠Winston Churchill이 영국 수상에게 한 통의 편지를 보냈는데, 그 속에 흥미로운 이야기가 담겨 있다.

비스마르크 사회보험에는 사회적으로 조직된 어마어마한 정책이 있습니다. 기후는 더 모질고 모아 둔 재화가 훨씬 부족한데도 독일은 국민들을 위해 상당히 훌륭한 제도여건들을 잘 갖추고 있습니다. 사회조직에서 성공을 거둔 독일의 경험을 영국에도 적용해 보려 한다면 귀하께서는 선거에서 승리할 수도 있으며, 혹 패할지도 모릅니다. 그렇지만 귀하께서는 흐르는 세월도 그 통치를 지워 없앨 수 없는 하나의 기념비를 남기게 될 것입니다. … 비스마르크 이념의 위대한 제도로 우리 산업체계의 저변을 감싸도록 합시다. 그리고는 겸손한 마음으로 그 결과가 어떨지 기다려야 할 것입니다.[15]

나중에 수상 자리에 올라 독일과 대결한 이 청년 정치가는 이미 이때 유럽 각축장에서 뒤바뀐 영국의 위상을 절감하고 있었다.

---

14 박근갑, 《복지국가 만들기. 독일 사회민주주의의 기원》, 문학과지성사, 2009, 15쪽 이하.

15 Gerhard A. Ritter, *Sozialversicherung in Deutschland und England. Entstehung und Grundzüge im Vergleich*, München: Verlag C. H. Beck, 1983, p. 92.

'사회적으로 조직된 어마어마한 정책'은 1880년 4월 30일로 거슬러 올라간다. 새로운 보호관세의 법률적 효력이 발효되자마자 곧바로 독일 철강기업가들은 제국 정부에 또 하나의 제안서를 제출했다. 영국의 경쟁자들이 생각조차 해본 적 없었던 그 사안은 산업현장에 다시금 국가를 끌어들이는 기획이었다. 이 이야기 또한 '독일철강기업연합' 내부에서 시작했다.[16]

1874년 강력한 압력단체를 결성한 철강기업들은 곧이어 '독일산업가중앙연맹'의 산파역을 맡았는데, 전 산업영역을 망라한 이 거대기구는 독일 복지제도의 기원인 '공적보험제도'를 제안했다. 보험가입의 법률적 강제, 보험 조직과 행정을 통합 관리하게 될 제국보험공단 설립, 그리고 사용자, 피용자 및 국가의 재정분담을 주요 내용으로 하는 국가 주도의 산재보험이 그것이었다.

보쿰 연합철강 이사장 바레Baare가 철강기업들을 대표하여 발의한 이 새로운 정책을 제대로 이해하기 위해서는 약간의 배경 설명이 필요하다. 1871년에 제정된 '보상책임법'이 이야기의 시작이다. 이 법안은 산업현장에서 발생하는 재해나 상해의 예방책임을 사후보상으로 대체했다는 특징을 지니고 있었다. 이 법률은 과실책임의 한계를 너무 막연하게 규정하여 사용자와 피용자 사이의 법정분규를 일으

---

16 박근갑, "정치적 노동운동 · 독점대기업 · 비스마르크의 노동정책", 〈사회비평〉, 4호, 1990, 227~257쪽; 박근갑, "경제공황과 노동정책 - 독일 철강기업의 합리화와 비스마르크의 사회보험", 〈역사학보〉, 136호, 1992, 123~152쪽.

컸다. 수년씩 걸린 법정분규에서 산재노동자 중 20%만이 보상혜택을 받았을 뿐이었다. 이 때문에 시민사회와 정치권에서 개선책을 둘러싼 분분한 논의가 일어났다. 우선 산업재해 부문에 한정하더라도 포괄적 예방조처의 법적 기반을 조성해야 한다는 여론이 비등했다.

사회적, 정치적 여론은 그렇게 제국 수상의 결단을 요구하기에 이르렀다. 비스마르크는 원래 산업규제를 '정치혁명'만큼이나 불순하고 위험한 사안으로 보고 있었다. 그는 '긍정적 노동자 복지'라는 화려한 정치적 수사를 남발했음에도 그런 사회개혁 요구를 잠재울 정책수단을 찾지 못해 곤경에 처해 있었다.

이럴 즈음에 보쿰 연합철강 이사장 바레가 제안한 것이 바로 '공적보험제도'였다. 복지국가의 신호탄을 쏘아 올린 제1차 산재보험법은 그렇게 한 유력 기업가의 손을 거쳐 의회에 제출되었는데, 그것은 대단히 이례적인 일이었다. 비스마르크는 이를 "통일적이며 올바르다"고 호평했다. 보호관세의 사례처럼 철강 대기업과 철혈재상의 이해관계가 맞아떨어졌기 때문이다.

산업재해의 보상책임에 국가와 노동을 끌어들인 대기업 보험입법안은 1873년의 경기침체 이래로 철강공업이 직면했던 불황 타개책이자 시대적 요청이었다. 앞서 보았던 혼합생산의 철강 대기업은 카르텔과 신디케이트를 결성하여 내수시장의 독점가격을 구축하는 한편, 생산구조를 개선하여 비용부담을 줄이는 고속가동방식을 앞다퉈 채택했다. 공정시간을 최소한으로 단축하고 생산설비의 가동시간을 최대한 연장함으로써 비용가격을 절감하는 새로운 생산방식은 노동집약과 노동강도를 필연적으로 상승시켰기에 산재産災위험이 더불어 커졌던 것이다.

여기에 더하여 제선에서 제련을 거쳐 압연에 이르는 연속공정은 기본적으로 고열과 고압가스로 움직이는 기계들로 말미암아 상당히 높은 산재위험을 안고 있었다. 노동자들은 위험하고 비위생적인 공장환경 속에서 장시간 노역에 시달릴 수밖에 없었다. 따라서 늘어날 수밖에 없었던 상해사고와 산업질병은 무엇보다도 기업 내부의 시급한 문제로 대두되었다. 이런 난관을 타개하는 방안으로 공적산재보험은 좋은 대안이 될 수 있었다.

국가의 보조금과 행정관리로 운영하는 보험제도는 개별 기업의 후생복지제도보다 더욱 효율적으로 노동력 재생산을 보장할 수 있는 저렴한 방안이었다. 더욱이 새로 들어서게 될 공공기관이 보험의 재정, 운영 및 조직을 통합함으로써 철강기업에 내재된 산재와 상해의 위험을 전체 산업분야로 분산할 뿐만 아니라 기업비용을 낮추는 장점도 있었다.

내수시장의 독과점 가격을 기반으로 덤핑수출을 추진하던 철강기업의 눈으로 볼 때, 국가 관리의 보험제도는 수출상품의 단위원가를 낮춰 해외 경쟁력을 높이는 기막힌 돌파구였다. 철혈재상 비스마르크는 기업인의 이해를 거들면서 재해보상을 국가의 책무로 끌어들였다. 그는 공공 연설에서 '국가를 수호하는' 중추세력을 자주 거론했는데, 그것은 수출산업을 선도하는 대기업들과 안정된 일자리를 누리던 노동자들을 지칭했다. 이들 산업세력이야말로 우선적으로 노조의 공격에서 안전하게 격리되어야 마땅하다는 뜻이었다.

비스마르크는 사회주의 혁명을 부추기는 노조를 지극히 견제했다. 비스마르크는 노동계급의 책동을 기업의 생산력과 노동자의 근로의욕을 낮춰 독일의 해외 경쟁력을 잠식할 뿐만 아니라 마침내 실업사태를 초래하는 위기의 진원지로 간주했다. 따라서 노조 이념의 감염을 '예방하는' 사회보험의 혜택이 우선적으로 대기업 노동자들에게 돌아가야만 했다. 산재보험에 과도한 국가재정이 소요된다는 비판에도 불구하고, 비스마르크는 의회에서 이렇게 주장했다.

산재보험법안이 대기업을 위한 일종의 보조금이라고 주장하는 사람들이 있습니다. 왜 이 사람들이 그렇게 정부가 맹목적이면서 편파적으로 대기업을 옹호하고 있다고 속단하는지, 저로서는 그 이유를 잘 모르겠습니다. … 만일 누군가가 대기업의 존재를 약화시키고 또 위협하고자 한다면, 그것은 경솔한 실험행위가 될 것입니다. 만약에 우리가 지금의 대기업을 도산하도록 방치하거나 외국의 기업과 더 이상 경쟁할 수 없도록 만든다면, 우리는 자신들보다 잘사는 사람들을 달갑게 여기지 않는 모든 사람들로부터 박수갈채를 받게 될 것입니다. 그러나 만일 대기업가들이 파산한다면, 노동자들은 어떻게 될까요?[17]

이 연설은 명백히 국가와 자본이 공동보조를 취하는 복지정치의

---

17 박근갑, 앞의 책, 2009, 194쪽.

방향을 밝힌 것이었다. 숙련노동력 재생산의 제도적 보장, 안정된 노동력 수급을 통한 자본축적체계의 확립, 노동계급을 국가와 기업에 묶어 두는 통제 등, 이 모든 정책과제는 경제공황을 극복하고 새로운 도약을 꾀하는 철강기업의 합리화 정책과 꼭 맞아떨어졌다. 기간산업의 해외 경쟁력을 바탕으로 세계시장의 패권을 꿈꾸던 비스마르크의 경제정책과도 부합했다.

새로운 사회보험은 반드시 강제의 원리에 뿌리내려야 했으며, 그 재정과 관리의 짐을 국가가 부담해야 마땅했다. 비스마르크는 대부분의 정당들이 그러한 정책과제에 비판적이라는 사실을 잘 알고 있었다. 그럼에도 그는 그 원리를 "적절하고 이성적인 국가사회주의"라고 일컬었다. 사회혁명을 내세운 노조를 겨냥한 말이었다. 그가 진심으로 생각했던 복지국가의 이상은 핵심 노동력을 '국가연금 수혜자'로 삼는 공적보장제도에 있었다. 그렇게 되면 국가급여에 거는 기대와 더불어 혁명의 충동이 사라지면서 노동과 국가의 밀월관계가 오래도록 유지될 것이었다.

1881년 3월 8일 제국의회가 역사적인 사회정책 논쟁을 개시한 후 독일 복지정책의 골격이 갖추어졌다. 산재보험법(1884년), 건강보험법(1883년), 연금법의 전신이었던 노령보험법(1889년), 이 세 가지 입법은 정당, 중공업 중심의 산업세력, 그리고 국가기관 사이의 오랜 타협과정에서 탄생했다. 그 구체적인 내용들 가운데 많은 부분은 철강기업과 비스마르크의 원래 기획에서 약간 벗어난 것이었다. 중앙집중적 보험관리에 적대적이었던 의회 자유주의 세력의 반대로 산재보험을 중심으로 하는 통합보험체계와 국가의 재정부담 방식이 곧바로 성사될 수는 없었다.

그렇지만 통괄해서 볼 때 세 가지 복지입법은 비스마르크와 철강 대기업이 함께 꿈꾸었던 제철보국의 이상에서 그다지 멀지 않았다. 이를테면 산업평화와 사회평화를 온전히 이루기 위해 자본과 노동이 보험 부담을 나누어 짊어져야 한다는 철강기업의 주장은 건강보험과 노령보험에서 그대로 실현되었다. 그럼으로써 노동계급을 국가와 기업에 묶어 두려는 복지정책의 제1차 목표가 무리 없이 실현되었다. 대기업 노동자에게 편중된 사회보장, 국가 감독 아래 조직되는 보험조합, 수출 대기업의 경쟁력을 돕는 노동력 재생산 등, 철강기업이 밀고 나간 핵심 내용들은 기업의 경영전략뿐만 아니라 제철보국을 내세웠던 비스마르크의 제국정치와 멀지 않았다.[18]

노동체제: 공장법과 노동시간

영국 정치가들이 독일 산업현장을 답사했을 무렵, 영국 노동조합 대표들도 독일의 여러 사회보험기관들을 방문했다. 이들 역시 공적보험제도가 노동조합 운동에 끼친 영향력을 살펴보려고 했다. 이들이 내린 결론은 분명했다. 독일의 공적보험기구가 노동자 삶의 질을 상당히 높일 뿐만 아니라 노동조합의 조직과 연대에도 긍정적이라는 사실이었다. 선진국의 자부심이 컸던 영국인들이 사회보험 영역의

---

18 같은 책, 181~215쪽.

후진성을 스스로 자인한 셈이다. 이 답사여행은 영국 국민보험법 제정에 긍정적으로 작용했다. 그럼에도 영국 손님들이 간과했거나 보고서에 기록하지 않은 부분이 있었다. 독일이 노동력 보호정책의 후진국이었다는 사실이다.

사실, 이 분야의 선진국은 영국이었다. 일찍이 1833년에 제정된 '공장법Factory Acts'은 작업장 노동시간 규정에 관한 최초의 법안이었다. 이어 1874년 글래드스턴W. E. Gladstone 정부는 개정 공장법을 발의해 입법화했는데, 이는 유럽 산업사회의 전범이 되었다. 1878년 스위스 연방법은 더 나아가 모든 산업체 공장노동자의 표준노동일을 규정하고 청소년노동과 부녀노동, 야간작업을 엄격하게 제한해 독일 사회개혁가들의 부러움을 샀다.

이에 비해, 공장입법이 지지부진했던 독일은 20세기 초반 선진 산업국들 사이에서 장시간 노동의 오명을 쓰고 있었다. 그 무렵 유럽 시장을 제패한 철강산업이 12시간 노동일 2교대제를 고수하면서 최장의 노동시간을 기록했다. 연속공정방식과 속도의 경제가 설비의 장시간 가동으로 이어졌다. 이런 장시간 노동체제는 19세기 후반 이래로 독일 철강산업이 해외시장에서 치열한 가격경쟁을 치러야 하는 상황에서 더욱 절실히 요청된 것이었다.

공정시간을 단축하고 생산설비의 가동시간을 최대한 연장하는 생산방식에서 노동력은 가장 큰 비용요인이었다. 12시간 노동일 2교대제는 거기에 상응하는 방안이었다. 새로운 생산조직이 확립된 이래로 전체 비용 가운데 특히 노동비용 부문이 대폭 줄었다는 사실에서 19세기 말 독일 철강기업이 이룩한 합리화 전략의 기본 성격을 간파할 수 있을 것이다.

그런데 장시간 노동체제는 산업질병을 유발한다. 1910년대 철강 공장의 노동환경을 상세히 추적한 한 보고서에 따르면, 장시간 노동과 비위생적인 작업환경 탓에 노동자 100명당 14일에서 20일 동안 지속되는 질병 건수가 대략 50회 내지 80회 정도 발생했다. 이는 사회적 지탄의 대상이 되었다. 열악한 노동환경의 폐해들 가운데 우선적으로 노동시간을 단축해야 한다는 공장입법 논의가 이미 철강기업을 포함해 전 산업분야에 걸쳐 제기된 상태였다. 문제는 모든 시도가 번번이 실패했다는 사실에 있었다.

구구절절한 사연들은 생략하고 1891년 입법 사례를 보자. 우여곡절을 겪은 뒤 1891년 6월 1일에 공포된 조례는 간신히 국제적 기준에 맞춘 정도였다. 이 법규에 따라 우선 13세 이하 청소년의 공장 취업이 전면적으로 금지되었다. 그리고 14세 청소년의 하루 최대 노동시간은 주간 6시간, 그리고 16세 청소년의 경우는 주간 10시간에 한정되었다. 또한 부녀자의 야간노동은 전면 금지되었으며, 주간노동도 최장 11시간으로 제한되었다. 이외에도 전체 노동자의 일요일 및 공휴일 노동을 원칙적으로 금지하였다. 이로써 독일 역사상 처음으로 성인 남성의 노동시간이 법률적 규제 대상이 되었다.

이 규정들은 최장 노동시간을 기록하던 철강산업에 어떠한 영향력을 끼쳤을까? 결론을 미리 말하면, 아무런 영향도 미치지 못했다. 우선 청소년노동과 부녀노동을 제한하는 조항은 철강산업과는 거의 무관했다. 다만 일요일을 포함한 법정 공휴일 노동의 제한조치가 문제였다. 그러나 개정된 조례는 예외조항을 두었다. 기술상의 특성으로 설비가동 중단이 어렵거나 작업유예가 불가능한 산업은 예외로 둔다고 규정했고, 그 시행세칙을 연방의회의 결정에 위임한다는 조항을 첨가하였다. 철강기업들이 압력단체를 활용해 적극적으로 로비를 벌인 결과였다. 연방의회에 제출한 그들의 청원서에서 다음과 같은 내용을 읽을 수 있다.

"일요일 및 공휴일의 완전 휴무는 용광로의 기술적 특성을 고려해볼 때, 곧 제철업의 도산을 의미한다."[19]

따라서 제선공장에서는 예외적으로 일요일 및 공휴일 노동이 '전적으로' 허용됐다. 충분한 수리시간을 요구하는 제강공장과 압연공장도 일요일 및 공휴일 휴무 조항에서 제외됐다. 철강기업들은 노동시간과 임금의 직접적 상관성을 끌어들여 주장을 관철했다.

임금은 노동성과에 따라 규정되며, 노동성과는 또한 노동시간에 따라 좌우된다. 노동하려는 노동자의 자유를 규제한다면, 노동자 보호입법은 그 선의와 의무에 상반되는 결과를 야기할 것이다. … 그리고 제철소의 노동자들은, 만약 일요일에 작업하지 않으면 제철공장이 위험에 처하게 되리라는 사실을 너무도 잘 알고 있기 때문에, 일요일 휴식을 요구하지 않는다. 그리고 2교대제가 노동자들에게 결코 해로운 결과

---

19 박근갑, 앞의 글, 1991, 206쪽.

를 초래하지 않는다는 사실도 분명하다. 평일에 근무한 모든 노동자들은 일요일에도 역시 근무할 수 있으며, 반드시 필요하지도 않은 일요일 휴무는 모든 노동자들에게 커다란 두려움이 될 것임에 틀림없다.[20]

장시간 노동의 당사자들도 이런 주장에 반대하지 않았다. 1894년 1월 24일 독일제국 내무부장관이 철강산업의 사용자와 피용자 대표들을 불러 일요일 노동 문제에 대한 각자의 견해를 경청했다. 지역 보험단체에서 선발된 노동자들은 노동시간 단축에 수반되는 '임금삭감'을 우려하여 기업의 주장을 전적으로 수용했다. 철강 작업장의 일요일 노동을 예외적으로 허용하는 연방의회의 의결이 뒤따랐다. 철강산업에서 장시간 노동체제가 그렇게 안착됐다.

관료제적 통제

기술과 생산성의 발전, 그리고 국가의 법률적 규제도 철강산업의 최장 노동시간을 줄일 수 없었다. 이제 산업질병에 저항하는 당사자의 집단행동이 유일한 여지로 남았다. 노동조합 조직률이 높으면 노동시간도 따라서 줄어드는 사례들이 산업사회의 일반적 경향이다. 그러나 독일 철강공장 노동자들은 20세기 초반까지 노동조합을 외면했다. 독일 금속노련이 1903년 약 14만 5천 명의 회원과 30.6%의 조직률을 확보하면서 최강 노동조합으로 부상했을 때, 제선공과 제

---

20 같은 글, 207쪽.

런공뿐만 아니라 압연공도 이 조직에 전혀 가입하지 않았다.

철강공장은 이름 그대로 철옹성이었다. 여기를 수차례 공략한 금속노련의 시도는 무위로 끝났다. 금속노련은 철강산업의 전통적 반노조주의 성향에서 그 원인을 찾았다. 노조의 관점에서, 상대적 고임금과 다양한 기업복지는 노동을 포섭하는 수단이고, 위계적인 직무등급과 기업충성도에 기초한 상여금은 계급연대감을 저해하는 통제기제였다.

노련 측은 더 나아가 노동자들의 의식교육을 부단히 방해하는 장시간 노동의 신체적, 정신적 부담이 본질적 문제임을 직시했다. 금속노련은 철강 작업장 밀집지역을 중심으로 노동여건을 묻는 설문조사를 시작하면서 노동시간 단축투쟁을 전개했다. 이어서 노련의 의회 청원서가 뒤따랐다. 8시간 3교대제가 금속노련의 대안이었다. 그러나 노련의 도전은 기업의 로비 장벽을 넘어설 수 없었다. 노련이 제안한 법률 제정이 기약 없는 가운데 약간의 성과가 노동조합운동을 고무하기는 했다. 1907년에 처음으로 3,572명의 철강 노동자가 금속노련에 등록했다. 1913년에는 그 인원이 5,803명으로 늘어났으나, 조직률로는 겨우 2% 미만에 불과했다.

금속노련의 침투는 실패했다. 왜 성공할 수 없었을까? 답은 철강기업의 공장체제에 내재해 있다. 초반기 철강기업의 노동과정은 개개의 공정단계에 따라 각각 분리 배치돼 고유한 업무를 수행하는 숙련공들의 작업팀과, 부수적이며 허드렛일을 담당하는 미숙련공들의 보조팀으로 나뉘어졌다. 숙련공은 구성원 공동의 책임 아래 기계의 배치, 작업 속도와 일일 생산량의 조정에 이르기까지 전체 노동 과정을 자율적으로 통제할 권한을 지녔다.

기업의 생산성이 거의 전적으로 전문기술과 생산조직의 경험지식을 독점한 숙련공의 '은총'에 달려 있었기 때문에 개개 작업팀은 그만한 자율성을 누렸다. 이른바 '조장의 왕국foreman's empire'이었다. 보조팀의 미숙련공은 이와 달리 대체로 작업팀장이나 직접 노동에 참여하지 않는 노무감독의 명령과 통제 아래 단순하고 집단적인 과업을 수행했다. 이들에게는 노동과정의 자율성이 허용되지 않았다.

감독과 통제에 매여 있던 미숙련공의 처지를 감안하더라도 기술과 노동과정의 재량권을 향유했던 숙련공들이 배타적인 노동조합을 꾸리지 않은 사정이 따로 있었을까? 1870년대와 1880년대 사이에 급속하게 성장한 혼합생산 기업들은 숙련노동력 부족 현상을 겪으면서 특유의 '가부장제 기업복지'를 발전시켰는데, 이를 수용한 숙련공들은 기업충성도로 보답했다. 기업이 무상으로 제공하는 질병보험 및 상해보험, 사망보조금, 싼값으로 이용할 수 있는 사원주택과 공장매점, 도서관과 체육시설 등, '요람에서 무덤까지' 거의 모든 영역의 후생사업을 망라한 '기업 사회정책betriebliche Sozialpolitik'이 숙련공을 기업 내부로 끌어들인 매우 효율적인 관리수단이었던 것이다.

여기에 '관료제적 통제'가 도입되었다. 앞에서 이야기했던 고속가동방식은 개개의 생산공정이 연속적으로 이루어지는 특성을 지녔다. 이와 더불어 노동과정의 분화가 촉진되었는데, 그 결과로 미숙련공의 고용이 대폭 늘어나게 되었다. 공정과 공정 사이의 간격을 메꾸어 줄 보조작업과 증대된 생산성을 뒷받침할 운반업무가 대폭 늘어났기 때문이다.

아울러 숙련노동력의 수요도 폭증했다. 더욱 복잡해진 생산구조로 말미암아 작업과정의 경험적 지식과 신체적 숙련도가 여전히 요구되었기 때문이다. 그런데 숙련·비숙련공의 급증과 설비규모 확대에 따라 노동조직의 전반적 재구성이 불가피해졌다. 이른바 임금과 승진체계, 노동과정을 관리하는 복합적 규칙망인 '내부 노동시장'이 형성된 것이다.

이전 생산방식에서 독립단위로 분리되었던 개개 작업팀이 몇 개의 작업조로 재편성되어 경영의 통괄지배 아래 놓이는 일관관리체계가 고안되었다. 직무등급에 따르는 임금체계, 기업공헌도를 우선 반영하는 승급체계 및 상여금제도 등이 여기에 해당한다.

숙련공에게 새로운 기능과 지위가 부여됐다. '고참' 숙련공 가운데 선발되는 조장組長은 기술관리 이사에게 일일 생산량 완수와 제품관리 사항을 보고할 책임을 부여받았다. 작업조의 충원과 해고, 작업 배치, 승급과 임금 및 상여금 책정에 요구되는 근무평가 등의 권한을 위임받았고, 장기근속, 상여금, 사원주택 등의 혜택이 함께 주어졌다.

직무와 직급도 세분화되었다. 우선, 승진 기회는 근속연한과 기업공헌도에 따라 좌우되었고 모든 직무에 골고루 개방되었다. 작업조도 직급별로 1급 전로공, 2급 축로공, 3급 압연공 등으로 분류되었다. 임금체계 역시 고정급, 일급, 시급, 도급 등 직급과 직무에

따라 달라졌다. 21

이런 관료제적 통제방식은 철강기업이 장착한 연속공정의 경제 효과를 극대화했을 뿐만 아니라, 개별 노동자의 경쟁심을 유발해 계급적 집단행동 가능성을 사전에 봉쇄했다. 관료제적 통제는 1890~1910년대 산업 전반에서 노동조합운동이 크게 세력을 떨칠 때 더욱 위력을 발휘했다. 철강기업 연합체가 다른 어느 사회세력보다 먼저 산재보험을 고안했다는 사실 또한 이와 관련이 있음은 앞에서 밝힌 바다.

요약하자면, 독일 철강산업이 영국을 제친 것은 대공장체제, 즉 '규모의 경제'를 선택한 때문이다. 그 전략선택은 여러 가지 난관을 초래했다. 철강기업들은 '독일철강기업연합'이란 강력한 이익단체를 결성해 산업적 요구를 밀어붙였다. 과잉생산과 제품가격 하락에 대처하여 보호관세를 관철시켰는데, 그 과정에서 국가와의 유착관계가 형성됐다. 철혈재상 비스마르크의 전폭적 지원 없이는 불가능했던 이 전격적 조치가 '제철보국' 이념의 산물이다. 세계에서 최초로 도입된 산재보험 역시 철강산업의 발명품이다. 공적부조의 출발점이었던 사회보험은 이후 여러 국가로 확산되어 공공복지의 전범이 되었다. 또한 그런 와중에서 장시간 노동체제와 그것을 효율적으로 관리할 관료제적 통제가 정착됐다. 말하자면, 독일 사례는 기술혁신의 길고 험한 경로와, 제국들과의 각축전에서 승리하기 위한 여

---

21 같은 글, 208~216쪽.

러 유형의 제도를 창출한 역사적 발전의 힘겹고 벅찬 과정을 보여준다고 하겠다.

포스코: 후발국의 이점利點

철이 한국에 상륙했다. 그것도 괴철, 주철, 선철, 연철이 아닌 강철의 시대로 말이다. '무철無鐵국가' 한국에 철이 상륙하는 것과 동시에 곧바로 강철시대로 진입했다는 것은 '후발국의 이점' 중 최고의 선물이었다. 1972년, 고로가 없는 상태에서 수입된 슬래브로 생산한 철이기는 하지만 강철은 강철이었다. 미국에 수출까지 했으니 말이다. 앞에서 보았듯, 철산업 선진국들이 강철시대에 도달하기까지 얼마나 길고 험한 여정을 거쳤는가. 얼마나 많은 과학자와 기술자들이 피와 땀을 흘렸는가. 높이 110미터에 달하는 고로와 연속작업이 가능한 제강 전로가 오늘날의 형태로 개발될 때까지 유럽 강국들은 1백 년이 넘는 세월을 달려온 것이다.

1970년 포항제철소 기공식 당시, 고로를 목격한 사람은 박태준 사장뿐이었다. 고로에 화입을 해본 장인은커녕 코크스와 소결광을 장입해 본 사람도 없었다. 그런데 1973년 6월 9일, 제1고로에서 쇳물이 흘러나왔다. 1968년 제철소 그림을 그릴 때부터 1973년 쇳물이 쏟아져 나올 때까지의 그 짧은 기간은 유럽의 경우 거의 1백 년 세월에 해당한다. 기술적 관점에서도 그렇고, 제철소 경영을 관리하는 제반 제도와 규칙의 정립이란 관점에서도 그렇다.

포스코는 일본을 통해 배웠다. 일본자문단JG이 초창기 설립과정을 도왔고, 창립요원들은 이미 세계적 공장으로 명성을 날리던 일본의 6개 제철소를 제집 드나들 듯 다녔다. 눈으로 사진을 찍고, 머리로 동영상을 만들었다. 베끼고 모방하는 과정에서 포스코가 탄생했다. 일본 철강산업의 스승은 독일이다. 메이지유신 초기에 수많은 기술자들을 영국과 독일에 파견해서 기술을 익히도록 했다. 영국보다 독일이 일본의 취향과 여건에 맞았다.

어떤 사무라이 후예는 독일 철강기업에서 용융熔融 상태의 철 온도를 측정한다고 손을 넣어 보았다는 얘기가 전한다. 물론 손을 잃어야 했다. 작업장과 설비의 레이아웃을 베낀 가죽껍질을 삼켰다가 귀국해 배를 갈라 꺼냈다는 얘기도 있다. 그 기술적, 제도적 자원이 일본을 거쳐 한국으로 이식된 것이다.

여건과 기질이 맞았기 때문이다. 정치적, 사회적 배경이 독일과 유사했고, 산업화 패턴과 '발전국가developmental state'의 개입양식이 엇비슷했다. 독일과 일본은 산업화 역사에서 전형적인 후발국late comer인데, 한국은 독일, 일본과 유사한 경로를 걸은 후후발국late late comer이다.

후발국의 장기長技는 '하면서 배우는learning by doing' 것이다. MIT 경영학자 앨리스 암스덴Alice Amsden은 '하면서 배우는' 특성을 한국이 산업화에 성공한 가장 중대한 요인이라고 지적했다. 그런데 사실은 '하면서 배우는' 것에 더하여 '배우면서 혁신하는innovating by learning'

창의력이 없었으면 포스코는 탄생하지 못했다.

배우는 것도 한계가 있는 법, 일본이라고 해서 모든 것을 다 내주지 않았을 터에, 독일이 1백 년, 일본이 70년 걸려 도달한 제철소를 불과 5년 만에 건설할 수는 없는 일이다. 광양제철소가 완성된 1992년이 독일과 일본 수준으로 도약할 모든 기초가 구축된 때라고 보면, 1970~1992년이 포스코로서는 유럽 선진국이 19세기 초반 이후 걸었던 150년 철강산업 역사를 압축적으로 따라잡은 기간이었다. 유럽의 150년, 일본의 70년을 포스코가 20년에 압축한 셈이다.

어떻게 이런 기적이 가능했는가? 이른바 '후발국의 이점'을 독일의 사례에 견주어 파헤쳐 보기로 하자.

제철보국의 두 주역

제철소 건립을 결정한 사람은 박정희 대통령, 그 뜻을 펼친 사람은 박태준 사장이었다. 두 사람은 일본 유학과 육사 출신이라는 점에서 세계관과 의기가 투합했다. 철이 없으면 산업화는 불가능하다는 사실을 박태준은 일본 와세다대학을 다니면서 깨우쳤고, 박정희는 그 이전 일본 육사 유학경험을 통하여, 그리고 일본의 산업화 과정을 눈여겨보면서 진즉에 인지했다. 1965년 박정희 대통령은 미국 방문 일정을 조정해 피츠버그 소재 철강회사에 들렀다. 차관借款도입과 기술협력을 구하기 위한 사전 예방이었다. 귀국한 그가 박태준을 불렀다. 그리곤 명령조로 말했다. [22]

"임자의 임무는 종합제철소 건설이다. 나는 경부고속도로 건설,

그리되면 공업화의 기초가 만들어지는 것이지."

이게 시작이었다. 기획부터 완공까지, 그리고 철강산업을 본궤도에 올려놓을 때까지 인생을 묻으라는 역사적 요청이었다. '기획에서 생산까지'는 단 한마디의 말이었지만, 사실은 유럽의 1백 년 역사와 일본의 70년 역사를 압축한 무서운 말이었다. 거부할 이유가 없었다. 부인할 필요도 없었다. 의기투합했으므로.

독일에서 보았듯이, 철강산업은 일개 자본가가 손을 댈 수 없는 거대한 사업이다. 1901년 문을 연 일본 야하타八幡제철소 역시 메이지 정부가 추진한 중화학공업화의 일환이었다. 주식회사 형태를 구상했지만 정부가 주식의 절반 이상을 소유한 국영기업이었다. 국가의 절대적인 비호하에 키타큐슈 공업지대가 만들어졌다. 야하타제철소는 그 공업지대의 꽃이었다. 이후 나가사키와 히로시마로 공업지대가 확산되었고, 재벌기업들이 그곳에 제철소, 광산, 조선소를 함께 건립해 운영했다.

1934년 여러 제철소를 통합한 거대기업 '일본제철'이 탄생했다. 야하타를 모기업으로 하고, 후지제강, 큐슈제강, 카마이시釜石, 도우요우東洋철강을 결합한 일본제철은 태평양전쟁 수행을 위한 전쟁물자를 공급했다. 23

전쟁 후 일본제철은 전쟁 책임을 지고 분할기업 대상으로 지정되

---

22 이대환, 《대한민국의 위대한 만남, 박정희와 박태준》, 아시아, 2015, 150쪽.
23 염미경, 《일본의 철강도시》, 경인문화사, 2001, 3장 참조.

었다. 맥아더 군정軍政이 재벌해체와 경제력 분산을 명령했다. 1948
년 일본제철이 야하타와 후지제철을 분리하였고, 맥아더 군정이 철
강 합리화 정책을 추진하자 철강기업 6개 사 체제가 성립되었다. 야
하타, 후지, 일본강관, 가와사키, 스미토모금속, 코베제강이 그것
이다.

맥아더 군정이 물러간 후 일본 정부는 철강산업의 경쟁력 강화를
위해 합리화 정책을 다시 추진하였다. 과거로의 회귀였다. 국가지
원은 물론, 정부 주도의 자금조달과 보조금, 합병 기획과 경쟁력 증
진정책이 착착 실행되었다. 철강산업은 국가의 경제성장과 떼놓을
수 없는 운명을 갖고 있기에 충분히 그럴 만했다.

일본 정부는 분산된 제철소의 재결합을 시도해 결국 1970년 야하
타와 후지를 합병한 '신일본제철'이 탄생했다. 말하자면 일본제철의
후신이었다. 일본 정부는 철강제품의 가격조정은 물론 은행자금 도
입을 적극 추진했고, 보호관세와 같이 철강산업의 부흥에 필요한 조
치들을 속속 도입했다. 마치 세기 전환기 독일이 걸었던 경로를 연
상케 한다. 영국과 미국에서는 상상조차 할 수 없는 '국가주도 산업
화'의 효력이 발현한 곳은 바로 독일과 일본의 철강산업에서였다.

'국가 없이 철강산업은 불가능하다'는 역사적 사실을 박정희와 박
태준은 알고 있었다. 더욱이 무철無鐵국가 한국에서 철강산업을 일
으키려면 국가의 절대적인 지원과 비호가 필수적이었다. '제철보국'
이 함축한 본래적 의미다. 한국에 두 사람이 있었다. 비유하자면,
박정희는 비스마르크, 박태준은 '독일철강기업연합'에 해당한다.

정치적 후원자이자 치적 쌓기의 필수품이라는 점에서 박정희는 비스마르크와 이해가 꼭 맞아떨어지고, 박태준은 비스마르크의 후원 아래 철강기업을 정치적, 경제적으로 비호하고, 생산성 향상과 노동력 관리에 필요한 제도적 환경을 적극 도입하고 창안했다는 점에서 '1인 연합체'였다. 연합체가 할 일을 혈혈단신으로 전담했다는 뜻이다.

1인 연합체의 업무는 현장감독에서 경영혁신, 인력수급, 외국 철강기업과 협회 협조요청, 정치적 입김 배제, 여론 환기, 자금 조달, 건설공기 확정 등 헤아릴 수 없이 많았다. 박정희가 써준 '종이 마패'는 '1인 연합체'에 위임한 비스마르크의 절대권한이었다. 창립 후 현재까지의 역사를 성장 특성별로 보면, 대체로 세 단계로 나뉜다.

① 1968~1992년: **구축단계**establishment stage
② 1993~2002년: **도약단계**take-off stage
③ 2003년~현재: **혁신단계**innovation stage

'구축단계'는 박태준 사장의 재임기간으로, 1968년 창립식에서 광양제철소 종합준공에 이르는 시기다. 한국은 4천만 톤 조강능력을 보유한 철강강국으로 올라섰다. 포스코 24년의 역사役事는 세계 철강사에 전무후무한 기적이다. '롬멜하우스'에서 시작된 박태준의 '1인 연합체' 역할은 현충원 박정희 대통령 묘소에서 마감했다. 박태준은 1992년 10월 동작동에 안장된 박 대통령 영전에 '4반세기 대역

현충원 박정희 대통령 묘소에서 '종합준공'을 보고하는 박태준 전 회장

사 종합준공'을 보고했다.

"각하의 부름을 받고 제철공장 건설에 매진한 지 어언 4반세기, 하명하신 임무를 마치고 이제야 보고 드리게 되었습니다."

대통령의 영혼은 그 보고를 접수했고, 박태준은 눈물로 화답했다. 그것으로 박태준 시대는 막을 내렸다.

'도약단계'는 두 형제 제철소가 세계적 공장으로 발돋움한 시기다. 1987년 최초로 1천만 톤을 넘어선 조강생산량은 2002년 2,800만 톤을 기록해 거의 3배가량 급증했다. 중단 없는 전진이었다. 민주화 초반기에 해당하는 이 시기에는 정치적 외압도 컸고, 그것을 막아 줄 사람도 부재했지만 포스코의 행진은 거칠 것이 없었다. 정치권에서 파견된 외부인 회장도 '결실의 계절인 가을에 와서 수확하는 일만 남았다'고 할 정도였다. 다만, 한국 경제에 충격을 가한 외환위기 사태를 겪으면서 지배구조 개선의 과제가 떠올랐다.

'혁신단계'는 국영기업의 틀을 벗고 민간기업으로 완전히 전환한 2000년 '민영화'로부터 시작한다. 포스코는 1988년 기업을 공개했다. 이를 기초로 1998년 민영화 작업을 시작해 2000년에 민영기업으로 완전히 전환했다. 명패도 '포스코POSCO'(포항철강주식회사)로 바뀠다. 이 시기는 양量에서 질質로의 전환과 사업 다각화라는 두 가지 목표를 향해 매진한 이른바 '혁신의 시간'이다.

포스코의 R&D 투자비가 이 시기를 기점으로 급증했다는 사실과, 외국인 투자비율이 1998년 38%에서 2007년 60%로 급증했다는 사실이 혁신적 노력이 결실을 맺었음을 입증한다. 이 혁신적 노력이 최근 PDN 혁신 — 과정Process, 데이터Data, 네트워크Network —
으로 확장되고 있음은 주목할 만하다.

아무튼, 우리의 관심은 독일과 일본의 철강사에 견줄 만한 대역
사大役事인 구축단계다. '후발국의 이점'을 극대화한 그 시기에 포스
코는 '발전국가'의 총아였다. 철강산업의 기초 만들기에 필요한 모
든 여건이 제공됐고, 그것을 빈틈없이 활용한 '1인 연합체'가 제철보
국의 꿈을 이뤄 냈기 때문이다.

발전국가의 총아

'발전국가developmental state'란 산업화를 위한 모든 기획과 실행을 주도
하는 국가 유형을 지칭한다. 24 영국과 미국 계통의 자유주의 경제에
서는 찾아볼 수 없는 개입국가interventionist state로서, 독일, 일본, 한
국과 같은 후발국에서 전형적으로 나타나는 산업화의 주역이다. 국
가와 자본의 유착관계가 고질화되는 폐단이 있기는 하지만, 선진국
과의 격차를 줄이고 빠른 속도로 따라잡기catch-up에 성공한 사례들
이다. 따라잡기가 완료되면 추월forging ahead에 나선다.

한국의 철강산업은 따라잡기를 넘어 추월지대로 진입했다. 그러
나 벅차다. 갈 길이 멀다. 이 문제는 뒤로 미루고, 구축단계에서 포
스코가 어떤 이점을 향유했는가를 간략히 점검해 보기로 한다. 독일

---

24 Meredith Woo-Cumings, *The Developmental State*, Ithaca: Cornell University
  Press, 1999.

철강기업과 유사하다는 점이 드러날 것이다.

구축단계는 이른바 박정희 정권이 의욕적으로 추진한 '중화학공업화'(1972~1979) 시기와 겹친다. 유신체제를 가동하면서 박정희는 6대 전략산업의 기초를 다지는 데에 박차를 가했다. 자동차, 조선, 철강, 비철금속, 반도체, 석유화학이 그것이다. 1960년대 경공업 중심 산업화에서 중화학공업 중심으로 재빨리 전환한 것이다.

경공업 역시 충분히 성장하지 못한 단계에서 추진한 이 의욕적 경제발전계획은 당시 사정으로 보자면 많은 무리가 따랐다. 시장에 적응하는 정책이 아니라, 시장을 만들어 나가는 정책, 혹은 시장역류정책market-shaping policy의 전형이었다. 그러므로 국가가 시장에 적극 개입하여 자본과 SOC 투자에 앞장섰고, 산업화에 필요한 각종 제도를 과감하게 도입했다.

고정환율정책이 전형적인 무리수였다. 중화학공업화를 위해서는 많은 설비와 기계, 각종 원자재, 원료를 외국에서 수입해야 했기 때문에 환율을 묶어 재정투입 비용을 줄여야 했다. 8년간 지속된 이 고정환율정책이 결국 1980년대 초반 외환위기를 불러왔지만, 중화학공업화의 성공적 추진을 위해 필수적인 보호책이었다. 국가가 지불 보장한 차관자금을 원화로 갚을 때 가치절상된 원화가 상환금 부담을 줄여 주었다. 포항제철을 위시해 중화학공장의 초기 투자비용을 절감해 준 것이다. 그 대가로 1980년대 초반 외환위기가 발생했고, 원화 가치의 급격한 하락에 따라 국민들은 막대한 재산피해를 입었다.

보호관세도 중화학공업의 초기 자본축적을 위한 국가 보호책이었다. 독일 사례에서 보았듯이, 보호관세는 중화학제품의 국내 독점이윤을 보장해 준다. 한국은 1967년부터 1989년까지 미국의 승인하에 GATT(세금과 관세에 관한 일반협정) 체제의 특혜국 지위를 누렸다. 외국제품에 대한 높은 관세장벽을 허용했기에 중화학제품은 국내시장에서 높은 이윤을 향유했다. 자동차, 철강, 반도체, 석유화학이 대표적인 특혜부문이었다.

GATT의 특혜를 누린 약 20년은 한국 산업이 단단한 기초를 갖추기에 충분한 기간이었다. 자동차, 전자제품과 마찬가지로 포항제철이 생산한 철은 국내의 독점이윤에 힘입어 국제시장에서는 가격경쟁력을 갖출 수 있었다. 이 보호막은 1989년부터 벗겨져서 한국이 WTO(세계무역기구)에 가입한 1995년에 완전히 소멸됐다. 포항제철이 광양제철소와 더불어 구축단계를 넘어 도약단계로 진입한 후였다.

독일처럼 한국의 철강산업이 사회정책을 싹틔운 주역은 아니었지만, 1963년 실행된 산재보험 혜택을 받은 것은 사실이다. 1960년대 한국에는 공무원, 직업군인, 교사를 제외하고 연금보험과 같은 사회정책은 존재하지 않았다. 오직 빈곤층에게 지급되는 생계보조와 공적부조가 제한적으로 시행되었고, 중화학공단 대공장에 한하여 산재보험이 적용되었을 뿐이다.

대공장을 제외한 대부분의 노동자들은 이런 혜택에서도 제외되었다. 1989년에 이르면 의료보험은 전 국민을 대상으로 확대 실시되었고, 산재보험은 약 440만 명의 노동자, 국민연금은 소득재원이 분명한 79만 8천 명에게 한정적으로 제공되었다. 포항제철은 초기부터 산재보험 대상이었고, 1970년대 중반에는 지역의료보험 수혜자에 포함되었다.

이런 공공복지보다 더 중요한 것은 물론 기업복지였다. 1995년 필자의 조사에 의하면, 기업복지 종류로 약 50여 가지가 존재했는데, 포항제철은 이 모든 유형의 기업복지를 누린 몇 안 되는 기업이었다.[25] 사원사택, 양호시설과 의료시설, 급식시설, 사내 복지기금, 사내 훈련원, 체육시설과 휴양시설을 일찍이 갖췄다. 독일의 '사회부조'에 해당하는 대부분의 혜택을 기업이 제공한 것이다. 기업복지는 사원들의 기업충성도를 높이고 작업몰입도를 향상시킨다. 포항제철은 한국에 특유한 기업복지의 백화점이었다.

이것이 장시간 저임금 노동체제를 가능하게 만든 요인이다. 구축단계는 이른바 권위주의 정권의 '억압적 노동통제'가 맹위를 떨친 기간이다. 생산직은 직급, 기술능력과는 상관없이 노동시간에 따라 보수를 받았는데, 중화학공장이라 해서 경공업보다 높은 임금 프리미엄을 누린 것은 아니었다. 보통 이중노동시장dual labor market에서 나타나는 산업 간 임금격차는 외국에 비해 그리 높은 편은 아니었다.

생산직에 대한 임금억제정책이 효력을 발휘했다. 노조가 허용되지 않은 상황에서 국가가 강제한 임금 가이드라인이 중화학공단에

---

25 송호근, 《한국의 기업복지연구》, 한국노동연구원, 1995.

적용됐다. 허용치 이상으로 임금인상을 단행하는 공장에 정치적, 경제적 처벌이 가해진 것이다. 저임금을 합법적으로 보상하는 방법이 바로 기업복지였다. 기업복지가 비정상적으로 비대해진 까닭이다. 상당 기간 지속된 저임금체제는 중화학공장의 경쟁력을 빠른 속도로 올려 주었다.

국가가 중화학공업 일반에 적용한 '군대식 관리체제'도 생산성 향상에 기여했다. 관리직과 기능직의 직무구분은 군대에서 장교와 하사관의 그것과 유사했다. 상명하달, 명령복종이 작업장에서 일사천리로 관철됐다. 생산직은 두발과 복장에 신경을 써야 했고, 규율을 위반하면 체벌도 감수해야 했다. 이것이 1980년대에 접어들면서 '관료제적 통제'로 진화했다. 엄격한 직무·직급 구분, 그에 따른 통제권한, 그리고 직무·직급 구분에 정확히 대응하는 임금과 승진체계가 제도화됐다. 포항제철뿐 아니라, 노동자가 1만 명 이상 운집한 대공장에는 예외 없이 이런 통제방식이 시행되었다.

이런 일련의 공적 혜택과 정치적 환경이 포항제철의 구축단계를 지탱한 제도적 인프라였다. 1987년 여름 '울산 태풍'이 불어닥쳤다. 대규모 노사분규가 발생했고, 민주화의 물결이 전국을 휩쓸었다. '발전국가의 총아'로서 포항제철은 변신을 향한 새로운 길을 모색해야 했다. 한 번도 가 보지 않은 길, 포항제철이 민주주의 정치지형과 시장경제적 환경에 가장 잘 적응한 모범기업으로 거듭나기까지 경영진과 현장 생산직의 공동 노력은 눈물겨웠다.

Worthy Workplace

즐거운 일터

포항제철소와 광양제철소 정문에는 "Great & Clean POSCO"라는 대형 간판이 걸렸다. 그 문으로 강철제품을 실은 우람한 트럭과 운송장비들이 부지런히 드나들고, 승용차와 직원들과 방문객들이 출입한다. 말끔한 푸른색 제복을 차려입은 직원들의 표정은 밝다. 수십 개의 대형 굴뚝이 솟아 있고 공장 건물을 연결하는 굵은 파이프들이 마치 거대한 우주선에 들어선 듯한 느낌을 자아낸다. 철의 사나이들은 우중충한 건물 벽을 그대로 두지 않았다. 원색 도형을 여기저기 그려 마치 칸딘스키나 마티스의 화폭을 연상시킨다.

철강도시는 원래 굉음과 함께 분진이 휘날리는 암울한 이미지다. 폐광 지역의 도시들, 가령 태백이나 도계 같은 광산도시를 화폭에 담은 황재형 화백의 그림에는 분진에 찌든 진달래꽃이 등장한다. 선홍색이 아닌 검은 주황색, 거기에 봄에도 꽃을 피워 내지 못하는 진달래의 힘겨운 풍경은 안쓰럽다. 이런 이미지를 벗어나려는 포스코 사람들의 노력은 철강공장을 수목이 우거진 공원으로, 담벼락에 원색 터치를 가한 정겨운 일터로 바꾸어 놓았다. 깨끗하다. 휴지 한 조각, 고철 한 조각도 보이지 않는다. 굉음과 고열을 버티느라 수십 년 전에 심은 200만 그루 수목이 그리 싱싱하게 자라지는 않았지만, '초록제철소' 명성에 걸맞은 풍경을 연출한다.

작업장 내부는 청결하고 밝다. 공장 사무실과 작업실로 통하는 고층계단에 가끔 분진이 묻는 거야 어쩔 수 없지만, 포스코 사람들은 자신들의 일터가 아마 세계에서 가장 청결하다는 데에 의심을 품지 않는다. 청결한 만큼 즐거운 일터다. 거의 200미터가 넘는 일관 공정 사이사이에 전망대처럼 설치된 작업통제실이 기술직expert이 근무하는 최전선 작업장이다.

자동차공장에 견주면 컨베이어벨트를 타는 조립공에 해당한다. 조립공들은 생산품을 직접 만지고 부품을 장착하는 데에 비하여, 철강공장 기술직들은 생산품을 만질 수 없다. 눈으로 볼 뿐이다. 1천 도가 훨씬 넘는 시뻘건 용강鎔鋼을 만졌다가는 그날로 인생 끝이다. 쉴 새 없이 뿜어지는 뜨거운 증기에 신체를 노출시켰다가는 전신 화상을 입는다. 그러니 라인을 따라 흘러나오는 시뻘건 용강을 눈으로 보면서, 정보화면이 지시하는 시그널을 따라 컴퓨터를 조작한다. 모니터에는 생산공정의 상태를 알리는 수십 개의 정보가 시시각각 바뀐다. 4인 1조, 혹은 공정의 성격에 따라 8인 1조로 짜인 작업팀은 한두 시간 단위로 분장된 업무를 시시각각 수행한다.

그런데 손발이 척척 맞는다. 통제실 뒤쪽에는 각자의 업무를 수행하는 개인책상과 컴퓨터가 놓여 있는데, 약간의 틈이라도 나면 '개선과제'에 매달린다. 동료들의 의견을 묻거나 관련 논문을 찾아 연구한다. 개인 컴퓨터 모니터는 제철소 포털사이트와 연결되어 누가 어떤 과제를 수행하는지, 그 결과가 무엇인지를 한눈에 알 수 있다. 말하자면, 모니터는 협력과 경쟁의 현황판이다.

철의 사나이들은 정보로 무장한 지식노동자다. 협력과 경쟁이 일상화된 모니터에서 제안이 쏟아지고, 협력 정보를 발신하고, 결국 혁신이 생성되고 채택되는 그런 과정을 경험하는 일터는 행복하다. 알게 모르게 실력이 쑥쑥 자라나는 것을 느낀다.

33년 차 냉연공장 K씨는 말한다.

제가 고등학교 졸업하고 여기 왔지만 여기보다 더 좋은 직장을 가질 수 있었을까를 생각하면 행복해요. 실제로 철노동자들은 정보처리와 제어에 익숙합니다. 아주 정교해요. 섬세하고요. 여기가 냉연공장이라서 더 그래요. 현장직원들은 경험을 중시하거든요. 그 경험을 존중하는 문화가 있어요. 다들 품성이 좋은데 그게 포스코 전통 속에서 나오지 않았는가 생각합니다. 친구들 만나 보면 여기가 대한민국에서 최고 직장이에요. 자기 일에 자부심을 갖고 책임감이 있거든요. 많이 배웠어요. 어리다고 무시하지 않고요. 서로 배웁니다. 이제 정년이 6년 남았는데요, … 지난 시절을 돌아보면 행복하다는 생각입니다. 1

정년이 6년 남았으니 그럴 수 있겠다. 나이 56세가 되면 'Green life'라 불리는 노후생활 설계교육을 제공한다고도 했다. 그런데 입사 10년 차 저근속자, 15년 차 중근속자도 거의 비슷한 논조로 말한다는 사실은 좀 놀랍다. 신입 대졸자 중 도시 소재 공기업으로 이직할 생각을 하는 사람이 더러 있고, 과거 현대제철소가 생길 때 높은 보수를 좇아 고참 현장직 기술자들이 빠져나가기는 했다. 어떤 장기근속자는 현대제철소가 포스코 기술인력 덕을 많이 봤다고 털어놨다. 그러나 연령대와 상관없이 포스코 작업문화에 대한 평가는 무척 후했다. 입사 20년 차 중근속자의 말이다.

조직에 대한 작은 불만이야 왜 없겠어요. 이런 거는 술 한잔 하면 풀수 있어요. 근데 직원들 … 만족도는 상당히 높습니다. 지난번 설문조사를 보니까 직원 만족도가 80% 이상이 되면 사이비 종교집단이라 카던데 거의 90% 이상 넘거든요. 그러니까 작업장에서도 대화해서 안될 것이 없습니다. 일단 급여 만족도, 사내 복지, 이런 것들을 와이프들 만나 보면 많이 말해요. 부부동반해서 어디 가보면, 시집 잘 가서편히 산다 이런 말들 합니다. 서슴지 않고 얘기합니다. 2

그러니 작업몰입도committment가 높고 기업충성심loyalty이 클 수밖에 없다. 작업장에서 그들의 표정은 밝다. 몇 년 전, 4조 2교대로

---

1 냉연공장 K씨 면담기록.
2 입사 20년 차 Y씨 면담기록.

바꾼 노동일 규칙이 한몫을 했다. 이틀 12시간 작업, 이틀 휴무, 다시 이틀 12시간 작업규칙이 반복된다. 하루 12시간 노동이 힘들기는 하지만, 이틀을 쉴 수 있다는 기대감으로 작업에 몰두할 수 있다. A, B, C, D 4개 조로 짜인 작업팀 중 두 팀이 주야간을 서로 교체하는 노동체제다.

장비는 24시간 가동되고, 작업팀은 하루에 두 번 교체된다. 많이 쉬고, 열중해서 일한다. 쉬는 날에는 운동, 등산을 하거나 각자의 취미를 가꾸지만, 가끔은 작업팀이 모여 개선과제를 논하고 기술교육에 할애한다. 이런 작업양상을 두고 어느 외주 파트너사 관리직은 약간의 우려를 표명하기도 했다.[3] 그는 10년 전 작업공정을 분리해 외주로 돌리기 이전 포스코의 정규직원이었다. 너무 논다는 지적이었다. '노동이 연속적이지 않아서 노동효율이 떨어진다'는 것이고, '휴일에 놀 궁리를 하느라 정작 일이 손에 잡히지 않을 수 있다'는 걱정이었다. 그런데 작업장의 표정은 그런 걱정을 물리치기에 충분했다. 몰입도가 높았고 자긍심이 흘렀다. 자기 업무에 대한 책임의식이 돋보였다.

2017년 늦은 봄, 포항제철소 냉연공장에서 작은 사고가 났다. 장비가 제대로 작동하지 않아 당시 각광을 받던 제품인 포스맥PosMac에 불량이 나왔다.[4] 냉연팀에 비상이 걸렸다. 주임이 즉각 달려가

3 　포스코는 작업공정에 투입되는 협력사를 '외주 파트너사'로 부른다. 이에 대해서는 7장에서 다룰 예정이다.

비상수단을 가동했고 정비팀이 몰려왔다. 당연히 냉연팀 자체 점검 회의가 열렸고 원인규명에 나섰다. 그때 주임이 말했다. 모든 게 자기 책임이라고.

그랬더니 글쎄 … 팀원들이 아니라고, 모두 자기 책임이라고 해요. … 사실, 불량은 어느 한 명이 잘못해서 일어나는 게 아니거든요. 연속 공정이니까요. 팀원 공동책임이라고들 보는 것이죠. 재발 방지를 위해 반성회도 했고 지혜를 짜냈어요. … 이게 아마 우리 팀만의 모습은 아닐 겁니다.[5]

이것이 앞에서 잠시 언급한 '생산성 동맹productivity coalition'이 작동하는 현장 모습이다. 모든 작업팀은 직무에 열중한다. 그렇다고 관련 직무에 신경을 안 쓰는 것은 아니다. 연속 공정이기 때문에 자신의 업무와 연관된 이웃 공정에도 지식을 길러 둬야 한다. 생산성 동맹을 가동하는 가장 중요한 요소는 업무에 대한 '자신의 권한', 즉 자율성이다. 누가 관여할 수는 있지만 본질적으로 자신의 소관이고, 자신이 가장 잘 아는 영역이다.

자신의 실수가 전체 공정에 치명적인 손해를 끼친다는 사실을 너

---

4 포스맥(PosMac)은 포스코가 사활을 걸고 만든 강철 야심작이다. 부식 노출이 심한 태양광 구조물 등 건자재용 고내식 특수강으로, 평창올림픽 주요 건물, 카타르 월드컵경기장 건축재로도 각광을 받았다. 고도의 도금기술이 필요하다.
5 포항 냉연팀 K씨 면담기록.

무나 잘 알고 있기에 책임의식이 강할 수밖에 없다. 위계적 강제가 아니라 자율적 책임의식에서 비롯된 노동은 힘이 세다. 고생산성을 낳을 수밖에 없다. 책임의식과 그것을 완수하고자 하는 '동료집단의 압력peer pressure'이 살아 있는 작업장이 고생산성을 낳는 것은 필연적이다. 여기에 상대적으로 높은 보수reward가 주어진다면 '생산성 동맹'은 완결된다. 현대제철보다는 낮지만 포스코의 임금 수준은 제조업 상위 1%에 속한다. 그런 상황에서 다른 대기업처럼 임금투쟁을 생각하는 것은 불온한 발상이라고 스스럼없이 말한다.

"돈이 문제가 아니다."

돈이 왜 문제가 아니겠는가만, 아니라고 말하는 노동자들이 집결한 작업장을 다른 곳에서는 찾아보기 힘들다는 사실만은 분명하다. 돈만이 문제가 아니라, 자기가 일하고 얻는 '가치'가 중요하다고 말하는 노동자는 적어도 한국 제조업 현장에서는 드물다.

지난 열흘 전에 장비에 문제가 생겨서 세웠어요. 그랬더니 장비팀이 오고, 다른 팀에서 정비 기술자를 파견해 줬지요. 파트너사도 모였어요. 한 백여 명이 몰려왔는데, 날이 더웠거든요. 노경협의회에서 미숫가루하고 아이스크림을 사가 왔더라고요. 글쎄 … 아마 다른 제철소에서는 생각도 못 하는 일일 겁니다. … 그게, 포스코의 조직문화라고 할까, DNA라고 할까 그런 거지요.[6]

---

6 포항 냉연공장 안전책임자 K씨 면담기록.

이 얘기를 들은 광양제철소 소장은 목에 힘을 주면서 말했다. 포항과 광양 소장을 서로 교체한 지 겨우 1년밖에 지나지 않아 그 장면이 마치 동영상처럼 선명하게 떠올랐기 때문이다.

그게 일사불란하지요. 우리의 장점입니다. 그런 면에서 포스코의 조직력은 세계 최고 수준입니다. … 경영지침이 하달되잖아요? 그럼 현장까지 효율적으로 전달됩니다. 우리가 각 수준별, 부서별 경영회의를 통해서 정보를 다 공개하니까, 거꾸로 현장직 평가와 목소리를 다 반영합니다. 민주적이죠. 과거에는 군대식이었지만, 이제는 민주적이고 일사불란하다고 할까요. … '포털 토크방'에 현장직 제안, 푸념이고 뭐고 다 올라와요. 즉각 해결하죠. [7]

한마디로 즐거운 일터다. 작은 불평이야 왜 없겠느냐만, 분규와 분쟁을 일으킬 쟁점들은 상호대화와 협력관계 속에서 해소된다. 조직구조가 그렇게 짜였다. 직원 간, 팀원 간 갈등이 사내 파벌로 자라 작업 분위기를 망치는 일도 잘 일어나지 않는다. 각 제철소 직원 총 3만 3천여 명, 총 400여 개에 이르는 작업팀은 기술혁신과 고생산성을 낳는 '생산성 동맹'의 소대小隊다. 유럽에서나 볼 수 있는 생산성 동맹의 한국판으로서 지겹고 힘겨운 작업장을 '즐겁고 보람 있는' 일터로 바꾼 포스코의 힘이다.

7 광양제철소 K소장 면담기록.

포스코 모델: 생산성 동맹

포스코의 작업조직은 유별나다. 조직력은 '세계 최강'이라는 광양제
철소장의 말은 마치 공수부대를 연상케 하지만, 사실은 섬세하고 부
드러운 종적·횡적 네트워크가 작동하는 그런 조직이다. 서로의 촉
수가 긴밀하게 뻗어 있다. 부드럽지만 단단하다.

　창립 초기와 중기까지 포항제철소는 군대조직이었다. 직군 명칭
도 '기간직'과 '기능직'으로, 군대로 치면 장교와 하사관에 해당했다. 8
상명하복의 위계질서는 매우 엄했다. 그런 조직이 이렇게 부드러운
연성軟性조직으로 진화하기까지는 1980년대에 입사해 현재 경영진
을 이룬 사람들, 즉 제 2세대 리더십과 현장직 장기근속자들의 상황
적응력이 주효했다. 민주화 물결과 세대변화를 적극 수용한 것이다.

　재벌급에 속하는 대규모 작업장에서 포스코가 창안한 작업조직은
단연 돋보인다. 독일과 일본에 비교해도 전혀 손색이 없다. 한국의
대표적 생산성 동맹에 해당하는 이런 조직구조를 '포스코 모델POSCO
Model'이라 명명해도 좋을 것이다. 조직의 내부로 진입해 보자. 토론
조직, 혁신조직, 학습조직이 관찰 대상이다. 9

8　포항제철소 A소장 면담기록.
9　이런 관점에서 '포스코 모델'에 대한 학계 연구가 미미한 것은 의아하다.

토론조직Deliberative Organization

토론deliberation이란 '깊이 생각하며 의논하는 행위'를 뜻한다. 토론조직은 노동과 생산에 관한 업무를 서로 상의하며 조율해 나가는 조직을 말한다. 누구와 토론하는가? 동료, 상사, 혹은 기능장? 포스코 작업현장에서 토론은 딱히 누구랄 것 없이 전방위적으로 이뤄진다. 동료, 상사, 기능장, 명장은 물론 연구진, 경영진, 노경협의회 근로자위원과 의견교환이 일어나고 조율된다. 이제는 장교와 하사관이 아닌, 관리직과 현장직 간에도 활발한 접촉과 논의가 진행된다.

포스코의 직무체계는 매우 독특해서 관리직을 '경영직'(Professional, P직군), 현장직을 '기술직'(Expert, E직군)으로 개칭했다. 직급은 1∼7단계로 구분해, P1과 E1은 신입사원이고, P7과 E7은 부장급이다. P직군 8단계부터는 임원에 속하는데, 명장名匠처럼 E직군에게도 승진 기회가 열려 있다. 입사入社부터 학력별 트랙을 구분했다. P직군은 대졸사원, E직군은 전문대, 고등학교 졸업자다.

석·박사 학위를 소유한 전문 연구인력은 모두 659명, 이들은 P직군에 속한다. 현장직에 임원승진 기회가 없는 것에 불만이 있을 수 있겠다. 그런데 그런 불만은 여러 형태로 해소되고 있다는 사실이 놀랍다. 말하자면 토론이 진행되는 과정에서 자연스럽게 수분공역守分供役 의식이 정착했다. 자기 직역을 알고 거기에 맞게 역할을 수행한다는 것이다. 수분공역이라 해도 딱히 불만을 촉발할 임금격차나 통제권력의 불평등이 거의 없다.

무엇보다 임원이 되기 직전 부장급까지 P직군과 E직군 간 임금격차가 없다. P직군과 E직군 간 신입 연봉에 약 200만 원의 차이가 있을 뿐이다. 학력별 임금격차가 매우 큰 한국사회에서 오히려 대졸사원들은 억울하다. 무엇하러 4년을 투자했는가? 1970년대 사회과학은 대졸과 고졸 간 임금격차가 없는 사회를 '이상사회'로 설정했다. 그런데 인적 자본론human capital theory이 각광을 받으면서 학력별 임금격차는 자본주의의 효율성을 지탱하는 기제로 해석되었다. 세계화추세와 소득불평등이 역逆의 관계에 놓이게 된 것은 그 때문이다. 포스코는 이런 추세를 역행했다.

포스코는 전문대학이나 대학을 중퇴하고 유턴하는 추세를 부추긴 주역이다. 적어도 25년 이상이 소요되는 부장급까지 직무별 임금격차는 거의 없다. 현장직 직무에 따라서는 임금이 경영직을 초월하는 사례도 발생한다.[10] 고졸 현장직이 30년을 근무하면 대략 50대 초반 연령인데 연봉은 대체로 1억 원에 근접한다. 2014년 전국 1억 원 연봉자는 52만 6,689명, 전체 근로자의 3.2%다. 가히 '신의 직장', 행복한 일터다.

월급은 같고 역할만 다르니 경영직(P직군)와 기술직(E직군) 간에 현장에서 자연스럽게 소통이 이뤄진다.[11] 이론에 밝은 대졸 신입사

---

[10] 야간근무를 많이 하거나 결근자를 대체해야 하는 파트장이 그러하다. 파트장은 대체로 근속 25년 이상 장기근속자다.
[11] 이 연구에서는 문맥에 따라 경영직은 관리직, 기술직은 현장직으로 혼용해 쓰기로 한다.

원은 현장경험을 쌓은 현장직의 조언을 경청해야 업무를 원활히 수행할 수 있다. 괜히 SKY 학력을 우쭐댔다간 큰코다치기 일쑤다. 현장직이 엄청난 규모의 고가장비를 조작할 권한을 온전히 행사하는 장치산업의 특징이기도 한데, 포스코는 여기에 더해 P&E직군 간 협력관계를 강화했다. 현장에서 스스로 그런 문화를 발전시켰다. 입사 7년 차 SKY대학 출신 P2(대리급) U씨는 이렇게 고백한다.

제가 현장에서 못 푸는 문제를 이론적으로 해결해 주고, 또 업무협력을 요구하면 현장에서 잘 들어 주고 그럽니다. 사실 학력격차를 처음에는 의식했는데 시간이 갈수록 그런 게 없어지는 게 이상하구요. 다른 회사 다니는 친구들 얘기 들어 보면 현장과 소통이 잘 안 된다고 하더라구요. … 제가 7년 차인데 현장에서 배우는 게 많아요. 어떤 때는 현장에서 왜 이거 빨리 개선하지 않느냐고 요청할 때도 있고요. 뭐라할까 … 상생相生 같은 것이지요. [12]

냉연공장의 야심작 포스맥을 개발할 때의 일이다. 기가스틸과 함께 포스코의 주력제품인 포스맥 생산을 경영진에서 제안하기는 했지만, 장비도 없었고 불량률을 낮추는 방법도 묘연했다. 0.5밀리미터의 얇은 강판에 아연, 마그네슘, 알루미늄 합금도금을 균질적으로 입히는 첨단 작업을 누구도 경험해 보지 않았다. 현장팀이 제안

---

12 압연공장 대리 U씨 면담기록.

서를 받아 들고 일단 해보자고 결의를 다졌지만 미래가 불투명했다. 장비가 설치되고 여러 번의 시운전을 거쳤다.

장비는 설계 도면대로 움직여 주지 않았고 계속 불량이 발생했다. 도금상태가 불균질해서 표면이 거칠었다. 처음 시작할 당시 불량률은 거의 10%에 달했다. 냉연팀이 머리를 맞댔고 때로는 박사연구원들과 논쟁도 불사했다. 기술협력본부가 최고 기술인력을 붙여 줬다. 명장이 거들었고 명성 있는 사내 기술자가 조언을 아끼지 않았다.

도금설비인 CGL_{Continuous Galvanizing Line}은 대당 투자비용이 2,700억 원, 높이 약 20미터, 폭 15미터에 달하는 거대 장치다. 대형 열처리 장치, 아연용탕을 담은 도금욕, 도금 두께를 정밀하게 제어하는 장치, 표면 굴곡 제거설비, 도금강판을 이동시키는 기계가 모두 한 치의 오차도 없이 작동해야 괜찮은 제품이 생산된다.

냉연팀은 설비가 몸에 익숙해질 정도로 만지고 고치고 조정치를 수정했다. 센서가 달려 있기는 하지만, 기계를 익히느라 높이 20여 미터에 달하는 냉각기를 수십 차례 오르내렸다. 불량률은 점차 떨어졌다. 대량생산체제에 돌입한 지금은 0.5% 수준, 포스코 효자종목이 됐다. 토론조직의 위력이 그렇게 드러났다.

토론은 작업팀만의 일이 아니다. 압연, 냉연, 제강공장 내에서 작업팀 간 인력교환이 수시로 일어난다. 이웃 팀의 기술내역을 익히는 다^多기능공화의 일환인데, 파견직원이 팀 협력과 대화를 증진하는 효과는 덤이다. 작업팀 간 횡적 토론은 물론, 작업팀−파트−공장−부서로 상승하는 종적 토론과정도 활발하다. 각 수준별로 정기회의와 협의체가 작동하기 때문이다. 정기회의 결과는 사내 정보망에 게시된다. 전체 직원이 각 공정과 각 작업팀에서 어떤 협의가 일어나고 진행되는지를 알게 된다. 정보공유는 애사심loyalty을 저절로 키웠다. 토론이 가져온 뜻밖의 산물이었다. 송도 R&D센터의 박사 연구원은 광양에서 근무할 때의 경험을 떠올렸다. 처음에는 잘 이해되지 않았다고 고백했다.

포스코가 왜 강한지 알게 되겠더라고요. 저는 자동차에도 있어 봤거든요. 제철소는 틀려요. 제철 근로자들은 파업은 아예 생각도 않고요, 라인에 트러블이 있다 그러면 놀다가도 언제든지 들어와요. … 자기 라인에 문제가 생긴 걸 제일 우려하지요. … 이제는 알겠어요. 가령 배에 위기가 발생하면 타 대기업은 일단 뛰어내리려 하는데, 저희는 이걸 어떻게든 고쳐서 갈려고 하는 생각이 다른 것 같아요.13

포스코가 자랑하는 기가스틸Giga Steel이 그렇게 만들어졌다. 1제곱센티미터 크기가 소형차 10대를 견디는 초강도 강철이 기가스틸이다. 최근 기가스틸은 환경과 안전을 중시하는 고급승용차의 알루미늄 대체용 강판으로 수요가 급증했으며, 고급 엔진과 전기차 부품용 수요가 늘고 있다. 기가스틸 생산은 고도의 첨단기술을 요한다. 대량생산체제를 갖추려면 어느 한 부서의 능력으로는 어림없는 일

13 인천 송도 R&D센터 연구원 L씨 면담기록.

이다.

포스코는 곧장 추진반을 꾸려 가동했다. 현업 부서, 각 공장, 연구소, 현장기술직, 명장들이 모였다. 기가스틸 양산체제 구축을 위한 즉석 토론조직이 만들어진 것이다. 강도와 성형성을 높이는 대신 원가를 낮춰야 했다. 가동한 지 6개월, 점차 생산성이 올라갔다. 광양제철소 추진반의 한 연구원은 이렇게 평가했다.

예전에는 연구능력이 많이 뒤졌지만 현재는 저희 연구소에서 제품을 개발하고 공정기술을 개발하는 능력은 탑클래스예요. 기가스틸의 경우는, 랩에서 구현된 걸 현장에 이식하고, 현장은 다시 문제점을 지적하고요. 연구원, 현장직이 같이합니다. 협업이 중요하고, 또 우리는 협업을 잘해요. 일종의 습관이죠.[14]

일관제철소는 쇳물을 받아 내는 순간 제강, 압연, 냉연, 소둔, 도금에 이르기까지 연결된 공정이 원활하게 작동해야 하기 때문에 일종의 '관통기술'이라 부르는 내적 역량을 길렀다. 그 과정에서 종적, 횡적 토론네트워크는 관통기술의 효과를 극대화해 주는 조직역량에 해당한다.

내부 토론네트워크를 고객에게로 확장 적용한 개념이 '솔루션 마케팅'이다. 연구원, 현장직, 경영직의 숙의를 거쳐 개발된 제품을

---

14 광양제철소 연구원 A씨 면담기록.

고객이 만족할 때까지 활용도와 유용도를 높여 주는 일관기법이자 서비스 정신이다.

포스코가 미래 목표로 설정한 스마트화smartization는 그런 의미에서 좀 특별하다. 포스코의 조직 특성과 직원들의 작업 마인드에 이미 녹아 있던 토론적, 협력적 요소들을 하나의 미래대응적 시선으로 묶은 개념이자, 최고의 철강제품을 만들고자 하는 의욕의 결정체다. 흩어진 데이터를 한데 모으고, 분산된 개별 경험지經驗知들을 빅데이터로 만들어 생산과 개발 공정에 적용하는 것이 스마트화다.

혁신조직Innovative Organization

제강공장 통제실에 들어서면 세 종류의 현황판이 벽에 붙어 있다. ① 주임 단위 일상과제, ② 오프잡 개선리더 과제, ③ 공장장 모델 플랜트가 그것이다. 과제활동에는 팀원 명단과 수행하는 과제 명이 적혀 있고, 오프잡 개선리더 과제 역시 마찬가지다. 그리고 공장과 소所가 추진하는 종합 프로젝트도 있다. 15 누가 무엇에 열중하는지를 보여 주는 것은 물론 진척상황도 적혀 있다. 마치 중·고등학교 HR시간 반원들이 분담한 역할을 공시한 것과 유사하다. 공시 내용은 제철소 포털사이트에 올라간다.

---

15 포스코 사람들은 건물단위를 공장, 제철소 전체를 소(所)라 부른다.

제강공장에서 500여 미터 떨어진 선재공장에서도 저 멀리 동료들이 무엇을 하고 있는지를 알 수 있다. 현장의 교대직원들은 과제활동의 진척상황을 수시로 수정해 올리고 난관에 부딪히면 널리 의견을 구한다. 소대 각개전투에 문제가 생기면 옆 소대와 중대본부에 도움을 청하는 것과 마찬가지다. 물론 이런 내용을 사령부에 해당하는 기술혁신부서가 감지하고 해당 지식과 기술을 보유한 사람을 찾아 매칭한다.

예를 들어 이런 것들이다. 고로에 코크스와 소결광을 장입할 때 그 두께가 고르지 않은 불균질 상태를 해결하는 방법은? 원료와 연료를 적정 비율로 맞춰야 쇳물 상태가 좋아진다. 제강공장이라면, 전로에 담긴 용강을 적정 속도로 휘저어야 탈인脫燐 효과가 커지는데 그 속도가 낮아지는 원인은? 이거야 정말 힘든 과제다. 전로 속으로 들어가 볼 수도 없고 센서를 금시 교체하기도 어렵다.

압연공장의 롤러는 상상을 초월할 정도로 육중하다. 그런데 물 분사 상태가 고르지 않다면 압연 품질이 나빠진다. 어떤 노즐에서 뿜어지는 물 색깔이 다른 것을 발견했다. 어떻게 해결할 것인가? 각종 도금을 입혀야 하는 냉연공장에는 아연을 끓이는 용광로 온도 맞추기, 도금한 박판 강철을 건조기에 적정 온도로 말리기 등 섬세하고 정교한 공정이 가득하다. 그러니 개별 과제활동과 팀 과제의 리스트는 끝이 없다.

현황판의 제목도 다양하다. 일상과제, 오프잡 과제, My M&S, 원가절감 과제, 주임단위 낭비제로 과제 등이다. 1970년대 QC가

조별 생산성과 경영목표를 강압적으로 게시한 것이라면, 포스코의 현황판은 개인이 발굴한 개선과제, 작업팀이 추구하는 기술과제, 그리고 부서별 혁신과제를 한눈에 알 수 있도록 그린 자율적 종합지도다. 이 종합지도는 물론 포털사이트에 그대로 공개된다. 가령 현황판과 포털에 게시된 제 2후판공장 '낭비제로 활동'을 보면 이렇다.

가열로반
A조, 일상과제: 가열로 추출기능 개선(김○○: 수행 중)
B조, My M&S: 가열로 워킹 빔, 유압펌프 가동방법 개선
　　　(박○○: 완료)
C조, 일상과제: 가열로 HCR 장입 전 소재온도 하락 최소화
　　　(이○○: 수행 중)

압연반
A조, 일상과제: 압연 RSO 작업 폭내기 EDGING 개선
　　　(유○○: 수행 중)
B조, My M&S: 압연 테이블 냉각수 설비 개선(황○○: 완료)
D조, 일상과제: 압연 가속냉각 BANK 운영방법 개선(정○○: 수행 중)

각 과제 명을 클릭하면 담당자가 어떻게 해결하고 있는지를 읽고, 거기에 의견이나 조언을 남길 수 있다.

과제활동은 약 3~4개월 단위로 완료되는데, 그 결과가 약 1억 원

원가절감을 가져온다고 추산하면 각 현장 교대직원들이 1년에 어느 정도 낭비개선활동에 기여했는지가 파악된다. 물론 원가절감에 기여하지 않는 개선활동도 있겠으나, 모든 기술직이 과제수행을 통해 평균 1억 원 비용절감을 가져온다고 치면 전체적으로는 약 1조 원 절감효과를 거두는 셈이다. 생산성 향상과 더불어 비용절감 효과를 거둘 수 있다.

명칭도 다양한 이런 개선활동은 포스코가 작업현장에서 적극 추진하는 QSS+Quick Six Sigma의 일환이며, 엔지니어들은 한 차원 높은 'IP 프로젝트Innovation POSCO Project'라는 활동으로 재무성과와 기술역량을 강화한다. 작업현장 과제활동에 대한 가치평가는 주임, 파트장, 공장장 몫이고, IP 프로젝트는 공장장, 부장, 임원이 평가한다. 이런 모든 활동결과가 포털에 공시되므로 의식, 무의식적으로 동료 압박감peer pressure이 커진다. 하지 말라고 해도 할 수밖에 없는 구조다. 그런데 포스코 사람들은 스스로 한다. 자신의 능력을 발휘할 수 있고 실력을 늘릴 수 있다.

혁신조직의 경쟁력이 여기서 나온다. 무서운 조직이다. 항상 연구하고 있으니까, 항상 깨어 있으니까 말이다. 공고 출신 입사 15년차, 후판공장 L주임의 말이다.

항상 성공하는 것은 아니에요. 답을 못 내는 경우도 많고 해결하는 것도 있어요. 일상과제이니까, 메일도 주고받고, 전문가한테 상의도 하고, 전화도 하고 그럽니다. 그 결과는 기술혁신부서에서 취합해서 평가도 하고 그러죠. 잘된 사례는 포상도 합니다. 중요한 과제는 인력을 선발해서 오프잡 개선팀을 꾸리기도 합니다. 공장마다 개선리더를 3~5명 선발해서 4개월 정도 수행하기도 하고요, 더 크게는 기술혁신부서가 프로젝트 혁신팀PIT을 꾸리기도 합니다. 약간의 압박감도 느끼지만, 하다 보면 재미있어요.16

항상 성공하는 것은 물론 아니다. 과제는 조직 수준별로 다른데, 팀원－주임－파트장－공장－부서 순으로 더 중요한 해결 쟁점이 설정된다. 기술개선회의가 수시로 열린다. 주임회의, 파트장회의에서 논의된 사항은 공장장에게 전달되고, 부서에 취합된다. 이것을 다시 기술혁신부서가 심사숙고해서 해결방안을 모색한다. 말하자면, 앞에서 관찰한 토론조직이 그대로 '혁신조직'으로 바뀌는 것이다.

토론은 곧 혁신을 낳는다. 문제를 해결하고자 하는 행위가 소통이고, 소통을 통해 정보와 지식이 흐른다면, 토론은 품질과 생산관리의 효율성을 증진하는 종합운동장이다. 1990년대에 토론의 초기목표는 '관통기술'이라 부르는 공정혁신에 맞춰져 있었다. 공정 간, 공정 내 부조응을 줄여 전체 흐름을 원활히 하는 것이 목표였다. 그러던 것이 2000년대에 식스 시그마Six Sigma 기법과 접목하면서 포스코 기술혁신의 조직 골격이 갖춰졌다. 미국 제너럴일렉트릭GE에서

---

16 후판공장 주임 L씨 면담기록.

체계화한 식스 시그마를 포스코처럼 효율적으로 변용하고 응용한 사례는 그리 많지 않을 것이다.

식스 시그마는 1986년 모토로라의 빌 스미스Bill Smith와 마이클 해리Michael Harry가 개발한 경영모델로서, 과정혁신에 초점을 둔 기법이었다. 그것을 1995년 GE가 적극 도입해 경영기법에 적용함으로써 효율성을 인정받았다. 공정관리의 효율화를 통해 가치창출을 극대화한다는 취지의 이 기법은 공정시간 절감, 오염절감, 원가절감, 고객만족도 향상, 이윤창출에 초점을 두었다. 각 공정에서 비롯되는 과정혁신을 취합해 비용절감과 이윤극대화를 꾀한다.

포스코는 이 기법을 훨씬 더 폭넓게 전사 차원으로 확대했고, 개인과 조직을 잇는 혁신활동으로 심화하기에 이르렀다. 이는 일상개선활동(5S, My M&S), 과제활동(일상과제, 개선리더 과제), 인재육성, 솔선리더십으로 구성된 QSS+로 이어지고, 전사 차원의 낭비개선활동으로 수합되고 평가된다. 이런 조직별 혁신을 기술혁신부서가 총괄해 경영진과 접촉하고, 활동을 격려할 제반 지원조치를 취하게 되는 것이다. 다시 말해, '혁신의 일상화'다. 후판공장 K공장장은 슬래브 온도 낮추기에 관심이 많다.

제강에서 뜨거운 슬래브를 가져오거든요. 그게 한 1천 도 되는데 그걸 식히는 데에 돈이 많이 들어요. 온도를 약간 떨어뜨릴 방법을 고민하고 있어요. 슬래브 식히는 데에 톤당 7만 7천 원가량 드는데 이걸 7만 원까지 낮추려고 하지요. 요즘 갑자기 주문이 늘어서 슬래브를 올리는 간격시간을 줄이려고 해요. 시간당 20매 정도인데 이걸 늘려야 주문에 맞출 수 있거든요. 온도도 낮춰야 하고⋯. 17

주문량이 밀려 노동량이 많아지면 힘들 텐데? 후판공장 팀원들은 물론 공장장도 이 질문에 그리 신경을 쓰지 않았다. 혁신의 일상화가 몸에 밴 철의 사나이들의 답은 이랬다.

"많이 하면 우리에게 좋지요!"

노동강도가 높아지고 노동시간이 늘면 곧장 쟁의에 돌입하는 자동차공장과는 사뭇 대조적이었다. 강원도 말투의 공장장이 날린 코멘트는 걸작이었다.

"많이 하고 싶어도 못 해요. 제선공장에서 슬래브를 제때에 대줘야 우리가 하지요!"

제선공장에도 비상이 걸렸을 것이다. 그렇다고 용량이 고정된 고로를 개비할 수도 없으니 아마 원료 장입의 효율성에 신경을 쏟고 있을 터이다. 원료 장입이 결코 쉬운 것이 아니다. 마치 최고의 셰프가 숨긴 비장의 솜씨가 원료와 양념 비율에 있듯이 말이다. 굽고 튀기는 기술이 제강과 압연이라면, 원료 만들기 일체 과정이 제선몫이다. 원료의 배합과 발효, 양념 투입, 재료 준비, 가열 과정을 총괄한다. 균질의 원료 장입, 열과 노황爐況 제어가 정확히 이뤄지

---

17 후판공장 공장장 K씨 면담기록.

지 않으면 용선(쇳물) 품질은 저하한다.

그래서 제2고로를 선정해 각종 데이터 수집에 돌입했다. 소결광과 코크스 알갱이 조도粗度, 강도와 수분함량, 성분을 분석해 데이터로 만들었다. 거기에 센서로 측정된 열풍 세기와 고로 온도의 관계를 수치화해 용선 품질에 미치는 영향을 분석한다. 이렇게 만들어진 통계가 빅데이터로 갖춰지면 원료 장입과 용해 과정을 자동제어 상태로 통제할 수 있다. 결과는 가장 저렴한 비용으로 가장 높은 품질의 용선을 얻는 것, 이것이 스마트화다.

스마트 팩토리smart factory란 유별난 것이 아니라, 이렇게 얻은 최적의 자동제어 상태를 개발하는 것이다. 스마트화를 내건 포스코는 233개 과제를 발굴했다. 그중 가장 긴급한 55건을 선정하고 기술개발에 박차를 가했다. 제2고로 빅데이터화가 그중 하나다. 광양 도금부 용융아연도금 강판두께 제어도 선정됐다. 도금 두께를 0.1마이클론 이하로 떨어뜨리는 과제가 그것이다.

세계 최고의 제선, 제강, 열연, 냉연 일관공정이 갖춰진 광양제철소의 경쟁력을 세계 최고로 끌어올리는 야심작이 착착 진행 중이다. 혁신조직이 어디까지 진화할까? 광양제철소장이 포부를 밝혔다.

"2050년 이후 50년 더 세계 최강의 자리를 굳히는 것!"

가능하지 않더라도 꿈과 비전은 항상 설레게 만든다. 포스코에는 설렘이 있다.

학습조직Learning Organization

단순노동을 하는 봉제공장과 조립공장, 왜 작업조마다 생산성이 달라지는가? 인력구성이 동질적이라고 한다면, 분명히 조직 내부에 원인이 있을 것이다. 산업사회학자들이 원인을 찾아 나섰다. 소시오메트리sociometry 기법을 활용해 사람들 간 호감도를 체크했다. 호감을 가진 사람끼리는 갈등과 분쟁이 적다는 점에 착안했다. 분석해 보니 여러 사람의 호감이 중첩되는 오피니언 리더가 드러났고, 이른바 왕따, 혐오감이 집중된 사람도 나타났다. 그래서 호감이 서로 교차되는 사람들끼리 작업조를 다시 편성했다. 결과는 대성공, 생산성 향상이었다.

전쟁에서 생산성은 전투력이다. 제2차 세계대전 당시 유럽, 미국 보병은 무기 성능이 우수함에도 독일 군대에 맥을 못 췄다. 전후 미국 군사전문가들이 연구에 돌입해 하나의 중요한 사실을 알아냈다. 독일 소대小隊는 동향, 친인척, 학교 동기로 구성되었는데, 미국 소대는 그냥 군번별로, 아무런 연관 요인 없이 무작위로 구성되었다. 친구가 죽는데 그냥 보고 있을 병사가 있을까? 전투력 차이는 이미 소대 내부의 인적 연고로부터 벌어졌던 것이다.

인적 구성을 변화시켜 조직 능력을 향상하는 방법은 구식舊式이자 대규모 작업장에는 맞지 않는다. 사단 병력을 그렇게 꾸릴 수는 없다. 잘못했다간 연고주의에 의한 부패와 담합이 만연할 수가 있다. 동질적이고 단순작업을 반복하는 자동차 조립라인에 노동자를 어떻게 배치할까? 동향별, 동기별, 아니면 혈액형에 따라? 실상은 무작위 배치다. 동질적 인력이 조직구조와 관습에 적응할 것을 기대하는 것이다.

우수한 조직과 그렇지 못한 조직이 있다. 적응력, 갈등해결능력, 연대력, 미래 비전의 공유, 변화수용력 등이 조직능력을 측정하는 지표다. 최근 연구자들은 구성원의 인적 자본보다 조직 자체의 특성으로 관심을 옮겼다.

포스코기술연구원의 박사연구원은 포스코 인력이 타 기업에 비해 '매우 우수하다'고 서슴없이 말한다. 그럴지도 모르겠다. 제조업 임금 상위 1%에 속하니 P직군, E직군 할 것 없이 우수한 인력이 몰린다. 광양 근로자대표 H씨, 포항 근로자대표 J씨는 인문계 고교 출신이다. 공고 출신 동료들을 따라잡느라고 죽을 맛이었다는 게 그들의 공통된 고백이다. 결국 따라잡았고 현장직 2천 명 중 한 명꼴로 선발하는 근로자 대의원에 당선됐다.

공고 출신 동료들은 보통 기능사 자격증을 서너 개씩 따고 들어온다. 10개를 딴 사람도 있다. 게다가 기계설비와 조작에 대한 사전 지식이 풍부하다. 그런데 따라잡았다. 앞에서 예를 든, 2016년 명장에 등극한 K씨도 인문계 출신이다. '공부 많이 했다'고 털어놨다. 후판 작업팀 주임 L씨는 사내 기술대학을 수료했다.

자기가 원하면 회사가 지원해요. 사내에 워낙 교육제도가 잘돼 있으니까. 저는 몇 년 전 선발돼서 인재창조원 기술대학을 수료했는데요 …

TL 3등급을 땄습니다. 기술대학은 2년 과정이고요, 목요일 오후 1시 이후 내내, 금요일 전일, 토요일 아침 9시~저녁 7시, 3일 교육을 받습니다. 뽑혀서 그럴 수 있었지요. 전문대학 이수 학력을 줍니다. 여긴 공부해야 살아남아요. 18

기술대학은 좀 특별하다. 부서장 추천이 있어야 지원이 가능하고, 엄격한 심사와 선발과정을 거친다. 지금까지 총 175명이 이수했다. 미래의 파트장, 명장 후보군이다.

TL Technician Level (기술자 등급) 은 E직군 1만 명 전체를 대상으로 시행하는 기술교육제도로서, 매년 엄격한 심사과정을 거쳐 등급을 부여한다. 자기 전공 외에도 관련 기술을 익혀야 살아남는다. 부서 자체적으로 포지션별 주요 업무를 정의하고 수행능력을 평가하는 방법이다. 다기능화로 가는 길이다. 현장직은 자기 기술은 물론 부서 전체에 필요한 기술을 익힌다. 교육방법은 다양하다. 일대일 멘토, 개선과제를 통한 학습, 인재창조원에서 제공하는 기술교육과정 이수, e-러닝, 우수한 제안 및 특허 인정제도 등이 그것이다. 말하자면, 현장학습 OJT 외에도 교육 기회가 널려 있는 셈이다. L주임이 보유한 'TL 3'는 어느 정도인가? TL은 0~5까지 여섯 단계다.

그러니까 평균 정도? 아니다. 전체 평균이 2.3등급이니 살짝 높은 듯한데, 'TL 4'는 1만 명 중 557명, 'TL 5'는 25명에 지나지 않는

---

18 후판부 주임 L씨 면담기록.

다. L주임은 상위 10% 수준에 도달한 것이다.19 'TL 4'는 국내 최고 전문가 수준, 'TL 5'는 세계적 전문가 수준에 해당한다. 그 언덕을 넘으면 '명장名匠'에 등극한다.

이른바 '학습조직'이다. 인력이 우수한 점도 있지만, 우수한 인력을 가만 놔두지 않는다. 아니, 배우고자 하는 의욕을 북돋운다. 배우지 않으면 도태된다는 압박감도 작용한다. 신입사원은 현장에서 멘토가 붙는다. 현장기술을 빨리 습득하도록 지도해서 적응시간을 줄이는 것이다.

거기에 회사가 지원하는 취미활동 중 학습 동아리도 있다. 노경협의회가 적극 장려하는 이 취미활동 유형에 스포츠 동아리와 학습 동아리가 있는데, 휴무에 모여 연구주제를 발표하고 토론하는 형식이다. 휴무가 많아도 쉴 틈이 별로 없다. 학습은 현장 밖에서도 이뤄지는 셈이다. 매년 열리는 동아리 경연대회, 멘토교육 결과보고회, 우수제안 포상 등 행사가 달력에 가득하다.

일대일 멘토 시스템은 핵심기술 보유자의 기술전수에도 작동한다. 세계적 수준의 기술 보유자가 은퇴하면 그 공백을 메꾸는 데에 많은 시간과 비용이 소요된다는 것을 우려한 포스코의 대비책이다. 100여 명의 핵심기술 보유자를 선정해 TL 4~5등급 기술직에게 일종의 도제식徒弟式 전수교육을 하는 제도이다. 2017년 기술 보유자 96명, 전수자 137명을 선발했다. 모두 명장 등극을 향해 고지를 오

---

19 그런데 'TL 3'가 4천 명에 달하니 경쟁은 치열할 수밖에 없다.

르고 있다.

장인master에 대한 존경심이 철회된 자동차공장 작업장과는 분위기가 사뭇 다르다. 장인은 존경과 함께 부러움의 대상이다. 등급에 따라 포상도 받고 교육자 지위도 얻는다. 돈만큼 명예가 중요해지는 이치다. 돈이 현금 보상이라고 한다면, 명예는 심리적 보상이다. 보상기제가 여러 갈래로 발달한 작업장에서 임금투쟁이 발붙이지 못하는 이유다. 입사 29년 차, 압연부의 K파트장은 '마음가짐mind'이 중요하다고 말한다.

돈 많이 준다고 생산성이 높아지는 것에는 한계가 있어요. 마음가짐, 정신이 중요하지요. 이번 달에 할당된 생산량이 늘었는데 우리가 다 해냅니다. 다음 달에 좀 줄이면 되죠, 뭐. 그거보다 하고자 하는 의욕이 중요합니다. 제가 파트장인데 일은 힘들어요. 그런데 다른 공정에도 개입할 수 있고 조언도 하고 문제를 푸니까 보람이 있거든요. 여러 기계설비를 알아야 되는데 주임한테도 배우고 스태프한테도 배워서 처리해 나가면 뿌듯해요. 배우는 거요? 그거 온-고잉on-going이죠. [20]

그래서 40대 초반 공장장, 그 지휘를 받는 50대 중반 파트장 체계가 가능하다. 지휘 권한은 공장장이 행사하지만, 파트장은 더 많은 연봉을 받고 현장에서 더 많은 존경을 받는다. 현장 기술지식은 파

---

20 압연공장 파트장 K씨 면담기록.

트상이 더 풍부하다. 파트장의 풍부한 경험지에 공장장은 가끔 이론적 기반을 보탠다. 상호학습이 이렇게 이뤄진다. 포스코 학습조직은 그야말로 전방위적이고, 평생교육이다. 입사부터 퇴직까지 상하좌우로 교육관계가 형성되고, 멘티mentee에서 멘토mentor로, 평범한 보통 기술자에서 국내 최고의 전문가로 성장한다. 조직구조를 그렇게 짰다.

학습조직 내부에는 경쟁과 인센티브가 적절히 매칭되어 있다. 경쟁심을 유발해 거기에 포상하는 제도가 거미줄처럼 얽혀 있다. 동료집단의 압력 때문에 누가 게으름을 부릴 수도 없다. 도피할 은신처가 마땅치 않다. 도피할 필요도 없다. 돈과 명예가 따라오는데 누가 거기서 뛰어내릴까. 보상 시스템을 일부러 그렇게 설계하기도 어려울 것이다.

기계공학과 금속공학을 전공한 경영진들이 경영학자나 사회과학자의 상상력을 능가하는 조직구조를 창안한 셈이다. 현금 보상과 함께 심리적 보상이 적절히 안배되어 있으니 말이다. 기술에 대한 존경심이 생생히 살아 있는 작업장은 당연히 경쟁력이 높다. 학습의욕이 살아 있는 작업장은 외부 환경변화에 대한 적응력이 높다. 세계 최고의 경쟁력을 향한 포스코의 도전적 의지가 저절로 만들어지는 것은 아니다.

생산성 동맹이 협력경쟁의 핵심이자 조직기반이다. 지금까지 살펴본 분석의 초점은 포스코가 만든 작업조직이 매우 우수하다는 사실이다. 토론, 혁신, 학습능력을 포스코처럼 탁월한 수준으로 밀어

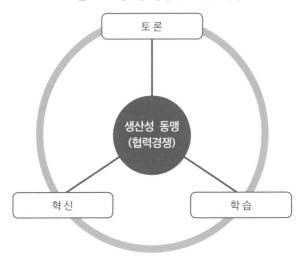

〈그림 6-1〉 생산성 동맹의 조직적 특성

올린 조직은 별로 없다. 행복도와 만족도 수준이 이렇게 높은 기업을 찾기 힘들다. 포스코 모델의 조직적 특성은 학계 연구감이자 경쟁력 하락에 직면한 한국 제조업에 희망을 주는 소중한 사례임에 틀림없다. 이에 관한 지금까지의 논의를 그림으로 보면 〈그림 6-1〉과 같다.

그런데, 문제는 없지 않다.

"예, 뭐 꼭 그런 것은 아니지만, 말씀드리기가 좀 뭐해서 … ."

협력사 간부 U씨는 말을 흐렸다. 뭔가 할 말이 있는 것이다. 전직 포스코 정규사원인 U씨는 10년 전 분사할 때 협력사로 나갔다. 협력사 직원 1만 8천여 명은 행복할까? 마냥 '행복한 직장'만은 아니다. 그들은 수분공역守分供役의 심정으로 현실을 꾹꾹 삼키는 중이다.

이 장에서 살펴본 토론, 혁신, 학습조직에 그들도 포함될까? 아니다. 이 문제는 다음 장에서 살펴보기로 한다. 한국의 대기업에 일반적인 이 문제를 포스코도 비껴가지 못했다. 일본 철강기업, 아니 제조업 전체에도 널리 퍼져 있는 이 협력사 관련 쟁점은 정작 일본에서는 그리 큰 사회적 관심의 대상이 아니다. 토요타자동차에 고용된 비정규직 비율은 50%를 웃돈다. 그런데 대체로 사회가 수긍할 만한 정도의 관행이 정착되어 있다. 포스코가 더욱 강한 경쟁력을 배양하려면 어떻게 해야 하는가? 다음 장의 주제다.

노경협의회 7장

Win-win Council

역설의 진원지, 노경협의회

진통, 그 태생적 운명

광양제철소 노경협의회 근로자위원 C씨는 입사 30년 차 노장이다.
고향은 순천인데 어찌하다 포철공고를 나와 고향으로 돌아왔다.
1988년 포항제철소 노사분규를 체험한 후 광양제철소로 발령을 받
아 노사관계에 관한 한 산전수전山戰水戰을 다 겪었다. 두어 시간 인
터뷰 끝에 그가 단호하게 말했다.

노경협의회가 좀 독특하죠. 그러니까 뭐냐 … 노조 하는 사람들이 우
리를 우습게 보지요. 가서 해보면 뭐하겠나, 이러죠. 그냥 회사 앞잡
이 … 뭐 그 비스름한 거? 직원들도 조금 그런 생각하는 분들이 있어
요. 자기들이 뽑아 놓고도. 그런데 실제로 일을 해보면 회사하고 신뢰

를 쌓지요. 회사도 이제 일방적으로 이렇게 하는 것도 아니고요. 이슈가 생겨서 뭐 이렇게 합시다, 그러면 무시 못 해요. 무시했으면 이렇게까지 못 오죠.[1]

두 가지 속내가 읽혔다. 노동조합의 '역사적 정통성historical legitimacy'에 대한 열등감, 다른 하나는 노경협의회가 노조 못지않다는 자부심이 그것이다. 정통성은 별로인데 그보다 낫다! 이게 노사관계에 관한 포스코의 역설이다.

포항제철은 1988~1990년 발발한 노사분규로 몸살을 앓았다. 1987년 울산에서 불어닥친 '울산 태풍Ulsan Typoon'의 여파였다. 군대식 관리체계에 기반을 둔 억압적 노사관계에 대한 대규모 저항에 포항제철도 비껴가지 못했다. 울산 태풍의 주력부대는 현대중공업이었다. 이후 현대자동차로 주력이 옮겨 가기는 했지만, 1970~1980년대 억압적 노사관계가 더 이상 유효하지 않음을 보여 준 사건이었다. 중공업 부문을 중심으로 노동조합 결성 바람이 전국을 휩쓸었다. 조직률이 급등했다. 노조는 국가와 자본의 억압을 벗어났고 급기야 민주화 물결의 선봉을 맡았다. 권위주의 장벽을 무너뜨리고 국가와 자본의 결탁을 민중의 적으로 규정한 노동조합의 기치는 '시대정신' 그 자체였다. 누구도 노조의 정당성을 부정할 수 없었다.

1988년 포항제철에 강성노조가 들어섰다. 현장직 90%가 가입한

---

1   광양제철소 근로자위원 C씨 면담기록.

당당한 노조였다. 철강산업이 자동차와 조선산업의 조직화 물결에 가세한 것이다. 전국에서 업종별 노조가 속속 결성됐다. 당시는 경제성장률이 연평균 7%를 상회할 때라 노조의 교섭력은 막강했고 민주화를 향한 노동조합의 행진은 사회적 호응을 불러일으켰다.

앞에서 보았듯이, 유럽의 철강산업은 노동운동에 면역력이 높은 사업장이다. 제조업 중 근로조건이 가장 좋고, 임금이 높으며, 복리후생이 잘된 일종의 철옹성이다. 그런데 한국은 복리후생 외에는 임금과 근로조건이 타 업종과 유사했다는 점이 불만의 소재였다. 특히 군대식 노동체제는 고임금과 저임금 업종을 막론하고 노동자들의 불만을 재촉한 원흉이었다. 포항제철이 다른 제조업과 보조를 같이 취했다는 예외적 현상을 설명한다.

현대중공업 노조는 그 유명한 골리앗 투쟁(1990년)을 정점으로 내리막길을 걷기 시작했다. 주도권이 현대자동차로 넘어갔다. 현대자동차는 현대중공업보다 노동운동과 훨씬 높은 친화력을 겸비한 사업장이었다. 대규모에다 동질적인 노동자! 그것도 한곳에 운집했다는 점은 노동운동의 기치를 순식간에 확산시키기에 충분한 조건이었다. 노동운동의 두 개의 조건인 적대감animosity이 무럭무럭 자라났고, 연대력solidarity이 급등했다. 이후 현대자동차는 강성노조의 대명사가 됐다.

포항제철 노조는 현대중공업과 동일한 경로를 걸었다. 무대에서 급속히 퇴장한 것이다. 그것도 골리앗 투쟁과 같은 대규모 분규를 치르지 않은 채 말이다. 1989~1991년, 노조와 경영진은 노조의 기능을 두고 엎치락뒤치락했다. 그러는 사이, 노조의 과격성과 급진성이 완화됐다. 철강기업의 특수성이 작용했다. 다른 대기업이었다면 기존 집행부를 맹비난하면서 후속 집행부가 들어섰을 것이다. 그러나 포항제철은 그렇지 못했다. 여건이 달랐다. 국민의 돈을 썼다는 부채의식과 공기업이라는 포항제철의 생래적 본질이 작용했다. 노동조합의 존립근거를 강화해 주는 여건이자 재벌기업에 가해진 두 가지 부도덕성, 정치적 유착관계와 탈법적 축적과정이 포항제철에는 존재하지 않았다.

또한 자동차공장처럼 생산라인을 세웠다가 다시 돌리면 목표 생산량을 맞출 수 있는 구조도 아니었다. 제철소가 멈추면 대한민국의 제조업이 정지한다. 고로를 세울 수 없다는 신념은 한국이나 유럽이나 철강노동자의 공통된 유전자였다. 경영진과 현장기술직의 면대면 설득작업이 힘겹게 추진됐다. 어떻게 세운 공장인데 절대 고로를 멈출 수 없다는 원천적 인식에 다시 불이 점화됐다. 직원 신뢰를 잃은 노조는 조합원 수가 급격히 줄었다. 여기에 민주적 관리체계로의 전환을 도모했던 경영진의 대응전략이 효력을 발휘했다.

1993년 노사관계는 새로운 단계로 접어들었다. 포항제철은 노동조합 대체조직인 '노사협의회'로 시선을 돌렸다. 그 결과 노사협의회 체제가 몇 년간 지속되다가 1997년 11월 17일 '근로자참여기준법'에 의거 현재의 '노경협의회'가 출범하기에 이르렀다.[2] 2017년은

2 노사협의회의 '노사'는 노동자와 사용자(자본)를 말한다. 그런데 포항제철소에는

노경협의회 출범 20주년이 되는 해이고, 3년 임기 제7대 집행부(2015. 11. 17~2018. 11. 16)가 활동 중이다.

역사가 20년이라면 노동운동의 주력부대인 현대자동차 노조보다 10년 짧다. 노경협의회 기점이 1993년이라고 보면 고작 6년 짧은 것에 불과하다. 한국의 대기업 노조가 대체로 1987년 6~8월에 결성되었으므로 역사적 장단長短을 재봐야 도토리 키 재기다.

문제는 역사적 정당성이다. 노경협의회는 아무리 잘해 봐야 '노조가 아니다'는 세간의 판정을 반박할 근거가 궁색하다. 노조 대체조직이다. 아무리 잘해 봐야 이 생래적 운명을 바꿀 이론적 근거는 없다. 일종의 적자嫡子, 서자庶子의 관계와도 같다. 적자는 난봉꾼이어도 적자이고, 서자는 천하에 명성을 날려도 서자다. 마치 홍길동이 아버지를 아버지라 부르지 못하는 심정을 연상케 한다.

여기서 혈연승계와 장자상속을 천명으로 여기는 이런 사고는 유독 한국이 유별나다는 사실에 주목할 필요가 있다. 장자 중심주의는 조선 중기까지는 대세가 아니었다. 양자 입양이 성행했고, 자녀 모두에게 균등상속이 일반적이었다. 조선 후기에 접어들면서 장자중심의 혈족관계와 상속제도가 고착되었다. 신분제도의 급속한 와해와 제례의식의 강화, 그리고 균등상속에 따른 재산축적의 어려움 등이 원인이었다.

재벌과 같은 사용자(자본)가 없다. 국민에게서 경영 권한을 위임받은 경영진이 있을 따름이다. 이런 의미에서 노경협의회로 개칭했다.

신분제도가 훨씬 강한 일본 역시 양자를 통한 가계승계가 일종의 관습처럼 행해졌다. 재능을 가진 아동을 일찍이 입양해 가족원으로 양육하고 후에 가업을 물려주는 형태다. 이토 히로부미는 하급 무사의 아들이었는데 그 지방 유력 집안에서 입양해 키웠다. '생래적 운명'에 궁색해할 필요가 없다는 말이다. 그 운명을 바꾸는 것은 어떻게 하느냐에 달려 있다. 사회가 기대하는 노조의 '본질적 기능'보다 훨씬 잘한다면, 서자를 입양해 적자로 인정하는 지혜와 결단이 필요하다.

필자는 정말 신중한 관찰과 연구 끝에 이런 결론에 도달했다.

'포스코의 노경협의회는 철강기업의 특수성을 반영한 한국형 노조다.'

역설(Paradox)

말이 되는가? 말이 된다. 뿐만 아니라, 이론과 명분에서 단단한 논리를 갖고 있다. 그러니 '노조'라는 단어 앞에서 궁색해할 필요가 없다. 노동전문가인 필자가 제시하는 이유는 이렇다.

노동조합은 20세기 자본주의 역사에서 자본과 함께 쌍두마차 역할을 했기에 정치경제학적 중요성을 인정받은 존재다. 노조는 유럽의 정치지형을 좌우한 가장 중요한 사회세력 중 하나였다. 노동조합이 세력화에 성공한 결과 사회민주주의social democracy가 탄생했고, 자본친화적 보수당의 노선을 수정하는 데에 그야말로 막중한 역할을 담당했다. 노동조합이 없었다면 자본주의의 횡포를 제어할 수 없었을 것이다. 적어도 유럽에서 조직노동자organized labor는 '정의의 십자군'으로 자리매김했다.

제2차 세계대전 이후 복지국가를 건설하는 과정에서 스칸디나비아 국가들과 독일을 위시한 중부유럽 노동조합은 사회적 신뢰를 받는 공익세력으로 착실히 성장했다. 그런데 영국은 달랐다. 1960년대 노동조합이 장악한 노동당은 노조의 이기적 공세로부터 벗어나지 못했다. 파업이 잇달았고 공장폐쇄가 속출했다. 1960년대 영국경제가 휘청거렸는데 물가인상과 연동된 임금인상 조치는 급기야 1976년 영국을 외환위기 사태로 몰고 갔다.

1979년 '불만의 겨울'을 맞았다. 청소연대가 파업한 런던이 쓰레기장으로 변했다. 철도의 본고장 영국의 철도가 잦은 파업으로 멈춰섰다. 공기업은 임금인상 투쟁으로 적자행진을 계속했다. 이런 혼란에 염증을 느낀 영국 국민들은 '철의 여인' 대처Thatcher가 이끄는 보수당에 몰표를 줬다. 대처의 노동개혁이 급물살을 탔다.

대처가 수상취임사에서 힘줘 말했다. "영국에서 집단의 자유는 끝났다. 이제 개인의 자유가 시작됐다"고. 6차례에 걸친 노동법 개혁은 노동조합의 단체행동권을 박탈했다. 공기업 민영화를 밀어붙이면서 개별 노조원들에게 선택권을 줬다. 퇴직금을 받고 떠나든지, 아니면 외국자본 밑에서 고용을 지속하든지, 양자택일이었다.

퇴직금을 받고 떠난 사람들은 다른 산업에서 일자리를 찾았다. 노조를 믿고 남은 사람은 외국자본에 의해 퇴직금 없이 해고됐다. 영국 노조는 와해됐다. 달리 말하면, 영국 노사관계의 두 축인 집단주의와 자율주의를 개인주의와 법치주의로 대체한 것이다. 1998년 필자가 영국을 방문해 만난 노조지도자들은 이구동성으로 말했다.

"국민의 신뢰를 잃었으니 이런 시련을 당해도 마땅하다."[3]

영국의 버밍햄은 '검은 지방black county'로 불릴 만큼 탄광산업의 중심부였다. 그래서인지 프롤레타리아 계급혁명의 역사적 정당성을 가다듬고 재확인하는 사회주의 노조의 본고장이었다. 그런데, 공장이 철거된 자리에 주택과 백화점이 들어서고 노동자들의 운집장소에 단아한 현대식 컨퍼런스 건물이 세워진 그 당시, 사회주의 노조의 미래를 예측하기란 쉬운 일이 아니었다. 다만, 그 이념을 평생 실천해 온 노련한 노조지부장의 두 가지 다른 모습이 서로 엇갈렸다.

제조업 과학금융노조MSF의 수라니Suranny 씨는 노조활동의 목적이 사회개혁에 있기에 노조의 참여 ─ 정치참여든 경영참여든 ─ 를 활성화하는 것이 '20년의 상실'을 만회하는 탈출구라고 역설했다.[4] 운송일반노조의 발리Bally 씨는 영국 노동조합의 전반적 쇠퇴는 작업현장에서 느끼는 조합원들의 고충과 일상생활의 고난을 도외시한 대가라고 못 박았다. 영국의 노조는 정상궤도를 이탈한 대가를 톡톡히 치르고 있는 중이다.

정상적, 합리적 노조라면 어떤 기능을 하는가? 노조기업과 비노

---

3 이하의 글은 필자의 논문, "불안한 새 출발: 영국 노사관계의 현황과 쟁점"(서울대학교 사회과학연구원, 〈한국사회과학〉, 23권 2호, 2001)에서 발췌 수정함.

4 제조업 과학금융노조(MSF)의 수라니 씨가 필자에게 기념으로 책을 선물했는데 제목이 《버밍햄의 사회주의》였다.

조기업의 노사관계를 비교분석한 최근의 연구들이 발견한 중요한 사항을 열거하면 다음과 같다.5

- 미국과 영국에서 소득불평등의 악화는 노조조직률이 하락한 결과다(Undy, 1999).
- 보수율을 시장임금에 맞게 재조정하는 능력에서 비노조기업이 노조기업보다 더 낫다는 보장은 없다. 고용조건이나 기능적 유연성 측면에서도 비노조기업의 상대적 유리함은 발견되지 않는다(Brown, 2001).
- 노조기업은 노동자들과의 협의과정을 통해 구조조정을 보다 원활히 추진할 수 있는 장점이 있다. 또한, 노조의 참여는 경영의 합리성을 보강해 주기 때문에 기업 내부에서 발생하는 소모적 갈등비용을 줄인다(Brown, 2001).
- 노조기업은 비노조기업보다 사회적 협력social partnership의 실행 능력이 커서 생산성이 월등히 높다(Heery, 1998).

간단히 말하면, 노조가 소득불평등 개선, 고용조건 개선, 임금조

---

5 Roger Undy, "New Labour's 'Industrial Relations Settlement': The Third Way?", *British Journal of Industrial Relations*, 37(2) : 315~336, June 1999; William Brown, "The Individualization of Employment Contracts - the British Experience", unpublished paper, 2001; E. Heery, "The Relaunch of Trade Union congress", *British Journal of Industrial Relations*, 36(3) : 339~360, 1998.

정 유연성에 있어 비노조기업보다 훨씬 긍정적 기능을 발휘한다는 것, 그리고 구조조정과 경영합리화에 도움이 되고, 사회적 협력에 활기를 불어넣는다는 것이 연구자들의 중론이다.

그런데 한국은 어떠한가? 이 질문에 대해 자신 있게 긍정적 답변을 할 수 있는 근거는 궁색하다. 물론 모든 노조가 그렇다는 말은 아니다. 한국의 노동운동을 이끄는 주력부대, 대규모 제조업체에 한정된 말이다. 더 정확히는 민노총 소속 금속노조 가운데 고임금부문 강성노조가 그러하다.[6] 이들 강성노조는 노동조합의 고유한 역할인 '집단이익 대변의 기능collective-voice function'을 버렸다. 개별 교섭력은 어마어마하게 커졌지만, 생산계급으로서의 집단적 권익을 보호할 의지는 쇠퇴했다.

그것은 개별 이익 극대화를 향한 독주獨走다. 독주는 앞에서 서술한 모든 기능에서 부정적 효과를 양산한다. 그러므로 정확히 말하면 '노조가 아니라, 이익집단이다!not union but interest group!'

포스코 노경협의회가 적어도 앞에서 열거한 노조 기능을 제대로 실행하고 있다면, 노경협의회는 한국형 노조에 해당한다. 노조 기능을 십분 발휘하는 한국형 협의체다. 태생적 운명이 문제가 아니다. 노조 기능을 행사하고, 노조보다 월등한 노동자 대변조직이라면, 노조가 아니라고 우길 이유가 없다.

노경협의회는 직원의 직접 선거에 의해 꾸려진다. 2천 명에 1명

---

6 필자의 저서 《가 보지 않은 길》(나남, 2017) 참조.

꼴로 뽑히는 전사 10명 근로자위원의 임기는 3년, 임금협의를 정기적으로 수행하고, 경영진과 경영 관련 쟁점을 협의하며, 현장의 고충을 청취해 해소한다. 광양제철소 근로자위원 K씨의 말이다.

저희들이 이제 임금을 얼마를 올려야겠다, 이러면 현장 다니면서 얘기도 듣고, 공부도 하고 해서, 회사에 프레젠테이션을 합니다. 사정이 이러이러하니 이제 월급을 얼마 올려 줘라, 그러면, 회사는 사정이 이러하니 올해는 어렵다, 뭐 된다, 안 된다, 실랑이가 벌어져요. … 그거를 대우에선가 노조 담당하다가 우리 회사에 스카웃돼 온 사람이 보더니만, "이야~ 이기 오히려 노조보다 쎈데, 그보다 더 체계적으로 하네" 그러대요. 그 사람들은(노조 사람들은) 뭐든지 무조건 이슈화해서 밤이 되면 회식하고 낮이면 뭐 … 그런 부분이 좀 있죠. 우린 달라요.[7]

이것이 포스코의 역설이자 한국 노동운동의 역설이다.

---

7 광양제철소 근로자위원 K씨 면담기록.

사회적 파트너십Social Partnership

대자보가 없다?

H자동차공장에 들어서면 전운戰雲이 감돈다. 각종 대자보가 붙어 있고 노조사무실 근처에는 붉은 깃발과 함께 현수막이 어지럽다.

"4차 산업혁명에도 고용은 영원하다!"

맞는 얘기다. 그래야 한다. 그런데 4차 산업혁명의 파도에 기업은 영원할지 모르겠다. 조립라인에 문제가 발생하면 현장직은 곧장 노조 대의원에게 상의한다. 100명에 1명꼴로 선발된 노조 대의원이 라인 정지를 요청하면 세워야 한다. 라인 책임자의 말발은 먹히지 않는다. 그가 현장직 출신의 그룹장이라도 대의원의 결정에 토를 달기는 힘들다. 그랬다가는 당장 대자보大字報감이다. 자동차공장의 관리직은 대자보에 이름이 오르는 것을 가장 두려워한다. 능력 부족을 뜻하기 때문이다.

노조 집행부는 공장 내에서도 붉은 색 머리띠와 구호가 적힌 조끼를 착용한다. '투쟁!' 작업장은 투쟁이 일상화된 공간이다. 임금인상과 노동절감을 향한 굳은 의지가 돋보인다. 기업 사정이 어떻든, 한국경제 사정이 어떻든 3가지 목표를 향해 진격 중이다. '임금은 더 많이, 고용은 더 길게, 노동은 더 적게'다. 대의원의 권한은 갈수록 커지고, 노조의 인기는 고공 행진이다.

포스코 공장에는 이런 모습이 없다. 대자보는커녕 붉은 색 머리띠나 조끼를 찾아볼 수 없다. 좀 심심하긴 하다. 근로자위원은 그냥 작업복을 입었고, 목소리도 조근조근하다. 7대 노경협의회 대표는 말수가 적은 사람이었다. 노경협의회 업무와 기능이 너무 많아 그 위상을 한마디로 축약하기에 벅찬 표정이었다.

> 근로자위원이 포항에 5명, 광양에 4명, 본사에 1명 해서 10명이거든요. 각 작업장에는 기초위원이 380명이 활동하고 있어요. 각 현장에서 고충을 듣고 올리는데, 그걸 수합해서 노사 공동으로 참여하는 각 협의회에서 협의하고 결정하고 그래요. 쟁점들은 임단협 사항에서 개인 문제까지 다양합니다. 일반 노조보다 더 심층적으로 논의해서 해결하려고 하니까, 연구도 하고 의견도 여럿 듣고 해서 바쁘죠. 그런데 우리는 극단적 드라이브를 걸 수 없으니까 … 회사도 노조보다 더 좋은 역할을 하도록 배려해 줍니다. 서로 협의해서 쟁점을 해소해 주니 현장직들은 그런대로 만족해 나가지요.[8]

L대표는 '상생'이 더 중요하다고 힘줘 말했다. '극단적 드라이브'는 파업을 말하는데, 근참법 37조에 의거해 설립된 노경협의회는 쟁의권이 없다. 엄격히 말하면 노동 3권 중 하나인 '단체행동권'이 보장되지 않는다. 그래서 '더 열심히 할 수밖에 없다'는 것이다. 파업권이 없는 노조, 이것이 태생적 결핍증인데 이를 극복하기 위한 노경협의회의 노력은 현장직 근로자의 생활 근저에까지 미치는 모

---

8 노경협의회 대표 L씨 면담기록.

습이다.

신입사원이 많아지면서 세대갈등은 모든 제조업 작업장의 주요 쟁점으로 떠올랐다. H자동차공장의 대의원은 노조이념 교육에 열을 올린다. 투쟁의식을 전파하고 대자본의 반노조 성향에 대한 비판의식을 고취한다. 재벌기업의 원죄原罪를 부각해 정의로운 노동자상像을 가슴속에 심는다. 미래 투쟁전사로 배양하는 것이다. 관리직은 자본의 '주구走狗'다.

그런데 철강산업 작업장에는 이런 말이 안 먹힌다. P직군은 자본의 주구인가? E직군은 자기 업무와 그에 대한 기술이 있는 한 관리직 스태프가 주구인지 아닌지에 별로 관심이 없다. 같이 협업하는 동료다. 동일한 신세대를 두고 노경협의회의 접근은 다르다. 자동차공장 노조가 불만 주입에 주력한다면, 포스코 노경협의회는 상호 이해에 초점을 둔다. 접촉 기회를 많이 만들어 공감 영역이 저절로 커질 것을 기대한다.

'도전! 안전 골든벨.' 고등학교 자치회 행사처럼 좀 유치하게 들리지만, 포스코에는 이런 아이디어가 먹힌다. 신참과 고참이 한 팀을 이뤄 '안전조업'에 관한 퀴즈 경연대회를 열었다. 현장에서 열기가 일었다. 우승팀에게는 해외여행 티켓이 걸린 골든벨 경연이 신입사원에게는 고참 세대를 이해하는 데에 많은 효과를 거뒀다고 했다. 수백 개 팀원이 서로 조율하고, 의견을 나누고, 공부 모임을 했다는 것이다. 토론조직이자 학습조직이니 오죽했을까.

노조는 불만을 키우고, 노경협의회는 연대감을 키운다. 그렇다면 노경협의회에 쟁의권을 부여하면 파업을 할까? 그럴지 모르겠다. 파업은 일종의 중독이다. 파업하면 경영진이 쩔쩔매는 게 한국의 상황이니, 노동자가 얻는 심리적 보상은 안 해보면 모른다. 그런데 중독은 결국 신체적 이상을 초래한다. 서서히 질병을 유발하는 인자다. 이 질병을 미연에 방지하자는 데에 포스코 노사는 일찍이 동의했다. 쟁의권은 없지만, 회사가 일방적으로 밀어붙이지 않는 한 쟁의 필요성이 발생하지 않는다. 적정 수준에서 타협한다.

입사 42년 차, 포스코의 산증인인 K자문역은 자신 있게 말한다.

1990년인가, 노조원들이 탈퇴하고 나서, 노조라는 조직이 필요 없을 정도로 신경을 많이 써줬지요. 급여 올릴 건 올리고, 관리체계 바꾸고, 복지후생도 많이 하고 … 그랬어요. 뭐가 다른지 알아요? H중공업 있잖아요? 한 20년 무파업 교섭을 했는데, 정작 회사가 적자 나니까 딱 파업을 한단 말이죠. 겉으론 근사했지만 뒤로는 엉망이었다는 얘기죠. 우린 좀 달라요. 회사 적자 날 때 직원들 봉급 반납했어요. 임원은 물론이고. 신뢰가 있을 거예요. 9

그렇다고 상호신뢰가 단단한 것은 아니다. 강성노조도 조합원의 반발과 무관심에 당면하듯, 노경협의회에 시큰둥한 반응을 보이는 현장직도 여럿이다.

9 자문역 면담기록.

우리가 스트라이크를 하지 않아도 회사가 다 알아서 해줬으니까. …
그래도 노조가 없어서 파업 못 한다고 하면 요즘 신참들이 어디로 튈지
는 모르겠어요. 아무튼, 예전에 회사가 갑질을 많이 했고 이게 시들어
가면서 노경협의회를 만들어 놨잖아요? 근데 실제로는 잘 안 먹혀요.
협의회 대표요? 별로지요. 그냥 우릴 대변해 주니까, 그냥 두고 보는
거지요. 왜 임금 협상한다고 1차, 2차 협상 과정을 매일 메일로 보내
오는데 직원들은 웃지요. 회사가 안 해주면 별 수 없으니까. … 그런
데 해주니까 그냥 가는 거지요. 큰 기대는 안 해요.10

최고참에 속하는 P파트장은 야간 교대조로, 연봉이 1억 3천만 원
을 넘었다. 최고 연봉과 최고 고용안정을 누리는 최고의 직장에서
노경협의회의 존재를 그다지 크게 느끼지 않는다. 그렇다고 노동조
합을 환영하는 것도 아니다. 속된 말로, '갈참'에겐 현상유지가 최
고다.

역으로, 진짜 노조가 배우러 오는 경우도 있다. 몇 년 전, '포스코
에너지'의 전신인 '포스코파워' 노조위원장이 간부를 데리고 노경협
의회 견학을 왔다. 그 위원장 태도가 오만했다고 기억했다.

'노조도 아닌 니들이 뭐 하겠니?'

그런 표정이 읽혔다. 노경협의회 근로자위원인 C씨가 물었다.

"대체 조합원이 몇 명인가?"

---

10 입사 37년 차 P씨 면담기록.

답은 250명.

그래 갖고 내가 이랬죠. 나는 2천 명 가운데 뽑혔다, 했더니 야가 자세를 바로 하대요. 기가 차서. 저녁에 회식하다가 '나는 이 폭탄주 하루에 50잔씩 먹는다' 했더니만, 그만 겸손해지더니 엎어지더만. 내가 숙소에 업고 갔어요. 다음 날 임금협상제도하고, 임금체계하고 그걸 배우고 갔지요. 바로 시행했다고 들었어요.[11]

대변과 연대

노조가 계급연대class solidarity를 키운다고 한다면, 노경협의회는 대변representation 기능을 하고 현장연대감workplace solidarity을 북돋운다. 계급연대는 일찍이 마르크스Karl Marx가 혁명의 전위부대인 노동계급에게 주문했던 필수요건이었다. 계급연대가 충족되면 대변 기능은 저절로 이뤄진다고 믿었다.

그렇다면 과연 노동조합은 현장노동자를 대변하는가? 이 질문은 '노조는 민주적이다'는 오랜 명제를 재고하도록 만든다. '민주적 노조democratic union'라고 해서 반드시 노조민주주의union democracy를 실행한다는 보장은 없기 때문이다.

제2차 세계대전 이후 미국의 노동조직을 분석한 학자들은 리더십과 조합원 간 신뢰가 형성되지 않은 많은 사례를 보고했다. 조직

---

11 광양제철소 근로자위원 C씨 면담기록.

내 민주주의, 즉 '노조민주주의'가 바로 대변 기능의 발달 정도를 결정한다. 그런데 노조민주주의가 발달된 조직에서 '전투적 노조주의'가 자라날 개연성은 역으로 작아진다는 것이다. 다시 말해, 강성노조일수록 조합원의 의견 수렴을 거치지 않고 의사결정이 폐쇄된 사례들이 빈번해지는 경향이 있다. 이런 연구결과는 한국의 민주노총연맹의 리더십과 내부구조를 다시 한 번 들여다보게 만든다.

전 영국 총리 토니 블레어T. Blaire는 1998년 집권과 동시에 '사회적 파트너십social partnership'을 노동당의 신 노동이념으로 내걸었다. 내용은 이렇다. ① 보수당 노동개혁에 빌미를 주었던 노동당-노조 간 정치흥정을 하지 않고, ② 노동자들의 인적 자본을 향상시켜 기업의 효율적 파트너로 배양하고, ③ 기업비용의 낭비적 요소를 제거하고, ④ 개인보다 공동체를 중시하고, ⑤ 주주자본주의share-holder capitalism를 지향한다. 조직이기주의를 버리고 사회 전체의 공익 향상에 이바지하겠다는 말이다. 유럽연합의 노동헌장과 일치한다.

한국의 민주노총이 이런 가치로 선회한다면 좋겠으나 그럴 기미는 아직 보이지 않는다. 조합원 이익의 극대화, 즉 이익투쟁이 곧 재벌개혁이라는 가정에서 꿈쩍도 하지 않는다. 조합원들의 전반적 의사가 그런 것인지는 모르겠다.

그런데 블레어의 새로운 기치가 노조에게 환영받은 것은 아니었다. 그의 '사회적 파트너십'에는 노조를 경제회복의 파트너로 동원하려는 정치적 의도가 깔려 있었다. 더러는 동조했으나 대부분 노조는 '모호하고 느슨한 개념' 속에 허우적댔을 뿐이다. 동의와 합의는 국가 정치든 조합 내 정치든 중요한 요소이다.

그런데 포스코 노경협의회의 기능과 활동을 아우르는 느슨한 가치관에 바로 이 '사회적 파트너십'이 싹트고 있음을 목격한다. 즐거운 일이다. 대변과 연대, 두 개의 축이 수렴되는 그 지점에서 사회적 파트너십이 생성된다. 대변은 '노동과 회사' 관계에서, 연대는 '회사와 지역사회' 관계에서 연결고리를 형성하는 두 개의 축이다. 대변과 연대가 어떻게 작동하는지 간략히 살펴보기로 하자.

·대변·

노경협의회는 조직 내 의사수렴 기제가 잘 발달되어 있다. 가장 기초적인 조직이 '과課공장협의회'이고, 그 위에 59개 부서의 '부部협의회'가 있다. 다시 그 위에 '부문협의회'가, 전체를 망라한 '제철소협의회'가 존재한다. 기초위원 380명이 활동하는 과공장협의회는 매달 1회 열리고, 상급 단위에서는 분기별로 개최된다.

현장 사정을 취합하고 현장의 의견을 수렴하는 기제다. 노사 동수로 구성된 각 수준의 협의회에서 해결되지 않은 쟁점은 상위 협의회로 올라가고, 파급력이 큰 쟁점은 포항과 광양을 포괄한 '전사협의회'에서 논의되고 결정된다. 10명의 근로자위원은 고충, 복리후생, 인사노무, 안전 등 영역별 책임을 맡아 활동한다. 협의회 논의 결과는 노경협의회 정보 포털사이트에 공개되고 피드백을 받는다. 노조민주주의union democracy의 발전 수준이 매우 높아 대변 기능이 탁월한 모범조직이다.

이런 경우에 전투적 리더십의 필요성은 작아진다. 각 쟁점에 대해 대체로 노사합의안이 도출되기 때문이다. 근무일 '4조 2교대제'가 처음에는 현장직원들의 거센 반항에 부딪혔으나 지속적 소통과 의견수렴 과정을 통해 공감대가 형성됐다. 임금피크제도 그런 과정을 거쳤다. 포스코는 한국사회에서 임금피크제 얘기가 나오기 이전인 2010년에 이미 협상안을 만들었고, 2011년부터 시행에 들어갔다. 물론 회사 경영상태가 악화된 초기 단계였기에 그런 타협이 가능했다. 처음에는 57세부터 '9866 원칙'을 합의했다가 후에 고참들의 불만이 많아지자 '9877 원칙'으로 수정했다.[12]

임금협상도 힘들기는 마찬가지다. 임금인상률, 임금체계, 성과급 등이 포괄적으로 의제에 오른다. 포스코의 보상체계는 비교적 단순해서 기본급 인상보다는 주로 성과급과 관련된 쟁점이 협상 대상이다. 성과급은 월 기본급의 800% 정도인데, 영업이익률이 좋을 때에 그렇다. 성과급 400%는 기본으로 깔리는 액수이고, 그 위에 영업이익에 따라 보너스 총액이 출렁거린다. 800%를 채우느냐 아니냐가 직원들의 최대 관심사이고, 총액 수준 인상액에 신경을 쓴다.[13]

그러니 근로자위원들은 직원들의 의견을 청취하느라 바쁠 수밖에

---

12 57세부터 90%, 80%, 70%, 70%로 임금을 낮춰 가는 것을 말한다. 이와 함께 정년은 60세로 연장됐다.
13 총액으로는 약 2천만 원가량이다.

없다. 앞에서 예시한 어느 고참직원처럼, 협상 결과를 메일로 보고해도 그냥 웃음거리로 여길지는 모르겠으나, 협상에 협상을 거듭하는 것이 노경협의회의 기본 임무다.

회사에서는 2%만, 직원들은 5~6% 올리자고 하면 갭이 있잖아요. 두 달 정도 의견조율을 하면 마지막에는 한 1% 정도 갖고 실랑이를 합니다. 대체로 두 달 정도면 타결되지요. 그래 놓고, 직원들에게는 이렇게 설득하죠. 황금알 낳는 거위를 바로 잡아먹어서 되겠느냐, 그래야 우리도 정년까지 잘 지내고, 후배 자식들도 들어와서 하려면 우리가 그걸 다 끌어 쓰면 안 된다고⋯.14

임금협상은 원만하게 타결된다. 파업비용은 없다. 2년마다 한 번 꼴로 하는 단체협상도 그렇게 타결된다. 복리후생이 주된 쟁점인데 다른 기업처럼 중식비, 가족수당, 학비보조, 주택자금 대출 같은 안건도 리스트에 오르곤 한다. 포스코는 한국 최고의 복지기업이다. 그렇기에 직원의 관심사는 앞의 쟁점과 더불어 우리사주, 즉 주식배당에 쏠린다. 흑자가 많이 나면 더 달라는 것이다. 자사 주식보유는 앞에서 얘기한 사회적 파트너십의 현실적 실행수단으로 '주주자본주의'로 가는 지름길이다.

타 기업에 비해 임단협이 원만하게 이뤄지는 이유는 대변 기능이

---

14 광양제철소 근로자위원 C씨 면담기록.

잘 발달된 덕분이다. 대변 기능은 노조민주주의를 활성화해 노사관계에 신뢰도를 높인다. 회사는 모든 경영정보를 포털사이트에 공개한다. 숨길 것도 없고 숨겨서도 안 된다는 사실을 서로 잘 알고 있다. 신뢰가 두텁고, 의견수렴이 잘 되고, 대변 기능이 활성화된 기업에서 '노동자의 인적 자본을 향상시켜 기업의 효율적 파트너로 배양한다'는 유럽연합 헌장이 다만 레토릭으로 읽히지는 않는다.

· 연대 ·

대변이 '노동과 회사'를 연결해 준다면, 연대는 '회사와 사회'를 연결하는 윤활유다. 현장연대로부터 시작해 '사회연대'로 뻗어 나간다. 현장연대는 여러 형태로 이뤄진다. 앞에서 예시했듯이, 작업장에서 돌발사고가 일어나면 노경협의회가 지원책을 발동한다. 설비복구에 인력투입을 논의하거나 복구팀에 간식과 음료수를 제공한다. 고충처리팀은 현장직의 일상적 고민과 문제를 수합해 해결방법을 모색한다. 자문과 상담은 기본이다. 포항제철소 소재 노경협의회 본부 포털사이트 '의견나눔' 란에 광양으로부터 이런 제안이 올라왔다.

"순천 오천지구 통근버스 문의드립니다"
현재 순천 오천지구가 생기고 호반 1차, 골드, 대광, 진아리채 4군데 입주 완료했습니다. 그리고 쫌 있음 호반 2차, 영무, 부영아파트가 입주 시작입니다. 현재 오천지구에서 출퇴근하는 사람들이 많습니다. 포스메이트15에 문의했을 때엔 20킬로가 넘는 지역은 증차를 할 수 없다고 답합니다. … 오천지구에도 통근버스가 다닐 수 있게 증차 검토 부탁드립니다.

이런 제안이 수십 개 쏟아지면 바쁘지 않을 수 없다. 그러나 근로 자위원은 즐겁다. 연대를 쌓을 수 있는 좋은 기회다. 앞에서 소개한 '도전! 안전 골든벨'은 작은 이벤트다. 이 외에 요리경연대회, 전시 회, 체육대회를 매년 개최한다. '동호동락同好同樂'이란 기치를 걸고 현장근로자가 두 개 이상의 동호회 가입을 격려한다. 이 중 하나는 반드시 '학습 동아리'여야 한다. 경비지원은 물론이다. 체육관, 복 지관 운영관리도 노경협의회 몫이다. 사원주택단지 내 영화관, 공 연장 운영은 물론이고, 대관 업무, 공동시설 관리에도 신경을 써야 한다. 기업 내부 연대가 싹트는 현장이다.

노경협의회가 2017년 '3Up 운동'을 사업목표를 설정해 추구해 나 갈 수 있는 것은 모두 이렇게 쌓은 연대력 덕분이다. 'Mind-Up', 'System-Up', 'Power-Up', 마치 경영진이 강제하는 경영 슬로건을 연상케 하지만, 현장직이 선출한 근로자위원들이 자율적으로 정한 가치다. 설령 현장직 사원들이 '그냥 웃어넘길지라도' 노경협의회의 그런 사고방식은 높이 살 만하다. 실제로 전사운영회의 시 근로자대 표가 참가해 그 의미와 성과를 발표하고 경영에 대한 조언도 서슴지 않는다.

---

15 포스코의 운송을 담당하는 계열사.

이렇게 쌓은 연대가 외부로 뻗는 것은 자연스런 이치다. 포스코는 한국에서 지역사회 활동을 가장 활발히 전개하는 기업이다. 모든 부서가 포항과 광양 인근 지역사회와 자매결연을 맺고 정기적으로 봉사활동을 나간다. 팀과 부서가 자치적으로 수행하는 사례도 많지만, 주로 노경협의회가 적극 권장하고 지원한다. 독거노인 지원, 경로당 개축, 무료 급식, 추수 돕기 등은 노경협회의가 현장직과 함께하는 주요한 사회연대 활동이다.

이에 대해서는 제7장에서 상세히 분석할 예정인데, 노경협의회가 '기업시민corporate citizenship'의 가치를 지향하고 실천하고 있다는 점만은 분명하다. 기업시민이란 기업도 시민권을 가진 주체라는 말인데, 이윤추구에 매몰된 이기적 태도에서 벗어나 시민적 권리와 책임을 균형적으로 행사하는 주체로 거듭나야 함을 강조하는 개념이다.

노경협의회가 추구하는 '사회적 연대'가 인근 지역사회에 한정된 현실적 제약점은 전국 단위 시민단체와의 결합에 의해 극복될 수 있을 것이다. 그러나 한국의 시민단체가 가진 정치적 성향 때문에 자칫 '기업시민'의 초기적 성격이 훼손될 우려도 있다. 시간을 요하는 문제다.

그런데 노경협의회가 당면한 더 시급한 문제가 있다. 외주 파트너사, 즉 포스코의 협력사 직원들에게는 대변과 연대 기능이 잘 닿지 않는다는 문제 말이다. 한국의 대기업 작업장에 일반화된 하도급 문제는 양극화의 주범이자 소득불평등의 원천이다. 포스코에는 '외주사 상생협의회'가 있기는 하지만, 불만은 여전히 잠재해 있다. 그래서 1만 8천여 명에 달하는 협력사 직원들을 두고 '사회적 파트너십'을 얘기하기란 좀 궁색하다. 제철소에 거점을 구축하려는 민노총이 이 모순의 틈새를 파고들었다.

'제철소를 공략하라!'

2017년 민노총의 중대 목표다.

불만과 자제 사이, 외주 파트너사

유혹의 계절

협력업체, 하청업체 문제는 한국 생산현장의 중대한 쟁점이다. 공정거래위원회가 '정의'를 앞세워 원청기업의 갑甲질과 횡포를 근절하고는 있지만, 워낙 고질적 사안이라 단번에 해결되지 않는다. 포스코 역시 여기에서 비껴가질 못한다. 파업 없는 이 스마트한 공장에도 해결할 쟁점이 쌓인다. 직영 1만 5천 명보다 많은 1만 8천 명이 포스코 조업을 돕는 협력사, 즉 '외주 파트너사'로 불리는 102개 회사의 직원이다. 타 기업처럼 정규직, 비정규직 개념이 아니고 어엿한 독립회사의 정규직이다. 2개 제철소 총 3만 3천 명 직원 중 52%가 파트너사社 직원인 셈이다. 모두 핵심공정에서 분리, 분사된 외주업체다. 제복은 동일하다. 명찰에 작은 글씨로 적힌 기업 명칭을 봐야 구분이 가능하다.

포항제철소 정문, 혹은 광양제철소 직원사택 지역에 나부끼는 다음과 같은 현수막이 겉으론 평온한 포스코에도 내부 문제가 심각하다는 사실을 알려 준다.

- 포스코는 불법파견 은폐행위 중단하고 협력업체 하청노동자를 정규직화하라!
- 포스코엠텍 금속노조 가입, 협력업체 노동자! 다 함께해요!

협력업체 직원도 실상은 포스코의 생산인력인데 독립기업으로 따로 떼낸 것은 불법파견의 일종이라는 주장이다. 포스코 자회사인 '포스코엠텍'은 2017년 6월 5일 민노총 소속 금속노조에 가입했다. 포스코 직영사원처럼 대우하라는 자회사 사원들의 불만이 결국 민노총 가입으로 표출되었다. 민노총이 공단 지역에 뿌린 전단에는 이렇게 쓰여 있었다.

포스코엠텍 노동자들이 왜 금속노조에 가입했을까요? 포스코는 해마다 수조 원의 흑자를 기록하고 있지만, 우리 삶은 어떻습니까? 지난 수십 년 포스코에서 피땀 흘려 일했지만 포스코에 비해 임금은 반 토막이고 온갖 차별과 불평등은 더욱 심해졌습니다. 더 이상 참을 수 없습니다. [16]

---

16 민노총 금속노조 포스코사내하청지회가 뿌린 전단지 내용.

"포스코는 불법파견을 했는가?"

"협력사는 포스코에 비해 임금은 반 토막이고 온갖 차별과 불평등을 받는가?"

맞는 말인가? 맞는 말도 있고 틀린 말도 있다. 노동시간은 같은데 임금은 대체로 60%에 불과하니 '반 토막'이란 말은 거의 맞다. '온갖 차별과 불평등이 심해졌다'는 것은 복리후생과 작업장에서의 위계질서를 가리키는데, 복리후생 불평등은 맞는 말이고, 작업장 위계질서는 틀린 말이다. 독립 협력사들이 포스코만큼 복리후생을 감당할 여력이 없으니 그것도 거의 반 토막이라고 보면 된다.

작업장에서의 차별은 거의 사라졌다. 노동과정이 완전 분리되어 직영사원이 파트너사 직원에게 직접 지시하는 일은 없다. 파트너사 그룹장 혹은 파트장을 통해 협력을 구한다. 다만 직영사원에 대한 파트너사 직원의 심리적 열등감은 존재한다. 그 심리적 열등감에서 불만도 생겨나고, 파트너사의 발생기원을 인정해 스스로 자제도 한다. 바로 이 불만과 자제 사이의 틈을 비집고 민노총의 선동적 공세가 힘을 얻는 중이다.

민노총의 공세는 이미 몇 년 전부터 시작됐다. 마치 20세기 초반 독일에서 전국 금속노조가 철강공장을 공략한 것처럼, 포스코는 민노총의 공략 목표가 되었다. 현대제철은 현대그룹 노조 산하인 만큼 자동적으로 민노총 소속이다. 포스코가 포섭된다면 민노총은 막강 화력을 지니게 된다. 그러나 철강공장은 철옹성이다. 철옹성 외부에 포진한 파트너사! 1만 8천 명이 넘어온다면 민노총이 접수한 것과 다름없다.

몇 년 전, 민노총은 전직 포스코 직원이었다가 파트너사로 분사된 사람들을 규합해 임금소송을 냈다. 2006~2007년 생산공정에서 분리해 독립기업으로 분사할 당시 이직하는 직원들에게 포스코 평균 월급의 70%를 보장한다고 약속한 바 있었다. 퇴직금으로 최대 2억 7천만 원을 일시금으로 지급함과 동시에 분사된 직원들과 합의도장을 찍었다. 그런데 해가 갈수록 임금격차는 벌어졌다. 포스코의 임금인상 폭을 파트너사가 따라갈 수 없었던 까닭이다.

광양 소재 민노총이 전직 직원들의 불만을 눈여겨봤다. 그리곤 순천지법에 소송을 냈다. 1심에서는 포스코 승소, 광주고법 2심에서는 패소, 대법원 판결에서 포스코가 이겼다. 불만은 가라앉지 않았다. 민노총이 다시 아이디어를 냈다. 이번에는 근로자 지위확인 소송이다. 조업을 같이하는 노동자를 독립기업으로 분사하는 것은 '불법파견'이라는 논리였다. 앞의 현수막에서 '협력업체 하청노동자를 정규직화하라!'는 표현이 바로 그것이다. 17

그런데 분사된 협력업체가 하청노동자인지 아닌지가 불분명하다. 우선 조업을 같이해도 자동차 조립라인처럼 동일노동을 하는 것이 아니기 때문이다. 102개 외주 파트너사는 두 유형으로 구분된다. 첫째, 청소, 경비, 운송, 포장, 하역처럼 포항제철소가 생겨날 때부터 일종의 용역업체로 분류되었던 기업군, 둘째, 2000년대 초

---

17 2017년 현재 소송을 낸 파트너사는 2개다.

반부터 원가절감을 위해 핵심공정은 두고 주변공정을 분사해 외주화한 기업군이 그것이다.

두 번째 유형은 제선공장에서 냉연공장에 이르기까지 광범위한 내부 조업을 맡고 있기에 얼핏 봐서는 직영과 구분하기 어렵다. 분사는 2007년까지 지속되었다. 당시 분사와 함께 이직한 직원들의 불만이 터져 나오는 곳이 바로 이 유형의 기업군이다. 예를 들면, 제강공장의 래들 청소, 용광로 내부 청소, 크레인 조작같이 고되고 위험하지만 핵심기술을 요하지 않는 공정, 분진수거 작업, 고철삽입 공정, 선재공장에서 제품흐름을 관리하는 공정, 흠 제거 작업, 창고 관리와 선적 작업 등이 해당한다.

공장 내부를 직접 관찰하면 질문이 끝없이 제기된다. 가령, 선재공장 컨베이어라인 끝에서 시뻘건 쇠밧줄을 일정 간격으로 끊는 작업을 하루 종일 하는 노동자는 직영인가 아닌가? 그는 방열복을 입고 방열초소 안에 대기해 있다가 컨베이어벨트로 나와 쇠줄을 끊는다. 그걸 하지 않으면 제품은 불량이 된다. 제강공장, 시뻘겋게 달궈진 전로 안에 고철을 쏟아 붓는 래들 크레인을 운전하는 노동자는 직영인가 아닌가? 압연공장 한쪽, 코일 완제품을 포장하는 노동자는 직영인가 아닌가? 모두 외주 파트너사 직원이다.

파트너사 생산관리직 N씨는 "우리가 없으면 포스코는 돌아가지 않는다"고 털어놨다. 맞는 말이다. '전체 공정에서 빼놓을 수 없는 작업'이라고 해석한다면 파트너사를 정규직으로 되돌려야 한다는 주장은 도덕적으로 설득력이 있다. 반면, '핵심기술과 구분해 주변

공정으로 분류했다'고 해석하면 원가절감을 위한 경영진의 결단에 정당성을 부여할 수 있다. 외국의 유수한 철강기업에서도 그런 전략이 일반적으로 행해졌다.

어느 쪽 해석이 더 정당한가? 여기에 노동차별을 해소하자는 '비정규직의 정규직화' 주장은 정치적 힘을 얻게 되었다. 민노총은 이를 간과하지 않았다. 분쟁의 소재를 확대하여 파트너사 직원들을 규합해 내려는 것이다. 파트너사 직원 중에는 포스코에 한恨을 가진 사람들이 더러 있다.

2000년대 초, 저低성과자 최하위 5%를 걸러 내 거의 권고사직 상황으로 몰고 간 적이 있었다. 갑작스런 해고는 법적으로 어려웠기에 이 중 많은 사람들은 파트너사로 건너가거나, 그게 싫으면 아예 현대제철소로 이직해 나갔다. 좋은 감정이 있을 리 없었다. 평생직장으로 알았던 회사가 어느 날 해고 시그널을 보냈으니 그 서운한 감정이야 오죽했으랴. 당시 외환위기 상황을 타개하려고 거의 1만 명 가까운 노동인력에 해고 통지를 낸 H자동차에 비하면 그런대로 조심스런 행보였지만 말이다. 파트너사 관리직의 의견도 두 가지로 갈렸다.

과거에는 그래도 스토리텔링이 있는 기업이었어요. 지금은 감동이 없어요. … 포스코 정규직도 로열티가 많이 떨어졌어요. 이틀 일하고 이틀 쉬는데 작업의욕이 잘 날까요? 오히려 노는 데에 더 치중하지. … 그리고요, '포스코 패밀리'라고 하잖아요? 한 울타리에서 일하는데,

외주 업무도 힘들고 위험한 건 사실이잖아요. 외주 직원들 입장에서는 힘든 일은 우리가 하는데 왜 임금은 적게 받느냐고 불평이 많지요. 18

그래도 협력사와의 관계는 포스코가 다른 곳보다는 낫지요. 최고 기업을 쳐다보니 그렇지, 사실 파트너사 인력 형편은 그에 못 미쳐요. 기술인력도 있지만, 없는 인력도 많거든요. 그러니 직접 비교하는 것은 어불성설. 제가 그렇게 직원들에게 얘기해요. 너무 높은 곳을 쳐다보지 말라고. 포스코에는 동반성장 프로그램 같은 것도 있거든요. 상생 프로그램으로 설비투자 자금도 대출받고요. 그래도 복지라든가 임금 같은 것에 조금만 신경을 더 써주면 큰 어려움은 없다고 봅니다. 19

제6장에서 관찰한 교육과 기술전수 기회를 덜 받는 1만 8천 명의 파트너사 직원들, 복지후생과 임금이 반 토막에 불과한 이들이 별도의 분리된 작업장에서 일한다면 그리 불만은 없을 것이다. 임금이 절반이라도 다른 중소기업에 비하면 고임금이고, 항시적 고용불안정에 시달리지 않아도 되기 때문이다. 생산공정을 아예 없애지 않은 다음에야 고용은 정년까지 보장된다.

독립기업이라 해도 기업의 필수적 업무로부터 면제되는 이점도 있다. 마케팅, 생산원료 구매, 창고, 제품 출하, 재무 등의 복잡한

---

18 파트너사 관리직 P씨 면담기록.
19 파트너사 관리직 O씨 면담기록.

업무를 하지 않아도 굴러간다. 제강부문에 투입된 U파트너사 노조 위원장은 '생산업체'가 아니라 '지원업체'라는 표현을 썼다. 인건비와 경상비 지출만 신경 쓰면 되니까, 기업이라고 하기엔 좀 부족한 측면이 있다고 했다. 한국노총에 가입된 자신의 회사는 과거에는 기술 수준이 많이 떨어졌지만 최근에는 많이 향상되었다고 평가했다. 그런데 임금격차는 점점 벌어졌다. 불만의 소재가 바로 거기에 숨어 있다. 민노총의 유혹에 취약한 지점이다.

포스코 패밀리?

직영이든 파트너사 직원이든 모두 '포스코 패밀리POSCO Family'다. 체육대회도 같이하고, 경연이나 공연, 축하행사도 같이한다. 그러나 알게 모르게 현실과 의식공간에 분리선이 있다. 이것을 어떻게 해소할 것인가? 포스코의 숙제임에 틀림없다. 예전에, 포스코 작업복을 보고 시집온 신부가 월급봉투를 받아 들고 물었다. 왜 옆집보다 적냐고. 그때야 비로소 알았단다. 파트너사 직원임을 말이다. 서러웠을 거다. D파트너사 관리직이 말했다.

"그런데 요즘에는 시집을 잘 옵니다. 왜냐하면 취업이 어렵잖아요. 게다가 연봉도 5~6천만 원이 되거든요."

연봉 5~6천만 원이 어딘가? 쉽지 않은 액수다. 그럼에도 불만은 여전하다. 가장 높은 곳을 쳐다보기 때문이다. 가장 높은 연봉의 작업장에 투입되기 때문이다. 실상을 들여다보면 불만의 여지는 줄어든다. 파트너사 직원은 채용부터 포스코 직영과 다르다. 포스코 직원은 시험과 면접을 통과해야 한다. 여기서 몇 차례 낙방한 사람들이 파트너사로 간다.

모두 그런 것은 아니지만 그런 경향이 있다. 파트너사 직원채용은 공개모집도 있지만 동료 소개나 전문가 추천을 받아 비공식적으로 이뤄지기도 한다. 공개적으로 했다간 몰려오는 지원자를 일일이 가려내는 게 보통 일이 아니라는 것이다. 게다가 경비도 많이 든다. 경비절약은 파트너사가 최고로 삼는 경영 제일 원칙이다.

큰 기업은 300억 원, 작은 기업은 수십억 원 정도로 1년 예산이 책정된다. 물론 포스코 본부가 파트너사의 생산설비 보전비용과 인건비를 계상해 지불하는데, 여기에 갑을관계가 게재될 위험이 있다. '원가 후려치기'가 작동하면 파트너사가 항의할 여지는 없다. 꼼짝없이 당해야 한다. 과거에는 그랬을지 모르지만, 십수 년 전부터 포스코의 파트너사 관리는 그런대로 공정하고 정확하다는 평가를 받는다. 그래도 '인건비 아끼기'가 파트너사의 생명이므로 복리후생에 신경을 쓸 여력이 없어지는 것이다.

고정비니까, 저희들은 고정 계약이 되어 있거든요. 저희는 판매와 같은 것과는 관계가 없고, 우리가 맡은 일에 따라 예산을 책정해 줍니다. 우리는 장비운전과는 상관없기 때문에 다른 파트너사에 비해 예산을 적게 받습니다. 총 예산에서 인건비 비중이 83%가 됩니다. 수익성이 있어야 복리후생도 늘려 주는데 … 그게 어렵죠. 학자금, 통근버스, 안전모 지급 등을 하고 있고 더 신경 쓰려고 합니다. 직원들이 입사할

때 그런 사정을 미리 알고 있어서 다행스럽게 불만도 작아요.[20]

'인건비 아끼기'가 회사의 제일 목표가 되는 현실은 두 가지 문제를 낳는다. 안전 문제와 인력 문제다. 분진, 가스, 열기가 엄습하고 중장비를 가동하는 작업장에서 안전 방비에 자칫 소홀할 수 있다는 점이다. 앞에서 서술한 '안전제일, 엄지 척!'은 주로 직영 사이에서 행하는 행동이지 파트너사 직원에게까지 잘 닿지 않는다. 신경을 쓰고 싶어도 여력이 없다.[21] 용강크레인을 작동하는 E파트너사 사장의 말이다.

용강을 받아 전로에 넣는 크레인 작업은 무척 위험하거든요. 잘 안 할라 캅니다. 쇳물이 바닥에 쏟아지면 큰일이죠. 그러면 인명사고도 나고 공정이 스톱되고요. 사실 환경이 열악하거든요. 고열, 분진, 그런 … 안전에 굉장히 취약합니다. 돈이야 주는 대로 받지만, 안전 문제, 고열, 그런 거에 더 신경을 쓸 겨를이 없어요. 그래서 왔다가 나가는 사람이 많아요. 적응기간을 거치면 될 텐데, 요즘 애들은 안 할라 카지요.[22]

---

20 A파트너사 관리 면담기록.
21 2018년 1월 25일, 포항제철소 냉각탑 내장재 교체작업을 하던 근로자 4명이 질식사하는 안전사고가 발생했다. 이들은 냉각탑 내에 들어갈 때 방독면을 착용하지 않았다. 모두 외주 파트너사 직원이었다. 정규직 공정 밖으로는 손이 닿지 않는다.
22 용강 크레인 외주 파트너 사장 면담기록.

그래서 어느 정도 기술을 가진 인력 수급이 잘 안 된다. 인력 문제가 발생하는 것이다. 포스코 직영은 많은 교육과 기술전수 기회를 받을 수 있지만, 인건비에 목을 매는 파트너사는 사정이 어렵다. 포스코 본사는 여러 가지 동참 프로그램을 개발해 기술전수와 안전 교육 기회를 마련하고는 있다. 파트너사에 전문강사를 초빙해 국가자격증 취득을 독려한다거나, 고용노동부와 협력해 국가인적자원 컨소시엄을 열어 주기도 한다. 신입사원의 안전의식 교육도 본사에서 제공한다. 그러나 파트너사의 형편이 눈에 띄게 개선되는 것은 아니다.

중요한 공정을 맡은 파트너사에는 포스코 퇴직자가 경력사원으로 입사한다. 임원 승진에서 탈락한 고참 부장들에게 주어진 일종의 특전이다. 이들이 일정 기간 파트너사 경영을 맡거나 현장감독을 맡아 작업장 업무를 원활하게 연결해 준다. 가교 역할인 셈이다.

그런데 파트너사로서는 이런 인력도 시간이 지날수록 채우기가 어려워진다고 했다. 결국 업무 특성에 따라 파트너사의 경쟁력에 비상이 걸리는 것이다. 토론, 협력, 학습 기능이 포스코 경쟁력의 가장 중요한 요소인데, 수레바퀴의 한 축에는 적용이 잘 안 되는 것이 현실이다. 앞에서 서술한 '생산성 동맹'도 직영 내부의 조직이지 파트너사와의 연결고리는 약하다.

이런 문제가 포스코 본부의 촉각에 걸리지 않는 것은 아니다. 노경협의회도 관심을 갖고는 있으나 아직은 거기까지 역량이 닿지 못하고, 외주사 상생협의회도 정기적으로 열리고는 있으나 처우개선과 민원해결에 치중하는 형편이다. 2017년 여름, 포스코 윤리경영실에서 파트너사를 대상으로 '인간존중 직장문화' 서베이를 실시했다. 파트너사의 현실과 경영상 난제, 개선사항을 파악하기 위한 전수조사였는데, 본부에서 추진하는 동반성장 프로그램의 내실화를 위한 시도의 일환이다.

외주 파트너사의 불만이 여전히 생성되는 한 포스코가 자랑할 만한 '생산성 동맹'은 정규직 중심이어서 세계 최고의 경쟁력에 제동이 걸릴지 모른다. '포스코 패밀리'라고 말하기 난처하다. 민노총이 스며들 교두보가 그곳에 생성된다. 파트너사 경영자들이 말한다.

제가 볼 땐, 외주사하고 같이 가야 하는데, 사실상 경쟁력도 같이 키워 가면서 델꼬 가야 하는데요. 입찰도 지금 경쟁 투명 뭐 이카는데, 투명도 좋지만 그 투명이 누굴 위한 투명이냐 하는 거고요. 진짜 외주사가 없으면 수레바퀴 한 축이라 카면 한 축이 안 돌아가는 거거든요. 이것도 같은 경쟁력이고, 이거 경쟁력 없으면 포스코 경영이 어려워집니다. 23

그 해결책이 먼 곳에 있는 것이 아니다. 관심을 더 써 달라는 거다. 교육도, 기술전수도, 그리고 파트너사가 당면한 어려운 문제도 같이 풀어가 달라는 거다. 포스코 직영 20년에 파트너사로 분사한

---

23 파트너사 관리직 L씨 면담기록.

고참직원의 말이다. **24**

대우나 복지나, 외주사에게 너희가 알아서 해라, 그런 게 아니라, 좀 시스템을 만들어서 별도로 어떤 부분은 좀 해줄 것은 없나 살피는 게 중요하지요. 그러면 사기도 올라가고요. 예산만 주고 돈 주고, 그걸로 마무리하자고 돌아서면 그걸로 내리막길이죠. 돈 주고 해결하자면 또 없나, 또 없나, 자꾸 기대하기 때문에 지원하는 시스템을 구축해야 합니다. 많이 바뀌었는데 아직 멀었어요.

2017년 포스코는 원·하청 간 임금격차 축소를 위해 기존 방식보다 더욱 과감한 조치를 취하였다. 모든 외주 파트너사 직원 연봉을 10% 이상 인상시킬 수 있는 재원을 외주계약에 반영한 것이다. 전격적인 결단이었다. 2018년부터 적용된다. 한국의 다른 재벌기업들도 이 문제를 해결하려 상생펀드나 협력기금을 조성하고 있다. 그런데 포스코보다 더 많은 협력업체를 거느린 일본 기미쓰君津제철소에는 이런 문제가 없다. 임금 수준을 원청 대비 70%로 유지하기 때문이다. 한국의 경우 불평등과 사회적 불만의 발원지인 이 쟁점을 해결하려면 어쨌든 원청 대기업과 국가가 나서야 한다.

장기적으로 보면, 다음과 같은 임금정책이 유용하다는 생각이다. 파트너사 102개의 공정 중요도와 생산성 기여도를 측정해 5개 유형

---

24 파트너사 그룹장 H씨 면담기록.

으로 분류하고, 임금과 복리후생의 격차를 순위별로 줄여 가는 것이다. 1순위 20여 개 파트너사의 평균임금을 포스코 대비 70%로 점차적으로 끌어올리고, 다음으로 2순위, 3순위로 나가는 방법이 있다. 복리후생도 격차를 줄여 가는 지혜를 짜야 한다. 물론, 포스코 영업이익의 일정 비율을 투입해야 하는데, 단기적 손실을 초래해도 장기적 순익을 가져온다는 신념이 중요하다. 복리후생, 안전의식, 기술교육도 마찬가지다.

항공모함을 호위하는 구축함! 어느 파트너사 직원은 그렇게 표현했다. 구축함이 부실한 함대는 전투력이 저하되듯, 외주사 직원들은 '포스코 패밀리'의 진정한 일원이 되고 싶다.

공장과 가정 사이

8장

Between Home and Workplace

위수지역 벗어나기

포스코 사람들은 어떤 전형이 있다. 분위기 파악을 잘한다. 튀는 사람이 별로 없다. 가정에서는 다르겠으나 적어도 작업장에서는 그런 태도가 몸에 배어 있다. 필자가 만나 본 사람들은 대체로 그러했다. 필자를 포함한 연구진이 지원부서에 의구심을 표명했더니 '그럼 마음대로 선택해 보라'는 답이 돌아왔다. 그럼 그렇지, 회심의 미소를 지으며 무작위로 인터뷰 대상 부서를 선택해서 만나 봤다. 그곳은 한술 더 떴다. 성실함과 진지함은 물론 소통과 협업 수준이 놀라울 정도였다. 잘못 선택했다고 후회해 봐야 소용없었다. 결국 이런 결론을 내릴 수밖에 없었다.

"포스코 사람들은 자기 업무에 대한 책임감이 강하다. 업무에 대한 높은 자부심은 작업장 전통을 지키려는 의욕과 조직문화를 배양하려는 일종의 사명감으로 발전한다. 포스코가 다른 대기업에 비하여 협업정신이 두드러지는 이유는 책임감, 적응력, 사명감이 작업현장에서 작동하고 있기 때문이다."

작업현장은 협업 그 자체다. 책임감이 없이 협업은 이뤄지지 않는다. 그 책임감은 회사를 위해 매우 바람직한 심성이기는 하지만, 개개인에게는 심리적 압박감 혹은 긴장감이다. 혹시 잠시라도 현장을 비우면 뭔가 큰일 나는 줄 안다. 퇴근 후 술자리에서도, 귀가한 후에도, 자나 깨나 휴대폰을 놓지 못한다.

아직 분위기 파악이 덜 된 신입사원들은 업무를 몽땅 지워 버릴 수 있지만, 근속 10년 차에 다가가면 태도가 달라진다. 퇴근을 해도 긴장과 중압감이 가슴에 솔솔 쌓이는 것을 느낀다. 이런 긴장감은 관리직과 현장직이 다르지 않다. 회식자리는 물론 집에서 티브이를 볼 때도 현장에서 호출이 오거나 비상사태라도 발생할까 신경을 쓴다. 관리직이나 현장직 모두 휴대폰을 옆에 놓고 자는 게 일상화됐다. 한밤중에 울려도 재깍 출동이다.

20년 차 냉연부 W과장의 S부인은 웃으며 말한다.

저 양반이요, 저 잠이 많은 사람이요, 야근조에서 전화가 오면 군말 없이 일어납니다. … 일어나갖고 후딱 나가는 데에 10분도 안 걸려요. 불평 한마디 안 하고요. … 에구, 내가 불렀다간 뭐 별소리 다 하는 양반이. … 몇 년 전에 내가 병원 가갖고 아파서 걷지도 못하는데, 지금 몬 나간다고 혼자 오라고 한 사람이에요, 저 양반이, 퇴근 시간이 지

났는데도.[1]

제강부 K부장은 2017년 포스코 명장에 등극했다. 포스코 현장직 1만 명 중 최고의 장인으로 일컫는 명장은 10명에 지나지 않으므로 1천 명에 1명꼴이다. 40년 근속, 그 분야 최고의 베테랑이자 세계 최고의 기술자다. 대학으로 치면 석학碩學교수다. 요즘은 사립대학에서 저명한 교수들을 초빙해 '석좌碩座교수' 타이틀을 부여하는 사례가 많기에 석학과 석좌가 조금 헷갈리기는 한다.

석학교수가 그 대학의 최고 지성인이라 한다면, 명장은 엄격히 말하면 기술 석학이다. K명장은 면담 자리에 앉자마자 공장 걱정부터 했다. 5년 내에 베이비부머 약 2,500명이 퇴직하기 때문에 기술전수가 제일 큰 숙제라고 말이다. 1만 명 현장직 중 연륜과 경륜을 두루 갖춘 장기근속자 2천여 명이 나간다면 큰일이 아닐 수 없다. 이에 대비해 회사 경영진은 기술전수 프로그램과 멘토링을 강화하고 있는 중이지만, 2천여 명이 가진 경험지經驗知가 하루아침에 빠져나간다면 엄청난 손실이 아닐 수 없다.

관리직 20년 차 엔지니어 H리더 역시 아주 심각한 표정으로 이런 우려를 표명했다. 유명대학 공대 출신인 H씨는 말하자면 장래가 촉망되는 엘리트 사원이다. 외국 거래처와의 협상, 해외공장 업무, 관련 학회 발표 등을 두루 맡는 H씨는 외환위기 직전 입사했는데,

---

1 냉연부 W과장 S부인 면담기록.

이후 7년 동안 관리직 공채가 뜸했다는 것이다. 글로벌 시대를 헤쳐 나갈 젊은 패기와 열기가 어느 날 하락할까 걱정이었다. 자나 깨나 회사, 십시일반 미래 걱정이야말로 포스코의 기질이자 장기다.

면담 도중 K명장의 휴대폰이 울렸다. 통화 톤으로 미뤄 약간의 비상사태가 발생한 듯했다. K명장은 제3제강 2전로에 문제가 발생했다고 말했다. 30톤 중량의 베셀을 작동하는 이음새 베어링에 균열이 생겨서 교체가 시급하다는 것이다. 그 설비가 독일제이기 때문에 주문과 교체까지는 시간이 많이 소요되고 비용도 엄청나다.

그래서 균열을 완벽하게 수리하고 더 이상의 파열이 생기지 않도록 용선량을 조정하는 방안을 기술적 관점에서 검토하고 있는데 그 달 말까지 정비를 완수하기로 했다. 남은 시간은 열흘 남짓, 기술 대가인 명장다운 대안이었다. 균열 상태를 점검하고 대책을 세우느라 K명장은 전날 밤을 새웠다. 목소리에 책임감이 실려 있었다.

저 혼자 하는 게 아닙니다. 정비팀, 기술자, 엔지니어, 관리직 해서 관계자들이 모두 대책반에 투입됩니다. 제가 항상 입에 달고 다니죠, '함께하면 더욱 잘된다'고요.

그걸 몰라서 안 하는 게 아니다. 하고 싶어도 여건이, 작업장 환경이, 조직문화가 받쳐 주지 않으면 할 수가 없다. 포스코에서는 장기근속자들이 먼저 나선다. 그래 왔기 때문에 으레 그런 줄 안다. 정말 다른 곳에서는 찾아보기 힘든 협업문화다. 협업은 책임감을 낳고, 책임감은 사명감을 낳았으며, 사명감은 헌신도를 높였다. 헌신도는 회사에겐 높은 생산성을 의미하지만, 직원과 가정에는 반드시 긍정적인 것만은 아니다. 직원에겐 '회사에 매이는 것'을 뜻하고, 부인들에게는 '가장 부재家長 不在'를 뜻한다.

화성부 30년 차 P부장은 승진과 함께 약간 여유를 찾았다. 관리직 54세에 부장이 되었으니 다른 회사에 비하면 늦은 셈이다. 사실인즉, 포스코의 직급체계는 다른 대기업에 비해 한두 단계쯤 낮게 짜여 있다. 직원 2천여 명에 상무 1명, 1천여 명에 부장 1명이 배출되므로 직급 부여에 매우 인색하다. 도처에 상무와 부장을 남발하는 것보다는 낫겠지만, 직급 디플레이션deflation을 일부러 고집할 필요는 없어 보인다. 특히 대외업무를 담당한 부서들은 직급 정상화 내지 인플레 조치를 간절히 소망한다. 한 직급 낮은 상대방과 마주앉아 교섭업무를 보는 것이 조금은 불편하다. 2

아무튼 P부장은 요즘 들어 아내에게 미안한 마음이 든다고 했다. 입사하고 30년 동안 집안일은 거의 돌보지 못했고, 자녀들과 얘기 나눌 시간도 충분히 못 가진 게 자꾸 걸린다. 큰딸은 사립대 인문대, 작은아들은 국립대 공대를 다니는데, 언제 저렇게 탈 없이 잘 커줬는지 고맙기만 하다고 했다. 그 뒤에 아내의 공이 요즘처럼 크

---

2 각각 1만 8천 명과 1만 5천 명의 종업원을 관할하는 포항제철소, 광양제철소 소장이 직급체계로는 부사장이다. 외주사 직원을 합하면 각각 3만 명 규모, 사장직을 부여해도 모자란다는 인상을 지울 수 없다. 포항, 광양 지역 기관장 회의에 나가 부사장 명함을 내밀기가 어쩐지 좀 어색하다.

게 느껴진 적이 없다. 부장으로 진급하고 나서 약간 여유가 생기자 집안일이 눈에 들어오기 시작한 것이다.

그뿐 아니다. 사회와의 접촉도 늘었다. 포항 시내 기관장 모임에 나가기 시작했다. 임원 승진 후보군에 들면 회사가 사회와의 접촉 기회를 만들어 주고 네트워크를 넓히도록 권장한다. 그동안 회사에 헌신하느라고 소홀히 했던 사회적 관계망을 구축하라는 뜻이다. 이와 더불어 지역 지도자 모임인 로타리클럽 회원이 됐다. 회사 업무에 대한 중압감에서 조금 벗어나 시민사회로 시야를 넓히라는 경영 정책의 덕을 톡톡히 보고 있다. 그러나 지난 30년의 세월은 그야말로 회사에 매인 몸이었다. 정기적 봉사활동을 제외하고는 시민사회와의 접촉은 지극히 제한적이었고, 사회참여는 생각조차 못 했다.

한국사회 일반에 대하여 걱정은 많았지만, 시민들과의 교류나 단체활동은 꿈도 꾸지 못한 일방적 직장생활이었다. 직장 업무에의 중압감은 근속 10년 차부터 서서히 시작해 정년까지 지속된다. 포스코 직원들에게 일반적으로 나타나는 유달리 높은 '직장 헌신도'는 자신에게는 고립감, 가족에게는 일종의 결핍감으로 발현되는 경우가 종종 있다.

10년 차쯤 되면요, 업무 중압감이 서서히 밀려와요. 알아서 해야 하지요. 칼퇴근은 생각도 못 하고요. 아침 7시에 출근해서 9시경에 돌아오는데, 아이가 5살인데 놀아 주지도 못하고요. … 친구요? 서울 친구들은 만나지도 못하고, 동창회에서 연락은 오지만 안 가본 지 오래됐어요. 전 어릴 적 포항에서 자라서 조금 나은 편이지만, 서울 출신 동료들은 아예 동창회에서 아웃됐지요. 일종의 고립감이랄까. 3

에휴, 애들 중학교 들어간 이후론 아직 여행 별로 못 가봤어요. 후배들은 자주 간다고 하는데. 친구들하고 어울려 가기는 했지요. 부부여행은 어려워요. 글쎄 지난번 명장 됐을 때 해외여행비가 포상으로 나왔거든요. 아직 못 가고 있어요. 아예 직장에 붙박여 산다니까요. 요즘 오래 살던 아파트 내부 수리를 했는데 저이가 한 게 뭔 줄 아세요? 겨우 화분 세 개 옮겼어요, 글쎄. … 인테리어 하면서 조명을 새로 했는데 전기기사가 명장 집 눈치를 채더니 긴장을 하더라고요. 저이가 밤중에 와서 점검한 게 다예요. '잘해 놨네', 그러더라고요, 내 참 기가 막혀서. 4

직장 헌신도가 사회와 가정에서 '고립감'으로 발현된다는 것을 알면서도 어찌할 수 없는 게 한국의 현실이다. 업무에 소홀했다간 낙오되기 십상이다. 포스코처럼 너나 할 것 없이 기술전수와 학습에 매진하는 조직에서는 가정생활, 사생활은 2순위다. 포항이나 인근 지역 출신이라면 친구 네트워크를 건사하기 쉽지만 서울이나 다른 대도시 출신들은 동창회로부터 제명된 지 오래다. 새로 사귈 친구들

3 10년 차 K과장 면담기록.
4 K명장 J부인 면담기록.

도 여의치 않다.

취미가 같고 학력도 엇비슷해야 서로 어울리게 되는 한국적 풍토에서 지방 산업도시에서 그런 서클을 찾아내는 것이 쉽지 않다. 설령 찾아낸다 해도 시간이 허락하지 않는다. 사회적 고립감은 땅끝마을 근처에 있는 광양이 훨씬 심하다. 휴무일에 갈 수 있는 도시는 순천, 광주, 여수가 한계다. 이른바 위수지역이다. 휴무에도 혹시 작업현장에서 급한 연락이 오면 한 시간 내로 달려갈 수 있는 거리가 거기까지다. 위수지역은 벗어날 수 없다.

근속 10년 차까지는 가정에 충실할 시간이 조금은 있다. 업무 책임감과 중압감이 약간 덜한 시기다. 그래도 이건 신세대에 해당하는 얘기지, 40대 엘리트 사원과 장기근속자에게는 어렵다. 명문대 출신 엘리트 사원의 부인들은 대체로 명문대 출신이다. 가정에서 남녀 역할에 차별이 없어야 한다고 배웠고 또 그걸 신조로 삼아 실천하는 세대다. 포항과 광양처럼 유교문화가 지배적인 풍토에 적응하기가 그리 쉽지 않다는 것을 짐작할 수 있을 것이다.

충성도^{loyalty}가 낮으면 승진이 어려운 직장 현실과 남자도 가사의 일정 몫을 맡아야 한다는 신세대 여성 사이에서 엘리트 사원의 고충은 날로 커진다. 자녀들이 중·고등학생 연령에 이르면 자녀교육 문제를 두고 긴장감이 고조된다. 점점 시간할애가 어려워지는 남편은 일종의 죄의식 속에 살아가고, 부인은 실망감을 쌓는다. 부부싸움이 40대 사원에 집중적으로 발현되는 현상은 비단 포스코만의 문제는 아닐 것이다.

이에 비해 베이비부머 가정은 비교적 평온한 편이다. 베이비부머 세대 부인들이 남편과 보낸 시간을 기억할 수 없음에도 그렇다. 이유는 간단하다. 포기! 50대 부인들은 일찌감치 포기하고 체념하는 법을 배웠다. 어릴 적 유교문화에 젖었던 집안 환경과 남녀차별 문화를 당연시한 사회적 분위기 탓일 것이다. 속을 끓이느니 아예 집안일로부터 면제시키는 것이 더 편하다는 사실을 체험적으로 습득한 세대다. 물론 예외는 있을 것이다.

돌이켜 보면, 그래도 큰 탈 없이 이렇게 집안 경제를 지켜 준 게 고맙다는 심정이 드는 순간, 부인의 눈에는 눈물이 맺힌다. 세월이 그렇게 갔다는 생각, 젊은 시절 고생한 기억, 자녀들이 잘 자라 줬다는 고마움이 겹친다. 그런 환경 속에서도 자아실현을 위해 아등바등 살아온 지난날의 기억이 새롭다.

중상층 노동자

포스코 입사는 한국에서 중산층 진입 보증서다. 중하층도 아니고 정확히 중간소득층에 등록한다. 학력 구분은 별 의미가 없다. 고졸 현장직과 대졸 관리직 간 월급 차이가 별로 나지 않는다. 현장직 초임 연봉은 세전 5천만 원, 관리직은 그보다 200만 원 정도 많은데, 직급이 올라가도 차이는 거의 없다. 야간조 현장직은 동일 근속 관리직보다 오히려 더 많이 받는다는 것은 상식이다. 10년 근속에 연봉이 약 2천만 원가량 증가한다고 보면, 20년 차에 이르면 대체로 1억 원에 근접한다. 월급쟁이로서는 '꿈의 직장'인 억대 연봉 회사, 포스코가 그렇다.

임금생활자 중 1억 원 연봉자가 상위 3.2%를 차지하므로 포스코 입사 20년 차가 되면 소득 측면에서 최상층에 등극한다. 최근 통계에 의하면, 1억 원 연봉자는 울산에 약 3만 명 정도, 동구, 북구, 남구에 각각 1만 명씩 산재한다. 현장직 10년 차 L씨는 울산 출신이다. 가끔 울산 학교동기들과의 회식자리에서 연봉이 화제에 오른다. 동기들은 보험회사, 은행, 서비스업체, 현대자동차 등에 취업했는데 자신이 명실공히 최고 연봉자로 찍혀 반 강제로 회식비를 내야 하는 경우가 종종 발생한다고 했다.

35년 차 A씨는 50대 중반 현장직이다. 야간작업에 주로 편성되는 그의 연봉은 1억 2천만 원에 근접했다.5 좀 특별한 경우다. 학자금 보조, 건강검진비, 육아비, 기술교육 보조, 유급휴가, 휴양시설 등 복리후생 혜택을 더하면 실질 연봉은 훨씬 높아진다.

'풍요한 노동자affluent workers'다. 노동자는 빈곤의 대명사였다. 이 고질적 빈곤상태를 탈출하기 위해 자본주의적 모순과 투쟁해야 한다는 연대적 개념이 노동계급working class이다. 그런데 1960년대 산

---

5 참고로 국립대학교 50대 중반 정교수 연봉은, 학교마다 차이가 있지만, 세전 평균 1억 원이다. 40대 중반 부교수는 약 7천만 원, 30대 말 조교수는 6천만 원 수준이다. 사립대학교 역시 학교별 차이가 큰데 이보다는 약간 많다.

업화와 경제성장이 노동계급 전반의 생활향상을 가져오자 계급 개념과 투쟁의식의 필요성은 점차 감소했다. 그런 환경에서 나온 것이 '풍요한 노동자' 명제다. 자본주의에 순응하고, 작업장에 헌신하며, 생산성 향상에 노력하는 대가로 물질적 풍요를 누리는 임금생활자 wage earners다.

사실, 굉음과 매연이 가득하고, 굴뚝과 공장건물이 밀집한 제철소 모습을 그려 보면, 거기서 일하는 사람들은 영락없이 노동자다. 그러나 20세기 사회과학이 상정한 '전형적 노동자상像'은 아니다. 제철소 현장직은 지식노동자 내지 기술자이지, 육체노동자가 아니다. 그렇게 보면, 노동계급 의식과 노동조합 같은 개념은 적어도 고연봉 노동자에게는 어울리지 않는다. 일종의 형용모순이다.

노동조합은 자본주의적 모순을 타파해서 '빈곤 탈출'을 도모하는 것을 기본 이념으로 설정한다. 그런데 빈곤하지 않은 노동자, 최소한 중산층에 착지해서 중상층으로 상향이동해 가는 노동자에게 빈곤 탈출이란 이념은 맞지 않는다. 울산 지역 노동자들 역시 고연봉 노동자에 속하므로 이 지역에 팽배한 '투쟁적 노동계급' 혹은 '전투적 노동운동' 이념은 이런 관점에서 현실과 부합하지 않는다.

포스코 사람들은 기본적으로 중산층이며, 거기에 걸맞은 정확한 계층의식을 갖고 있다. 제철소 사람들은 시중의 중산층보다 더 풍요롭고 쾌적한 환경과 생활여건을 향유한다고 생각한다. 시중의 부러움을 사는 것이다. 때로는 시기와 질투의 대상이 되기도 한다. 그런 시선을 의식하고 있다. 포항 지곡동 사원아파트와 주거환경, 교육

환경은 포항 시내에서 으뜸이며, 광양제철소 인근 주거지역과 교육환경 역시 순천과 여수를 통틀어 제일이다. 그러니 어찌 자신들을 노동계급이라 하겠는가.

소득 측면에서 포스코 사람들의 절반 이상은 중상층이다. 부인들의 불평처럼 마이너스통장에서 탈출하지 못하는데 무슨 중상층이냐고 반문하겠지만, 한국의 중상층이 대체로 그러하다. 교육비와 문화비 지출, 주택비용 등 생활수준을 그만큼 유지하는 데 드는 비용은 항상 소득을 넘어선다. 그래도 월급에서 얼마간 알뜰히 저축하는 마이너스통장이다. 저축이 불가능한 마이너스통장과 저축이 가능한 통장은 차이가 있다.

주택 마련은 한국인의 평생 프로젝트다. 유산을 물려받은 사람은 그야말로 극소수 행운아다. 대부분 자수성가형이고 보면 주택 마련이야말로 소득의 절반 이상을 잡아먹는 구조적 멍에가 아닐 수 없다. 그런데 포스코 사람들은 사원주택이라는 편리한 징검다리가 있다. 모두 혜택을 받는 것은 아니지만, 전월세 비용을 저리융자해 주는 기업이 얼마나 될까. 포스코 사람들은 그런 측면에서 특권 수혜층이다.

아무튼, 그런 혜택에 힘입어 포스코 사람들은 평균 3억 원 전후의 아파트를 소유하고 있다. 캠핑이나 회식자리에서 거론되는 인기 화제가 재財테크인 것은 다른 기업과 마찬가지다. 재테크에 관심이 없을 수 없다. 그런데 포항과 광양은 부동산 투자로는 그리 좋은 여건을 갖지 못한다. 서울이나 부산, 대구 등지로 눈을 돌리는 사례도 있는데, 그건 모험이라는 생각을 대체로 갖고 있다. 현장직, 관리직 할 것 없이 3억 원 정도 아파트에 만족하는 게 일반적인 분위기다. 소득은 중상층, 주택은 중산층이다.

문화생활의 측면에서는 어떨까? 포항은 광양보다 문화적 여건이 훨씬 낫다. 인근에 울산과 부산, 대구가 있기 때문인데, 포항 사람들은 백화점 쇼핑을 하러 그곳으로 자주 간다. 포항에는 대형마트가 있지만, 유명 백화점은 없다는 게 불만이다. 연극, 연주회, 오페라 같은 고급문화 기회도 별로 없다. 인구가 작아 유명 오케스트라와 현악합주단의 초청연주회가 잘 열리지 못한다. 이것을 제외하면, 문화생활과 여가활동은 대도시를 능가한다. 자연환경이 좋고 어지간한 문화시설은 갖춰져 있다.

포스코 사람들은 가족 단위, 모임 단위 국내외 여행을 자주 가고, 인근 휴양시설과 스포츠 시설을 자주 이용한다. 피트니스센터와 스포츠센터에서 수영, 스쿼시, 요가, 필라테스, 고전무용 등을 즐기는 것은 대도시 중산층과 마찬가지인데, 골프는 아니다. 거기에 해안 관광지와 유명한 산들, 유적지가 지척에 있다고 보면, 포스코 사람들이 한국의 평균 중산층에 비해 문화, 여가생활에서 훨씬 나은 환경을 향유한다고 평가할 수 있다.

교육도 그러하다. 교육여건은 한마디로 서울에 못지않다. 물론 대치동처럼 유명학원이 밀집하고, 음악, 발레, 미술학원이 산재하고, 최고급 정보가 오고 가는 그런 환경은 아니지만, 학구열이 높고 명문 학교가 포진해 있다. 앞에서 얘기했듯, 유치원에서 고등학교까지 각급 단위의 학교들을 제철소가 직영한다.

그런 까닭에 포스코 자녀들은 대체로 무난히 대학 진학에 성공하는 것으로 보인다. 그 학교가 대도시 유명대학인지 아니면 지방 명문대인지 차이가 있을 뿐, 대학 진학을 포기한 사례는 찾아보기 힘들다. 현장직 고졸 사원들로 보자면 학력적 상향이동이다. 제강부 안전담당 30년 차 H씨의 아들은 2017년 서울대 물리학과 박사학위를 받았다. 압연부 25년 차 현장직 A씨 딸은 고려대 영문과를 졸업했다. 미국 유명대학 교환학생을 다녀온 그녀는 2017년 가을 C대기업에 입사했다.

이런 사례는 일일이 거론하기 힘들 정도로 많다. 포스텍 진학은 그리 드물지 않고, 지방 국립대 공대, 지방 사립대 인문대 진학자가 수두룩하다. 어지간한 대학은 명함도 못 내민다. 사교육에의 열정은 서울에 비해 결코 떨어지지 않는다. 유치원 시절에 영어를 가르치고, 발레와 피아노, 미술학원을 보내는 일은 일상적 풍경이다. 자녀들을 대학까지 교육시키겠다는 신념은 포스코 사람들에겐 일상적인 것으로 보인다. 그것을 넘어 외국으로 교환학생을 보내고, 대학원 진학까지를 뒷받침하는 사람들도 속출한다. 전문직을 향한 교육 투자에 그만큼 열성적이다.

포스코 취업이 중상층 진입을 보장하는 증명서라면, 자녀들도 중상층에 진입시키려는 계층 의지가 강하다. 말하자면, 계층 재생산이나 지위 재생산status reproduction을 위한 투자다. 한국에서 계층 재생산을 위한 투자비용은 매우 높다. 소득이 중상층에 속해도 마이너스통장을 벗어날 수 없는 이유다.

이렇게 보면, 포스코 사람들은 한국의 중상층 계층의 전형적 모습을 갖고 있다. '풍요한 노동자'가 아니라 '중상층 임금생활자'다. 주택 가격만 제외하면, 모든 측면에서 중상층의 전형적 생활여건을 향유하고, 생활양식도 그러하다. 서울 지역의 주택가격이 비정상적이고, 그것을 감당하기 위해 평생 여유를 반납하고 살아야 하는 처지를 감안하면, 포항과 광양의 생활여건은 오히려 대도시보다 더 낫다. 그런대로 풍족한 문화생활과 여가생활을 누릴 수 있고, 자녀 교육환경과 대학 진학도 서울 못지않다. 제철소는 한국 제조업의 경쟁력을 높이는 전위부대다. 그렇다면, 제철소를 가동하고 관리하는 사람들은 한국 중상층이 누릴 생활양식의 표준을 가꾸는 중이다.

관계네트워크

가사분담은 세대별로 다르다. 젊은 세대는 남자가 가사를 분담하는 비중이 높고, 기성세대는 낮다. 세대별 사회화가 그러했기에 당연한 차이로 보인다. 10년 차 이하는 대체로 7 대 3의 비율, 20년 차는 8 대 2, 30년 차부터는 격차가 급격하게 늘어난다. 승진할수록 업무 집중도가 높아지기 때문이기도 하고, 자녀들의 대학 진학과 동시에 손이 덜 들어가는 이유도 있다.

부인의 성격에 따라서 남자의 가사면제 여부가 갈리기도 한다. 7

년 차 신접살림 L부인은 남편이 쓰레기 버리는 것을 말린다고 했다. 그까짓 거, 해봐야 별로 도움도 안 되는데 괜히 집안일 한다고 생색 내는 게 좀 웃긴다는 것이다. 남편은 그래도 쓰레기만은 자신이 맡는다고 고집을 피운다. 차라리 술 덜 마시고 일찍 들어오는 게 더 낫다는 불평 섞인 민원은 사실 그녀만의 것이 아니다.

요즘은 과거에 비해 술 문화가 많이 바뀌었고 회식자리도 그리 잦은 것은 아니다. 그런데 10년 차 정도 되면 팀원 관리에 술자리가 빠질 수 없다. 애들하고 좀 놀아 줘야 하는 아빠의 임무를 완수하지 못한 남편은 항상 죄의식을 갖고 있지만, 어쩌랴, 동료들과 마셔야 일이 풀리는 것을. 그런데 술을 전혀 못 하는 체질이라면 부인의 걱정은 태산 같다. 하기야 공장이 365일 돌아가야 하니까 일이 얼마나 많을까 이해도 하지만, 고주망태가 돼 실려 오다시피 하면 속이 뒤집어진다.

뭐, 일의 연장으로 마시는 거다 얘기를 하는데, 한 번은 신랑 동료들이 부축해서 집 앞까지 데려다준 거예요. 걷지도 못한 상태로. 근데 같이 먹은 두 분은 멀쩡하고 혼자 신발장에 쓰러져 있는 걸 보니 전 이해가 안 되는 거죠. 저분들은 자제력이 있어서 그런가, 왜 혼자만 이런 상태로? 그렇게 실려 와 갖고 변기도 못 찾고, 글쎄 왜 저렇게 강아지가 돼 돌아왔을까, 그런 거 좀 속이 상했어요. 6

---

6   12년 차 열연부 과장 U부인 면담기록.

그래도 휴일에는 아이와 잘 놀아 주니 마음이 풀린다. 젊은 세대들은 기성세대에 비해 자녀들에 각별하다. 포항과 순천 시내 놀이공원, 생태공원을 찾아 야외학습을 나가고, 온천이나 캠핑을 간다. 여가를 즐기는 방식은 젊은 세대가 더 적극적이고 활기차다. 여가활동을 부부 취향에 맞춰 선택하기도 하지만, 자녀들의 교육 목적과 '시간 같이 보내기'를 더 중요한 기준으로 꼽는다.

젊은 사원들 사이에 캠핑이 각광받는 것도 그런 이유다. 부부가 적어도 하룻밤 대화를 나눌 수 있고, 아이들과 놀아 줄 수 있으며, 같은 연배 동료들과 재테크나 교육에 관해 중요한 정보를 공유할 수 있다. 양육과 자녀교육은 직장동료를 묶어 주는 중요한 소재이자, 부인들이 사회적 네트워크를 확장해 가는 활주로에 해당한다.

남편이 '가정적'이라고 만족해하는 50대 초반 P부인도 남편이 자녀교육에 끔찍하다는 사실을 가장 중요한 이유로 꼽았다. 정작 남편은 가사에 하루 30분도 못 내 미안한 심정이라고 털어놨지만, 부인은 자녀교육에 올인한 남편을 가사로부터 완전 면제시켰다.

"집안일은 별로 안 했어요. 짬짬이 도와준 것뿐이죠."

자녀 모두 명문대학에 무난히 합격시킨 것으로 그녀는 남편을 '가정적'이라 평가하는 데에 주저함이 없었다. 그런 남편이 있는 반면, 휴무일에도 직장에 나와 티브이를 보는 사람도 있다. 아내와 같이 시간을 보내는 일에 서툴고, 해보려고 하는데 취향이 너무 달라 자꾸 불화만 생긴다는 게 이유였다.

부부 모두 포스코 사원인 40대 말 맞벌이 커플은 아예 규칙을 정했다. 주중에는 부모님들에게 양육을 의존할 수밖에 없었다. 양육과 가사, 직장 일을 모두 책임지는 워킹맘이 가능하려면 적어도 3가지가 받쳐 줘야 한다. 부모님, 남편의 조력, 회사 지원제도가 그것이다. 자신은 그 3가지가 제대로 버텨 줬기에 '경단녀經斷女'가 되지 않았다는 것이다.

양육이 가장 어려웠다고 했다. 양육은 부모님, 주중 가사 일은 자신이 맡고, 주말은 모두 남편이 맡는 분업구조가 그녀를 버티게 한 규칙이다. 아이들이 중·고등학생일 때는 자전거 타기, 야구 보러 가기 등 스포츠 활동을 같이하면서 대화시간을 많이 가졌다. 양육과 교육이 어려웠지만 부부 직장이 같고 취향도 비슷해서 큰 문제 없이 잘 지내 왔다고 했다. '술 마시기', 이 맞벌이 부부의 공통 취향은 음주飲酒였다.

'가장 부재', '대화 부재'의 남편을 그래도 이해하는 데에는 견학 프로그램이 도움을 줬다. 공장에서 일생을 보내는 남편의 작업현장을 목격하는 것은 충격이자 감동이었다. 작업현장은 부서마다 다르지만, 분진과 매연이 가득 찬 공간에서 일하는 남편을 멀리서 바라보는 것 자체가 고통이었다. 고통은 동정과 공감으로 변했다. 관용이 싹튼 계기였다.

예, 저이가 코크스공장에 있을 때 처음 가봤어요. 눈물이 막 나더라구요. 공기가 완전 달라요. 가스 냄새도 진동하고. … 우리가 여름에 한번 국수 행사를 하고, 겨울에는 떡국 행사를 했어요. 그래 갖고 회사를 들어가는데 눈물이 막 나더라구요. 환경이 안 좋은 거예요. 그래서 아, 우리 남편이 이런 데서 근무하는구나. … 국수 한 그릇 대접할 수 있는 게 너무 감사하더라구요. 좀더 잘해 드려야겠구나, 그런 생각을 했죠. 7

상호이해는 부부생활의 출발점이다. 그런데 신접살림 때에 남편들은 그냥 용감하고 거칠었을 뿐이다. 결혼으로 모든 것이 이해되고 용납된다고 믿는 게 남자 정서다. 자신도 낯선 곳에 와서 적응해 가고 있으니 부인도 으레 그러려니 생각하는 게 일반적이다. 그런데 남편은 직장이 있고 부인은 없다는 사실, 가정 외에는 무연고자無緣故者라는 사실을 남편은 종종 잊는다.

포항, 광양 출신이 아닌 사원들은 처음 부임했을 때 느꼈던 고립감을 기억하고 있다. 지곡동과 효자동 사원아파트는 이미 선배 사원들이 차지해서 오천동이나 도구동에 살림을 차려야 했다. 그곳은 제철소에서 가깝고 전세도 저렴해서 신입사원들이 많이 찾는 곳이었다. 서울이나 타 지역 출신 부인들은 아무도 모르는 곳에 떨어진 일종의 유배생활로 시작했다. 우울증, 신입사원 부인들이 공통적으로 앓았던 말 못 할 마음의 병이 이거였다. 친구도 없고 친척도 없는 정말 낯선 도시, 그것도 변두리 아파트에 다만 신랑을 따라 살림을 차

---

7 화성부 P부장 L부인 면담기록. 공장 내 가스는 모두 환경장치로 정화돼 배출되고, 정작 남편들이 일하는 작업장 통제실 내부는 매우 쾌적하다.

렸을 때에 몰려오는 그 막막한 심정을 누가 알아주랴.

그렇게 외롭고 서러운 세월이 2~3년 지나고, 드디어 애기가 생기면 세상이 달라진다. 고독감을 딛고 자신의 세계가 열리는 것이다. 애기는 부인들이 세상을 만들어 가는 가장 소중한 분신이고, 생활기반과 자신의 경험세계를 넓혀 가는 최고의 선물이다. 애기가 커가고 5년 차에 접어들면 서울로, 다른 대도시로 가는 꿈을 접는다. 자신이 대학에서 배양한 전공지식, 포항과 광양에 내려오기 전 거뒀던 전직에 대한 미련을 멀리 접는다.

아예 접는 것이 아니다. 자녀들이 가정을 떠날 먼 훗날을 기약하며 일단 갈무리한다. 심리적 안정과 함께 생활 안정이 찾아든다. 새로운 재미도 솔솔 살아난다. 무엇보다 자녀 양육과 교육을 계기로 형성된 학부모 네트워크가 뿌리를 내린다. 학부모 네트워크는 정보, 취미, 상담 모임으로 진화하고, 점점 다목적 정규모임으로 발전해 간다. 10년 차에 이르면, 부인들이 맺는 관계네트워크는 대체로 서너 종류에 이른다. 유치원이나 초등학교 학부모 모임, 동네 주민 모임, 남편 동기회 모임, 취미단체, 운동단체 모임 등이 그것이다.

자주는 아니지만 애기 친구 엄마들, 동네 엄마들, 어린이집 엄마들 다 가까운 데 사니까 친구들이 좀 생겼어요. 요즘은 약간 여유가 생겨서 운동도 나가고요. … 최근에 초등학교 왕따 문제가 발생해서 학부형들이 초긴장 상태거든요. 이래저래 만나는 횟수가 늘고 있지요. 8

최근에는 운동도 많이 하고 골프 ⋯ 또 문화센터 다니면서 수영, 스쿼시 그런 거 많이 해요. 친구들하고 사귀다 보면 마음에 맞는 사람들하고 모임이 형성되는 것도 있고, 남편 직장, 직장 사모님들하고 모이고, 봉사활동도 하고, 이런저런 모임이 많아져요. 아이들 대학 가고 나니까 더 바쁘네요. 9

15년 차가 지나면, 정기모임은 부인들의 일상이 되고, 그 채널을 통해 얻는 상식과 지식은 남편을 능가할 정도다. 사회의식도 모임 횟수에 따라 비례한다. 관리직과 현장직을 막론하고 부인들이 맺은 관계네트워크는 남편의 그것을 흔히 넘어선다. 남편의 24시간은 공장과 연결된 반면, 부인의 하루는 가정과 사회를 넘나든다. 교양과 사회의식이 일취월장하는 것을 남편은 눈치채지 못한다. 현장지식에 능통한 남편과 사회지식을 쌓은 부인 사이에 공통 영역이 없으면 대화 단절이 일어난다. 취미와 여가가 중요해지는 이유다.

쾌활한 성격에 봉사활동이 왕성한 부인 S씨는 재미있는 얘기를 해줬다. 그녀가 속한 독서 동아리에서 일어난 일화였다.

오랜만에 독후감 써보려고 한강의 《채식주의자》를 그달 책으로 정했어요. 아저씨와 아줌마들이 많은데, 어느 날 아줌마가 그러는 거야, 야, 그 야채주 책 좀 빌려줘, 이러는 거예요. 그래서 어, 무슨 야채

---

8 제강부 K과장 C부인 면담기록.
9 화성부 P부장 L부인 면담기록.

주의자? 아, 채식주의. 아 그래, 그 야채 말고 채식. 저도 기대에 부풀어 읽었는데, 세간이 떠들썩할 만큼은 별로 아니더라고요. 내가 내린 결론은 어렸을 때 어떤 트라우마 때문이라고 생각했지요. 트라우마는 별로 좋은 건 아니잖아요. 우리 주변을 보면 트라우마 때문에 인생이 어려워지는 사람이 많지요. 어렸을 때 생긴 트라우마가 컸을 때 그렇게 나타나는 거지요. 그런 면들을 생각하면서 세상을 이해합니다. 10

부인 S씨는 그렇게 세상을 이해하는 프리즘이 풍부해진다. 그런데 《채식주의자》를 놓고 남편과 대화하는 것은 거의 불가능하다. 읽어 볼 시간도, 여유도, 취향도 없기 때문이다. 그 골치 아픈 소설을 왜 그 소중한 휴무일에 읽어야 하는가? 4조 2교대 포스코는 그래도 좀 사정이 나은 편이다. 야간작업만 하는 타 도시 사업장의 경우 낮에는 잠자기 바쁘다. 애기가 낮에 운다면 업고 나가기 바쁘다.

자녀가 중·고등학생이라면 야간조 남편의 잠을 방해할 사람은 없지만, 부인은 우두커니 잠을 지켜야 한다. 아니, 교양활동과 취미활동을 하러 나가야 한다. 부인이 교양을 쌓는 동안 남편은 잠을 자는 사업장이 전국 도처에 산재한다. 그러니 대화 단절이 일어나지 않을 수 없다. 다행히 포스코는 휴무일 이틀 동안 남편과 함께 할 일은 다양하고, 실제로 부부가 일군 공통 영역이 다른 사업장에 비해 풍부해 보인다.

---

10 냉연부 W과장 S부인 면담기록.

우리도 일하고 싶다

부인들은 일이 많다. 자녀들이 어릴 때에는 휴일에 남편 동료들과 캠핑을 가거나 근처 놀이동산, 문화시설, 박물관과 전시관으로 일종의 야외학습을 나간다. 포항과 광양은 중소도시인 만큼 전시회, 연극 같은 고급문화가 타 도시에 비해 그리 활발하지 않은 게 흠이다. 인근 울산, 대구, 부산에 비하면 연극이나 오페라 관람은 생각지도 못한다. 그럼에도 문화시설을 찾아 놀이 겸 자녀교육 활동에 열심이다.

자녀들이 중·고등학생이 되면 활동 반경이 동시에 커져서 스포츠, 피트니스, 자전거 타기로 발전한다. 여행은 가족 단위로 할 수 있는 최고의 모임이다. 포항과 광양 주변에는 전국적 명성을 떨치는 해안관광지가 널려 있다. 4조 2교대가 되면서 여행 반경도 동시에 넓어진다. 멀리는 속리산, 설악산, 제주도로 행선지가 확대되고, 더 멀리는 해외여행을 기획한다. 직장동료 가족, 취미와 교양 단체 회원들이 동행자다.

자녀교육에 열성인 남편이 있기는 하지만, 학구열이 높은 포항과 광양에서 자녀교육은 전적으로 부인 몫이다. 모든 정보가 부인의 활동 반경에 다 모인다. 교육에 관한 한 전국에서 포스코를 따라갈 대기업은 없다. 세계적 차원에서도 포스코가 구축한 교육특구는 시설과 교육 인프라 관점에서 손꼽힐 만큼 우수하다는 데에 이견이 없다. 보육원은 물론 유치원, 초등학교, 중·고등학교가 직원사택에서 거의 1킬로미터 반경에 다 모여 있다. 제철유치원, 제철초등학교, 제철중학교, 제철고등학교, 이런 식이다.

이 학교들은 외지에서 이곳으로 자녀를 보내려고 안간힘을 쓸 만큼 우수하다. 자사고인 제철고등학교는 매년 서울의 SKY 대학과 포스텍, 카이스트에 수십 명을 보낼 만큼 명성이 나 있다. 교육시설과 교사진이 좋고 학구열도 높다. 인재가 절로 모인다.

그러니 학부모들이 자녀교육에 열성을 쏟지 않을 도리가 없다. 일종의 동료집단 압력peer pressure인데, 사원들이 함께 모여 사는 포항과 광양에는 공동체 압력community pressure이 효과적으로 작동한다. 부인들 모임에서는 예외 없이 교육 정보가 교환되고 사교육이 화제에 오른다. 5~10년 차는 대체로 사교육비가 50만 원 내외, 자녀가 중·고등학생이 되면 1인당 80만 원 정도가 소요되는 것이 보통이다. 자녀가 고등학교에 재학할 때까지 부인들의 주 관심은 대입大入과 부동산이다.

"거의가 포항 집값 이야기, 부동산 아니면 교육 이야기, 아니면 회사 이야기. 어쩌다 영화나 드라마 얘기도 나오고."[11]

자녀들은 별다른 사정이 없는 한 대학에 진학하는데, 포항공대가 아니면 집을 떠난다. 가까이는 울산, 부산, 대구에서 멀리는 서울, 청주, 인천까지 유학한다. 중국, 일본에 교환학생을 보내는 것도 흔한 풍경이다. 부인의 역할이 절반으로 줄어드는 시기다.

---

11 8년 차 남편 H부인 면담기록.

자녀들이 떠난 빈 둥지에서 부부의 대화에는 자녀결혼과 노후준비가 등장한다. 모아 둔 저축과 연금, 부동산 가격, 기타 소득을 꼼꼼히 따지고, 자녀결혼과 노후생계를 설계한다. 마이너스통장을 모면하는 것이야말로 이 시기 부인들의 최대 관심사다. 마이너스가 아닌 잔액이 남아 있는 통장은 자녀결혼이 대기하는 한 아직 시기상조다. 남편 20년 차, 부인 A씨는 "아주 큰 꿈"이라고 말했다.

25년 차가 넘으면 포스코 연봉은 대기업 평균에 비춰 높은 편이다. 임금생활자의 최상위 5%에 속한다. 그럼에도 한국사회는 잔액이 남아 있는 통장을 허락하지 않는다. 사교육비와 부동산에 쏟아부은 월급을 보상할 방법은 없다. 그것을 인적투자, 노후투자라고 한다면 값진 보상일 것이지만, 노후생계를 안정시킬 정상적 대안은 아니다. 자녀들이 혹시 유학을 간다거나 대학원 진학을 원하면 더 많은 돈이 들어간다.

그럼에도 미뤄 둔 로망을 꿈꾸는 것은 행복하다. 로망 중 제일은 전원주택을 짓는 것이다. 인터뷰 대상자 중 전원주택을 성공적으로 지은 사람은 딱 한 명이었다. 그래서인지 냉연부 25년 차 W과장은 여유가 있고 행복한 표정이었다. 돈이 많이 든 것도 아니었다. 땅을 먼저 샀고, 2년에 걸쳐 집을 손수 지었다. 경험이 주효했다.

그 이전에 임야를 사서 농장을 일궈 본 10년의 노하우가 전원주택에 집중됐다. 임야 1만여 평에 산양삼을 심었다고 했다. 실패는 성공의 어머니! 땅과 관련된 투자는 실패 경험이 결실을 맺어 준다. 나무도 죽여 봐야 살리고, 특용작물도 갈아엎어 봐야 튼실한 것을 얻는다. 땅은 거짓말이 없고 뿌린 대로 거둔다.

그러나 로망은 실패의 쓰라림을 고려하지 않은 채 온전한 환상으로 구성된 허깨비다. 자녀들이 떠난 빈 둥지에서 50대 장기근속자 부부는 그런 로망으로 행복하다. 여하튼 언젠가 이룬 사람과 이루지 못한 사람으로 나뉠 것이다.

이런 행복한 로망을 갈무리한 채 부인들은 정말 오랫동안 미뤄 뒀던 꿈을 끄집어낸다. 케케묵었지만 아직 빛을 반짝이는 자신의 전공, 그리고 하고 싶은 일을 재개하려고 말이다. 디자인을 전공했다는 10년 차 K과장 C부인은 언젠가 의류디자인을 다시 시작한다는 꿈을 간직하고 있다. 포항에는 그런 직종이 거의 없어서 짬짬이 할 수 있는 여건이 안 되지만, 책을 손에서 놓지 않는다고 했다.

시간이 나면 서점에 들러 자기계발서와 전공서적을 사온다. 취침 전 30분, 5살 딸, 남편과 함께 교양시간을 갖는다. 부인이 어떻게 하느냐에 따라 가족 전체의 진로와 분위기가 바뀐다는 신념이 굳었다. 이른바 '교양가족'을 향한 집념이 엿보였다. 그녀는 언젠가 의류디자인 전문가로 나설 것이다.

화성부 28년 차 남편, 부인 L씨는 봉사활동에 열심이다. 회사에서 정기적으로 행하던 봉사활동에서 눈을 떴다. 그녀가 하는 활동은 이름하여 음악봉사, 기타 연주 봉사다. 마음에 맞는 사람들과 함께 장애인, 요양병원, 노인정을 찾아가 노래를 불러 주고 같이 노래하는 것이 그렇게 즐거울 수가 없다고 했다. 음악봉사는 특히 치매 환자들에게 효험이 있다고 했다.

치매 노인들에게 한 시간가량 노래를 불러 드리고 차례로 노래를 시켜요. 그러면 평상시에는 멍하니 있다가 자기 차례가 오면 긴장하세요. 그분들이 치매 환자임에도 그 노래를 전곡을 외워 가지고 그 시간을 위해 연습을 많이 하고 오는 것을 보면 아, 도움이 되는구나, 그런 보람을 느끼지요. … 80대 중반인 친정 엄마도 생각나고요.[12]

앞에서 소개한 전원주택 주인인 부인 S씨는 동화구연童話口演 전문가다. 아이들 과외수업을 하다가 여성인력센터에서 동화구연 학습을 했다. 취향에 맞았다. 연습을 거듭해서 대구에서 개최하는 색동회 대회에 나가 수상하기도 했다. 동화구연은 가족끼리 만드는 한 편의 역할극 상영으로 발전하기도 했고, 2004년부터는 봉사활동에 책 읽기 구연봉사를 개발했다.

남편도 전원주택을 손수 지을 만큼 재능이 특출해서 부인의 활동을 적극 내조했고, 이런 동반 취향과 상생 관계를 유지 발전시킨 부부는 그들만의 '멋진 가족'을 일궈 내는 데에 성공했다. 표정이 밝았고, 노후에 대해 걱정이 없을 만큼 낙천적이었다.

"테라스에 카페 내려고요, 찾아오는 손님들에게 맛있는 커피 드리고, 얘기 나누고 … ."

그들의 로망은 벌써 실현된 듯이 보였다.

자, K명장 가족 얘기로 마무리하자. K명장은 포항 인근 농촌 지

---

12 화성부 P부장 L부인 면담기록.

역에 무료급식소를 운영한 지 벌써 20년이 되었다. 그 바쁜 시간을 할애해 두 개 촌락 독거노인은 물론 고령자를 위해 매주 5일 점심을 제공한다. 하루 평균 100여 명이 그곳에서 끼니를 때운다. 한 달 식량은 물론 반찬 식재료와 품값이 상상을 초월한다.

K명장은 빠듯한 생활비에도 불구하고 월 100만 원씩 떼서 급식소 운영비로 충당했는데 거의 감당할 수 없는 지경에 이르렀다. 월급에서 100만 원을 떼는 데에는 부인 J씨의 내락이 주효했다. "노후가 걱정이지요"라는 신세타령조의 말로 인터뷰를 시작했는데, 정작 걱정은 자신의 노후가 아니라 그들의 노후였다. '그들의 노후'를 걱정한 사람은 남편뿐이 아니라 그의 부인 J씨도 마찬가지였다. 보다 못해 J씨가 발 벗고 나섰다. 그녀의 일과는 매일 아침에 무료급식소로 출근해서 100인분 밥을 준비하는 일과 설거지, 그리고 다음 날 밥과 식재료를 구입하는 일이다. 아예 습관이 됐다.

10년 전, K명장은 부인 몰래 퇴직금을 중간 정산해서 1억 원을 만들었고, 그 돈으로 무료급식소 시설을 매입했다. 임대료를 줄이기 위해 감행한 일방적 기부였다. 부인 J씨가 나중에 알았지만 어쩌랴, 이미 엎질러진 물인 것을. 다른 이 같으면 '다리몽둥이 부러질 일'이었건만, 부인 J씨는 혀만 끌끌 찼다. '기왕에 그리된 것, 내가 나서면 저이가 수고를 덜 것'이라는 생각에서였다. K명장의 한(恨)을 부인은 알고 있었다. 홀로 된 노모를 등에 업고 포항으로 왔던 그 서러움을 말이다.

앞에서 얘기한 트라우마는 보통 사람들에게 어떤 조각으로든 남아 있게 마련이다. 남편의 한을 푸는 일은 부인에게는 치유의 보람일 것이다. 그렇게 나선 지 10년 세월에 부인 J씨는 무료급식이 노후 직업이 됐다.

열심히 내조해라, 그러면 좋은 날도 있다, 그런 생각이 들었어요. 명장名匠 받고 오는 날, 뭐 희열이라고 하면 되나, 가슴이 벅차오르고 진짜 이런 날이 있구나 하는 생각이요. 저이가 맨날 회사 타령이었는데 정말 대단하구나, 그런 느낌. 가슴이 뭉클했지요, 아쉬움이 눈 녹듯 녹았고요. … 우리 남편 불씨가 돼 줘야겠구나. … 어차피 남자들은 그렇잖아요. … 우리 딸이 문자를 보냈어요. 엄마의 헌신이 있었기에 오늘 아빠가 있다, 탁 눈물이 납디다. … 그냥 옆에만 있어 줘도 감사합니다. 내가 하루에 100명 급식을 해줄 힘이 나요.[13]

공장과 가정 사이, 남편과 부인 사이, 포스코는 이런 이야기들을 만들어 내고 있다.

---

13 K명장 J부인 면담기록.

9장

철강도시와 시민공동체

Civic Community

주민과 함께

또 한 번 갑작스럽게 지진^{地震}이 일어났다. 이번에는 포항이었다. 한 해 전 경주에서 발생한 지진의 공포가 채 가시지도 않았는데, 경주 지진 다음으로 가장 높은 수치였다. 진도는 5. 4, 지진의 충격은 쉽게 다가오지 않았다. 하지만 보도를 통해 접한 영상에선 그 순간의 공포가 고스란히 전해졌다.

예고 없는 지진이었지만, 생각보다 그 순간을 기록한 영상은 많았다. 거리와 건물 내부에 설치된 CCTV에, 또 차량에 설치된 카메라 속에도 그 순간은 기록되었다. 한동대학교의 건물 벽면이 무너지며 벽돌이 쏟아져 내렸고, 쏟아지는 벽돌을 뒤로 하고 대피하는 학생들의 모습은 긴박했다. 편의점의 진열대는 한순간에 넘어졌다. 커피숍에서 일하던 사람들이 급하게 밖으로 뛰쳐나가는 모습 속에서도 그날의 생생한 공포가 다가왔다.

따뜻한 온기를 느낄 수 있는 소식이 들려왔다. 온 국민의 염려와 함께 각지의 성원이 포항에 답지했다. 갑작스런 지진에 황망해하는 주민들을 위해 포스코도 가만히 있지 않았다. 먼저 성금 전달이었다. 포스코에는 그룹 차원에서 여러 재단이 만들어져 활동 중이다. 그중 하나가 '포스코 1%나눔재단'이다. 재단을 구성하고 운영하는 데 가장 필수적인 요소가 장·단기적 사업을 가능하게 하는 기금이다. 이 재단은 포스코그룹과 파트너사 임직원들의 급여 중 1%를 자진 기부받아 운영한다. 지진이 발생하자 '포스코 1%나눔재단'이 피해자 위로와 복구를 위한 성금을 긴급히 지원했다. 계열사와 파트너사도 이에 동참해 20억 원을 전달했다.

피해를 당한 주민들 곁에서 직접적 도움을 주는 활동도 이어졌다. 지진이 발생한 날부터 한 달여 근무시간을 쪼개 3,400여 명의 임직원이 피해복구와 활동지원에 나섰다. 매일 회사버스를 동원해 사내 자원봉사자를 지진피해 현장에 실어 날랐다. 이들은 이재민 피난시설 구호물품 이송 및 하역 봉사, 쓰러진 담벼락 벽돌 제거와 청소 봉사를 했다. 어르신들을 위한 수지효행 봉사나 이재민과 봉사인력들에게 끼니를 제공하는 활동도 전개됐다.

회사도 직원과 보조를 같이했다. 직원들의 동의를 얻어 편의시설인 포스코 월포수련관에 71가구 160여 명의 이재민을 수용했다. 거주 기간에 하루 3끼의 식사와 세탁 등 생활에 필요한 소모품을 지원해 불편이 없도록 만전을 기했다. 그리고 임시대피소에서 머물고 있

지진 피해 복구활동에 나선 포스코 직원들

는 고3 수험생 중 희망자를 대상으로 시험이 끝날 때까지 포항 인재

개발원(연수원)이 숙소를 제공했다.

지진 이후, 포항에 찾아오는 관광객들의 발길은 급격히 줄어들었

다. 어쩌면 당연한 일이라고 할 수 있겠지만, 생계를 이어 가는 데

관광객들로부터 큰 도움을 얻어 온 주민들에겐 암담한 현실이었다.

이런 제반 사정을 포스코가 주목했다. 이재민을 위한 성금과는 별도

로 포항에서만 사용할 수 있는 4억 원의 특별 간담회비를 긴급 편성

했다. 각 부서별로 전통시장 장보기 행사를 마련해 지역경제 활성화

를 도모했다. 썰렁했던 시장과 상가에 푸른 제복이 나타나 온기를

불어넣었다. 좀 이상한 사람들이었다.

이상한 사람들?

이런 활동이 새삼스러운 것은 아니다. 포스코는 포항에 터를 잡은 이래 다양한 차원에서 시민들의 보다 나은 삶과 지역 공생을 위해 애써 왔다. 작업장에서 그런 관심이 감지됐다.

포항제철소 냉연부는 최근 한창 기세를 올린다. 초고내식 합금도금강판으로 대표적인 월드프리미엄 제품인 포스맥PosMac이 인기 상한가를 치고 있기 때문이다. 포스코 고유기술로 개발된 포스맥은 기존 용융아연도금강판에 비해 최소 5배 이상의 내부식성을 가진 '녹에 강한 철'로 통한다. 공정개발에만 거의 6개월이 걸렸다. 연구진과 설비진, 압착반과 도금반이 총출동해 만든 역작이다. 8명이 작업하는 통제실 내부는 화기애애했다. 강철을 만드는 현장답지 않게 밝고 경쾌했으며, 뭔가 드라마를 숨긴 듯한 분위기를 풍겼다.

주임 L씨는 25년 차 고수인데 독실한 천주교 신자라 했다. 불량이 발생하면 만사 제쳐놓고 뛴다. 모두 자기 탓이다. 팀원도 함께 뛴다. 주임이 아니라 자기 탓이라고들 한다. 좀 웃기는 집안이다. 신입사원의 얼굴은 앳돼 보였는데, 마치 집안 형님, 동생 사이처럼 작업기술과 관련된 얘기가 오갔다. 냉연부의 그 통제실에는 좀 '이상한 사람'들이 많았다. 건네준 명함에 이렇게 쓰여 있다. '포항 열린학교 야학 교감', '온정마을 봉사단장' 등. 온정마을은 포항 인근 장애우 수용시설이다.

입사 24년 차 K씨는 야학 선생으로 일하다가 얼떨결에 교감이 됐다. 퇴근 후 저녁시간에 열린학교로 간다. 배움의 기회를 잃었거나, 개인 사정 때문에 정규 교육과정에 적응하지 못한 청소년과 청년들을 가르친다. 담당은 영어다. 고등학교 학력이지만 10년 노력에 영어 도사가 됐다. 11년 전, 냉연부 선배의 권유로 발을 들여놓은 게 이제는 빼도 박도 못하는 또 하나의 직업이 됐다. 졸업생 누계 949명, 검정고시 합격자 누계 529명, 이 정도면 정규학교다. 청소년부터 80세 할머니까지 두루 다니는 말 그대로 시민학교다.

> 80세 할머니가 졸업장을 받았어요. 글자를 익히고 자식들에게 편지를 쓰면서 눈물을 흘리더라고요. 이제 한을 풀었다고. … 할머니는 저녁 6시에 저 포항 변두리 마을에서 빠짐없이 등교했는데, 할아버지가 모시고 오는 경우도 많았어요. 기다리다 데리고 가고. 한번은 12세 아동이 찾아왔는데 아빠를 따라 해외를 다니다가 적응을 못 했더라구요. 3년을 가르쳤어요, 여기서. 15세에 검정고시 합격해서 진주 경상대에 입학했지요. 잘 다니고 있어요, 그게 기억에 남아요.[1]

학교 운영은 십시일반 기부금으로 충당한다. 초·중·고등 반으로 나뉜 50여 명의 학생을 55명 선생이 전공에 따라 가르친다. 선생은 천차만별이다. 노래교실 강사, 문화복지사, 중·고등학교 교사, 포스코 직원, 요양병원 원장, 대학교수, 중소기업 대표 등 뜻이 맞

---

1 냉연부 K씨 면담기록.

는 사람들끼리 모여 만드는 합작품이다. 그중 6명의 포스코 직원들이 눈에 띈다. 왜 그런가? 포스코 내에는 동료들에게 특정 정보를 제공하는 '사내강사' 프로그램이 운영 중인데, 이런 업무가 자연스럽게 시민사회의 부름에 응답한 결과다. 다시 말해, 회사업무의 사회적 연장이다. 기업의 '사회적 책임'이 바로 이런 과정에서 꽃핀다.

장애우 봉사단장 L씨는 매월 셋째 주에 봉사단원과 함께 장애우 보호시설인 '온정마을'로 간다. 장애우 돌보기에 나선 포스코 직원들은 대략 40여 명쯤 된다. 청소년부터 고령자에 이르기까지 장애우 약 50여 명이 수용된 보호시설에는 언제나 일손이 모자란다. 호기심이 유달리 많은 어떤 장애 청년은 보호시설을 자주 이탈해 거리로 나간다고 했다. 그는 집으로 가는 길을 알고 있다고 했다. 그런데 도중에서 방향을 잃어버리기 일쑤다. 길 잃은 그 장애 청년을 찾으러 경찰이 자주 출동한다.

장애우 목욕시키기는 정말 힘든 일인데 이제는 어지간히 익숙해졌다고 말하는 W씨는 봉사활동에 보람을 느낀다. 처음에는 자신의 일손을 그냥 나눠 주는 것이라고 생각했는데 차츰 자신의 처지, 자신의 작업장이 행복하다는 깨달음으로 다가왔다고 했다.

봉사 당일, 장애우 시설 마당은 잡초가 제거됐고, 여름 내 쌓인 식당 먼지가 깨끗이 닦였다. 얼핏 봐도 정상적이 아닌 고령 장애인이 주위를 하릴없이 맴돌거나 포스코 직원들을 붙잡고 뭐라 알아들을 수 없는 말을 해댔는데, 봉사단원들이 정성껏 대꾸해 주는 걸로 미뤄 외계인 비슷한 말을 알아듣는 것도 같았다. 복지사 자격증을

가진 40대 중반 원장은 "포스코 직원들이 아니면 운영하기가 무척 어려웠을 것"이라 고마워했다. 2

같은 시각, 포항시 외곽 도구리에서는 벽화 그리기가 한창 진행되고 있었다. 포스코에는 낙후된 마을의 분위기를 재생하는 벽화반원이 활동하고 있다. 대략 40여 명은 족히 넘는 아마추어 벽화미술가들이 골목 담장에 붙어 앉아 나무와 새, 꽃을 열심히 그려 넣고 있었다. 이미 10여 년을 활동해 온 터라 담장벽화에는 약간의 경지에 오른 듯한 인상을 풍겼는데, 포항제철소 내 수없이 펼쳐진 공장 담벼락에서 충분히 연습한 덕분이었다.

앞에서 소개한 칸딘스키 풍의 벽화도 이 팀의 터치였다. 벽화에 익숙하지 않았던 시절에는 전문화가의 도움을 받아 밑그림을 그리고 그 위에 채색하는 것으로 대장정을 시작했다. 그러던 것이 이제는 동네 골목의 특징과 분위기에 맞춰 적합한 밑그림을 그리고 채색을 한다. 물고기, 사슴, 나비, 새, 만화 캐릭터, 소나무, 수국, 코스모스 등이 적절한 위치에 배열된 골목에 들어서면 금시 기분이 밝아지고 삶이 경쾌해진다. 골목 주민들은 붓과 페인트를 들고 찾아오는 포스코 벽화반을 박수로 환영한다. 커피와 간식을 내오고 포옹으로 답례하는 주민들이 늘어나는 풍경이 흐뭇하기만 하다. 3

2　온정마을 원장은 장애우 보호시설 운영을 가업(家業)이라 했다. 몇 년 전, 부친이 20억 원을 투자해 보호시설을 세워 운영하다가 아들에게 물려줬다. 원장은 자신의 동생도 그 보호시설에 수용 중이라고 털어놨다.

3　2017년 9월 16일, 포스코 직원의 사회활동을 취재하러 동행했던 〈중앙일보〉 백경

포스코 직원들이 너나 할 것 없이 이런 일화들을 십시일반 쏟아
내고 있다는 사실은 놀랍다. 좀 이상하다고 해야 할까. 다른 대기업
에도 이런 유형의 사회공헌활동이 더러 목격되기는 하지만, 모든 직
원들이 스스로 팀을 짜고 준비해서 착실히 실행하는 일은 쉽지 않
다. 대체로 셋째 토요일을 지정해 놓고는 있지만, 사회활동에 정해
진 날은 없다. 수시로 가고 수시로 주민과 접촉한다.

포항시는 물론 인근 농촌마을은 포스코 직원들의 사회공헌활동에
의해 완전히 포획되어 있다. 포항 시내 마을과 자매결연을 맺은 압
연부 O씨는 그 동네의 모든 일을 소상히 알고 있다. 청년회, 부녀
회, 노인회가 주로 사회활동 대상인데, 동네 대항 체육대회라도 할
라치면 두어 달 전부터 팀을 짜고 지원작전에 돌입한다고 했다. 체
육대회 당일은 동네 경쟁전이기도 하고, 응원에 나선 포스코 직원팀
간 대항전도 볼만하다는 것이다. 10년간 포스코 직원들의 봉사활동
을 봐온 식당 여주인은 이렇게 얘기했다.

"포스코 사람들 진짜 대단해요, 정말 칭찬해 줘야 해요."

정작 그녀도 5년 전부터 그 마을 봉사활동에 동참했다. 식당 주인
에게 봉사활동이란 동네 고령자들에게 밥 한 끼 대접하는 것이다. 5
년 동안 대접할 고령자가 거의 100여 명으로 늘었다고 말하는 그녀

서 기자는 포스코 사람들의 진솔한 마음과 주민들의 화답에 감동했다. 백경서 기자
의 르포 기사가 9월 17일 〈중앙일보〉에 게재됐다. 제목은 "30년간 50만 시간 대기
록 포스코 노사 '상생 자원봉사' 현장 가보니"였다.

는 봉사 당일만은 음식 장만과 설거지가 그리 경쾌할 수가 없다고 털어놨다. 봉사는 전염성이 강하다. 포스코 직원들이 생성한 사회봉사 바이러스가 포항 시내 전역으로 확산된 탓이다.

인구 15만 명에 불과한 광양은 포항보다 더하다. 줄잡아 8만 명 정도가 광양시 사회공헌활동에 참여하고 있으니 말이다. 광양제철소 직원 1만 5천 명과 그 가족, 그리고 학생과 공무원이 십시일반 참여한다. 광양시장은 시민의 사회공헌활동에 고무되어 스스로 앞장선다. 광양제철소 직원들은 포스코가 분류한 5가지 공헌활동 영역에 골고루 참여하는데, 지역사회 봉사, 글로벌 인재교육, 지구환경 지키기, 문화유산 보호, 다문화가정 돕기가 그것이다.

입사 19년 차 제선부 K씨는 인근 섬과 소외지역 중학생들을 위한 맞춤형 프로그램에 참여하고 있으며, 제강부 U씨는 결혼이주여성의 정착과 가족생활을 지원하는 사회적 협동조합에 열심이다. 소속 봉사단 이름은 '프렌즈 봉사단', 조합 명은 '카페오아시스'다. 카페 개설을 지원하고 운영하는 이 조합은 다문화여성에게 벌써 96개 일자리를 창출했고, 경제적 이유로 결혼식을 못 올린 다문화가정에 재정지원을 한다. 50쌍이 혜택을 받았다. 모두 휴무일을 활용한 사회공헌활동이다.

설비기술부 P씨는 광양제철소 농기계 수리 전문 봉사단원이다. 휴무일에 농촌을 다니면서 농기계 수리, 대문 보수와 도색을 해준다. 지역민들 사이에서 인기가 높다.

아예 먼 곳까지 원정 공헌을 하는 모임도 있다. 압연부 P씨는 광

포스코 프렌즈 봉사단에서 지원한 다문화가정 합동결혼식

양제철소 합창단 우영음友英音 단원이다. 휴무일을 이용해 군산, 제천, 영암까지 가서 음악회를 개최한다. 지역 근로자들의 환영을 받는다.

　기업 업무의 사회적 연장선에 서식하는 이 바이러스가 이기적 심성을 이타적 심성으로 바꾸고 이심전심의 인식공간을 확장한다. 모두 자기 업무와 사적 이윤에 매몰된 오늘의 현실에서 기업 바깥의 세상에 눈을 돌리는 사람들을 발견하기란 무척 힘들다. 누가 시켜서 하는 것이 아니라, 포스코 문화의 저변에 외부인에 대한 공감적 심성이 깔려 있다. 이웃과 주민, 시민 일반의 처지를 외면하는 대기업 직장인들이 훨씬 많은 오늘의 현실에 비춰 보자면 조금 이상한 '예외적 현상'임에 틀림없다.

그런데, 여기서 궁금증이 생긴다. 기업이 지역사회와 주민들을 위해 애쓰고 있다는 점은 분명한데, 역으로 지역주민들은 포스코를 어떻게 생각하고 있을까? 지역주민들이 생각하는 포스코는 어떤 모습일까? 포스코가 해온 지역활동은 지금과 같은 방식이 가장 유효한 것일까? 아쉬운 점이 있다면 어떤 것들일까? 이런 질문들 말이다.

기대와 낯섦의 교차

영일대에서 바라본 포스코는 바다로 이어지는 거대한 산맥처럼 느껴졌다. 포항시민이라면 별다를 것 없는, 아침저녁 일상 속에 마주하게 되는 익숙한 풍경일 것이다. 외지인의 눈에는 장엄한 모습인데 그곳에서 살아가며 매일 보는 주민들에겐 어떤 의미로 다가올까?

대상은 다르지만 비슷한 느낌을 가진 적이 있다. 몇 해 전 일본 시즈오카현静岡縣에 방문했을 때 바라본 후지산富士山이 그랬다. 3,700미터가 넘는 높이와 함께 산 정상부의 만년설은 웅혼한 기운을 넘어 신비로움마저 느끼게 했다. 괜히 뭉클하기도 했고, 숙연한 느낌도 들었다. 이후 일본을 방문할 때마다 버릇처럼 후지산이 보이는지가 궁금했다. 도쿄와 지바, 그리고 쓰쿠바에서 후지산을 볼 수 있었을 때 안온한 반가움이 다가왔다.

후지산 인근에 거주하는 주민들에게 산은 어떤 느낌일까. 그들의 대답 속에는 고향의 푸근함도 있었고, 무언가를 다짐할 때 그것을 입증해 주는 버팀목 같은 기억들도 있었다. 무심한 듯 산은 언제나 그 자리에 있었지만, 사람들의 심정엔 다양한 정서가 자라났다.

주민들이 아침저녁으로 일터로 들고 나는 길에 포스코가 자리하고 있다. 지난 50년간 언제나 그곳에서 묵묵히 자리를 지킨 얼굴이었다. 좌우로 넓게 펼쳐진, 한가득 눈에 들어오는 포스코를 늘 곁에 둔 시민들에겐 어떤 느낌일까? 또 그런 느낌은 시간이 흐르면서 어떻게 변화해 왔을까?

어느덧 50년이라는 시간이 흘렀다. 1968년 봄, 포항의 대송면과 송정동 일대에서 살아 왔던 주민들은 삶의 근거를 정리하고 이주했다. 기존의 건물과 시설들이 허물어지고 새롭게 정비된 230만 평의 땅 위에 모래바람이 세차게 불었다. 모든 것이 부족하고, 또 막막하기도 했다. 가 보지 않은 길이었지만 보다 나은 미래를 위한 의욕만은 넘쳐 났던 역사役事였다.

포항읍은 1949년에 포항시로 승격되었지만, 큰 변화가 곧바로 이어진 건 아니었다. 1958년 해병 포항기지가 창설되고 해병 제1상륙사단이 파주에서 포항으로 이전하면서 지역의 인지도가 다소나마 높아진다. 도시의 성장이 본격화된 것은 1962년 포항항이 '산업항'으로 지정되면서부터였다.

포항항은 해상교통의 중심지가 되었다. 영일만이라는 천혜의 조건을 갖추고 있었기 때문이다. 조수간만의 차가 작고 깊은 수심이 해상교통 및 화물 선적에 큰 이점을 제공했다. 이런 자연적 이점은 제철소의 입지 선정에도 매우 긍정적으로 작용했다. 원료와 제품 수송을 위해서는 대형선박의 입안이 필수조건인 덕분이다. 제철소와 함께 1979년 신항이 완공되자 산업항구로서 면모를 갖추었다.

포항과 포스코는 함께 성장했다. 많은 변화가 있었다. 비단 산업과 경제에 국한된 변화가 아니었다. 1980년에 설립된 포항제철고등학교나 1986년 개교한 포항공과대학이 대표적이다. 당장 시급한 과제해결도 중요하지만 인재 양성은 먼 미래를 위한 투자였다.

모든 것의 중심인 서울로부터 천 리千里, 궁벽한 외지였기에 교육에 어려움이 많았다. 비용만 생각했다면 인재 양성보다는 인재를 모집하는 수혈의 방법이 훨씬 저렴했을 것이다. 백년대계百年大計였기에, 굳은 의지와 장기적 안목이 작동하지 않았다면 그런 교육 인프라는 불가능했을 것이다.

도시환경의 급격한 변화에 대한 주민들의 반응은 다양했다. 낯설기도 했고, 반갑기도 했다.

아휴, 이제 그때는 잘 기억도 안 나요. 그래도 (모든 것이 부족했지만) 다 나눠 먹으며 지냈어요. 포철이 들어오고 사람들이 많아지면서 다들 바빠졌어요. 바쁜 게 나쁜 건 아니지만, 아무튼 정신없이 지내 온 것 같아요. … 우리 집이 옛날 송도해수욕장 뒤쪽에 죽도동이었어요. 포철 들어오고 검은 그을음이 자꾸 날아와서 그거 때문에 얘기 많이 했어요. 늘 날아오는 건 아니었고 바람이 이쪽으로 오는 날은 날아왔어요. 그래도 얘기하니까 어느 날부터는 없어지더라고. 4

송도해수욕장이 참 좋았어요. 여기 사는 사람들만 간 게 아니고, 멀리서도 많이 왔지요. 요즘 정비해서 깨끗해지기는 했는데, 옛날 같지는 않아요. … 좀 아쉽기도 해요. 포항제철이 '포스코'로 이름이 바뀐 것이. 난 아직도 포철, 포철 하고 있거든요. 포철은 포항 같은데, 포스코는 (포항이) 좀 아닌 것 같아요. 5

이제는 철의 도시로 우뚝 선 포항에서 오랫동안 살아온 주민들의 정서는 우선 잃어버린 것에 대한 향수였다. 고즈넉한 마을의 안온했던 삶이 낯선 이방인들이 유입되며 치열한 경쟁이 벌어지는 공간으로 바뀐 탓이다. 이방인과 함께 찾아온 긴장은 불가피했다. 알던 사람은 줄어들고, 알아야 할 사람이 늘어나는 피로감도 느꼈을 것이다. 이런 정서는 비단 포항만의 것은 아니다. 전통사회에서 근대로 넘어오는 모든 곳에서 경험할 수밖에 없었던 보편적 일상이다.

평화로운 바닷가 풍경이 거대한 공장들로 바뀌면서 주민들이 받은 충격도 컸다. 환경, 그중에서도 자연환경의 변화에 비중이 실렸다. 지금은 최첨단의 오염배출 차단장치를 통해 환경 문제가 근원적으로 해소되고 있었다.

이미 많이 알려진 것처럼, 포스코가 처음 만들어질 때의 역사와 배경은 여느 기업과는 달랐다. 기업이기에 당연히 이익 창출이 중요

---

4 죽도시장 상인 면담기록.
5 포항 환여동 주민 K씨 면담기록.

했지만, 이와 함께 포스코 사람들에게 중요한 가치는 공적 사명감과 책임의식이었다. 포스코에 몸담은 기간이 길수록 '제철보국'은 중요한 핵심가치로 내면화된다. 민영화가 시작되었어도 공적 책임의식이 두드러지고, 복지 설계에도 임직원뿐 아니라 지역주민 전체를 고려하였다. 주민들의 삶의 질을 높이고, 지역 발전과 안정적 공생이 결국 살기 좋은 나라로 연결되리라는 건강한 가치관이 엿보였다.

광양의 경우도 그러하겠지만, 지난 50년간 포항이라는 지역 브랜드에서 포스코는 그 중심부에 위치한다. 그렇기에 '포항제철'에서 '포스코'로 사명社名이 바뀔 때, 또 '포항공대'가 '포스텍'으로 불리기 시작했을 때, 주민들이 느낀 낯섦과 서운함은 컸을 것으로 짐작할 수 있다. 이런 정서는 복합적 성격을 띤다. 그 복잡한 내부를 잠시 들여다보자.

포스코의 안과 밖

영일대호텔과 이어진 청송대 아침은 고요했다. 도시 속 공간이라고 느낄 수 없을 만큼 울창한 나무와 잘 가꾸어진 산책로가 일품이었다. 영일대를 지나 포스텍으로 가는 길도 한적했다. 깨끗한 거리와 녹지, 그리고 지형에 맞추어 낮게 지어진 아파트들이 편안한 느낌과 함께 안정적인 스카이라인을 만들고 있었다.

지금은 아니지만, 한때는 요금을 더블 줄 테니 지곡동 가자 해도 안 갔어요. 거기 사모님들이 여간 깍쟁이가 아니에요. 6

옛날 같지 않죠. 글쎄, 모르겠어요. 우리 식구들 중에 포스코하고 직접적인 관계가 있는 사람이 없어선지 포스코에 큰 관심이 없어요. 그냥 그 사람들은 그 사람들이고…. 7

외지인에게 '포항'은 '포스코'다. 그런데 주민 반응은 시큰둥했다. 택시기사들도 각자 생각이 달랐다. 과거 포스코에 근무한 경험이 있던 기사들은 구구절절하게 그간의 역사와 자신의 인생행로에 대해 말했는데, 경험이 없는 기사들의 반응은 예상 외로 냉랭했다.

효곡동은 포항제철 임직원만이 입주가 가능했던 터라 포항 사람들에게는 거리감이 있었고, 이곳의 한적한 전원단지 분위기는 그때로서는 타국에 온 것 같은 이질감을 주기에 충분했습니다. 저는 고등학교 때 고급 농구대와 우레탄이 깔린 공원이 이곳밖에 없었기 때문에 버스를 타면서까지 굳이 이곳 공원을 찾아왔습니다. 그러나 포스텍 본관이 위치한 광장을 보며 이질감을 느꼈던 기억이 생생합니다. 8

---

6 택시기사 A씨 면담기록

7 택시기사 P씨 면담기록.

8 이재원, 《포항을 알면 미래가 보인다》, 도서출판 황금알, 2014, 70쪽.

포항에서 태어나 자랐고, 대학생활 기간을 제외하고는 줄곧 포항에서 병원을 운영하고 있는 이재원 씨의 얘기다. 심상을 한마디로 표현하자면 이질감이었다. 같은 하늘을 머리에 이고 살지만, 발을 디딘 곳은 각기 달랐기 때문에 생기는 이질감일 것이다. 다름은 다양한 가능성을 품고 있다. 다르기 때문에 살펴보고, 또 다르기 때문에 비교하게 된다. 그런 다름이 효과적으로 결합하면 시너지가 나타나지만, 그렇지 않으면 '분리', 거기에 어떤 역학이 작용하면 '배제'의 메커니즘이 된다.

포스코와 직접적 관계가 없는 주민들이 느낀 이질감은 이해 가능하다. 포스코가 임직원들의 보다 나은 삶을 위해 애를 쓰면 쓸수록 주민들과의 간극은 커져 갔을 것이다. 포스코는 지역 전체를 아우르는 '우리'를 구상했을 터지만, 그것을 실행하는 과정에서 '여기'와 '저기'가 구분되고, 너와 나가 나눠진 때문이리라. 시간이 흐를수록, 포스코 내부의 결속이 두터워질수록 간극이 쌓은 벽은 점점 높아졌을 것이다. 복지와 주택이 그런 벽 중 하나다.

포스코는 창사 이래 직원들의 주택 문제 해결을 최우선으로 생각했다. 지금은 일반인들의 입주도 가능하지만, 포항과 광양에 조성되었던 사택단지는 직원들의 자부심에 커다란 근원이었다. 포항과 광양은 물론 우리나라에서도 손에 꼽힐 정도로 잘 조성된 단지였다.

김수환 추기경도 와보시고 여기가 지상낙원이라고 하셨던 적이 있습니다. 지금은 단지가 개방되고 다른 단지도 올라갔고, 지원도 많이 안

되지만 예전에는 정말 돈을 쏟아부었죠. 자긍심이 … 일반인들은 그때는 바리케이드가 입구에 있어서 잘 들어가지도 못하고 … .9

고모, 여기가 대한민국 동네 맞아? 꼭, 네덜란드나 노르웨이에 온 기분이야. 정말 천국이 따로 없네, 이곳이 천국이에요!10

포항에서 30년 넘게 근무한 명장의 기억과, 광양제철소 선재부에 근무했던 고모부를 찾아온 조카의 얘기다. 그만큼 특별했고, 두드러졌다. 하지만 특별할수록, 두드러질수록 지역주민들이 느끼는 부러움과 이질감 또한 커질 수밖에 없었다. 자부심은 내부자에게는 뜨거운 에너지로 작용했지만, 외부인에게는 보이지 않는 벽으로 작용했다. 사람이기에, 어쩔 수 없는 상황이라고 할 수 있지만 분명한 사실이었다.

이런 응어리는 시간이 흘러 일반인들의 입주가 가능해지면서 지금은 많이 해소됐다. 주민들과의 응어리 해소에 중요하게 작용한 또 하나의 요인은 제철고등학교이다. 포항의 지곡동과 광양의 금호동에 자리한 제철고등학교는 자율형 사립고다. 개교할 때는 사원 자녀 교육을 목적으로 했지만, 지금은 원하는 학생들에게 입학전형의 기회가 주어진다. 지역을 넘어 전국적인 명문으로 거듭난 것이다. 주

9　포항제철소 U씨 면담기록.
10　이호 엮음, 《신들린 사람들의 합창》, 도서출판 한송, 1998, 311쪽.

광양에 조성된 포스코 사택단지

민들의 교육 열등감을 해소해 준 일등 공신이다.

포항과 광양에서 제철고는 고등학교 이상의 의미를 갖는다. 새로운 기대와 희망의 근거가 되었다. 지역주민들에겐 포스코 자체보다 오히려 제철고에 대한 긍정적 평가가 훨씬 크게 자리 잡은 것은 주목할 만한 현상이었다. 입학이 자유로워지며 사원들만의 학교에서 지역의 자랑이 된 것이다. 주민의 갈증은 이런 것이었다.

'철강도시'를 대표하는 미국 피츠버그의 최근 변화는 주민의 갈증을 풀어 준 사례로 시사하는 바가 크다. 피츠버그는 인근의 펜실베이니아 탄전에서 채굴되는 석탄과 슈피리어호안湖岸에서 나오는 철광석을 이용하여 오랫동안 세계적인 제철도시로 발전하였다. 하지만 스모그와 철강산업의 전반적인 침체로 장기간에 걸쳐 쇠락이 지속됐다. 새로운 부활은 스모그 제거와 함께 찾아왔다. 스모그가 효과적으로 제거되고 지역주민들과 산학연 협력이 강화되면서 새로운 활로가 트였다. 특히 지역의 대표 교육기관인 카네기멜론대학과의 협력은 자율주행 자동차 관련 첨단기업 유치로 이어졌다. 협력의 네트워크가 이뤄지면서 미국 서부의 실리콘밸리와 함께 4차 산업혁명의 주요 거점으로 급부상하고 있다.

지난 50년, 포스코는 지역과 함께 발전해 왔다. 다만 지금까지는 사회학자 짐멜Georg Simmel이 말한 '트리클 다운 효과trickle-down effect' (낙수효과) 가 지배적이었다. 포스코의 발전이 선행되어야 지역 발전이 가능하다는 생각이었다. 이제는 변화된 상황과 그동안 축적된 지역 역량을 융합한 새로운 발전모델이 필요하다. 특히 성장을 위한 산학연 협력적 네트워크 구성에 있어 포항은 적합한 조건을 두루 갖추고 있다. 포스텍을 앞세워 실리콘밸리나 카네기멜론 벨트에 버금갈 '지곡 테크노밸리' 구상은 어떨까?

포스텍, 지곡 테크노밸리

포스텍은 캠퍼스 곳곳의 녹지와 잘 자란 나무들로 녹색 캠퍼스를 자랑한다. 학생회관에서 시작하여 건물과 건물들이 필로티로 연결되어 있다. 길게 늘어선 연구동과 강의동은 1986년에 완공된 오래된 건물들임에도 신축 건물과 다름없이 관리상태가 훌륭했다.

정보통신연구소 앞에 있는 '노벨동산'에는 청암靑巖 박태준의 동상이 서 있다. 이 동상은 2011년 12월, 포스텍 개교 25주년을 맞아 세워졌다. 청암의 뜻을 기리고자 포스텍과 포스코의 임직원 및 퇴직자, 그리고 포항시민 등 21,973명의 성금으로 제작된 것이다. 청암의 동상 판석에는 다음과 같은 문구가 새겨져 있다.

청암 박태준 선생의 일생은 제철보국 교육보국 사상을 실현하는 길이었으니 … 교육보국은 14개 유초중고교를 세워 수많은 인재를 양성하고, 마침내 한국 최초 연구 중심대학 포스텍을 세워 세계적 명문대학으로 육성함으로써 이 나라 교육의 새 지평을 여는 횃불이 되었다.

포스텍 노벨동산에 세워진 박태준 동상

　'교육보국'은 포항시민의 가슴속에 새겨진 글귀다. 포항에서 포스텍은 남다른 의미를 갖는다. 포항공과대학의 설립 승인이 발표되자 1985년 7월에는 포항역에서 시민경축대회가 개최되었다. 포항 시내 각 기관과 기업체 및 시민 대표들이 시민회관 앞까지 경축 퍼레이드를 펼쳤다. 대학 설립을 도시 전체가 환영했다. 대학부지 내의 토지 소유자들은 무상으로 자신의 땅을 기증했다. 다른 대학이나 도시에서는 보기 힘든 일들이었다.

　그만큼 교육에 대한 염원과 기대가 컸기 때문에 가능한 일이었을 것이다. 설립 과정에서의 어려움과 그 어려움을 극복한 과정은 포항제철소의 그것과도 많이 닮아 있다. 설립 이후 눈부신 발전을 거듭했다. 국내 최고는 물론 세계 유수의 대학과 견주어도 전혀 손색이 없는 월드클래스 대학으로 발전했다.

지난 30년의 역사는 눈부신 성장과 성공의 시간이었다. 또 다른 30년을 준비하며, 포스텍도 새로운 도약을 모색하고 있었다. 피츠버그의 사례도 있듯이 변화와 발전에 있어 지역과의 협력은 중요한 요소가 된다. 지역사회에 대한 포스텍 사람들의 생각은 어떨까?

① 대학과 도시의 상생발전을 위해 실질적인 노력을 계속하고 있습니다. 포항뿐만 아니라 작년부터 해오름동맹 선포식을 통해 인근 도시와의 협력도 모색하고 있는데요, 포항시는 포스텍과 한동대, 울산시는 울산대와 울산과기대, 경주시는 동국대, 위덕대 등과 실질적 연계를 위한 방안을 고민하고 있습니다. 예를 들어 문화적인 차원에서 캠퍼스의 활용을 지원하는 것을 들 수 있을 것 같구요. [11]

② AP Advanced Pohang 포럼을 운영하고 있어요. 2012년부터 포항의 발전을 위해 언론 및 문화예술 관련 인사들과의 협의체를 통해 지역사회와의 소통 및 발전 방안을 함께 고민하고 있습니다. [12]

③ 지역을 위한 기여? 글쎄요, 학생들 잘 가르치고 연구 열심히 하는 것이 대학의 본분이니까, 그것을 넘어서서 무언가를 생각하기는 사실

---

11 포스텍 S처장 면담기록.
12 포스텍 H학장 면담기록.

쉽지 않아요. 노벨상 수상자를 배출한다면 포항시민들에게는 프라이드로 작용할 수 있지 않을까요?13

④ 우리 대학은 '최고 가치창출 대학'이라는 슬로건 아래 기본적인 교육과 연구는 물론, 사회경제적 가치 창출을 통해 따뜻한 공동체를 구현하려고 해요. 기존의 창업創業뿐만 아니라 '창직創職'이라는 차원에서 마련해야 할 것이 무엇인지 따져 보고도 있고요.14

포스텍에 몸담고 있는 교수들은 학문에 대한 열정은 물론이고 지역에 대한 일종의 책임감을 갖고 있었다. 위 인터뷰의 ①과 ②가 그러하다. 포항, 울산, 경주를 통합한 산학, 문화 연계 프로그램은 매우 고무적인 발상이다. 200만 명 인구가 밀집한 이 지역에 교육, 연구, 문화 연계 인프라를 풍요롭게 할 수 있는 지적 역량이 충분히 존재하기 때문이고, 포스텍이 앞장서면 근사한 구도가 만들어질 것이기 때문이다. AP 포럼은 포항 지역 지도층 인사들을 위한 협력 프로그램이다. 그런데 그것을 실행하기가 여간 어렵지 않다. 명문대가 밀집한 서울 지역이라 해서 다를 것은 없다.

예를 들어, 서울대가 위치한 관악구 주민들은 서울대에 어떤 실질적 혜택이나 고마움을 느끼고 있는가? 아니다. 연세대와 고려대

13 포스텍 L교수 면담기록.
14 포스텍 K교수 면담기록.

는? 몇 년 전부터 이런 반성이 일면서 서울 지역 대학들은 인근 주민들에게 교육봉사를 시작했다. 학생들이 빈곤가정을 찾아 일종의 개인교사활동을 시작한 것이다. 서울대의 경우 지역봉사에 참여하는 학생 수가 늘고는 있지만, 관악 주민이 느끼는 정서는 별반 달라진 것이 없다. 프로그램이 빈곤하고, 대학 자체의 노력이 부족하기 때문이다.

교수들이 지역활동에 시간을 내기가 지극히 어렵다는 난점도 존재한다. 지역사회를 위한 헌신의 필요성, 지역 발전에 대한 기여 의지에도 불구하고 치열한 연구전선에 내몰린 교수들이 지역사회와 지속적인 관계를 유지하고 발전시켜 나갈 것을 기대하기란 무리다.

그래서인지, ①과 ②에서 보듯 교수들의 적극적인 의지 표명에도 불구하고 지역사회와의 '실질적인 소통'은 조금 아쉽다는 느낌은 들었다. 지역사회에 대한 책임감 또는 긴장은 감지되지만, 그것을 실현할 수 있는 여유와 실행 프로그램을 만들어 내고 실천하는 것은 별개의 문제다.

노벨상! 이것은 어떨까? 청암의 동상이 서 있는 곳도 '노벨동산'이고, 포스텍도 노벨상 수상자 초청행사를 빈번히 가져 왔기 때문이다. 노벨상 수상이 포항시민들에게 또 하나의 프라이드를 가져다줄 것이라고 학교 관계자는 얘기했다. 그럴 것이다. 포항이라는 산업도시가 만든 노벨상은 포항시민들에게 엄청난 자부심이 될 것임에 틀림없다.

노벨상이 지니는 상징적 가치가 크기 때문이다. 더욱이, 과학 분야 노벨상 수상 경험이 없는 우리의 상황에서 그것은 포항은 물론이고 대한민국 전체에 엄청난 의미를 갖는다. 다만, 그것이 지역주민들에게 각별한 프라이드로 작동할 것인가는 별개의 문제일지 모른다. 오히려 지역주민들은 일상생활에 직접적인 도움을 주는 어떤 실질적 가치, 효용성이 큰 실질적 프로그램을 바라고 있었다.

이런 차원에서 포스텍이 최근 내건 '최고 가치창출 대학'이라는 슬로건은 매우 중요하고, 또 실질적 효용성을 갖는다. 포스텍 김도연 총장은 인재, 지식, 사회경제적 가치를 대학이 궁극적으로 추구해야 할 가치로 요약 제시했다. 대학University이란 용어가 대학Univer과 도시city를 결합한 것이라면, 그 본원적 의미에 충실해야 한다고 강조했다. 대학과 도시의 상생발전이 그것이다. 대학은 도시의 현안 문제와 미래 과제를 해결하고, 도시는 대학과 기업의 유기적 협력 네트워크를 매개하고 지원하는 구조다.

포스텍을 중심으로 인근 대학총장들이 합심했다. 그것의 표현이 ④의 '따뜻한 공동체'일 것이다. 지역과의 협력적이고 지속적인 관계가 기본 바탕이 되어야 하기 때문이다.[15] 4차 산업혁명이라는 패러다임적 전환 과정에서 주민들은 '창직創職'과 같은 새로운 아이디어, 실질적인 혜택을 창출하는 프로그램을 환영한다. 지역과의 유

---

15 박태준 미래전략연구소, 《유니버+시티: 대학과 도시의 상생발전》(포스텍 프레스, 2017) 중 김도연 총장의 머리말과 《최고 가치창출대학으로: 포스텍 30년의 전환점에서》(포스텍 프레스, 2017) 참조.

기적인 협업 말이다.

이런 관점에서 지역 기업들과의 인력, 정보, 물자의 교류 네트워크 구축에 포스텍이 최근 많은 관심을 쏟고 있는 점은 바람직하다. 스마트폰의 예에서 잘 나타나듯이, 인간의 일상과 사회적 삶을 전면적으로 바꾸는 파괴적 기술disruptive technology은 긴 호흡의 연구투자와 기술개발이 가능한 대학 네트워크에서 비롯된다.

공생의 가치와 시너지 창출을 위해 포스텍의 역할과 위상이 지극히 중요하다. 주민들은 포스텍이 획기적 발상과 실행 프로그램에 보다 적극적으로 나서 줄 것을 기대한다. 포스텍은 포항에서 사는, 포항을 위해 무엇인가를 할 수 있는 주체들 중 가장 창의적이고 또 무한한 잠재 가치를 지닌 집단이기 때문이다.

자생적 문화기반이 중요하다

기업과 지역의 건강한 공생을 위해 필요한 사회적 조건은 무엇인가? 일터 밖에서는 무엇이 필요할까? 경제·물질적인 가치 네트워크를 제외하면 토대로서의 '문화'가 그 모습을 드러낸다. 문화는 오랜 동안의 삶이 축적된 결과로 존재한다. 작업장에서의 노동 그 자체는 일의 영역이지만, 일이 수행되는 방식과 일을 둘러싼 의미와 가치는 문화다. 문화의 범위가 워낙 넓기에 이 절에서는 일단 포스코와 관련한 지역사회의 여가문화에 한정해서 보고자 한다.

여가를 바라보는 시각이 많이 바뀌었다. 경제적 풍요 이후에 찾아오는 일반적 경향일 수도 있지만, 우리의 경우 최근 균형적 일과 여가에 대한 요구가 뜨겁다. 여가가 노동을 위한 쉼이 아닌, 노동보다 우선하는 목적적 가치로 여겨지는 경우도 많아졌다. 특히 젊은 세대일수록 그런 경향은 더하다. 여가를 선용하는 방법 중 우선 고려되는 것이 '문화 향유'다. 무엇을 보고, 느끼고, 소비하는지가 중요해진 것이다. 문화 향유에서 포스코의 역할은 무엇일까?

우선 지역축제를 생각해 보자. 이미 각 지역에서는 저마다의 특성과 이점을 강조하며 문화적 자원을 발굴하여 지역 브랜딩branding에 힘쓰고 있다. '잘 키운 축제 하나 열 기업(공장) 안 부럽다'는 말이 나올 정도다. 지역을 대표하는 문화행사는 지역경제 활성화뿐 아니라 지역 이미지 제고에도 큰 도움이 된다. 문화체육관광부에 따르면, 2017년에 개최된 지역축제만 해도 733개에 이른다. 보령을 세계에 알린 '머드축제'부터 '화천 산천어축제', '함평 나비축제', '가평의 자라섬 재즈페스티벌'에 이르기까지 지역적 특성을 살린 축제는 지역민들에게 다양한 혜택과 자부심의 원천이다.

포스코가 자리 잡은 포항과 광양 역시 각기 대규모의 축제를 진행하고 있다. 포항의 경우 호미곶 해맞이축전, 구룡포 과메기축제, 포항 스틸아트 페스티벌, 포항 국제불빛축제 등이 대표적이고, 광양에서는 전통 숯불구이축제, 광양 전어축제, 백운산 철쭉축제, 백운산 고로쇠약수제 등이 많이 알려져 있다. 하지만 이 중 전국적으로 많은 사람들에게 각광을 받을 만한 축제는 찾기가 쉽지 않다. 새해를 맞이하며 열리는 호미곶 해맞이축전 정도가 전국적인 관심을 끌고 있을 뿐이다. 나머지는 지역 규모에 그친다. 물론 대규모 행사가 반드시 좋은 것만은 아니다. 오히려 지역 특색과 고유의 에너지를 널리 펼칠 수 있는 내용이 더 중요하다.

이런 관점에서 포스코가 '철'이나 '불'을 모티브로 한 행사를 마련하면 좋겠다는 생각이다. 이미 포항에서는 스틸아트 페스티벌에서 철을 소재로 한 조형물 전시행사를 진행 중이다. 또 국제불빛축제도 빛과 불꽃을 매개로 주민들의 호응을 얻고 있다. 하지만, 성공적인 행사라고 장담하기 어렵다. 주민들이 충분히 즐기고 느끼는 문화적 체험을 하고 있는가? 지역을 알리는 데에 얼마나 성공하고 있는가? 이런 점들을 두루 살펴보면, 스틸아트 페스티벌은 한 번 관람하는 데 그치고, 불빛축제는 서울이나 부산에서 하는 불꽃축제와 차별성을 찾기 어렵다.

타 지역과 구별되고, 지역 고유의 개성과 특질을 발휘할 수 있는 소재와 스토리 개발이 필요하다. '철의 도시' 포항과 광양의 이미지와 포스코의 상징성을 전제한다면, '철'을 주제로 한 스토리에 초점을 두면 어떨까 한다. 철의 쓰임 자체가 일상에서부터 산업의 영역까지 걸쳐 있는 문명사적 특성을 파헤치면 뭔가 흥미로운 것이 잡힐 듯하다.

예를 들어, '철鐵문화제'를 테마로 정해 보자. 청소년을 대상으로 철의 역사와 관련된 인류의 과거와 현재, 미래를 인문학적으로 조명하는 축제무대를 구상할 수 있다. 철의 다양한 활용도를 제품 전시를 통해 보여 주고, 상징 완구와 기발한 기념품을 제작한다. 행사 기간 중에는 철 조형물을 포항과 광양 전역에 전시해 저마다의 스마트폰에 기록할 수 있는 기회를 제공한다. 연오랑 세오녀16 같은 스토리를 발전시켜 연극이나 음악제를 아울러 개최하고, 포스텍의 도움을 받아 철과 관련된 학술 세미나도 개최하면 더 좋을 것이다.

철은 유용성만큼이나 쓰임의 범위도 광범위하다. 그렇기에 그것만으로도 완결적인 기획과 스토리의 소재가 된다. 행사 자체도 다채롭게 구성될 수 있지만, 더 중요한 것은 행사를 기획하고 준비하는 과정에서 기대할 수 있는 주체들 간의 협력이다. 보다 많은 사람들의 참여와 기여가 나타날 때, 더 많은 상상력과 창의성을 기대할 수 있다. 주민들의 문화적 욕구를 잘 파악하고 효과적으로 담아낼 수 있다면 이미 그 축제는 성공한 것이다. 포스코와 지역자치단체, 그

---

16 삼국유사에 따르면, 연오는 157년(아달라왕 4년) 바위를 타고 일본으로 건너간 후 그를 떠받드는 일본인들에 의해 왕으로 추대됐다. 연오의 부인인 세오 역시 사라진 남편을 찾기 위해 바닷가를 거닐다가 바위를 타고 일본으로 건너가 왕비가 됐다. 연오랑과 세오녀가 사라지자 신라에는 해와 달이 사라졌는데, 이에 신라왕은 연오랑과 세오녀에게 신라로 돌아올 것을 부탁했지만, 이들은 직접 돌아오는 대신 비단을 보낸다. 이 비단으로 제사를 지내자 신라에 해와 달이 다시 돌아왔다고 전해진다. 하늘에 제사를 지낸 곳은 영일현(迎日縣) 또는 도기야(都祈野)로 알려져 있다. 1,800여 년 전, 한반도인들이 동해를 건너 일본의 금속문명시대를 열었다. 즉, 일본의 고대 제철방식인 '다타라 제철법'은 가야의 제철 방식이 그대로 전해진 것이고, 한반도에서 전해진 제철기술이 일본 문명의 바탕이 되었다는 것이다. 연오랑과 세오녀의 신화는 바다를 건너 일본의 금속문명을 연 한반도인들의 역사였던 것이다. KBS역사스페셜팀, 《우리 역사, 세계와 통하다》, 가디안, 2011, 202~220쪽.

리고 주민들이 머리를 맞대고 만들어 가는 과정 자체와, 그 결과 형성되는 신뢰와 라포rapport는 또 다른 차원에서 의미가 크다.

지역문화 활성화의 관점에서 포스코의 역할을 적극적으로 찾아본다면, 그것은 '자생성自生性'과 관련되어 있다. 지역문화에 대한 기여나 주민들의 혜택을 애기할 때 포항의 효자아트홀과 광양의 백운아트홀이 많이 언급된다. 포스코는 오래전부터 두 곳 모두에서 공연과 영화 관람을 무료로 제공해 왔다. 문화적으로 척박한 토양이었기에 그 가치는 도드라졌고, 고단한 일상에서 잠시나마 해방될 수 있는 시간은 귀하게 여겨졌다. 무려 30년을 넘게 진행해 왔으니 주민들이 느낀 기쁨만큼이나 포스코로서는 어려움도 있었을 것이다.

그런데 이 '무료'라는 고정관념이 문화활동의 확대에는 부정적 영향을 미친다는 사실에 주목할 때가 되었다. 주민들이 무료로 제공되는 문화 소비에 이미 익숙해졌기에 새로운 콘텐츠나 문화시설에 대한 투자가 위축된다는 말이다. 무료 관람이 문화 향유의 기회를 넓힐 수는 있겠지만, 자생력 있는 문화적 기반 구축에는 오히려 장애로 작용하는 시점이 되었다는 뜻이다. 일종의 역기능이다. '마치 백화점이나 대형마트가 아예 상품을 공짜로 나눠 줘 재래시장이나 자영업자를 고사시키는 느낌'이라는 극단적 평가도 있다. 17

자생적인 지역문화의 토대 마련에 포스코가 앞장서는 것이 중요하다. 문화적 토양은 그냥 배양되는 것이 아니다. 젊고 창의적인 문

---

17 이재원, 《포항을 알면 미래가 보인다》, 도서출판 황금알, 2014, 77쪽.

화 인재의 양성이라는 보다 기초적인 차원으로 눈을 돌리는 것이 필요하다. 당장이 아니라 보다 장기적인 관점에서 말이다. 주민들의 문화적 욕구를 파악하여 지역 인재들에 대한 지원을 넓히고, 보다 적극적으로 그들이 설 수 있는 무대를 마련하는 것도 한 방편이다. 자생적인 문화적 토양이 전제가 되어야 지역과 포스코의 공생적 관계가 발전한다.

포스코와 포항, 광양은 운명공동체다. 지나온 시간은 고단했지만 보람찼고, 힘들었지만 눈부셨다. 50년의 풍상風霜을 거치며 이제는 세계 최고 제철소의 위용을 자랑한다. 지난 50년, 포스코가 지역 발전의 견인차였다면, 이제는 성장한 도시와 포스코의 상생 발전으로 전환해야 한다. 서로 비전을, 소망을, 꿈을 주고받아야 한다는 말이다. 미래를 향한 공생의 가치, 협력의 가치를 공유해야 한다. 포스코와 지역자치단체, 그리고 주민이라는 세 주체의 화학적 결합이 중요해지는 시점이다.

3부

혁신의 용광로

글로벌 포스코를 향한 요건

글로벌 기업시민을 향하여　10장

Toward Global Corporate Citizenship

기업의 사회적 책임CSR

영국 스코틀랜드 수도 에든버러, 중세 건물이 밀집한 로열마일가 Royal Mile Street에 아담 스미스Adam Smith, 1723~1790 동상이 서 있다. 우리에겐 《국부론》으로 잘 알려진 아담 스미스는 죽기 전 유언을 남겼다. 《도덕감정론Theory of Moral Sentiment》의 저자로 기억해 달라고 말이다. 《도덕감정론》은 인간이 느끼는 온갖 감정과 정서를 분석한 책이다. 스미스가 주목한 인간 감정은 100여 가지가 넘는데, 기쁨, 황홀함, 분노, 슬픔, 애증, 혐오, 증오, 행복, 시기, 부끄러움 등이 그것이다. 불교에서 말하는 108번뇌와 비슷하다.

　인간의 마음을 교란시키는 108번뇌를 몽땅 비우라는 게 불교의 가르침이다. 가부좌를 틀고 면벽 수도하고, 명상으로 마음을 채우라고 이른다. 세속을 떠나 입산 수양해야 하지만 세인은 일상생활을 버릴 수 없다. 100여 가지가 넘는 복잡 미묘한 감정이 사회적 공간에서 얽히고설키면 시민사회는 무너지고 만다. 스미스가 그토록 강조한 시장은 교란된다.

시장market은 자유로운 인간이 자신의 노동으로 산출한 재화를 팔고 사는 곳이다. 시민들의 상호행위에 어떤 사악한 의도나 과욕이 개입하면 시장은 공익적 재화를 창출하기를 멈춘다. 어떻게 해야 하는가? 스미스가 공감sympathy이라는 인간 특유의 감정으로부터 책을 시작하는 이유다. 사익 추구라는 지극히 개인적인 행위가 공익public interest으로 승화되려면 공감과 동정compassion이 작동해야 한다.1 공감은 이심전심, 동정은 연민이다. 시장에서 물건을 사고파는 행위가 공감과 동정에 의해 규제될 때 비로소 '보이지 않는 손invisible hand'의 공익적 성격이 증대되고 공동체적 복지에 기여하는 부wealth가 쌓인다는 것이다.

그런데 그게 쉬운가? 공감과 동정은 타인과 이웃에 대한 감정이입感情移入이자 이심전심적 이해다. 타인의 처지에 비춰 자신의 행동과 마음을 적절히 규제하는 능력이다. 그게 없으면 인간은 욕망과 탐욕에 사로잡힌다. 인간은 원래 '욕망하는 기계'다. 아담 스미스는 욕망과 관련된 인간 감정을 수십 가지도 넘게 열거했다. 개인을 욕망에 굴복시키는 사회적 계기들은 욕망을 자제하는 성찰적 순간보다 훨씬 많고 다양하다.

---

1 아담 스미스(박세일·민경국 공역), 《도덕감정론》, 비봉출판사, 1996.

인간은 이중적이다Homo Duplex. 이타심과 이기심, 동정과 열정, 공감과 무관심의 앙상블이 사회라고 한다면, 이타利他, 동정, 공감을 확대해야 사회가 존속된다. 그 조건은 무엇인가? 스미스가 파고든 문제가 바로 이것인데, 결국은 외부 권력에 의한 강제보다는 개인이 스스로 행하는 자율적 덕행과 욕망의 자제력이 중요하다는 결론에 이르렀다.

이 결론이 좀 싱겁게 보이겠지만, 사실 이름난 사회사상가와 철학자들이 골치를 썩은 문제도 바로 이것이었다. 예를 들면, 프랑스의 사상가 루소Jean J. Rousseau는 오랜 숙고 끝에 '도덕 교육'을 강조했고, 영국의 사상가 밀John S. Mill은 '정부 규제'를 답으로 내놓았다. 그런데 도덕 교육을 받아도 비도덕적 인간이 넘치는 사회현실을 어떻게 할 것인가? 범죄와 일탈이 끝없이 발생하는 현실을 어떻게 할 것인가? 권력에 의한 강력한 규제를 상정하는 경우에도 딜레마는 소멸되지 않는다.

규제권력이 부패하면 어떻게 할 것인가? 국가가 최상급의 규제권력인데, 국가는 항상 도덕적인가? 국가를 운영하는 권력실세들의 부정부패는 세계 모든 나라에서 일반적으로 일어나는 현상이다. 근대사회가 시작된 이후 오늘날까지 괜찮은 사회질서를 탐색한 사회사상가들이 내놓은 여러 제안은 개인과 국가 사이, 인성人性과 공공권력 사이 어느 지점에 위치해 있다. 그러나 욕망과 이기심을 누르고 동정과 공감을 확산해 줄 완벽한 해답은 없다. 사회이론의 딜레마이다.

인간이 이러하다면 기업 역시 마찬가지다. 기업은 이익추구 조직이자 영리집단이다. 이윤이 창출되지 않으면 기업의 존재이유는 사라진다. 자본주의 역사는 이윤추구에 사활을 건 기업들의 생성과 소멸, 팽창과 위축 현상으로 가득 차 있다. 뿐만 아니라 대자본에 의한 중소기업들의 종속적 지배와 독과점의 폐해가 일상적으로 일어난다. 기업의 이윤추구 행위에 공익성을 불어넣고자 만든 개념이 '기업의 사회적 책임CSR: Corporate Social Responsibility'이다. 기업이 추구하는 사익이 공익과 결부되도록 공적 압력을 가하고자 만든 개념적 도구다.

미국 보스턴 소재 글로벌 컨설팅업체인 '레퓨테이션 인스티튜트Reputation Institute'가 발표한 '2017 글로벌 CSR 순위'에 따르면, LG그룹 지주회사인 '주식회사 LG'가 100점 만점에 65.9를 받아 세계 76위에 올랐다. 한국 기업으로선 최고 순위였다. 삼성은 89위(64.5), 현대자동차는 92위(63.9)로, 총 3개 기업이 100위 안에 들었다. 레고그룹LEGO Group이 1위(74.4), 마이크로소프트가 2위(74.1), 구글이 3위(73.9), BMW그룹이 5위(71.5)였다. 포스코는 명단에 이름을 올리지 못했다.

그 이유는 대체로 CSR을 측정하는 지표에서 찾을 수 있다. ① 제품 및 서비스, ② 혁신성, ③ 근무환경, ④ 지배구조, ⑤ 시민의식, ⑥ 리더십, ⑦ 성과 등 7개 지표가 활용된다. 기업이 아닌 개인고객을 상대하는 회사(B to C)가 상대적으로 높은 점수를 얻는다.

포스코처럼 기업 상대 회사(B to B)의 경우는 CSR 점수 측정에서 상대적으로 불리하다. 일반 개인고객들과의 개별접촉 기회가 거의 없기 때문이다. 몇 년 전 '라면상무' 사건이 불거졌을 때 정작 당사자가 포스코 계열사 임원이었음에도 포스코가 싸잡아 욕을 먹은 것도 이와 무관하지 않다. 포스코에 대한 일반 개인고객들의 이미지가 형성되지 않은 상태에서 포스코 계열사는 곧 '포항제철'로 통했던 것이다. 제철소 직원들은 억울했을 것이다.

그렇다면 포항제철소, 광양제철소는 CSR이 형편없는 회사인가? 아니다. 임직원 개개인은 물론, 기업 차원에서도 사회적 책임의식에 높은 긴장감을 갖고 있다. 누가 시켜서가 아니라, 스스로 그런 의욕을 생성하고 일상적으로 실천한다. 거친 말과 육두문자를 쏟아내는 옛날 대장간 이미지와는 사뭇 다르다. 그럼에도, 21세기 뉴 노멀시대에 글로벌 기업의 면모를 갖추려면 사회적 책임과 사회적 가치CSV: Corporate Social Value에 대한 한 단계 높은 차원의 진지한 모색이 필요하다. 글로벌 기업의 높은 요건을 충족하는 것, 새로운 50년의 출발선에 선 포스코의 당면과제다. 어떤 길이 있는가?

공유시민, Mitbürger

기존 고로에는 철광석을 뭉친 소결광과 석탄을 뭉친 코크스를 섞어 넣는데, 시간과 비용이 많이 들고 주입량이 고르지 않은 난점이 있었다. 이를 해결한 것이 '파이넥스 공법'이다. 파이넥스 공법은 포스코가 세계에서 유일하게 상용화에 성공한 제선製銑 기술이다. 철광석과 일반탄을 가루 상태로 그냥 주입해 바로 쇳물을 생산하는 기술로, 불순물도 줄이고 원가절감도 할 수 있는 일거양득의 획기적 기술이다.

2003년 6월, 파이넥스 공법 개발팀은 여느 때처럼 데모 플랜트에 매달렸다. 고열에 산화된 가루 분진이 파이프에 엉겨 붙어 설비가 작동하지 않았다. 개발팀 전태구 반장이 방열복을 입고 파이넥스 고로 안으로 들어갔다. 그때 고로 내부에 웅크려 있던 화염이 전 반장을 덮쳤다. 전태구 반장은 이틀 뒤 전신화상으로 숨졌다. 아버지가 오열하며 물었다.

"태구가 파이넥스인가 하면서 명절에도 얼굴을 못 봤다. 그게 되면 인도도 가고 중국도 가고 최고기술자가 된다고 했는데, 내 아들이 의미 있는 일을 하다 죽은 건가?"[2]

그로부터 12년 동안 개발팀은 파이넥스 완성에 진력을 다했다. 2007년 150만 톤 규모의 파이넥스 공정을 실현했고, 2013년에는 용량을 더 높인 3공장을 준공했다. 그리하여 부친의 소원대로 2015년 중국 수출이 가시화됐고, 연이어 인도에도 수출 길을 텄다. 사고 당시 개발팀장과 팀원은 충북 청원에 있는 '전태구 묘소'를 매년 참배

---

[2] 전범주 기자, "작업반장 희생이 일깨운 우향우 정신 … 파이넥스 세계로 날다", 〈매일경제〉, 2015년 2월 24일 자. 전범주 기자는 전태구 반장의 조카이다. 이 서술은 그 기사로부터 따왔다.

한다. 조카 전범주 기자가 쓴 기사는 팀장의 말을 이렇게 전한다.

"포기하고 싶을 만큼 힘들 때 전 반장이 솔선수범하다 순직했고, 우리는 죽어도 포기할 수 없는 그 무언가를 공유하게 됐다."[3]

파이넥스 공장은 매년 6월 8일 전태구 반장의 기일을 묵념으로 시작한다. 전 반장의 헌신을 기리고 안전에 대한 경각심을 공유하는 의례. 공유公有, sharing, 그렇다. 포스코 사람들은 작업안전에 대한 각별한 의식을 갖고 있다. 앞에서 서술한바, 공장에서 마주치는 직원에게 주임이나 파트장이 '엄지 척'과 함께 "안전"을 외치면 상대방은 "제일!"로 답한다. 계단마다 안전 표어가 붙어 있는 것은 물론, 몇 개의 파트를 묶어 통합 관리하는 안전책임자가 별도로 있다. 주로 직원들로부터 신뢰를 받는 장기근속자가 맡는다. 제철소 안전사고는 인명을 앗아 가는 대형사고로 이어질 위험이 크기 때문이다.

일단 안전사고가 발생하면 현장직 담당 직원이 달려가고, 설비팀과 파트장, 안전책임자가 즉시 모여 원인을 규명하고 수습방안을 논의한다. 고난도 기술을 요하는 사고라면 최고기술자인 명장이 합류한다. 모든 작업통제실 벽에 붙어 있는 'My M&S' 과제표에는 현장직 직원이 매 순간 체크해야 할 설비기계 항목이 열거되고, 개선할 사항이 연구과제로 명시된다. '내 기계와 안전My Machine and Safety'의 약자다. 그러니 얼마나 안전의식을 철저하게 공유하고 있는지 알 만하다.

---

3 위의 기사.

이 공유의식으로 탄생한 조직이 '주임 협의회'와 '파트장 협의회'다. 주임은 현장직원 4~5명을 감독하는 직책이고, 파트장은 10여명 정도의 주임을 관할하는 직책이다. 두 협의회 모두 안전문화를 정착하는 데에 우선 주력한다. 주임 협의회는 안전 스티커를 제작해 직원들에게 배포하고, 출근시간에 안전 캠페인을 수시로 벌인다. 안전문자 발송, 안전다짐 서명운동, 안전모 슬로건 부착 등 다양한 방법으로 전개한다.

파트장 협의회도 마찬가지다. 격월로 정문과 1문에서 안전 캠페인을 벌이고 현수막을 만들어 경각심을 일상화한다. 현수막 내용은 다양하다.

- '안전한 제철소를 만듭시다.'
- 'TBM 제대로 하기, 잠재위험 제거활동에 나섭시다.'
- 'Hazard-free 작업장, 파트장이 솔선합니다.'

안전 캠페인 입간판이 곳곳에 서 있고 안전돌이 조형물도 만들었다. 산업재해 위험이 많은 작업장이기에 안전에 관한 한 극성맞을 정도다. 사내 안전의식 공유 캠페인이 외부로 확장되는 것은 또 다른 노력을 요한다. 건물 화재가 빈번히 발생하는 한국에서 포스코의 사내 안전의식을 외부로 확장하는 방안을 차분히 모색하는 것이 중요하다. 안전의식을 시민사회와 공유하는 것, 말하자면 기업 업무의 사회적 연장이 이뤄지는 것이다. 포스코 사원들이 그런 일에 눈을 뜨기는 떴다.

예를 들면, 주임 협의회는 하기휴가를 활용하여 인근 월포해수욕장에서 공공질서와 안전을 위한 사회활동을 전개한 바 있다. 그것도 순차적으로 돌아가면서 24일간을 지속했다. 주차장 교통관리, 백사장 오물제거 및 주변청소, 일반 피서객 안전보호 등이 내용이었다. 휴양객들의 호평이 이어졌다. 주임 협의회는 활동상황을 점검하면서 '사회와의 이슈 공유 및 케어care 공유'가 중요하다는 사실을 새삼 깨달았다. 파트장 협의회도 공유된 안전활동에서 사회공헌활동으로 영역을 넓혔다. 제철소 인근 고령자를 대상으로 무료급식을 한다거나, 형산강 주변 오물제거 청소에 기꺼이 나섰다. 주임 협의회와 파트장 협의회가 매년 행하는 사회공헌 리스트는 점차 길어지는 중이다.

이런 공유의식은 급기야 재능공유로 나아갔다. 이른바 '재능봉사단'이 창설된 것이다. 광양제철소는 몇 년 전부터 총 13개 재능봉사단을 만들어 직원들이 가진 재능을 지역사회와 나누는 나눔활동을 전개했다. 자매마을에서 농기계 수리를 가르쳐 준다거나, 섬마을 청소년을 가르치는 활동, 취약가정 청소년 컴퓨터 수리 교육, 이미용 교육과 노인 대상 봉사 등 그 종류는 매우 다양하다. 제철소 인근 사회복지단체에서 웃음치료법을 전수하는 교육은 주민들에게 인기가 높다. 광양제철소에서만 재능기부 나눔활동에 약 1,500여 명이 참여한다.

이것은 제철소가 배양한 의식과 자산을 사회와 공유하기sharing다.

이쯤 되면 독일적 특성인 '더불어 사는 시민'의 한국판이라 할 수 있겠다. '더불어 사는 시민'을 독일어로 Mitbürger라 하는데, 이는 '시민bürger'에 '더불어mit'라는 접두어를 결합한 개념이다. 시민은 홀로 사는 존재가 아니다.

천부인권의 권리를 부여받은 존재로서 시민은 다른 시민들과 공존하는 지혜를 터득해야 했다. 재능 있는 자와 없는 자 사이의 불평등이 커지고, 빈자와 부자, 권력 있는 자와 없는 자 사이의 격차가 커지면 시민사회는 갈등과 반목으로 쪼개진다는 사실을 일찍이 터득한 존재다. 필자는 포스코가 넓혀 나가는 사회공헌의 의미를 과도하게 해석하고 싶지는 않다. 다만, 바로 이런 공유인식과 활동에서 우리가 필요로 하는 공존의 지혜, 즉 시민성civicness이 싹튼다는 사실만은 확인해 두고 싶다.

왜 시민성이 중요할까? 우리 주변을 잠시 둘러보자. 이기적 심성에서 발생하는 일그러진 자화상은 도처에서 발현한다. 몇 년 전, 부자동네로 알려진 강남에서 아파트 경비원이 자살한 사건이 발생했다. 경비 비용을 아끼려고 경비원을 상대로 재계약을 강요했는데 그런 조치에 불응하는 경비원들에게 주민자치회가 일괄 해고통지를 보낸 것이 화근이었다.

속사정을 들어 보면 양측 모두 할 말이 많을 것이다. 경비원이 근무태만이거나 주민이 하대했을 가능성이 있다. 민주노총의 재빠른 개입이 주민의 경계심을 촉발했을지도 모른다. 실제로 고용 연장과 최저임금 보장이라는 민주노총의 강수強手에 주민은 계약 파기로 맞섰다. 경비원은 최저임금 이하의 월급에 혼신의 힘을 쏟지 않았고, 주민은 월 2만 원의 추가 부담을 아끼려 해고를 불사했다. 강남 부자동네에서 공존의식은 증발했고, '더불어 사는 시민' 개념은 흔적이 없다. 동시대를 사는 사람끼리 주고받는 자제와 양보의 미덕, 공존의 지혜를 배양하지 못한 증거이기도 하다. 부자촌이었지만, 성숙한 시민Mündiger bürger은 아니었던 것이다.

이런 사건이 있은 후, 강북 아파트단지에서는 경비원 재계약이 순조롭게 이뤄졌다는 기사가 나왔다. 어느 단지에서는 경비실에 에어컨을 달아 줬다는 흐뭇한 기사도 보였다. 포스코 사원들에게는 이런 심성이 이미 '마음의 행로habit of the heart'로 자리 잡았다.

협소한 의미의 시민은 도시 거주민이나 특정 성향을 보이는 집단이겠지만, 보편적 의미의 시민은 프랑스 사상가 푸코Michel Foucault의 개념을 빌리면 '타인에의 배려'를 내면화한 존재, 공익에의 긴장감을 실행하는 존재를 지칭한다. 그것이 공공성이자 시민성이다.

루소가 말하는 도덕, 프랑스 사회이론가 뒤르케임Emile Durkheim의 시민윤리, 독일 사상가 하버마스Jürgen Habermas의 공공성publicness은 거의 동일한 개념이다. 공공성은 시민사회 구성원들이 서로의 이해를 조정하고 자제하면서 만들어 가는 개념이다. 사회이론의 딜레마가 극복되는 지점이 바로 이곳이다. 논리logic로는 극복되지 않는 그 원초적 딜레마가 윤리ethic로 치유되는 것이다.

전염성이 강한 사회공헌 바이러스는 이기심과 무관심, 탐욕과 욕망을 누르고 공감과 동정을 열심히 실어 나른다. 기업 업무의 사회적 연장선에 서식하는 이 바이러스가 이기적 심성을 이타적 심성으로 바꾸고 이심전심의 인식공간을 확장한다. '기업의 사회적 책임 CSR'이 기업이라는 법인法人이 아니라 그 기업에 몸담고 있는 직장인으로부터 시작한다는 평범한 인식이 포스코 사람들에게 익숙하기는 하지만, 공유시민의 수준에 도달하기까지는 먼 길을 가야 한다. 포스코 사원이면서 동시에 '성숙한 시민'이라는 이중적 역할을 내면화해야 하기 때문이다.

예를 들면 이런 모습이다. 2005년 겨울 독일 방문 때 '하르츠 IV'에 대한 논쟁이 거세게 일었다. 정부가 복지삭감과 세금인상이라는 환영받지 못하는 조치를 취하기 일보 직전이었다. 필자는 길에서 만난 익명의 사람들에게 인터뷰 형식으로 물어봤다. 답은 놀랍게도 비슷했다. 복지혜택을 받으면서도 놀고 있는 사람들을 '부도덕한 시민'이라 비난했다. 그러면서, 부도덕성不道德性을 일소한다면, 얼마든지 세금을 낼 수 있다고 했다. 복지삭감과 세금인상 조치를 환영해 마지않았던 것이다. 몇 년 전, 세금 10만 원 인상 발표에 들끓었던 한국사회와 대조적이다.

이런 의식이 바로 시민성의 발로인데, 성숙한 시민성이 저절로 형성되는 것이 아니다. 시민적 '마음의 행로'는 대체적으로 사회참여에서 형성된다는 것이 사회과학자들의 일반적 관찰이다. 시민단체, 자치단체, 주민회의 같은 곳에 참여해 의견을 개진하고 다른 사람들의 견해에 귀를 기울이는 것, 말하자면 익명의 시민들과 소통 기회를 많이 가질수록 성숙한 시민성에 다가간다. 포스코가 원래 내면화한 공公의식에서 공共의식으로의 변형과 확산은 사내 직원들과의 배타적 활동에서가 아니라, 익명의 시민들, 사회적 관심과 문제의식을 공유한 사람들과의 토론과 회합에서 발원하는 것이다.4

유럽 국가들은 성인의 시민단체 참여율이 보통 70~80%를 웃도는데, 한국은 고작 6%에 불과하다. 대신 동창회, 종친회, 향우회 같은 연고집단 활동이 두드러진다. 우리집단we-group은 종종 배타적이고 사익추구적이다. 공익을 우선하는 집단이 아니다. Mitbürger란 사익을 자제하고 공익을 우선시하는 성숙한 시민이다.

기업시민의 전제요건을 시민성이라 할 때 이를 '개별적 관점'과 '기업적 관점'으로 나눠 관찰하면 이렇다. 우선 개인의 관점에서, 포스코 사원들에게 익숙한 사회공헌활동도 중요하지만 시민의 자격으로 시민단체에 참여하는 것이 매우 중대한 또 하나의 요건임을 강조하고 싶다. 조사해 보지는 않았지만, 포스코 직원들의 시민단체 참여율 역시 5% 정도에 머물 것으로 짐작된다. 익명의 시민들과 정기적으로 만나 공적 쟁점을 토론하는 과정에서 공익적 인식과 비판적 사고가 형성된다. 말하자면, 봉사활동과 공헌활동에 '참여활동'을 부가해야 한다. 그러나 어렵다. 두 가지 난점이 존재한다.

첫째, 한국의 시민단체가 정치편향적 성격을 짙게 갖고 있다는 사실이다. 좌우 이념에 쏠려 있는 단체들이 대부분이다. 이런 편향성은 다른 국가 역시 사정은 비슷하지만, '낮은 참여율'이 더욱 강한

---

4 필자의 저서 《나는 시민인가?》(문학동네, 2015) 참조.

정치적 편향성을 낳는 불가피한 인과관계를 고려하면 그것은 일종의 악순환이다. 개별 시민의 높은 참여율이 시민단체의 정치적 중립성을 촉진한다. 따라서 정치적 편향성이 개별 시민의 가입을 막는 한국의 현실이 우선 개선되어야 할 필요가 있다. 가장 좋은 방법은 우선적 가입, 시민단체의 회원권을 구입하는 일이다.

둘째, 그런데 포스코 사원들은 자신들이 조직한 그룹활동에는 기꺼이 시간을 할애하는 반면, 개별적으로 가입한 단체에는 시간을 내기에 주저한다. 근무일에는 거의 시간을 못 내고, 휴무일에는 별도의 할 일이 산적해 있다. 자신이 선택한 사회공헌활동과 그 밖의 가족생활, 여가활동만으로도 벅차다. 사정이 이러하므로, '자율적 시민성'을 '마음의 행로'로 정착시키기가 난감하다. 우선 포항과 울산 지역 시민단체를 둘러보고 기꺼이 시간을 할애할 각오를 다지는 것이 필요하다. 사회와의 접촉을 시작할 때다.

셋째, 기업적 관점에서 포스코는 독일의 제약회사인 화이저^{Pfizer}만큼은 아니더라도 기업시민적 면모를 착실히 길러 오기는 했다. 과학체험관을 만들고, 문화시설과 문화활동에도 각별한 관심을 보였다. 독일 바이에른주에 위치한 화이저는 주민이 가장 아끼는 회사다. 주민의 놀이터이자 학습터이고, 과학체험관과 체육시설을 두루 갖추고 있다. 화이저가 바이에른주를 떠난다고 공표했을 때 주민들은 아예 화이저 주식을 구입해서 대주주가 됐다. 화이저는 바이에른주를 결국 떠나지 못했다. 기업시민의 전형이다.

포스코가 포항과 광양 지역에서 수행하는 프로젝트의 면면이 기업시민적 성격을 많이 띠고 있음은 주지하는 바다. 특히, 앞에서 소개한 기술대학의 기능이 그러하다. 취업 희망자들, 협력사 직원들에게 기술훈련을 제공하고 필요에 따라 고용기회를 제공한다. 기업시민의 중요한 요소다.

Mitbürger로서의 기업, 기업시민적 기능을 확장하고자 할 때 앞장에서 소개한 '지곡 테크노밸리' 구상과 결합하면 매우 진취적이고 실용적인 아이디어를 얻을 수 있다. 직업훈련, 기술전수, 재교육과 재훈련은 물론, 인력과 잡job의 매칭 기능도 할 수 있을 것으로 보인다. 독일 연방고용청, 스웨덴 노동시장국이 국민의 사랑을 받는 이유도 맞춤형 잡 매칭에 있다. 노동사무소의 기능이 매우 취약한 한국의 경우, 지역 소재 대기업이 직업훈련과 고용기회를 제공하는 공공기능을 수행한다면 한국적 기업시민의 훌륭한 전형이 될 수 있을 것으로 보인다.

'더불어 사는 국가'의 기업과 노조

"슈뢰더 씨, 지구를 떠나시오."

2005년 음산했던 독일의 겨울, 기민당 당사에 걸려 있던 현수막을 보고 놀랐다. 교양시민의 나라, 괴테의 나라에서도 이런 말을 내걸다니. '연금 사기꾼', '거짓말쟁이', '국민 기만자' 등이 당시 사민당-녹색당 연정을 이끌던 슈뢰더Gerhard Schröder 총리에게 쏟아진 야당의 독설이었다. 실업자가 500만 명, 실업률이 14%를 넘어선 시점이었다. 슈뢰더 씨는 지구를 떠나진 않았다. 대신 기민-기사당 연립정부에게 정권을 넘겼다. 독일의 흔들리지 않는 신념인 '사회국가Sozialstaat'의 회복을 위한 자진 헌납이었다.

사회국가social state란 시장경쟁이 인간의 존엄을 파괴하는 레드라인을 지키는 공동체적 국가이자, '더불어 사는 시민Mitbürger'을 존중하는 국가를 말한다. 슈뢰더는 그의 자서전에서 '문명사회적 민족공동체'라 명명했다. 독일은 1990년 베를린 장벽이 무너진 후 '유럽의 환자'였다. 10년의 경기침체는 독일의 자존심인 '라인 자본주의'의 기반을 침식했다. 슈뢰더는 당시를 이렇게 회상했다.

"현실을 직시하고 미래 징후를 더 심각하게 고려했더라면, 확신과 희망을 물거품으로 만들 격변의 와중에 서 있다는 사실을 조금 더 일찍 깨달았을 것이다."[5]

뒤늦은 깨달음은 없다. 깨달음은 개혁을 불러온다. 자신이 '신중도neue Mittel'라고 표현한 '제3의 길', 그것은 신 좌파로의 노선 전환을 뜻했다. 세금을 올리고 사회보장을 삭감했다. 노동권에도 손을 댔다. 단체협약을 느슨하게 풀고, 해고의 유연성을 늘렸다. 그러자 지지세력의 저항이 들불처럼 일어났다. 사면초가였다. 대중연설에 나선 슈뢰더 총리에게 달걀과 돌맹이가 날아들었다. "위협적인 상황에서도 나는 부상이 두렵지 않았다"고 그는 썼다.

---

5 게르하르트 슈뢰더(김소연 역), 《문명국가의 귀환》, 메디치, 2017.

누구도 환영하지 않았던 그 저주의 개혁은 결국 독일을 회생시켰다. 기민당 메르켈Angela Merkel 총리의 장수長壽는 슈뢰더가 그렇게 산화散華한 덕분이다. 지구를 떠나라고 외쳤던 메르켈은 슈뢰더가 도입한 개인연금 덕택에 총리직을 떠나지 않아도 됐다. 사민당 최대의 지지세력인 임금생활자와 노동조합을 등진 개혁은 그들의 미래를 살려 낸 대응적 조치였다. 6

'배신의 정치'는 흔히 하르츠 개혁Hartz reform으로 불리는 '어젠다 2010'에 고스란히 담겨 있다. 슈뢰더는 혼신의 힘을 다해 하르츠 법안을 통과시켰고 메르켈 정권이 그 덕을 톡톡히 보고 있는 중이다. 당시 구스타프 하이네만Gustav Heinemann 전 대통령은 슈뢰더 개혁을 전폭 지지하는 대중연설을 자주 했는데, 그 제목이 '두려움과 공상에서 벗어나: 더불어 살아가는 독일'이었다. '더불어 살아가는 독일!', 말하자면 공유시민의 사회적 확장 개념으로서 궁극적으로는 '사회국가'와 맞닿는다.

독일노동연맹DGB도 처음에는 실업급여와 연금삭감을 골자로 한 하르츠 개혁에 저항해 전국적 파업으로 정부와 맞섰다. 그러나 여론이 좋지 않았고 언론도 등을 돌렸다. 결과는 대패였다. 노동연맹은 즉시 국가정책의 진정한 파트너로 역할하는 '사회국가social state' 이념으로 돌아섰다. '자부심 있는 노동!working in honor!'을 다시 상기하며 노동 유연성을 높이는 방향으로 노선을 전환했다. 당시 독일의 노동

---

6 필자의 칼럼 발췌, "배신의 정치는 힘이 세다", 〈중앙일보〉, 2017년 9월 19일 자.

유연성은 OECD 국가 중 12위에 머물러 있었다. 7 노조는 기업에 해고권을 어느 정도 허용하는 데에 동의했다. 그리고 '일자리 나누기'라는 공동책임 정신을 발휘해 피해를 최소화할 수 있었다. 대표적인 사례가 폭스바겐이다.

10만 명을 고용한 독일의 폭스바겐은 1994년과 2004년에 유례없는 위기를 겪었다. 적자가 누적돼 도산 위험에 처한 것이다. 경영자는 3만 명을 정리해고 리스트에 올렸다. 그런데 노조가 '일자리 나누기'를 제안했다. 정리해고를 철회하는 대신 노동시간을 20% 단축하고 임금을 16% 깎는 데에 합의한 것이다. 노동시간 계좌제도 도입했다. 생산량 감산으로 줄어든 노동시간을 경기회복 시 증산이 이뤄지면 초과노동으로 갚는 것, 일종의 노동시간을 탄력적으로 운영하는 제도로서 임금의 변동은 없었다.

2004년엔 이런 아이디어를 한층 발전시킨 '아우디 5000 프로젝트'를 가동했다. 5천 명을 정리해고하는 대신 노동시간 나누기를 통해 이들에게 일감을 나눠 주는 기획이었다. 정리해고 대상자들은 기존 임금의 절반만 받았다. 폭스바겐은 2004년 위기를 별 탈 없이 넘겼다. 8 폭스바겐이 고급차 시장의 강자로 떠오른 배경에는 이런 일자리 나누기가 있었는데, 노사 간 기업시민 정신을 발휘한 사례다.

---

7 한국은 11위로 비교적 유연성이 높은 편인데, 정규직의 높은 안정성과 비정규직의 높은 불안정성의 평균이 만들어 낸 이상한 결과다.

8 〈프레시안〉 이대희 기자, "자동차산업 길 찾기 4: 노동자 살리고 실업자 고용하고 회사는 성장하고", 네이버 블로그, 2009년 6월 17일 자.

이에 비하면, 한국의 주력 대기업의 모습은 초라하다. 2016년 조선업이 극심한 위기에 직면했을 때 울산에서만 1만여 명의 하청노동자가 짐을 쌌다. 극심한 위기 앞에 기업도 다른 뾰족한 수가 없었다. 정규직 노조는 여전히 임금과 복지인상을 위한 협상에 매진했다. 자동차공장은 비정규직의 처지에는 아랑곳하지 않는다. 오직 '임금 최대화, 노동 최소화, 고용 최장화'를 위해 매진할 뿐이다.

'일자리 나누기'는 우선 노동연대를 필요로 한다. 노동시간을 양보하지 않은 채 비정규직의 정규직화를 외치는 것은 어딘지 모순적이다. 기업은 노사협의를 통해 임금보전 방법을 강구하고, 국가는 사회적 임금을 공여해서 노동자 간 내부 격차를 줄여야 한다. 노사 간 상생전략인 생산성 동맹은 꿈도 꾸지 못한다. 노조는 이익집단으로 변질했고, 기업 역시 사회적 책무에는 소극적이다.

제6장에서 살펴본 생산성 동맹은 복지와 사회민주화를 연결하는 현장조직이다.9 유럽의 노사협약은 대체로 노동과 자본의 '주고받는 정치'의 소산이다. 노동은 생산성 향상에 매진하고, 자본은 그 대가로 복지제공과 경영참여를 허용한다는 것이다. 복지제공은 증세로, 경영참여는 노동권의 강화로 구현된다. 이에 대해 노동은 작업에의 헌신과 생산성 향상으로 갚는다. 그러므로 노사연대勞使連帶는 복지국가를 작동시키는 가장 중요한 열쇠이다. 이것이 끊어지면

---

9 이 부분의 서술은 필자의 저서 《이분법 사회를 넘어서》(다산북스, 2012)에서 부분 발췌했다.

다른 영역도 작동을 멈춘다. 경영참여, 이익공유, 종업원 지주제, 부가연금, 공공주택 건립과 같은 사회민주화 조항들이 성사되지 않는다. 사회국가가 그냥 생겨나는 것은 아니다.

한국의 경우, 빈곤한 '일자리 정치' 역시 기업과 노동의 공공성을 가로막는 장애다. 한국의 노동시장기구는 거의 초보에 불과하다. 독일의 노동시장을 관할하는 연방고용청은 전국에 600여 개의 지부를 두었고 스웨덴은 지자체 구 단위로 노동시장국 지부가 운영되고 있다. 독일의 경우 연방고용청 1개 사무소가 인구 10만 명을 관리하고 있으므로 한국은 500개가 운영되어야 독일과 비슷한 수준에 도달한다. 그런데, 우리의 노동사무소는 전국에 70여 군데에 불과하고 직업안정센터, 인력은행, 직업훈련원도 14년 전 외환위기 때에 급조한 수준에서 한 발짝도 진전하지 못했다.

한국의 실직자들은 노동사무소가 어디에 있는지 모르고, 노동사무소 역시 관할지역 내에 누가 언제 실직을 당했는지 정보가 없다. 이런 형편이니 청년, 퇴직자, 고령자를 위한 프로그램을 만들어도 언제, 어디서, 어떻게 실행되고 있는지 누가 알 수 있으랴. 실직자가 애써 찾아가 취업 프로그램을 열심히 이수한다 해도 취업알선이 적정하게 이뤄지는지 의문이다. 한국의 실직자들은 노동사무소, 직업안정센터, 직업훈련원을 통해 재취업을 시도하기보다 친지와 친척 등 사적 네트워크를 활용하는 것이 더 낫다고 믿는다.

이런 상황에서 노동자들은 안심하고 생산에 임할 수 없다. 어느 날 갑작스럽게 정리해고 통지를 받았을 때에 생계 문제가 먼저 떠오르는 나라, 잡상인과 잡역부 외에 생계유지를 위한 다른 방법이 없는 나라에서 경제성장과 생산성 향상이 이뤄지고 있다면 그건 틀림없이 모순적 구조를 숨기고 있다.

한국인이 자랑스럽게 내세우는 '20K-50M 클럽'(인구 5천만 명과 1인당 국민소득 2만 달러에 도달한 나라) 가입이 이렇게 가능했다. 한국에서 일자리 정치가 얼마나 취약한지는 쌍용자동차, 기륭전자, 한진중공업 사태가 웅변적으로 말해 준다. 스웨덴의 자존심 볼보자동차의 사례는 쌍용자동차와 극한 대조를 이룬다. 10

미국 포드 사에 매각된 볼보는 2008년 3천여 명을 정리해고했다. 노동시장국을 비롯하여 직업보장협회와 직업안정기구들이 활발하게 가동되기 시작해 해고노동자의 생계보장과 재취업 혜택을 제공했다. 그 결과 2년 만에 60%가 복직 및 재취업이 이뤄졌고, 나머지 40%는 전직했거나 재적응 훈련에 임하는 중이다.

중국 상하이차에서 인도 마힌드라로 매각된 쌍용자동차는 2009년 2,600여 명을 정리해고했지만, 모두 대책 없이 뿔뿔이 흩어져야 했다. 2012년 여름에야 겨우 국회 차원의 대책반이 꾸려졌는데, 재취업, 복직, 재훈련 등 노동시장의 제도적 기반이 없는 상태에서 국회의원이 할 수 있는 여지는 작다. 일자리 만들기와 지키기가 제대로 이뤄지지 않을 때 미취업자, 실직자, 빈곤층과 저소득층을 위한 정책은 물론 사회적 책무 실행을 위한 사회국가의 길은 막힌다. 한

---

10 이서화 기자, "대안은 있다: 스웨덴 볼보의 경우", 〈경향신문〉, 2012년 6월 26일 자.

국은 일자리 관리를 냉혹한 시장경쟁에 그냥 던져두고 '보편적 복지', 공동체적 책임을 말하는 그런 국가다.

이런 관점에서 포스코의 과제는 무엇인가? 무엇보다 두 형제 제철소와 관련된 많은 기업군과의 협력적 공유관계를 우선 정비해야 한다. 포스코는 제철소를 중심에 두고 외주 파트너사, 납품 협력업체, 사내 관련기업군으로 구성된 거대한 항공모함이다. 이들 각각의 시장적 위치와 경쟁력, 고용조건 등이 너무 달라서 비합리적 불평등이 개재될 우려가 많다. 무조건적 평등화 조치는 불가능하고 또 바람직하지도 않지만, 각 기업군의 시장적 위치와 노동조건 및 현황을 정확히 파악하여 '더불어 사는 기업'의 전형을 만들어야 한다. 〈그림 10-1〉은 포스코를 구성하는 삼각三角 기업군을 그림으로 나타낸 것이다.

외주 파트너사는 포스코 작업공정에 들어와 직접 조업을 하는 기업군이고, 포스코 계열기업은 포스코 내 업무를 분장한 기업군, 납품 협력업체는 말 그대로 원자재나 부품을 납품하는 기업군이다. 각 기업군들의 작업환경, 임금과 고용형태, 사회적 지위 등이 너무도 달라 불만과 생산성 저하, 품질 저하의 중대한 원인이 되고 있다. 포스코 계열사만 하더라도 동일한 포스코 사원인데 임금과 복지혜택이 겨우 절반에 불과한 경우도 있지만, 외주 파트너사와는 달리 임금인상이나 고용조건 개선과 관련된 목소리를 잘 내지 못한다.

납품 협력업체 역시 마찬가지다. 포스코와의 엄정한 계약이 안정

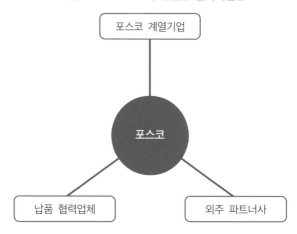

〈그림 10-1〉 포스코와 관련된 삼각기업군

포스코 계열기업

포스코

납품 협력업체   외주 파트너사

적 생산계획을 수립하고 적정 이익을 올릴 수 있게 해주지만, 근무
조건이나 기술교육 기회, 복리후생에서 포스코와 비교할 바는 아니
다. 포스코와의 동반성장! 수백 개에 이르는 납품업체가 원하는 꿈
은 공정계약과 적정단가로부터 나오고, 동시에 포스코 본사 차원에
서 행하는 상생 프로그램의 실천 여부에 달려 있다.

　오랜 기간 광양산업단지에서 납품 협력업체를 운영해 온 S회장은
포스코의 관리체계가 합리적 수준이라고 평가하면서도 고충을 더
적극적으로 덜어 줬으면 하는 내심을 조심스레 비쳤다.

　외주 파트너사는 앞에서 소개한 바와 같이 임금 수준이 정규직의
70% 선에 못 미치는 경우가 허다해서 불만의 근원이 되고 있다. 이
런 점은 납품업체 역시 마찬가지다. 물론, 노동시장에서 점하는 이
들 기업의 시장적 위치와 종업원들의 인적 자본이 포스코 정규직에

미치지 못하기 때문이지만, 삼각 기업군을 하나의 '포스코 패밀리'로 인식하지 못할 때 '스마트 팩토리'와 같은 화려한 꿈은 허망한 물거품이 된다. 광양제철소 인근에 위치한 협력업체단지의 모습은 그리 인상적이지 않았다. '선진적 산업단지'라고 말할 품격은 아직 갖추지 못했으며, 종업원들의 노무환경 역시 우려를 자아낼 만한 모습이 자주 눈에 띄었다. 안전의식? 글쎄다.

이런 관점에서 포스코는 이들의 안전의식, 기술교육, 임금 수준과 고용안정성, 직무환경 등을 일정 수준 끌어올려야 할 당면과제를 안고 있다. '더불어 사는' 기업정신을 우선 실천할 영역은 의외로 가까이 있다. 이른바 '상생相生모델', '공유모델'을 만들어 내야 한다.

기업시민을 향하여

공유시민과 사회국가 사이에서 징검다리 역할을 하는 것이 바로 '기업시민Corporate Citizenship'이다. 앞 절에서 관찰한 포스코 사람들의 자발적 사회공헌처럼, 기업도 '더불어 사는 시민' 정신을 가져야 한다는 말이다. 기업이 흔히 실행하는 기부활동이나 봉사활동 같은 소극적 차원을 넘어서 기업 스스로 사회적 책무를 개척하고 실천하는 조직행위자가 되어야 한다. 국가가 불평등을 낮추는 특정 정책을 강요하기 전에 기업이 먼저 제안해 실행하는 적극적 행위자로 나서야 한다는 말이다.

기업이 사회적 문제를 모두 떠안을 수는 없고, 그것을 모두 해결할 위치에 있는 것도 아니다. 또한 기업이 그런 행보를 취하기에는 한국의 제도적 기반이 매우 취약하다는 사실은 앞에서 지적했다. 노조의 이익집단화, 소극적 행보에 머무는 대기업 간 이익투쟁의 악순환 고리를 어떻게 바꿀 것인지가 우선의 화두일 것이다. 어려운 상황에도 불구하고 기업이 먼저 공동체적 책임정신을 발휘할 수 있도록 어떻게 물꼬를 틀지가 문제다.

포스코가 독일 기업의 사례처럼 그런 적극적 차원에까지 기업시민 정신을 발휘하고 있는 것은 아니지만, 그럴 개연성을 충분히 갖고 있다는 사실만은 분명하다. 기업시민을 향한 눈에 띄는 행보들이 발견된다. 다른 재벌 대기업과는 달리, 포스코 구성원들이 솔선한 사회공헌활동의 폭과 심도가 단연 두드러지기 때문인 것으로 보이는데, 기업 차원에서도 그런 모습이 나타나는 것은 어찌 보면 당연한 귀결이다.

가장 일반적인 형태는 문화재단, 사회공헌재단, 장학·학술재단 등 여타 대기업에서 흔히 채택하는 사회공헌활동 방식이다. 재단을 만들어 사회적 책무 실행 창구를 일원화하는 방식이 그것이다. 박물관, 과학관, 미술관 운영도 그런 목적에 기여한다. 본사와 계열사 임직원들이 업무 수행에 방해받지 않은 채 재단에서 마련한 프로그램에 참여하면 된다는 의미에서 수동적이며 소극적인 방식이다. 재단기금은 본사와 계열사가 일정 비율 분담해 갹출한다. 기금 마련과 운영에 임직원들의 자발적 참여 여지는 작다. 재단의 활동상은 서로 엇비슷해서 사회적 약자, 청소년, 다문화가정, 빈곤층 지원정책이 많고, 학술단체와 학술연구자, 과학자 연구지원, 시민단체 지원 등도 자주 등장하는 메뉴다.

포스코도 '포스코 청암재단'을 설립해 학술·교육 사업을 매우 적극적으로 전개하고 있다.[11] 아시아 국가 학생들을 유치해 교육 기회를 제공하는 사업은 장기적 안목에서 매우 중요한 의미를 갖는다. 임직원들의 참여가 두드러진다는 점에서 각별하다.

'사회적 책무 창구의 일원화'에 더하여, 포스코를 기업시민의 위치로 나아가게 하는 행보가 있다. 포스코가 시행하는 3가지 창의적 정책은 이런 관점에서 각별한 의미를 가진다. '1% 나눔재단', '임직원 솔선 솔루션 마케팅', '인재창조원의 기술교육'이 그것이다. 간략히 살펴보기로 하자.

첫째, 포스코 '1% 나눔재단'은 외견상 여타 문화재단이나 사회공헌재단과 유사해 보이지만, 활동내용이나 기금모금 방식에 있어 차이가 난다. 활동내용은 크게 세 파트로 구분되는데, 개발도상국 사업, 전통문화 계승사업, 미래세대 지원사업이 그것이다.

포스코 임직원들은 베트남에 스틸하우스를 지어 빈곤층 가족들에게 무상임대했다. 이름하여 '스틸빌리지'이다. 바리아-붕타우성 떤호아 지역 사찰 뒤쪽 창고에 거주하던 빈민가족들은 국제 NGO인

---

11 청암문화재단은 박태준의 호를 딴 문화재단이다. 활동내용은 장학사업, 아시아 장학생 유치, 연구비 지원 등 매우 다양하다. 홈페이지 참조.

2017년 6월 베트남 '스틸빌리지' 완공식

헤비타트habitat와 협력해 지은 총 104채의 스틸하우스에 보금자리를 틀었다. 새집에 입주하는 날 주민들은 눈물을 글썽였다고 한다. 현지 주정부, 포스코 베트남 지사, 포스코 임직원 글로벌 봉사단이 힘을 합쳤고, 여기에 포스코 대학생 봉사단인 '비욘드Beyond'가 참여했다. 봉사단원은 참여 후기에 이렇게 썼다.

"아무도 찾아 주는 사람이 없었는데, 한국에서 오셨다고요? … 안 해본 일이 없어요. 장애를 가진 딸을 키우며 아이들과 살아 보려고 공사장에서 막일을 해왔습니다. 남편은 떠났고요. 저희 가족 보금자리를만들어 주시다니 … ." 그녀는 계속 고맙다는 말과 함께 연신 고개를 숙이다 결국 울음을 터뜨렸다. … 12

또한 1%나눔재단은 미얀마 오지에 '스틸브리지'를 지어 오지 주민들의 숨통을 터줬다. 포스코가 보유한 스틸하우스 공법을 사회적 공익을 위해 활용한 것이다. 이와 동일한 취지의 사업이 한국 내에서도 진행됐다. 포항 지역 고령자를 위한 '해피스틸하우스', 광양 지역 시청각 장애인을 위한 '해피스틸복지센터', 서울 지역 청소년을 위한 '강북청소년드림센터', 그리고 인천 지역 유소년을 위한 '동구랑스틸랜드'를 준공해 기부했다.

공헌활동의 아이디어가 참신할 뿐 아니라, 재원 마련에서도 자발적 참여를 전제로 한다는 점에서 주목을 요한다. 1%나눔재단은 포스코와 계열사, 외주 파트너사 임직원이 매월 급여의 1%를 기부하고 회사가 그만큼의 액수를 매칭해 기금을 조성한다. 즉, 포스코 임직원들이 약정한 일정액의 월 기부금이 매우 중요한 몫을 차지한다. 다시 말해, 스스로 납부한 기부금을 자신들이 기획한 공헌 프로그램에 충당하는 것이다.

앞 절에서 소개한 벽화 그리기, 봉사활동, 지역활동, 음악회 등과 재능기부에 소요되는 운영경비를 자신들이 십시일반 모은 나눔재단 기금에 신청할 수 있다. 개인 기부금을 포함, 법인카드 포인트를 활용해 기금을 모은다. 법인체로서 기업이 영업이익의 일정 비율을 할애해 기금을 조성하는 것이 일반적이지만, 포스코는 임직원들의 자발적 기금 마련과 사회적 책무 실행의 주체성을 살렸다는 점에

---

12 2016 포스코 1%나눔재단 Annual Report.

서 기업시민의 본질에 한발 다가선다.

전통문화 계승사업으로 금속 분야 무형문화재를 지원하는 '이음 전', 제조업체 근로자를 찾아가는 전통음악회 '우영음'도 임직원이 참여하는 자발적 공헌 프로젝트다. 저소득층, 다문화가정, 빈곤청 소년의 잠재력을 개발하고 교육하는 '친친무지개 프로젝트' 역시 그 러하다. 총 예산은 매년 약 100억 원 내외여서 규모가 그리 큰 것은 아니지만, 국가와 사회의 손길이 미치지 않는 사각지대를 발굴하 고, 임직원들이 스스로 나서 '더불어 사는 시민' 정신을 구현하고 있 다는 점에서 특기할 만하다.[13]

둘째, 임직원이 솔선하는 솔루션 마케팅solution marketing이다. 솔루 션 마케팅이란 포스코 제품을 쓰는 고객회사가 설비를 갖추고 제대 로 가동할 때까지의 모든 공정에 필요한 현장기술을 가르치고 노하 우를 제공하는 서비스를 말한다. 일종의 고객 상대 서비스인데, 기 술인력이 부족한 중소기업에 기술자 고용비용은 물론 생산원가를 절감할 수 있는 기회를 제공하는 것이다. 대기업-중소기업 간 상생

---

13 최근 공공복지 사각지대를 발굴해 공헌활동을 펼치는 기업들이 늘고 있는 것은 매 우 바람직한 현상이다. 예를 들어, 한국가스공사는 사회공헌 브랜드 '온(溫)누리' 사업을 실천 중이다. 온누리 사랑, 온누리 희망, 온누리 어울림, 온누리 한마음 프 로젝트로 나눠 봉사, 재능기부, 지역상생, 에너지 공급을 하고 있다. 예금보험공 사 역시 '행복예감' 브랜드로 나눔활동을 한다. 김승수 기자, "봉사활동, 재능기부, 지역상생 … 세상을 온기로 채색합니다", 〈중앙일보〉, 2017년 9월 25일 자.

관계를 임원과 연구진, 기술자가 현장으로 파견돼 직접 구현하는 방식이다.

최근 대기업들은 사회적 관심에 부응해 협력업체와의 상생관계를 개선하는 데에 주력하고 있다. 협력업체에 납품대금을 선지급하거나, '파트너스 데이'를 개최해 동반성장의 비전을 공유하는 방식이 그러하다. 롯데는 협력업체 자금지원을 포함하여 청년 일자리 창출을 위한 기금을 조성했고, 삼성물산 역시 520억 원 규모의 상생협력 펀드를 만들어 800여 개 협력업체에게 편의를 제공한다.14 원청-협력업체 간 근로조건, 환경, 임금 격차를 줄여야 한다는 사회적 요청에 화답하는 기업시민적 행보라고 할 수 있다.

포스코 역시 500억 원의 상생펀드를 조성한 것은 그와 같은 취지이지만, 여기서 한 걸음 더 나아가 임직원과 연구진이 직접 현장을 방문해 지원하는 것은 기술전수 및 교육의 관점에서 자발적 기업시민 정신을 살리는 공헌활동이라 하겠다.

셋째, 인재창조원의 기술교육이다. 대기업들은 사내 인재개발원이나 인재교육원을 개설해 운영하는 것이 보통이다. 포스코의 인재창조원도 그런 기능을 수행하는데, 앞에서 살핀 노동시장 기제의 공적 역할을 담당한다는 점에서 특기할 만하다. 노동시장 기제는 보통

---

14 염지현 기자, "롯데의 상생경영"; 김영민 기자, "삼성물산, 협력업체 대상 파트너스 데이", 〈중앙선데이〉, 2017년 9월 25일 자.

정부가 관할하는 국가 차원의 노동력 관리 및 훈련 기구이다. 독일 연방고용청, 스웨덴 노동시장국이 그러하다. 전국 노동시장을 하나의 통합관리망으로 묶어 실업자와 구직자를 관리하고, 재취업자에게는 직업훈련을 해준다.

제6장에서 살폈듯이, 포스코의 사내 기술교육 프로그램은 대단히 촘촘히 짜여 있고, 신입사원은 물론 장기근속자도 기술 수준을 향상하기 위해 학습과 교육에 매진한다. 포스코의 경쟁력이 '학습조직'에서 나온다는 사실은 충분히 지적했다. 그런데 인재창조원이 개설한 '기술대학'이 공적 노동시장 기제 역할을 동시에 수행한다는 점은 여타 대기업과 다른 포스코만의 고유한 행보다. 기업시민적 성격이 여기에서 가장 두드러진다. 기능과 역할을 더욱 확대할 필요성이 절실하다.

사내 직원을 위한 기술교육을 넘어서 포스코가 외국의 연방고용청, 노동시장국과 같이 공적 기능을 수행하는 프로그램은 세 가지다. 취업희망자 대상 양성교육, 마이스터고와 일반고 학생 대상 인턴교육, 그리고 중소기업 컨소시엄 교육이 그것이다. 이 프로그램을 통해 양성된 기술인력은 지역 중소기업과 협력사에게는 공통적 인재 풀로 활용된다. 포스코를 넘어서 광범위한 인적 자본의 증진이라는 공익에 기여하는 사업이다.

취업희망자 프로그램은 2개월 과정으로 실무교육과 현장실습을 병행하고, 소정 과정을 이수한 자를 대상으로 면접과 실기를 통해 취업과 연계한다. 일종의 취업알선 프로젝트다.

고등학생 대상 인턴교육 역시 마찬가지다. 포항과 광양 인근 기업에 취업을 원하는 고등학생을 선발하여 사전 6주 교육을 실시하고, 이후 집합교육 3개월, OJT 9개월 과정을 이수한 자를 취업과 연계하는 프로그램이다. 영국 블레어 총리가 청년취업을 위해 국가적 차원에서 개발한 '뉴딜New Deal' 정책과 유사하다. 고용부가 노동시장 기제를 활용해 시행한 뉴딜 정책은 20만 명에 달하는 청년을 취업과 연계해 호평을 받았다.

한편, 협력사를 포함한 여타의 중소기업이 파견한 직원들에게 수준 높은 기술교육을 제공하는 프로그램은 일종의 동반성장 모형에 해당한다. 용접 및 크레인 운전, 기계 분야, 전기/계측 분야에 25개 과목을 개설해 가르치는데, 2017년 한 해에 850명이 교육을 이수했다. 2005년에 도입한 이 프로그램은 2016년까지 373개 업체가 협약을 맺고 총 인원 6만 명에 가까운 교육실적을 실현했다. 말하자면, 국가 차원의 노동시장기구 역할을 착실히 해내고 있는 중이다. 포스코의 창업정신에 내재된 '공公의식'이 '기업시민' 정신으로 발현된 결과다.

글로벌 기업:
사회적 책임, 사회적 가치

포스코 임직원들이 공公의식을 공共의식으로 확장해 공헌활동에 솔선하듯이, 철강기업 포스코는 그런 집합의식의 토대 위에 세워진 기업시민이 되고자 한다. 공민共民과 기업시민을 강조하는 이유는 공감과 동정의 지혜를 갖춘 '시민'이 중요하다는 사실을 자각하기 위함이다. 이기적 심성, 경쟁과 독점, 불평등과 격차, 이런 부정적 독소가 무성하게 번식한 한국사회에서 더 이상 경제성장은 불가능하고, 어렵게 성장 동력을 찾아내더라도 사회를 옥죄는 누증된 모순을 혁파하지 않고는 투쟁사회가 지속된다.

이것이 왜 이 시점에서 '시민'인가, '시민성市民性'인가를 자문해야 하는 이유다. 우리가 매진했던 '국민'으로 충분하지 않은가? 아니다. 마치 피륙이 씨줄과 날줄로 짜이듯, 사회 역시 '공동체적 연대'(시민)와 '국가에 대한 헌신'(국민)으로 엮인다. 하나가 빠지면 허술하다. 모래성이다. 한국사회는 여전히 공존, 공감의 지혜가 부족하다. 권리 주장이 난무하는 반면, 그에 따르는 책무의식은 낮다.

프랑스 사회학자 뒤르케임이 '사회는 항상 개인보다 우선한다', '자유는 규제의 산물이다'는 명제하에 사회의 역사적 형성과정에서 배양된 '집단양심collective conscience'과 '마음의 행로'에 주목한 이유도 공익적 긴장감을 불러일으키는 실체를 찾고자 한 실천적 관심 때문이다. 뒤르케임은 이렇게까지 단언한다.

"인간이 타인인 자기 동료에게 지고 있는 의무를 결정하는 규칙들이야말로 윤리의 최고점이다. 이것은 절정이며 다른 모든 것의 승화다."15

사회참여에 관한 연구에 의하면, 한국의 상층은 주로 '주창 그룹 advocacy group'에 참여한다. 주창 그룹이란 직업집단이나 이익단체를 지칭하는데, 그것이 지향하는 바는 보편적 이익이 아니라 특수이익이다. 반면, 중산층은 시민단체와 보편적 사회운동에 더 많이 참여한다. 어딘가 거꾸로 된 것 같지 않은가? 이런 실정에서 포스코 사람들이 그동안 배양한 공헌활동과 공익의식은 보편적 이익, 즉 공익 확산에 기여하는 매우 귀중한 자산이다. 이를 토대로 포스코가 기업시민적 성격을 심화해 나간다면, 한국사회에 절실히 요청되는 시민성 배양의 전선을 개척할 수 있다. 한국사회가 당면한 제반 모순과 폐단을, 우리의 일그러진 자화상을 모두 '시민성'으로 교정할 수 있다고 주장하는 것은 아니다. 다만, 사회적 재설계가 절실한 현 단계에서 우선 고민해야 할 시대적 과제가 바로 '시민성' 배양과 대기업의 기업시민적 전환이다.

글로벌 포스코로 도약하려면 포스코 특유의 CSR, CSV 구상을 마련해야 한다. 그것은 세계시장에서 인지도를 높이는 가장 빠른 길이고, 한국인은 물론 세계인의 사랑을 받을 수 있는 최선의 방법이다. 그것을 '포스코 기업시민 모델'이라고 일단 칭하자. 그 모델은

---

15 에밀 뒤르케임 (권기돈 역), 《직업윤리와 시민도덕》, 새물결, 1998, 53쪽.

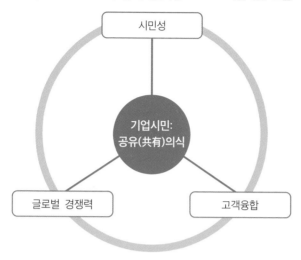

〈그림 10-2〉 포스코의 신 가치삼각형: 포스코 기업시민 모델

바로 제 3장에서 그림으로 보여 준 '신 가치삼각형'에 토대를 둔다.

시민성civility, 글로벌 경쟁력global competitiveness, 고객융합customization, 이것이 신 가치삼각형의 3대 요소인데, 앞 장에서는 그 중심부에 진정한 자아의식을 갖춘 '나我'를 두었다. 21세기 뉴 노멀시대에 '나'는 이제 '공유의식'을 갖춘 공유시민Mitbürger으로 전환한다. 포스코 특유의 공公의식이 공共의식으로 진화한 '공유의식'이 글로벌 포스코의 가장 핵심적인 '사회적 가치CSV'다.

공유의식은 '더불어 사는 기업'이자 아이디어를 서로 나누고 실행하는 가치다. 제철소에 내재된 '상상력의 미학'에서 '한계를 뛰어넘는', '유한의 경계를 허무는unlimit the limit' 집단지성이 터져 나올 수 있다. 그것도 공유의식의 발로다. 앞에서 서술했듯, 고용조건의 합리적 평등화로부터 창의적 아이디어의 소통과 개발, 공유에 이르기까지 글로벌 포스코의 미래 가치다.

거기에 3대 요소인 시민성, 글로벌 경쟁력, 고객융합에 걸맞은 사회, 경제적 프로그램을 개발하면 포스코의 '사회적 책무CSR'가 된다. 포스코가 이미 실행하는 사회공헌활동 프로그램과 봉사활동, 기타 사회활동을 위의 요소에 맞춰 개발하고 발전시킬 것이 요구된다.

최근 사회적 가치를 창출하는 데에 앞장선 SK가 시도하는 일련의 기획은 이런 관점에서 좋은 준거가 될 수 있다. 아예 재무제표에 기업이 창출한 사회적 가치를 화폐로 환산하여 새로운 유형의 재무제표를 작성하는 아이디어는 매우 신선하다. 또한 전국에 산재한 주유소를 활용하여 물류 네트워크뿐 아니라 사회적 가치 창출에 기여할 수 있는 아이디어를 공개 모집하는 시도도 이런 관점에서 돋보이는 노력이었다. 글로벌 포스코의 CSR을 이런 새로운 관점에서 재정비하고 창안할 필요가 있다. 지난 50년 한국에서 새로운 문명사文明史를 썼듯이, 향후 50년 세계 문명사를 이끄는 글로벌 기업시민이 되기 위한 선결요건이다.

특명: 미래세대를 매혹하라 11장

금융과 IT의 중심이라는 테헤란로 동편, 서울의 지하철로는 선릉역과 삼성역 사이에 포스코 사거리가 있다. 전시장과 함께 복합공간인 인근의 코엑스만큼 사람이 북적이지는 않지만, 앞쪽으로는 성종과 중종의 무덤인 선정릉宣靖陵이 펼쳐져 있고, 뒤로는 대한민국의 교육열을 대표하는 대치동 학원가가 자리 잡고 있다. 1995년 지하 6층, 지상 30층의 포스코센터가 세워지면서 이제는 포스코 사거리가 하나의 고유명사가 되었다. 포항과 광양의 제철소에서 느껴지는 웅대함과는 또 다른 묵직함이 포스코센터에 있다. 서울, 그것도 강남의 한가운데에 지역의 랜드마크로 자리 잡은 포스코센터를 중심으로 오늘도 수많은 사람들의 발길이 이어진다.

현대적인 모습의 센터는 제철을 기반으로 한 포스코의 이미지 제고에도 긍정적 기여를 한다. 쇠를 다루는 제철이 본원적으로 무겁고 둔중한 느낌이라면, 포스코센터를 통해 느껴지는 포스코는 무겁지

테헤란로에 위치한 포스코센터 전경

만 경쾌하다. 관심을 가지고 보지 않으면 그 존재를 인식하지 못하는 철처럼, 포스코는 요란한 과시 없이도 사람들의 일상 속에 녹아드는 기업이 되었다. 포스코를 상징하는 광고 카피, '소리 없이 세상을 움직입니다'가 아주 잘 어울리는 느낌이다.

대학생이 원하는 기업, 포스코?

기술과 노하우는 하루아침에 형성되는 것이 아니다. 오랜 경험과 함께 수많은 시행착오가 쌓여야 조금씩 축적되고 개발된다. 그 모든 것이 미래를 위한 암묵지暗默知나 잠재지潛在知의 형태로 자원화될 때 쌓인 시간은 효과를 발휘한다.

그 중심에 사람이 있다. 어떻게 과업과 시간을 조직하고, 선후관계를 정리하며, 핵심을 잡아 낼 수 있는지는 모두 사람의 일이다. 어떤 사람을 투입 혹은 배제할지에 대한 선택이 기업의 명운을 가르기도 한다. 인적 자본에 대한 중요성을 우리는 일찍부터 간파했다. 전사적으로 우선적 관심이 집중되는 것은 우수한 인재 선발이다. 어떤 기준에서, 얼마나 효과적으로 업무에 적합한 새로운 인재를 선발할 수 있는지가 기업의 역량을 좌우한다. 기업의 미래를 좌우하는 중대사이기에 고민이 깊을 수밖에 없다. 지원자의 입장 역시 마찬가지다. 자신이 인생에서 가치와 지향을 실현하는 과정에 대한 중요한 선택이다. 평생직장의 개념은 많이 약화되었다. 오히려 자신의 가치를 더 높게 인정해 주는 새로운 직장으로의 이동이 일반화된 상황이다.

포스코는 행운을 누리는 기업이다. 취업을 준비하는 대학생들이 적극적으로 입사를 희망하는 대상기업이기 때문이다. 포스코의 입장에서는 '행운'이라는 말이 다소 이해되지 않을 수도 있겠다. 포스코는 세계 최고의 기술력을 바탕으로 어느 기업에 뒤지지 않는 복지와 후생에 힘쓰고, 매년 각 대학을 순회하며 기업설명회도 연다. 인재를 찾기 위한 노력만큼 어쩌면 당연한 결과라고 생각할 수도 있을 것이다. 하지만, 세계화의 물결 속에 거대 다국적 기업과 수많은 국내 대기업들이 존재한다는 점을 고려한다면, 노력의 결과만으로 설명하기엔 어려운 점이 있다. 포스코가 선망의 기업이 된 특별한 무엇이 있는가? 최근 청년들의 기업선택 추세를 들여다보자.

매년 청년들의 취업 희망기업에 대해 조사한 자료를 살펴보았다.[1] 취업선호도 조사는 다양한 리서치기관에서 각자의 일정에 맞게 발표하는데, 전반적 경향은 비슷한 추세로 나타난다. 2000년 이후로 살펴보면, 2014년까지 삼성전자가 줄곧 1~2위를 차지하였고, 2013년부터 CJ가 두각을 나타내고 있다. 그 외에 한국전력, 현대자동차, SK텔레콤 등이 꾸준히 상위권을 차지했다.

포스코의 경우, 2014년까지 2~5위를 지켜 오다가 경영실적 부진

---

1 취업 포털 인크루트(incruit. com)와 잡코리아(jobkorea. co. kr)의 2002~2017년도 조사결과 참조.

의 영향으로 2015년과 2016년에는 6~10위권으로 떨어지며 하락세를 보였다. 하지만 2017년에 급반전했다. 취업전문 포털사이트 '인크루트' 조사에 따르면 포스코가 삼성전자, CJ를 제치고 2017년 대학생 취업선호도 1위에 등극한 것이다. 조사를 수행한 인크루트는 그 이유를 이렇게 설명하였다.

포스코의 이러한 선전에 대해 글로벌 공급과잉, 시황 부진, 보호무역주의 확산 등의 악조건에도 불구하고 8년 연속 WSD World Steel Dynamics 가 꼽은 '가장 경쟁력 있는 철강회사'에 세계 1위로 선정된 것이 큰 영향을 끼쳤다. 이와 더불어 대학생 봉사단 '비욘드', 홍보대사 '브랜드 앰배서더', 포스코건설 대학생 봉사단 '해피빌더' 등을 운영함으로써 대학생을 타깃으로 한 브랜드 제고활동에 적극적인 행보를 보인 것 역시 긍정적으로 작용했을 것이다.

그런데 인크루트에서 제시한 이유는 과연 타당성이 있는 것인가? 2016년에도 가장 경쟁력 있는 철강회사로 뽑혔는데 희망순위는 낮게 나타났다. 대학생을 대상으로 한 브랜드 제고활동도 새롭게 시작한 일이 아니다. 이전부터 꾸준히 해오던 일들이었기에 충분한 설명이 되지 않는다. 그래서, 포스코를 키워드로 한 2017년 1년간 뉴스 기사와 소셜미디어에 대한 빅데이터 분석도 실시해 보았는데, 특별한 내용은 잡히지 않았다.

포스코가 1위에 등극한 가장 중요한 이유가 뭘까? 객관적인 지표나 사실들 속에서는 그 이유를 찾기가 쉽지 않았다. 일단 취업을 준비하는 우리 청년세대의 가치관을 알아야 할 필요가 생겼다.

워라밸,
청년세대의 새로운 지향

요즘 다양한 매체를 통해 '워라밸'이 언급된다. 워라밸은 '워크-라이프-밸런스Work-Life-Balance'의 준말로, 일과 삶의 균형을 통해 여유를 가지고 일상을 영위하자는 의미다. 기성세대가 '하고 싶은 일'보다는 '해야 하는 일'에 우선성을 부여했다면, 워라밸 세대는 행복과 여가에 더 큰 가치를 둔다.

기성세대의 입장에서는 얼핏 이해하기 힘든 가치관이다. 워라밸 세대는 무엇을 하든 완벽함을 추구하기보다는 자신의 불완전함 그대로를 받아들인다. 자기애自己愛가 중요하고, 스트레스 제로를 추구하기 때문에 일에 매달려 자기 삶을 희생하고 싶지 않은 것도 이들의 특징이다. 자신myself, 여가leisure, 발전development 등을 다른 무엇과 바꾸고 싶지 않은 이들에겐 퇴근 후의 시간, 즉 저녁의 일상이 매우 중요하다. 정시 퇴근은 기본이고, '나에 의한, 나를 위한' 여가의 중요성을 강조한다. 직장에서도 '사축'(회사의 가축처럼 일하는 직장인), '프로 야근러'(야근을 밥 먹듯 일삼는 사람)2처럼 살고 싶지 않다는 의지가 강력하다. 확실히 이전 세대와는 두드러진 차이를 보인다.

이러한 경향은 대학생들의 '행복' 관련 SNS에 대한 빅데이터 분석과도 일맥상통한다. 청년들의 행복관은 무엇과 연결되어 있는가? 온라인 공간을 분석했다. 젊은 세대의 생각을 파악하는 데는 온라인 공간이 유용하다. 키보드를 통한 의견 표출에 익숙하고 자신의 얘기를 보다 자유롭게 쏟아 낼 수 있는 공간이기 때문이다. 온라인 공간에서 가장 활발한 커뮤니케이션이 이뤄지는 페이스북에 주목했다.

각 대학(학생회 포함)에서 운영하는 '대나무숲'(페이스북에 존재하는 익명 페이지)은 그런 목적에 가장 적합한 온라인 채널이다. 소속 학교의 공통성을 기반으로 일상의 관심사항과 감정적 공유가 활발히 나타나는 공간이기 때문이다. 전체 22,117건의 게시물을 수집하여 텍스트 마이닝 기법을 적용했다. 그리고 '행복'이나 '불행' 등과 연관 있는 감성 어휘들을 투입하고 필터링 작업을 거쳤다.

분석 결과, '행복'과 관련한 게시물은 1,512건(14.7%), '불행'과 관련한 게시물은 8,769건(85.3%)인 것으로 나타났다. 단순 수치로 보면, 행복에 대한 게시물보다 불행과 관련한 게시물이 6배 정도 많았다. 일상 속에서 지금의 젊은 세대들은 행복보다는 불행에 대한 언급이 그만큼 많다는 것이다.

팍팍한 현실과 앞으로의 미래에 대한 고민들을 고려할 때, 그 비중이 매우 클 것으로 생각되었던 취업과 관련한 언급은 예상보다 작

---

2 김난도, 《트렌드 코리아 2018》, 미래의창, 2017.

은 수치로 나타났다. 〈그림 11-1〉은 행복을 키워드로 하여 함께 언급된 주요 연관어들이다. 전반적으로 '소소한 일상 속에서의 소망과 불안'이 두드러진다. 미래에 대한 희망이 크지 않고, 불안과 불만이 많은 사회, 그리고 예측 가능성이 낮은 사회 상황 속에 지금의 청년들은 살고 있다. 그렇기에 관심은 거시적이고 추상적인 영역보다는 개인들이 직접적으로 마주하는 주변 환경에 머물게 되는 듯하다.

연관어로 나타난 '오늘', '항상', '늘', '지금', '매일'과 같은 단어를 통해 볼 수 있듯, 현재의 시간과 공간이 행복과 관련해서 더욱 중요하다. 사회가 자신의 미래를 지향할 수 있는 롤 모델을 충분히 제시해 주지 못하는 상황이기에, 장기적이고 거시적인 안목보다는 눈앞에 놓인 현실에 대한 추스름이 우선되고 있다.

행복과 관련하여 나타난 연관어 중 관심을 끄는 것은 바로 '쉼'이다. '쉼'뿐만 아니라 '여유'나 '방학' 같은 단어가 함께 나타나, 지친 일상에 대한 고단함이 고스란히 드러난다. 가장 관심 있는 분야라 생각했던 취업 관련 키워드나 학업 등의 성취를 의미하는 연관어는 찾아보기 어렵다.

제도권 교육에 발을 딛는 순간부터 경쟁은 시작된다. 경쟁을 뚫고 목표로 한 대학에 합격해도 행복한 느낌은 잠시뿐이다. 또 다른 경쟁이 기다리고 있기 때문이다. 대학 합격이 의미하는 것은 수험생을 벗어난 대학생이 아니라 '취준생'이 되는 것이라는 자조 섞인 얘기가 씁쓸하다. 그렇다면, 취업하고 나면 행복은 찾아오는 것일까? 그렇지도 않은 것 같다. 삶의 질을 보장받을 수 있는 일자리는 제한적이고, 그런 자리라 하더라도 기대했던 것과는 너무도 다른 현실을 체험하며 또 다시 고민은 시작된다. 청년세대가 주목하는 가치는 다른 곳에 있었다는 뜻이다.

오히려 찌들어 있는 현실과 일상에서 잠시 벗어나 한 자락 여유를 가질 수 있는 시간을 통해 행복을 느끼는 경우가 훨씬 흔하게 출현한다. 취업난과 혼란스러운 사회현실에 지친 청년들이 일상의 소소한 행복에 매달리는 건 비단 우리 사회만의 현상은 아닌 듯하다. 한동안 세계적으로 유행한 '휘게hygge'(안락하고 쾌적한 삶을 뜻하는 덴마크어)에 청년세대가 열광한 것도 비슷한 맥락이다. 혼자의 힘으로 바꿀 수 없는 거대한 사회적 장벽 앞에 나름의 진지陣地를 마련한 것으로도 볼 수 있다. 치열함만으로는 내일을 준비하고 대비할 수 없기 때문이다.

일하고 싶은 기업의 조건

이런 상황인식을 가지고 포스코로 돌아오자. '워라밸'이든 '휘게'든 젊은 세대의 가치와 지향은 변화하고 있지만, 여전히 포스코는 많은 이들이 선호하는 '일하고 싶은 기업'이다. 무엇 때문에 이러한 선호가 나타나는지, 또 앞으로 새롭게 포스코 가족이 되는 청년들에게 어떤 비전을 제시할 것인지에 대한 고민이 필요하다. 그래야 지금의 선호도 지속될 수 있을 것이다.

포스코의 지난 50년 중 30년은 '박태준 정신'이 핵심 동력이었다. '제철보국', '우향우 정신'으로 대표되는 포스코 정신은 개발시대는 물론이고 아직도 여전히 유효하지만, 그 강도는 예전만 못하다. 사회도 변했고, 사람도 변했기에 기업 또한 변하는 것이 마땅하다. 그렇기에 더욱 포스코의 성장에 기반이 된 우수한 인재등용은 여전히 유효하다. 변화하는 환경 속에서 이제는 은퇴한 노°사장의 근심 어린 한마디는 인재의 중요성을 다시금 되새기게 만든다.

새로운 변화를 맞이하고 있는 지금 시점에서 한 가지 걱정은 인력구조예요. 아무래도 포스코의 성장을 위해서는 철강이 잘되어야 하는데, 일본의 예를 봐도 그렇고 철강업의 특성상 우수 인력의 확보가 중요해요. 다른 기업보다 우리가 나은 편인데 … 문제는 포스코의 발전을 가져왔던 우수 인재, 경험 인력들이 지금 스위치되고 있는 상황이라는 거지. 그 자리를 어떻게 다시 메울 것인지 … . 3

포스코는 새로운 환경 속에서 늘 개척자의 심정으로 일해 왔지만, 또 다른 도전에 직면해 있다. 바로 인력구조의 변화이다. '불철주야', '헌신'과 같은 애기가 일반적이었던 성장 시기의 주역들이 은퇴하고 있다. 과거에 비해 많은 공정이 자동화 시스템으로 대체되어 물리적 노동력의 중요성은 줄어들었다. 그럼에도 우수한 인재와 숙련된 기술은 포스코의 지속적 성장을 위해 필수적이다.

우선, 우수한 인재를 선발하는 것이 중요하다. 다른 곳에서 근무하는 인력을 스카웃하는 방법도 있지만, 그보다는 많은 우수한 사람들이 포스코의 문을 두드리게 해야 한다. 최고의 취업선호도에서 나타나듯이 이미 그런 상황이라고 할 수 있지만, 특별한 대책이 없다면 어느 순간 급전직하할 수 있다. 일하고자 하는 기업을 선택하는 것도 사람의 마음이 결정하는 일이기 때문이다.

그렇다면 포스코가 다른 기업에 비해 직원들의 마음을 얻는 점을 살펴보자. 포스코는 2011년부터 시차時差출퇴근제를 운영해 왔다. 업무의 특수성 때문에 제철소 현장직원들에게는 적용이 어렵지만, 본사 전 부서 직원이나 제철소 행정부문 직원들은 필수근무 시간인 오전 10시부터 오후 2시를 중심으로 하루 8시간, 주 40시간 범위 내에서 자유롭게 출퇴근 시간을 조정할 수 있는 제도이다. 많은 직원들은 어학공부와 같은 자기계발이나 자녀양육을 위해, 또 업무적으로는 심야집중 연구 수행 등을 위해 효율적으로 이 제도를 활용하고

---

3 K고문 면담기록.

있다. 또한, 2017년부터는 기존의 제도를 더욱 확대한 '육아지원 근무제도', '완전자율 출퇴근제', '전환형 시간선택제', '직무공유제' 등을 운영하여 직원들의 워라밸을 충족해 나가고 있다.

직원들을 위한 제도 운영은 직장에 대한 애착으로 연결된다. 포스코에서 공시한 2017년 3분기 보고서를 기준으로 할 때, 포스코 직원의 평균 근속연수는 19.7년으로 나타났다. 다른 기업들과 비교했을 때 월등히 높은 수치로, 안정된 직장으로 알려진 국민건강보험공단(19.4년), 현대자동차(18.9년), 한국전력(17.4년) 등보다도 훨씬 높게 나타났다. 평균 근속연수가 높다는 것은 그만큼 직원들이 회사 생활에 만족하고 안정된 생활을 영위하고 있음을 의미한다.

현재의 삶에 대한 만족과 함께 미래를 위한 비전 제시와 혁신 추구는 젊은 세대의 직장 선택에 중요한 요소다. 앞서 본 새로운 세대가 꿈꾸는 워라밸은 삶의 방식이자 지향하는 가치다. 일과 여가의 균형은 중요하다. 하지만, 삶 속에서 일의 불가피성을 고려할 때, 어떤 일을, 어디에서, 누구와 하는지 역시 중요하다. 그리고 내가 속한 기업이 어떤 비전을 가지고, 변화에 얼마나 적극적으로 대응하는지는 구성원의 자부심에 특히 중요한 요소다. 시장에서의 경제적 성과만큼이나 말이다.

(포스코는) 사람들이 생각하는 것보다 훨씬 빠르게 변화에 적응하는 것 같아요. 우리 랩에서도 현장 분들을 만날 기회가 있는데, 지속적인 기술 개발이나 적용이 매우 빨리 나타나는 걸 보고 놀랐어요. 스마트

팩토리의 도입도 그렇고, 고로를 운영하는 데 빅데이터를 활용하는 것도 그렇고, … 포항에 있으면서 포스코에 대한 생각이 많이 바뀌었어요. 오래된 전통 기업의 이미지에서, 준비하고 변화하는 기업으로 말이죠. 4

포스텍 대학원생의 애기처럼 포스코의 혁신을 위한 변화는 진행형이다. 2016년 6월 포항 공장에 스마트 팩토리가 구축되면서 언론의 관심이 집중되었다. 특히 스마트 팩토리 운용의 핵심인 포스프레임PosFrame은 포스코가 자체 개발한 산업용 운용 시스템OS이다. 4차 산업혁명의 필수 요소인 사물인터넷IoT, 빅데이터, 인공지능AI 기술이 결합되어 생산제품의 오차를 획기적으로 줄이고, 생산비 절감은 물론 작업 안정성 제고에도 큰 도움이 되었다.

이 소식은 언론 보도는 물론 취업정보를 다루는 포털에서도 다수 발견되었고, 많은 취업준비생들이 열람한 것도 확인할 수 있었다. 이런 요인들이 청년들의 관심을 끈다. 청년들은 변화에 열려 있는 기업에 대한 선호가 높다. 혁신 의지는 기업의 건강한 생존과 발전을 위해서도 필요하지만, 젊은이들의 직장 선택에도 중요 요소로 작용한다.

2017년 인크루트 조사에 나타난 좋은 직장의 요소는 구성원으로서의 자부심, 낮은 인력감축 위험, 확고한 수익기반, 즐겁게 일할

---

4 포스텍 대학원생 L씨 면담기록.

수 있는 분위기였다. 포스코의 경우 구성원으로서의 높은 자부심과 낮은 인력감축 위험 측면에서 오랫동안 최고의 위치에 있었고, 수익 기반 역시 다른 기업에 비해 확고하다고 할 수 있다. 아울러 새로운 기술 도입과 변화를 위한 혁신에서도 포스코는 남다른 노력을 하고 있다. 그 결과 혁신을 통한 시장 선도와 이를 기반으로 한 성장, 그리고 성장을 발판으로 한 새로운 혁신의 창조라는 순환성장 모델이 가능했다. 아마 이런 요소들이 그동안 꾸준히 혹은 새롭게 부각되며 취업을 준비하는 청년들에게 강하게 어필한 것으로 보인다.

사토리 세대, 앞서 살펴본 우리의 워라밸 세대 특성을 가진 일본의 청년세대를 지칭하는 말이다. 여기에서 사토리さとり는 깨달음, 득도得道를 의미하는 단어로, 1980년대 후반 이후 태어난 젊은이들의 특성을 일반화하는 개념이다. 장기적인 경기침체 속에서 자라나 꿈이나 목표를 가진다 해도 실현이 어렵다는 걸 잘 아는, 성공의 의지보다는 현실에 대한 타협이 일반적인 세대라는 의미이다.

이런 양상을 놓고 봤을 때, 현재의 청년세대가 가진 특성은 비단 우리만의 것은 아닌 듯하다. 부족한 자원과 이로 인한 극심한 경쟁은 불굴의 의지보다는 현실에 대한 회피를 우선 선택하게 만들었다. 그렇다고 생각이 없거나 비합리적인 것은 아니다. 오히려 정보화로 인해 과거 어느 때보다도 습득하는 정보의 양은 많아졌다. 부족한 자원과 넘치는 정보라는 조건은 자신에게 부여된 몫에 대한 적극적 권리 추구로 이어진다. '갑질'과 '특혜'에 분노하는 만큼 '공정公正'에 대한 요구도 비례하여 나타난다. 때문에 입사에서부터 승진 과정에 이르기까지 공정의 원칙이 얼마나 준수되는지 지속적인 관심이 필요하다. 공정은 기업에 대한 평판은 물론 구성원의 사기에 직접적인 영향 요인이기 때문이다. 과정과 결과의 공정이 안정적으로 나타난다면 현재와 같은 포스코에 대한 청년층의 선호는 앞으로도 계속될 것이다.

다만 한 가지, 이와 함께 혁신과 성장을 지속시키고 우수한 인력 충원을 안정적으로 가능하게 하는 '즐거운 일터'에 대한 점검이 필요하다. 좋은 직장의 조건에 있어 최근 두드러진 관심은 즐겁게 일할 수 있는 분위기다. 청년들의 변화된 가치관이 많이 반영된 내용이다. 이 부분이 충족되고, 또 그런 사실이 전파된다면 포스코는 앞으로도 계속 가장 일하고 싶은 기업이 될 것이다. 무엇이 필요할까? 즐겁게 일할 수 있는 분위기가 마련되려면 적어도 두 가지 조건은 충족되어야 한다. 하나는 일하는 영역 내에서의 요인이고, 다른 하나는 직장을 둘러싼 생활공간과 제반환경에 대한 만족이다.

소통을 위한 감정이입 훈련

철강산업의 특성상 혼자 할 수 있는 일은 거의 없다. 때문에 포스코에 입사하면 협업의 중요성이나 협력의 가치를 충분히 내면화하게 된다. 또한, 뜨거운 쇳물로 대표되는 장치산업의 특성상 작업장에서 무엇보다 중요한 요소는 안전이다. 자칫 발생할 수 있는 사고의 위험 때문에 업무 수행 시 긴장의 끈은 항상 단단히 틀어쥐고 있어야 한다. 이런 요소들이 기업문화의 질료다.

○ 박사: 포스코는 특유의 으쌰으쌰 문화가 강한 것 같아요.

○ 상무보: 그렇죠, 다 같이 으쌰으쌰 그런 문화. 특히 광양에 근무할 때는 제철소 사람들이나 이런 사람들은 모이는 경우가 많았는데.

○ 박사: 처음에는 되게 어색해요. 그런 부분이 되게 어색했는데. 근데 나이 먹으며 점점 괜찮더라구요. 어떻게 보면, 요새 신세대 입장에서 보면 좀 적응하기 힘든 약간 군대 같은 조직문화라고 할까, 전체적으로 일사불란하게 움직이는 그런 느낌 같은 게 있어요. 요새는 많이 없어진 측면이 있는데 뭐 다른 회사에 비하면 강압적인 분위기만 없어진 거지 조금씩 아직은 있는 것 같습니다.[5]

포스코 조직 특유의 강고함은 두드러져 보인다. 박태준 정신으로 똘똘 뭉쳐 생사고락을 같이해 온 동지들은 그렇게 느끼지 않을 수 있다. 하지만, 워라밸을 지향하며 살아가는 지금의 젊은 세대들에게는 달리 느껴질 가능성이 있다. 물론 연령을 기준으로 하여 집단화된 세대 간 인식의 차이는 비단 포스코만의 문제는 아니다. 우리 사회에서 세대 간의 인식 차이 때문에 발생하는 갈등은 이미 심각한 상황이다.

---

5 포스코 R&D센터 면담기록.

어떻게 극복할 수 있을까? 지하철에서는 물론이고 걸어가면서까지 스마트폰에 몰두하는 젊은 세대를 바라보며 기성세대는 막연한 이질감을 느끼게 된다. 또한, 젊은 세대의 입장에서는 자신들의 사회적, 경제적 기회를 막고 있는 기성세대의 기득권이 여간 못마땅한 게 아니다. 아이러니하게도 상호이해에는 소통이 필수적인데, 소통의 도구인 스마트폰이 일상화되면서 오히려 세대 간 소통의 양은 줄어들고 있다. 소통의 엔트로피entropy, 즉 양적인 차원에서의 소통은 증가하지만 그 범위가 세대를 가르는 것이 아니라 서로의 집단 안에 머물러 있는 경우가 일반적이다. 때문에 소통의 양은 증가하지만 상호이해를 위한 소통은 지체하는 현상이 계속 반복되고 있다. 세대 간 인식 차이는 더 벌어질 수밖에 없는 것이다.

직장 내에서의 관계도 마찬가지다. 대부분의 직장이 연공서열이나 직급에 기반한 위계구조로 짜여 있기에 자연스레 연령 중심의 질서가 일반적이다. 물론 연령차가 있다고 인식의 차이가 항상 존재하는 것은 아니다. '세대 인식의 오류', 즉 세대를 동질적 집단으로 전제하는 것도 섣부른 판단이 될 수 있다. '세대는 하나의 동질적 단위이며, 세대 내부적 차이는 다른 세대와의 차이에 비해서 사소한 것이다'라는 생각은 세대 범주의 독특성을 드러내기 위한 말이다. 세대에 대한 생각이 자칫 선입견이나 편견으로 작용하여 불필요한 오해를 가져올 위험을 인식하자는 것이다.

즐겁고 행복한 직장생활을 위해 서로의 '다름'을 보다 적극적으로 수용하는 것이 중요하다. 그것이 사회화 경험을 달리하는 세대 간의 특성이든, 아니면 그 사람만의 개인적, 심리적 이유 때문이든 다른 것을 틀린 것으로 단정 짓는 방식을 탈피하자는 것이다. 다른 것을 인정하면 서로의 관계 속에서 접점이 만들어질 수 있지만, 틀린 것으로 단정하는 순간 남는 것은 단절과 복종이기 때문이다.

인터뷰에서 볼 수 있듯이, 어색하고 생경했던 포스코의 문화는 시간이 지나며 수용된다. 나아가 오히려 선호되는 경우까지 생긴다. '모든 것은 시간이 해결해 준다'는 말도 있지만, 방치하지 않고 서로 다른 생각과 생활방식을 이해하려는 노력이 더해진다면 어색하고 생경한 시간은 대폭 줄어들게 된다. 좋은 직장에 필수 요소인 '즐겁고 행복한' 시간이 증가하게 됨을 의미한다.

물론 소통을 위한 포스코의 노력은 이미 지속적으로 나타났다. 안정적이고 제도적인 소통을 위해 다양하고 독특한 방법들을 만들어 내고 있는 것이다. 대표적인 것이 '톡톡Talk Talk캠프'이다. 입사 5년 이하 저근속 직원과 직책 보임자가 함께 참가하는 캠프로, 소통 특강, 역할 심리극, 공감 토크 등을 통해 서로의 이야기를 들으며 계층 간·세대 간 이해를 도모한다. 또 2017년에는 직원들이 제안한 제도가 실제 회사에 제도화되는 '사내 조직문화 아이디어 공모전'도 생겼다. 직원들이 제안한 아이디어 중에서 많은 사람들의 공감을 얻는 것은 상금과 함께 회사의 제도로 반영되는, 포스코만의 독특한 소통증진 수단이다.

즐겁고 행복한 직장생활을 위해 필요한 것은 결국 갈등에 대한 태도이다. 일반적으로 갈등은 언제나 나쁜 것이고, 그렇기에 피하거나 없애야 하는 것으로 간주된다. 하지만 꼭 그런 것만은 아니다. 앞에서 얘기한 다름이 해소되며 동화同化나 동조同調로 연결되는 과정이 될 수 있기 때문이다. 어떻게 다른 환경에서, 다른 경험을 하고 성인이 되어 만난 사람들이 처음부터 조화로울 수 있겠는가? 다름의 상황 속에서 상호작용하는 관계라면 오히려 갈등이 존재하는 상태를 비정상이 아닌 지극히 정상적인 것으로 여길 필요가 있다.

사회학자 리처드 세넷Richard Sennett의 '협력의 기술'은 이런 관점에서 매우 유용하다. 그의 주장은 사회적 관계 속에서 협력을 위해 '타인에 대한 우리의 반응 능력, 즉 대화를 나눌 때 상대방의 말을 듣는 기술을 갈고닦아라! 작업장에서, 그리고 일상에서!'로 요약된다. 세넷은 이를 위해 필요한 실천적 기술craft도 제시한다. 공감sympathy으로 나아가는 전 단계인 감정이입empathy이 필요하고 중요하다는 것이다. 6

공감은 '난 네가 느끼는 것을 똑같이 느낀다'는 의미로, 타인을 자신과 동일시하는 정서다. 어렵다. 반면, 감정이입은 차이를 인정하며 시작된다. '난 네가 느끼는 것을 똑같이 느낄 수는 없다. 하지만 나는 네가 느끼는 것에 관심을 갖고 있다.' 감정이입은 차이에 대한 인식을 바탕으로 나와는 다른 타인을 존중하려는 능력이자 태도이다. 공감이 어렵다면, 감정이입을 우선 실천하라! 청년을 매혹하는 하나의 방법이다.

---

6 리처드 세넷(김병화 역), 《투게더》, 현암사, 2013.

청년 매혹의 조건:
근무환경과 생활환경

포스코의 사업장은 제철소가 위치한 포항과 광양, 그리고 서울의 본사와 R&D센터를 중심으로 한 송도로 크게 나뉜다. 포항과 광양은 주거에 소요되는 비용이 서울에 비해 상당히 매력적이다. 같은 연봉이면 포항, 광양의 생활이 더욱 여유롭다. 하지만 수도권 근무지에 집착하는 직원들도 많다. 포스코는 순환보직(지역 순환근무)을 통해 이러한 직원들의 만족도를 높이려고 한다. 물론 신입사원이나 일부 주요 직무 수행자는 생산현장에서의 역량 향상을 위해 포항과 광양에서 근무할 수밖에 없다. 다양한 요구를 효과적으로 반영하기 위해 일정 기간 후 직무와 지역을 바꿔 주는 것이 순환보직 제도의 핵심이다.

포항과 광양에서 만난 장기근속자들의 경우, 이제는 지역에 동화되어 오히려 타지로의 이주를 걱정하는 상황이다. 역으로 신입자에겐 포항과 광양이 낯설게 다가온다. 지역 출신들이 수도권으로의 진출을 희망하는 추세도 늘고 있다. 선호도와 정서가 서로 엇갈린다.

포항과 광양 모두 천혜의 자연조건을 뽐내지만, 서울에서 너무 멀다는 점을 많이 얘기한다. 달리 생각하면 풍요로운 자연환경은 그래서 가능하다. 포항은 천년 고도 경주와 지척이고, 대구나 부산, 울산 등과도 1시간 이내에 오갈 수 있다. 광양 또한 여수, 순천은 물론이고 하동, 남해를 곁에 두고 있다. 지진의 여파로 관광객 수가 주춤하기는 했지만, 포항의 관광객 수는 해마다 큰 폭으로 늘고 있고, 남해안을 찾는 인파가 증가하면서 광양에 대한 관심도 아울러 증가하고 있다.

두 곳 모두 풍부한 먹거리와 볼거리를 바탕으로 삶의 질을 고려한다면 최상의 입지라 할 수 있겠다. 다만, 문화 관련 시설의 규모나 숫자는 대도시에 비해 상대적으로 부족하다. 포스코의 지원이 계속되고 있지만 아직 지역주민들을 만족시킬 만한 수준까지는 올라오지 못했다. 수도권에서 멀기 때문에 입사를 망설이게 되는, 혹은 입사해서도 수도권 근무지에 집착하게 되는 바를 이해 못 하는 것은 아니다. 하지만, 지역만족도를 높여 그것을 오히려 입사 유인요소로 만들 수는 없을까? 인터넷 기업인 다음카카오의 사례가 그렇다.

네이버와 함께 우리나라의 대표적 인터넷 포털기업인 다음카카오 DaumKakao 본사는 제주도에 있다. 판교에도 사업장이 있지만, 다음 Daum 시절부터 본사를 제주도에 둬왔다. 2004년, 서울에서 제주로 본사 이전을 발표했을 때 직원들의 동요는 상당했다. IT기업이기에 굳이 수도권을 고집할 필요가 없다는 생각과 지역 발전을 위한 기여라는 사회적 가치가 작용했다. 하지만 생활의 근거지가 바뀐다는 점에서 직원들의 고민은 계속되었다. 일단 전체 직원 중 절반인 500명을 제주도로 보내기로 결정하고 자발적 지원자를 모집했다. 역시 순조롭지 않았다. 매달 생활 정착비로 100만 원을 더 지원해 주기로 했음에도 지원은 그리 크지 않았다. 연봉으로 따지면 1,200만 원, 당시 다음 직원들의 연봉 수준을 고려하면 약 30%의 임금인상이었음에도 주저함은 계속되었다.

10년이 지난 현재는 상황이 완전히 달라졌다. 별도의 지원금이 없음에도 오히려 판교보다 제주로 가려는 직원들이 더 많은 상황이다. 무엇이 이런 변화를 가능하게 한 것일까? 아직 제주에는 백화점도 하나 없고, 공연장과 같은 문화시설은 그야말로 척박한 상황이다. 원래 뛰어났던 자연환경이야 변함이 없고, 문화와 교육 환경 쪽으로 나아진 것도 별로 없는데 선호의 변화는 어떻게 가능했는지 궁금했다.

두 가지 이유였지만, 따지고 보면 하나로 귀결된다. 예상대로 지역 생활에 대한 만족도가 높다는 것, 삶의 질이 결국 이유였다. 풍부한 먹거리와 볼거리가 존재하고, 오롯이 자신만을 위해 쓸 수 있는 시간이 많아졌다. 여가생활과 자기개발에 집중할 수 있는 여유가 커다란 장점이었다. 자부심 또한 지역 생활의 긍정적 요소다. 서귀포에 혁신도시가 세워지면서 5개 기관이 이주해 왔지만, 제주에서 다음카카오가 갖는 위상은 여전히 매우 특별하다.

다음카카오의 사례는 포스코에 시사하는 바가 크다. 포항과 광양이라는 지역에서 포스코가 갖는 중요성은 제주에서의 다음카카오보다 훨씬 더 크다. 축적된 시간 속에 누적된 포스코인으로서의 자부심 또한 각별하다. 새롭게 포스코에 둥지를 트는 청년세대가 지역에서의 삶을 보다 풍요롭고 만족스럽게 꾸릴 수 있도록 하는 조건들을 적극적으로 탐색해야 한다. 자기개발, 워라밸로 표현되는 여유로운 삶에 대한 지향을 인정하고 기업의 입장에서는 그런 조건들을 충족할 지원방법을 보다 세심히 챙겨야 한다.

무엇부터 시작해야 할까? 특히 새로 포스코인이 되는 신입사원에 주목해야 한다. 이들은 대부분 미혼의 독신자들이다. 새로운 업무와 조직에 대한 적응도 당장 급한 불이지만 낯선 지역에서의 생활도 커다란 애로로 작용한다. 기본적인 의식주에서 고민을 시작하자. 예상되는 생활의 어려움부터 점검하고 적극적으로 풀어낼 필요가 있다.

주거 문제는 그동안 포스코가 워낙 신경을 써온 부분이기에 현재의 관심을 이어 가면 될 것이다. 작지만 아침식사부터 챙겨 보자. 세계적 기업 구글Google은 직원들에게 24시간 식사를 무료로 제공한다. 거기에 미치지는 못해도 네이버나 다음카카오에서는 출근하는 사무실 입구마다 샌드위치와 같은 요깃거리를 마련해 놓고 있다. 제주의 다음카카오에서는 독신자들을 대상으로 출근하며 사내 세탁소에 세탁물을 맡기면 퇴근할 때 가져갈 수 있는 서비스도 제공한다. 업무와 함께 기본적인 생활을 혼자 챙겨야 하는 독신자들을 위해 회사에서 마련한 세심한 배려다. 큰 비용을 들이지 않고도 직원들의 마음을 얻을 수 있는 일들은 이 외에도 많을 것이다. 세심한 배려를 통해 직원들의 마음을 얻는 것은 조직에의 몰입으로 직접 연결된다.

생각의 전환이 필요하다. 한 조사에 따르면, 기업 내에 존재하는 최악의 제도는 '체육대회'로 나타났다. 공동체 구성원들 간에 안부도 묻고 화합을 도모하는 자리로 마련되지만 오히려 역효과가 더 크게 다가오는 듯하다. 하루쯤은 조직 내의 서열은 잊고 먼저 다가가는 자리가 마련되어야 함에도 막상 현실은 그렇지 못했기 때문일 것이다. 체육대회를 포함하여 그간의 관성에 의해 진행되는 행사는 없는지, 또 마련된 행사는 본연의 목적을 제대로 달성하고 있는지에 대한 점검이 필요하다.

새롭게 포스코에 입성할 신입사원들은 청년세대의 특성상 대규모의 행사에 존재감 없이 참여하는 것보다는 작지만 자기 존재감을 확인받을 수 있는 자리를 원할 것이다. 관행적인 참여보다는 자신의 실질적 관심과 역량을 제고할 수 있도록 제도적 뒷받침이 강화될 필요가 있다. 포스코인으로서의 자부심과 함께 지역이기에 가능한 조건들이 결합하면 더 좋을 것이다.

이런 점들을 고려하면 자유롭고 다양한 참여가 이뤄질 수 있는 동호회 활동이 우선 떠오른다. 예를 들어 음식에 대한 관심에 기반한 동호회라면, 포항과 광양의 숨어 있는 맛집을 탐방하고 그 결과를 잘 정리하여 책자로도 만들 수 있다. 지속적인 활동이 가능하다면 맛집 소개에 그치는 것이 아니라 지역의 먹거리 문화 개선에도 영향을 미칠 것이다. 같은 맥락에서 지역 문화자원에 대한 답사와 함께 다양한 기여도 가능할 것이다. 이런 동호회 활동들을 서로 자랑하고 확인받는 자리가 마련된다면, 또 지속될 수 있다면 조직에 대한 몰입은 물론이고 지역에 대한 애착도 자연스레 자리 잡게 될 것이다.

행복한 일터, 행복한 기업

우리의 논의를 정리하면 다음과 같다.

- 포스코의 지속 가능한 성장을 위해 우수한 인재 영입은 절대적인 필수 요소다. 영입 후 육성은 그 다음 문제다. 일단 우수한 인재들이 선택하도록 포스코만의 매력을 갖추는 것이 선행되어야 한다. 미래의 인재들의 특성 파악과 함께 그들이 원하는 일터의 조건을 따져 볼 필요가 있다. 이는 인재 영입뿐만 아니라 행복한 일터 조성에도 큰 도움이 된다.

- 현재의 젊은 세대는 기성세대와는 다른 가치와 목표를 지향한다. 거창하고 원대한 인생의 목표보다 당장의 일상과 여가를 중시한다. 세대 간 인식의 차이는 존재할 수밖에 없다. 또, 이로 인한 갈등도 당연하다. 우선 구성원 간 생각과 상황의 다름을 인정해야 서로에 대한 진정한 이해가 가능하다. 갈등은 존재하지만 풀어내며 새로운 변화를 도모하는 곳이 행복한 일터가 된다.

- 일터에서의 행복과 몰입은 생활하는 공간과 환경에 영향받는 바가 크다. 삶에 대한 변화된 가치관은 지역에서의 생활에 새로운 인식과 태도를 가져온다. 지역에서의 삶이 오히려 선호될 수 있도록 구성원 스스로의 자기개발과 기업의 세심한 지원이 마련된다

면 일터에서의 행복은 배가될 것이다.

• 평생직장이라는 말은 소멸됐다. 이직이나 창업이 오히려 일반적이다. 통계에도 나타나듯, 포스코는 평균 근속연수에 있어 다른 기업에 비해 월등히 높은 수치를 나타낸다. 자랑스러운 수치다. 근속연수가 오래될수록 경영자의 입장에서는 임금에 대한 부담이 커질 것이다. 하지만, 부담을 뛰어넘는 무언가가 존재한다면 기업의 입장에선 마다할 이유가 없다. 제철의 특성상 오랜 시간의 경험과 노하우는 부담보다는 긍정적 요소였기에 오늘날의 포스코가 가능할 수 있었다.

• 포스코 정신이 뒷받침했다. 포스코 정신은 한 가지로 정의될 수 없다. 청암의 리더십, 제철보국으로 상징될 수 있겠는데, 그 속에 면면히 흐르는 원형질은 직장에 대한 자긍심, 자부심이다. 자기 일에 대한 자존감, 내가 속한 일터와 회사에 대한 자긍심, 그리고 국가와 지역사회에 대한 책임감이 어우러져 형성되었다. 무형의 귀한 자산이다.

• 새로운 변화의 시점이다. 4차 산업혁명으로 대표되는 패러다임의 변화는 급속하고 전면적이다. 또, 포스코의 입장에서도 1세대 주역들의 퇴장과 함께 새로운 주역들이 전면에 나서고 있다. 미래를 위한 비전의 제시와 혁신이 필요하다. 구성원의 역량과 구성원 간

협력 전통은 영원히 중요한 자산이다. 시간의 흐름 속에서 전수할 것과 폐기할 것에 대한 구분이 필요하다. 그래야 온고이지신溫故而知新도, 청출어람靑出於藍도 가능하다.

• 지난 50년, 지금까지의 포스코는 좋은 일터였다. 앞으로도 그럴 것이다. 작업장 각 차원에서 구성원들의 다른 생각과 인식을 포용할 수 있는 관용과 인정의 리더십이 필요하다. 이를 '감정이입'의 태도라고 했다. 다름, 차이를 인정하는 문화는 행복한 일터와 새로운 혁신을 위한 건강한 토양이자 청년세대를 유혹하는 기업의 매력이다.

뉴 노멀시대 혁신의 척후

12장

새로운 50년, 가야 할 길

4차 산업혁명, 쓰나미가 온다

다보스포럼 창시자인 클라우스 슈밥Klaus Schwab 회장이 경고했다.

"쓰나미는 어느 날 도둑처럼 온다."

필자는 이렇게 말하겠다.

"쓰나미는 벌써 왔다."

2016년 1월 슈밥 회장이 다보스포럼의 주요 의제로 '4차 산업혁명'을 제안해 논의한 이후 그 개념은 모든 국가의 화두가 되었다. 그것은 정확히 무엇을 뜻하는가? 4차 산업혁명의 개념을 두고 많은 과학자들이 논의하고는 있지만, 기존의 산업혁명처럼 산뜻하고 명확하게 정의되지 않는다는 게 4차 산업혁명의 특징이다. 넓고 포괄적이다. 정교하고 미세하다. 상상을 초월하고 충격적이다. 공상과학영화가 현실로 둔갑하는 시점에서 일반인들은 망연자실할 뿐이다.

기존 테크놀로지와 과학 논리로는 파악되지 않고 끊임없이 빠져나가는 실체가 넘친다. 인간의 상상력 공간을 뛰어넘는 저 거대한 변화의 본질을 누가 정확히 담아낼 수 있으랴.

알파고가 광화문에서 선을 보인 후 모두 인공지능AI에 주목했지만 4차 산업혁명의 주역들은 벌써 다른 곳을 향해 질주한다. 사물인터넷IoT이 인간과 주변 사물들을 정밀하게 연결하고, 정보 시스템이 그것을 자율적으로 작동한다. 사물인터넷을 작동하는 가장 중요한 원천은 대량 정보축적 시스템의 산물인 빅데이터Big data다. 빅데이터가 사물인터넷에 연결돼 자율구동 시대를 열었고, 인공지능을 장착한 로봇이 인간의 역할을 대신하는 시대, 그것이 4차 산업혁명의 모습이다.

그래도 부족하다. 4차 산업혁명의 기반기술general purpose technology인 물리학 기술, 디지털 기술, 생물학 기술이 적용 범위와 대상을 훨씬 넓혀 기존 생산체제와 제품사슬을 파괴한다. 3차 산업혁명까지 축적되었던 생활공간의 질서가 파괴되고 새로운 혁신이 발생한다. 이 혁신이 무엇인지 정확히 알 수 없다. 다만 물리학, 디지털, 생물학의 경계를 허무는 기술융합이 가속화되면 물리적 세계physical system와 사이버 세계cyber system가 하나의 통합 네트워크로 연결된다. 그러면 로봇, 생활기구, 생산설비, 자동차와 장비, 의료용 기계, 제어 및 제동장치 등이 빅데이터의 전산정보를 활용해 구동되는 세계가 열린다는 예측은 가능하다.[1]

4차 산업혁명은 기존의 경제법칙을 무용지물로 만든다. 공급과 수요로 작동하는 시장법칙을 무너뜨린다. 십시일반 만들고 판매하고 소비하는 프로슈머prosumer의 시대가 도래한다. 남은 것을 나누고 모자라는 것은 조달받는 스마트 그리드smart grid 시스템은 인류의 오랜 꿈인 공유경제shared economy를 가능케 한다.

매뉴팩처링은 특정 공정이 아니라 개인 거실이나 창고에서 일어난다. 제레미 리프킨은 그것을 인포팩처링infofacturing이라 불렀다. 인포메이션과 매뉴팩처링의 합성어다. 2

택시를 한 대도 소유하지 않은 채 세계 최대의 택시 서비스업체가 된 우버Uber, 호텔 한 채 없이 글로벌 숙박업체가 된 에어비앤비Airbnb, 한 개의 제조상품도 갖지 않고 최대의 상품 판매망을 거느린 알리바바Alibaba가 태어났다. 서적, 전기용품, 여행티켓, 공연티켓을 판매하는 인터넷 유통업체 아마존닷컴의 시가총액은 벌써 최대의 컴퓨터업체 애플을 넘었다.

말하자면, 디지털 초연결사회hyper-connected society가 뿜어내는 속도 velocity, 범위scope, 영향력impact은 인류가 쌓아 놓은 문명적 질서를 송두리째 파괴할 만큼 혁신적이고 전방위적이다. 기반기술과 혁신기술을 핀셋처럼 파악했다 할지라도 그것들 간 상호융합의 결과를 모른다. '이제는 다르다This time is different'라는 슈밥 회장의 지적은 파

---

1 KT경제경영연구소, 《한국형 4차 산업혁명의 미래》, 한스미디어, 2017.
2 제레미 리프킨(안진환 역), 《한계비용 제로사회: 사물인터넷과 공유경제의 부상》, 민음사, 2014.

괴적 변화와 혁신이 몰고 올 미래를 '우리는 모른다'는 말과 같다. 슈밥 회장이 조금 구체적인 사례를 들었다.

서로 다른 과학기술이 상호의존하여 창출한 획기적인 상품은 더 이상 공상과학소설 속 얘기가 아니다. 실례로 디지털 제조와 생물학 분야의 합작이 성사되었다. 몇몇 디자이너와 건축가는 이미 전산설계, 적층 가공, 재료공학, 합성생물학을 접목해 미생물과 인간의 신체, 소비재와 거주건물까지 포괄하는 시스템을 개척하는 중이다. 이런 방식으로 그들은 연속적으로 변화하고 적응하는 사물을 만들고 심지어 성장시키고 있다. [3]

이에 따라 기업생태계가 확연히 달라지고 기업 형태도 급변하는 것은 당연한 결과다. 예를 들어, 오늘날 실리콘밸리 3대 기업의 시가총액과 매출규모는 1990년대 디트로이트 빅3보다 훨씬 높으나 직원 수는 10분의 1 정도다. [4] 작업공정과 기업조직이 확연히 달라졌다는 얘기인데, 4차 산업혁명이 지속되면 실리콘밸리에 운집한 기업들조차도 어떻게 바뀔지 예상을 불허한다.

독일은 이러한 변화에 가장 발 빠르게 대응하는 국가다. 독일은 4차 산업혁명의 충격에 '인더스트리 4.0' 개념을 내세워 글로벌 가치

---

[3] 클라우스 슈밥(송경진 역), 《제4차 산업혁명》, 새로운현재, 2016, 31쪽.
[4] 위의 책, 30쪽.

사슬에 미치는 융합기술의 충격을 흡수하고자 한다. 사이버 시스템과 물리적 시스템이 상호 긴밀하게 네트워크화된 공정을 '스마트 팩토리smart factory'으로 명명하고, 빅데이터와 정보 시스템을 최대한 활용해 고객 수요에 즉각 부응하는 맞춤형 생산체제를 구축하는 중이다. 5

빅데이터는 '21세기 석유'다. 6 정보로 구동하는 ICT 기반 설비체계에서 어떤 정보를 인풋하는지가 아웃풋, 즉 서비스 유형과 품질을 결정한다. 물론 기업 생산성도 빅데이터의 성격과 효율적 운영에 의해 좌우된다. 마이크로소프트MS는 개인의 업무를 돕는 인공지능 비서 시스템을 도입했다. 이메일 체크는 물론, 주요 고객의 민원과 요구, 시장동향을 한눈에 알려 준다. 패스트패션 브랜드 자라ZARA는 전 세계 매장 간 긴밀한 협업체계를 구축해 취향과 소비성향의 변화에 긴밀하게 대응한다. 일본에서는 인공지능 로봇이 직접 신입사원을 가려 뽑는 AI 면접관을 개발했는데, 회사에 적합한 인재를 골라내는 데에 인간 면접관보다 더 정확하다. 7

2017년 5월, 일간지 〈한국경제〉가 주최한 '글로벌 인재포럼'에서 전문가들은 4차 산업혁명에 대한 다양한 진단과 처방을 쏟아 냈다. "로보사피엔스(인공지능 로봇)와 호모사피엔스 간 공존을 위한 준비

---

5 위의 책, 26쪽.
6 임미진 기자, "'21세기 석유' 빅데이터, 소유권 전쟁 불붙나", 〈중앙일보〉, 2017년 7월 11일 자.
7 김태호 기자, "산업지형 바꾸는 디지털혁명", 〈한국경제〉, 2017년 6월 22일 자.

가 필요하다"(신성철 KAIST 총장), "(과학기술에 의한) 기하급수적 변화 덕분에 4차 산업혁명이란 말도 구식이 되어 버렸다"(전성철 세계경영연구원 회장), "20세기의 낡은 것들을 어떻게 버리느냐가 관건이다"(염재호 고려대 총장) 등의 제언이 청중들의 현실감을 일깨웠다.

한국 제조업 분야에서도 4차 산업혁명이 한창이다. 선두주자는 자동차다. 1885년 독일의 칼 벤츠가 만든 '모터 마차' 개념은 이제 박물관용이다. 자율주행차와 전기차, 달리는 컴퓨터, 이동 사무실 같은 패러다임의 획기적 변화 추세에 맞춰 생산공정과 디자인, 소재와 전장제품 사양에 가히 혁명적이라 할 변화가 일어났다. 심지어는 하늘을 나는 자동차의 출현을 예고하고 있어, 자동차와 4차 산업혁명은 떼려야 뗄 수 없는 긴박한 실험장이 되었다. 80년 전 독일 국민차 비틀Beatle을 생산하기 위해 탄생한 폭스바겐 공장에서는 지금은 조립공을 찾을 수 없다. 조립공정을 로봇이 도맡아 한다. 폭스바겐 볼프스부르크 공장의 자동화율은 95%에 이른다. 일본의 계산대 제조업체는 양팔 로봇 넥스트에이지NextAge를 직원들 사이에 투입해 생산성을 높였다. 넥스트에이지는 불량률 제로를 자랑한다. 8

그렇다면, 철은? 철강산업은? 저 거칠기 짝이 없는 제철소 이미지에 정교하기 그지없는 4차 산업혁명의 기반기술들을 접목할 수 있는가? 제조업의 전통적 공정과정을 통째로 변화시킬 수 없는 완강한

---

8 이동휘 기자, "자동화율 95% 폴크스바겐 '생산량 많아지면서 고용도 늘어'", 〈조선일보〉, 2017년 7월 24일 자.

산업이 철강업인데, 4차 산업혁명이 과연 여기에도 적용되는가? 단호히 말하면, 적용된다. 적용될 뿐 아니라, 선도할 수 있다. 4차 산업혁명의 진원지가 될 수 있다는 말이다. 자동차 강판을 생산하는 현대제철은 고강도 첨단강판 개발에 AI 기술을 접목했다. 고강도 강판 R&D는 주요 성분의 정확한 배합비율을 찾는 것이 핵심인데, AI 알고리즘 적용을 통해 종전 제품 대비 강도, 가공성이 40% 향상된 제품을 개발했다. [9]

제철소에서 빅데이터와 인공지능의 중요성을 확증해 주는 대목이다. 이것은 시작에 불과하다. 철강제조의 4차 산업혁명은 ① 과정Process 혁신, ② 데이터Data 혁신, ③ 네트워크Network 혁신을 통해서 일어난다. PDN 혁신이 요체다. 포스코의 최대 화두인 스마트화smartization가 바로 이 PDN 혁신에 의해 실현된다. 생산공정 기술, 정보집적 기술, 네트워크 기술이 스마트 팩토리의 관건이며, 스마트화를 추진하는 3개의 축이다. 스마트화는 생산공정과 판매 및 관련 비즈니스의 디지털화digitalization다.

2017년 7월 19일, 스마트 포스코 포럼Smart Posco Forum이 개최됐다. K회장은 이날 기념사에서 스마트화를 미래 전략의 최대 화두로 설정하고, 스마트 팩토리 개념을 기반으로 전 계열사의 스마트화를 선언했다. 포스코의 미래가 걸린 새로운 길이었다. 사실 포스코는

---

9 박재원 기자, "AI가 최적 합금비율 계산 … 현대제철 '몇 달 걸리던 실험 10일로 단축'", 〈한국경제〉, 2017년 6월 15일 자.

그동안 스마트화를 위해 많은 정보기반과 제도기반을 갖춰 왔다.

포스프레임PosFrame이 그것이다. 전 계열사의 기술정보 영역을 공장 데이터, 건설 데이터, 에너지 데이터로 구분하고, 이를 빅데이터로 만들어 인공지능과 연결한 종합정보 시스템이 포스프레임 플랫폼이다. 포항과 광양제철소는 스마트 팩토리를 향한 시험대에 올랐다. 사실 벌써 진행 중인 혁명에 선두주자의 임무를 부여한 것이다. 그것은 21세기 문명사적 척후이자 혁신의 척후다. "혁신의 척후Innovation Patrol"를 향한 본격적인 진군이 시작된 것이다. 포스코는 과연 척후의 역할을 충실히 해낼 수 있을 것인가? 그 요건은 무엇인가?

미래 50년, 뉴 노멀시대

초연결사회(Hyper-connected Society)

포스코는 지난 50년을 숨 가쁘게 달려왔다. 100년 기업은 어렵다. 20세기 세계적 유수 기업 100개 중 살아남은 것은 불과 20개도 채 안 된다. 세계적 카메라업체 코닥은 디지털 기술에 밀려 벌써 추락했고, IBM 역시 애플과 구글에 밀려 험난한 계곡을 거쳐야 했다. 시장은 냉혹하다. 발 빠른 적응을 하지 못한 기업은 시장에서 퇴출된다.

1980년대와 1990년대 세계시장을 주름잡은 일본의 전자업체들, 가령 소니Sony, 파나소닉Panasonic, 히타치Hitachi, 산요Sanyo가 21세기

들어 '눈물의 계곡'을 통과해야 했던 것은 변신 능력의 결핍 때문이었다. '적응과 변신', 최근 일본 제조업체들이 뼈를 깎는 노력을 통해 다시 도전장을 내밀고 있는 전후 사정을 잘 살펴봐야 한다. 블루오션에 대한 본능적 감각, 민첩한 결단, 과감한 실행이 일본 기업의 결핍 요소라는 사실을 아프게 깨달았고, 그에 대한 보완책을 넘어 미래 대응적 첨단기술 개발의 기반을 구축했다는 뜻이다.

소니 본사 2층에는 퓨처룸Future Room이 있다. 여기에는 첨단 디지털 기술을 활용한 주력제품들이 전시되어 있는데, 기상천외의 아이디어가 집적된 제품들이 무수하다. 도시바, 닛산, 파나소닉도 미래 변화를 주도할 최고의 기술을 개발했다. 인간형 로봇, 무인주행차, 차세대 배터리는 물론 커넥티드 카, 통신위성, 재생의학, 바이오신약 등에 놀랄 만한 성과를 세상에 알렸다. 한국에 뒤처진 디지털 기술을 만회하기 위해 20년간 들인 각고의 성과를 드러내고, 세계의 테크놀로지 패권을 다시 장악하겠다는 강력한 의지로 읽힌다.[10]

포스코가 창립 100주년을 향해 항해할 앞으로의 50년 동안 겪어야 할 변동의 양은 지난 세기 변동 총량을 합한 것보다 수십 배 크다는 사실은 누구나 다 알고 있는 바다. 실제로 20세기 후반의 변화량은 인류 역사가 시작된 이래의 총 변화량을 상회했다. 향후 50년의 변화량은 그것보다 수십 배 크다면, 누구도 예측할 수 없는 시간대

---

10 이영완 기자, "휴머노이드, 차세대 배터리 … 일본, 테크 패권 다시 거머쥐다", 〈조선일보〉, 2018년 1월 9일 자.

가 시작되고 있다는 뜻이다.

미래학자들이 공통적으로 주목하는 요소는 역시 사물인터넷IoT, Internet of Things이 뿜어내는 변동력이다. 모든 환경을 연결하는 지능형 정보 네트워크는 소통 네트워크, 물류 네트워크, 에너지 네트워크로 구성되는데, 이는 인간과 사물이 정보 네트워크에서 혼연일체가 되는 세계다. 사물인터넷과 연결된 센서의 수는 2030년에 100조 개, 한 사람당 1천여 개가 될 것으로 예상된다. 포스코가 100주년을 맞는 2068년에는 연결 센서가 기하급수적으로 늘어 아마 1천조 개를 돌파할지 모른다. 세상은 어떻게 변할까?

인류는 스마트 홈smart home을 넘어서서 스마트 시티smart city, 스마트 월드smart world라는 낯설고 신비로운 세계 속으로 진입할 것이다. 소비자가전전시회CES를 주관하는 미국 소비자기술협회는 2025년에 88개 스마트 시티가 만들어지고, 2050년에는 세계 인구의 70%가 스마트 시티에 거주할 것으로 내다봤다.[11] 가정 내 모든 전자제품이 하나로 연결되는 스마트홈을 넘어서 자율주행차, 교통 시스템, 헬스케어, 교육, 문화오락 등 도시의 실생활 영역이 하나의 지능형 정보망 속에 들어오는 스마트 시티가 보편화된다는 의미이다.

이런 추세를 선도하기 위해 삼성과 LG는 인공지능 플랫폼을 선보였는데, 이를 구글 어시스턴트와 결합해 도시 내에서도 구동이 가능

---

11 이윤주 기자, "스마트홈 넘어 스마트시티 … 첨단 IT흐름 눈앞에", 〈경향신문〉, 2018년 1월 8일 자.

한 플랫폼을 개발 중이다. 12 2020년까지 개발을 완료하겠다는 의미에서, 삼성은 이를 '2020 사물지능2020 Intelligence of Things'이라 명명했다. 눈물겨운 도전이자 폭포수처럼 쏟아지는 거대한 변동의 물결에서 살아남기 위한 생존전략이다.

포스코 경영전략실은 '미래 50년 사회상'을 사물지능 네트워크로 통합된 '초연결사회hyper-connected society'로 요약 제시했다. 13 간략히 설명하면 이렇다.

우선, 의식주. 옷衣은 패션을 여전히 중시할 터지만 입는 컴퓨터 wearable computer가 대세다. 모든 옷에 컴퓨터칩이 내장되어 체온을 자율조정하고 몸의 상태를 원격진료 시스템에 자동 송신한다. 항시 가동되는 원격진료 시스템은 원격진료를 하고 처방을 내리지만 수술이 필요한 경우는 지정병원에 알려 주치의와 일정을 잡아 준다. 수술 이전에 복용할 약과 치유방법이 헬스케어망에 입력된다. 식食은 스마트 팜으로 해결된다. 사람의 체질과 기호에 따라 맞춤형 작물이 재배되고, 소비자 주문에 의해 자율 배송되는 시스템이 갖춰질 것이다. 주住는 두말할 것 없이 스마트홈이다.

자동차는 주행과 비행을 결합한 비동차飛動車, 여기에 자율 기능을 장착하면 자율비동차가 된다. 비행기와 자동차의 결합체이고, 바퀴와 날개를 폈다 접었다 하는 기능이 장착되면 집 안 어디에도

---

12 위의 기사.
13 포스코 경영전략실, 〈중장기 경영전략 보고서〉, 2017.

간수가 가능하다. 때로는 담장 벽에 바짝 붙이는 형태가 될지도 모른다. 공장 작업장은 로봇, 그것도 지능형 로봇이 대세다. 인간은 로봇을 감시, 감독하고 오작동을 관리하는 일에 그칠 것이다. 에너지는 광光에너지가 주류다. 수력, 풍력, 원자력은 소멸되고, 우주에서 발전된 광에너지가 스마트 네트워크를 통해 주택과 기업으로 송전된다. 역으로 주택과 기업, 농촌과 어촌은 광에너지 발전기를 자체 가동해 축전하고, 남는 전기가 있다면 공유하는 시스템이 확산될 수 있다.

간략히 조망한 50년 미래사회상이 이럴진대, 100년 기업이 되려면 기업의 흥망성쇠를 결정할 메가트렌드를 정밀하게 점검해 봐야 한다. 초연결사회의 메가트렌드에서 주목되는 유망 비즈니스는 6개 분야다. 이른바 신수종이다. ① 라이프(농생업, 물, 주택), ② 케어(의료, 바이오), ③ 모빌리티(전기차, 자율주행차), ④ 신소재(친환경, 모빌리티용), ⑤ 인프라(스마트, 융복합 구축), ⑥ 소프트(플랫폼, 서비스) 분야가 그것이다. 각 분야의 주력산업을 찬찬히 따져보고, 포스코그룹과 철강산업이 나아갈 방향을 가리고 준비하는 것이 급선무다. 이 연구의 주제인 철강산업에 주목한다면, 대체로 다음과 같은 질문을 제기하고 검토해 봐야 한다.

초연결사회에서 쇠의 쓰임새는 어떻게 될 것인가? 쇠의 쓰임새가 늘어난다면, 어떤 종류의 강鋼이 필요한가? 비동차에 쓰일 소재는 철강인가 아니면 합금인가? 합금이라면 철강의 비율은 어떻게 될까? 이는 유망 비즈니스인 신소재 개발과 관련된 질문이다.

친환경 소재이면서 초경량 초강도 철강은 지금 개발 중인 기가스틸^{Giga Steel}로 충분할까, 아니면 그것을 넘어서는 무엇일까? 이는 기술혁신과 관련된 쟁점이다.

헬스케어에 주로 사용될 쇠는 어떤 유형의 것인가? 4차 산업혁명을 이끌 바이오^{Bio} 혁명에 철을 결합할 수 있을까? 이른바 세계 유수 기업이 매달린 Bio-X 프로젝트에서 X를 철강으로 대입하는 것이 가능한가? 15년 전 미국 스탠퍼드대학에 바이오센터 빌딩이 세워졌다. 빌딩 명칭이 'Bio-X'였다. 무엇이든 갖다 붙이라는 뜻, 미래를 융복합하라는 메시지였다. 현행 스틸하우스는 미래의 주택 소재가 될 수 있을까, 아닐까? 아무튼 이런 질문들 말이다.

철강산업의 미래와 관련해 제기되는 질문의 리스트는 매우 길다. 하나같이 어려운 난제다.

'POSCO the Great', 문명사적 과제

철은 인류 역사에서 철기시대를 연 문명의 총아였다. 철기시대는 청동기시대, 석기시대와는 달리 생산의 비약적 발전을 가져와 인류생활의 원형적 모습을 오늘날처럼 형성하는 데 엄청난 족적을 남겼다. 이후 철은 인류생활에 없어서는 안 될 가장 중요한 소재로 등록되었다. 산업혁명은 철과 함께 시작되었다. 근대를 문명의 시대라고 한다면, 근대의 문을 활짝 연 지렛대가 철이었다.

21세기 초연결사회는 우리가 목격하지 못했던 미증유의 문명이기에 편의상 '뉴 노멀문명'이라 지칭한다면, 철은 '뉴 노멀문명의 쟁기'다. 뉴 노멀문명의 밭을 가는 가장 중요한 수단이라는 뜻이다. 그것은 세계 인류사에서도 그럴 것이고, 한국의 발전사에서도 그럴 것이다. 포스코는 한국의 미래 문명의 쟁기를 주조하는 국가적 자산이다.

주요 철강생산국들도 그런 인식과 각오를 갖고 시장경쟁에 임한다. 시장경쟁은 그야말로 치열하다. 2017년 12월 세계철강협회의 발표에 따르면, 66개 회원국의 11월 조강생산량은 1억 3,630만 톤으로 전년 대비 3.7% 증가했다. 중국은 약간 감소했고, 이탈리아, 미국, 스페인, 브라질은 늘었으며, 프랑스와 인도는 약간 줄었다. 시장상황을 고려해 각국의 생산전략이 시시때때로 변하는 것이다. 가장 눈여겨봐야 할 나라가 중국이다. 과잉생산이 지속되는 상황에서 대량 물량공세를 주도하는 나라이기 때문이다.

중국은 지난 10년 동안 과감한 구조조정을 통해서 초대형 철강기업을 탄생시켰다. 바오우강철, 허베이강철, 장쑤사강 등이 그러한데, 모두 조강생산량 세계 6위 내에 드는 업체들이다. 2016년 기준 기업별 생산량은 아르셀로미탈 9,545만 톤, 바오우강철 6,381만 톤(2016년 12월 바오산강철과 우한강철 합병), 허베이강철 4,618만 톤, 신일철주금 4,616만 톤, 포스코 4,156만 톤, 장쑤사강 3,325만 톤이었다(〈그림 12-1〉). 국가별로 보면, 중국(8억 380만 톤), 일본(1억 520만 톤), 인도(8,940만 톤), 미국(7,880만 톤), 러시아(7,790만 톤), 한국(6,970만 톤) 순이었다.

중국의 조강생산량은 총 8억 톤을 넘나드는데, 세계 총 생산량의

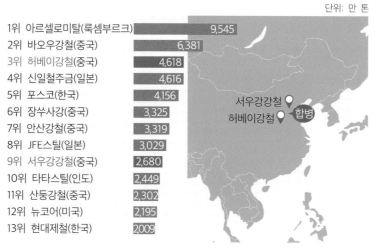

〈그림 12-1〉 2016년 세계 철강기업 생산량 순위

단위: 만 톤

1위 아르셀로미탈(룩셈부르크)	9,545
2위 바오우강철(중국)	6,381
3위 허베이강철(중국)	4,618
4위 신일철주금(일본)	4,616
5위 포스코(한국)	4,156
6위 장쑤사강(중국)	3,325
7위 안산강철(중국)	3,319
8위 JFE스틸(일본)	3,029
9위 서우강강철(중국)	2,680
10위 타타스틸(인도)	2,449
11위 산둥강철(중국)	2,302
12위 뉴코어(미국)	2,195
13위 현대제철(한국)	2,009

서우강강철
허베이강철　합병

자료: 세계철강협회(WSA).

2분의 1을 차지하고, 과잉생산량 7억 톤의 거의 60%를 쏟아 낸다. 시장 상황을 마음대로 조절할 수 있는 힘을 행사하는 것이다. 여기에 중국 정부는 2018년 1월 1일부터 철강제품에 부과했던 수출세를 폐지한다는 방침을 세웠다. 중국은 대부분의 철강제품에 15%, 특수강에는 10%의 수출세를 부과했는데, 이것을 폐지한다면 수출경쟁력이 획기적으로 높아진다는 것을 의미한다. 지속되는 과잉생산 물량에 가격경쟁력이 급속히 향상된 중국제품이 쏟아져 나올 것에 대비해야 한다는 말이다.

이는 특히 조강생산량 4,500만 톤 정도를 유지해 온 포스코가 당면한 최대 과제다. 포스코는 꾸준한 기술개발과 연구투자, 임직원들의 헌신에 힘입어 추격catching-up 단계를 완료하고 추월forging ahead

단계로 이미 진입한 상태다. 추격에 성공한 기업이 추월 전략을 구사하지 못하면 결국 경쟁기업에 추월당하는 운명을 맞이한다. 그것은 곧 추락 falling behind이다. 포스코를 위협하는 환경 요인이 한두 가지가 아닌데, 중국의 물량공세는 가장 위협적인 요인임에 틀림없다. 포스코의 상황이 중국 조강생산의 종속변수로 떨어지면 추락이 시작됐다는 신호다. 게다가 엎친 데 덮친 격으로, 2018년 3월 미국 정부는 한국산을 포함한 수입 철강에 25%의 관세를 부과하기로 했다.

긴장을 늦추지 말아야 한다. 이런 사정은 일본도 마찬가지다. 신일철주금의 주력공장인 기미쓰제철소를 방문한 적이 있다. 동경만 요코스카조선소 건너편 지바현에 위치한 기미쓰제철소는 일본에서도 가장 오래된 주력 제철소다. 포스코가 생산하지 않는 H형강이 야적장에 산처럼 쌓여 있었는데, 빌딩 프레임과 골격을 이루는 제품이어서 매출액의 상당 비율을 차지한다고 했다. 연간생산량 1천만 톤에 달하는 세계 최대의 고로는 웅장하고 위압적이었다. 그러나 오래전에 지어 그런지 제강, 압연, 냉연공장의 연결 상태는 비효율적으로 보였고, 생산시설도 생각보다 낙후된 듯 보였다. 100년의 전통이 완강하게 남았다. 공장 내부 견학은 허용되지 않았다. 행정 총괄 담당자에게 물었다. 세계에서 가장 경쟁력 있는 공장, 말하자면, 기미쓰제철소가 항상 긴장하는 공장은 어디인가? 답은 금시 나왔다.

"광양제철소!"

청출어람 青出於藍이다. 기미쓰제철소가 호랑이 새끼를 키웠고, 결국 다른 맹수들이 두려워하는 늠름한 호랑이가 됐다. 그러나 긴장을 늦출 수는 없다. 물량으로는 아르셀로미탈과 중국 철강사, 품질과 기술로는 일본 철강사가 버티고 있기 때문이다.

이런 상황에서 미래 50년, 앞에서 고찰한 초연결사회의 급격한 변동의 소용돌이를 헤치고 포스코가 걸어갈 길은 험난하다. 꾸준한 기술개발을 통한 고부가가치 제품 생산, 비철금속 자원 개발, 복합 금속 제품 개발 등의 과제가 산적해 있다. 이와 함께, 4차 산업혁명의 4대 총아인 IT, 바이오, AI, 빅데이터를 생산현장에 어떻게 활용할 것인지, 인류생활의 스마트화smartization에 어떻게 대응할 것인지가 숙제다.

이런 숙제에 대한 긴장감을 늦추지 않으면서, 그것을 넘어 포스코의 문명사적 과제를 정립하는 것이야말로 글로벌 포스코로 도약하는 중대한 요건이다. 필자는 세계 유수 철강기업과는 달리 포스코가 걸어온 경로path와 쌓은 업적performance에서 문명사적 과제가 정립된다고 생각한다. 멀리 있는 것이 아니다. 우리의 경험 속에 문명사적 과업의 새싹이 움트고 있다. 'POSCO the Great'는 어느 철강기업도 가 보지 않은 문명사적 신작로新作路로 나아갈 것을 요청한다. 어떤 길이 있는가?

첫째, 포스코는 무철국가 한국을 세계적 조강생산국으로 만들었다. 이런 나라가 있었던가? 단언컨대 없다. 한국과 포스코가 유일하다. 그것을 '철강 기적'이라 한다면, 두 가지 정신이 철강 기적의 요체다. 공公의식, 그리고 '유한有限을 무한無限으로' 확장하자는 창의정신이 그것이다. 이제 포스코는 공公의식을 공共의식으로 진화

발전시켜야 할 단계에 접어들었음은 앞에서 지적했다. 유한을 무한으로, 그것은 박태준 회장의 진취적 정신이었다. 이것이 'unlimit the limit' 가치다.

세계에는 100여 개국에 달하는 후진국과 빈곤국이 존재한다. 인류의 절반 이상이 가난과 궁핍에서 벗어나지 못하는 실정이고, 향후 50년도 그럴 공산이 크다. 포스코의 정신적 굴기는 이들 국가에게 희망을 줄 수 있다. '당신도 할 수 있다'는 전범을 보여 주는 것, 그리하여 그들로 하여금 빈곤을 떨치고 일어서게 하는 무한 격려의 힘이 포스코의 자산이다. 그것은 인류를 빈곤과 질병, 각종 결핍에서 구출해야 한다는 21세기 문명사적 과제와 정확히 일치한다.

둘째, 기왕에 스마트화의 기치를 내세운 만큼, 포스코가 스마트 팩토리, 스마트 시티, 스마트 에너지의 신 표준을 거듭 만들어 가는 과제가 그것이다. 뉴 노멀시대란 표준과 기준이 항시적으로 바뀌고 수정되는 변화무쌍한 시간대를 의미한다. 누가 표준을 점령할 것인가? 그 표준을 누가 뒤엎고 새로운 표준을 제시할 것인가의 투쟁이 곧 시장경쟁이다. 스마트화의 신 표준! 그것은 문명사적 향도嚮導가 되는 길이다. 능력과 역량을 키워 나갈 용의주도한 방안을 찾아내야 한다.

셋째, '상상력 발전소'에 모종의 실마리가 들어 있다. 포스코는 상상력 발전소다. 흙, 공기, 불, 물로 인류사의 획기적 전환을 일궈 낸 철을 만든다. 그 철의 종류는 무한하다. 작업장, 사무실, 연구실, 회의실에서 포스코 패밀리의 상상력이 끊임없이 작동하고 교감해서 세계인이 깜짝 놀랄 만한 신 유형의 철강제품이 출현할 수 있다. 상상력은 무한하다. 무언가 놀랄 만한 창의적 사고가 상상을 초월하는 제품으로 변환된다면 그야말로 가성비와 가심비가 최고다.

상상력 발전소를 가동하라. 품고 있는 생각과 갖고 있는 보유자산을 풀로 가동하라. 문명사적 신작로가 열린다.

걸어온 길: 빠른 추격자Fast Follower

지난 50년 걸어온 길은 피와 땀이었다. 그 결과 '포항/광양의 기적'을 만들어 냈다. 우리는 앞에서 작업장 조직과 인간중심 기술의 상생적 결합을 살펴봤다. 포스코가 만든 걸작품이다. 그것을 '포스코 모델'로 명명했고, 그 최고의 장점을 '협력경쟁cooperative competition'으로 규정했다. 걸어온 길은 분명히 성공이었다고 과감하게 말할 수 있다.

그러나 그 성공 속에 위기 요인이 잠재해 있다는 사실은 당장 직면한 미래의 불확실성에 비춰 보면 금시 깨달을 수 있다. 포스코의 성공 패턴은 미래의 불확실한 공간에도 여전히 유효한가? 아니다. 누구도 예측할 수 없는 뉴 노멀문명의 전개 속에서 성공모델에의 집착은 추락을 불러온다. '성공의 위기crisis of success'라 부르는 것이다. 성공의 위기에 빠지지 않으려면, 일단 포스코가 걸어온 길을 조명하고, 앞으로 나갈 길의 이정표를 밝히는 것이 중요하다. 〈그림 12-

2〉는 지난 50년의 궤적이다. 14

힘든 여정이었다. 성장일로의 길이었는데 정상에 도달할 때까지 쏟은 피와 땀, 오기와 헌신은 세계사에 남을 만한 것이었다. 각 단계별로 간략히 살펴보면 다음과 같다.

① 1968년 창립~1983년 포항제철소 준공

창업의 드라마는 익히 알려진 바이지만, '민족 고로民族 高爐'라 불리는 제 1고로 완공 이후 5기 고로를 모두 갖출 때까지 거의 10년이 걸렸다. 조강능력은 1973년 1백만 톤에서 무려 9배로 늘어나 1983년 9. 1백만 톤에 다다랐다. 중화학공업화와 도시화에 가장 중요한 소재와 기초체력을 제공한 시기이다. 포항제철소가 철을 공급하지 못했더라면 1970년대 중화학공장 건설과 전국도로망 구축, 국민의 주거환경을 바꾼 아파트단지 건축은 꿈도 꾸지 못했다.

② 성장 2기: 광양제철소의 건설과 준공기 (1983~1992)

광양제철소는 최신설비를 갖춘 최첨단 공장으로서 생산공정별 설계와 레이아웃이 가장 탁월한 공장의 전형으로 꼽힌다. 일본과 독일, 중국의 유수 업체들도 광양제철소를 방문해 벤치마킹을 수십 차례나 했을 정도이다. 이 시기에 포스코는 끊임없는 성장을 구가해 조강생산량 20. 8백만 톤을 달성했다.

---

14 포스코 경영전략실 보고서.

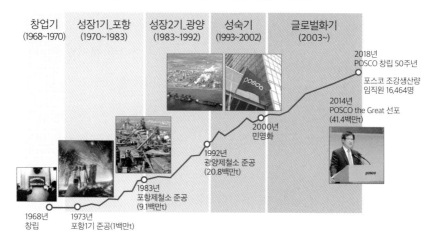

<그림 12-2> 포스코 50년의 궤적: 탄생과 성장

③ 성숙기이자 철강사업의 '고도성장기' (1993~2002)

한국 제조업의 전반적 구조조정기에 해당하는 이 시기에 포스코 역시 대량생산체제를 완벽하게 갖춤과 동시에 고급제품 생산을 위한 기술혁신과 인력배양에 집중했다. 세계시장의 글로벌 경쟁이 시작됨에 따라 내수에서 수출로 생산전략을 착실히 전환해 나간 시기이다. 한국은 GATT 체제를 졸업하고 WTO 회원국으로 가입했으며, 이에 따라 철강산업 역시 세계경쟁력에 사활을 걸어야 했다. 민영화가 제안된 것도 그러한 배경을 갖는다.

④ 글로벌, 다각화 단계 (2003년~2013년)

이 시기는 그룹사로 전환한 포스코가 과감한 위험부담 전략risk-taking을 마다하지 않았던 때이다. 그런 만큼 부침이 많았다. 기업별 철강

생산 세계순위가 1975년 46위에서 2008년 3위로 도약했고, 그룹사 연결매출액이 42조 원에 달할 정도였다. 그룹사 연평균성장률CAGR, Compound Annual Growth Rate이 13.8%를 기록한 이 시기에 2013년 연결 매출액은 62조 원까지 치솟았다. 그러나 다른 한편으로 부채가 조금씩 늘어나 2010년에 순자산 대비 90%까지 상승했다. 위험부담 전략의 성과와 대가가 엇갈렸다.

⑤ 조정, 내실화 단계 (2014년~현재)
무엇보다 과감한 구조조정을 통해 부채비율을 74%까지 떨어뜨렸고, 철강 본원경쟁력과 신 성장사업의 선택적 육성에 사활을 건 시기이다. 연결매출액은 53조 원으로 하락했지만, 위험부담 전략의 거품을 걷어 냈고 미래 도약을 위한 견고한 발판을 마련한 시기로 평가된다. 말하자면 '견고화consolidation'다. 이런 기조의 구조조정과 내부 견고화는 당분간 지속될 전망이다.

이런 단계를 거쳐 포스코는 세계 유수의 철강기업으로 우뚝 섰다. 한마디로 빠른 추격자fast follower였다. 선진국 철강기업이 두려워할 만큼 내실과 실력을 갖췄다. 추격자에서 리더leader로 전환하는 것은 또 다른 문제다. 새로운 50년은 바로 새로운 리더가 될 것을, 그에 걸맞은 각오와 실력을 다질 것을 요구한다. 성찰의 시간이다.

해외진출의 난제

해외진출은 리더가 되는 요건 중 우선순위에 들어간다. 포스코의 수출 비중은 벌써 50%를 넘어섰고, 세계 중요지역에 전진기지를 구축하고 있다. 세계 철강수요를 정확히 예측하고, 시장을 확대하고, 첨단 철강기술을 개발하고 전파하는 역할을 능숙하게 수행해야 글로벌 기업으로 등극한다.

이런 관점에서 다행스러운 사실이 있다. 2003년 이후 글로벌 다각화와 조정, 내실화 단계를 통해 해외진출의 교두보를 단단하게 닦았으며, 최근 들어 그 결실을 수확하고 있다는 점이다. 〈그림 12-3〉은 포스코의 해외생산기지 분포를 보여 준다. 생산법인 19개, 가공센터 25개, 대표법인 7개소가 세계 6개 대륙에 구축되어 활발한 기업활동을 펼치고 있다.

포스코 해외영업부의 활약과 각고의 노력으로 최근 들어 해외생산기지의 수지균형이 개선되고 있다. 중국의 장가항포항불수강, 베트남의 POSCO-Vietnam, 인도네시아의 PT. Krakatau POSCO, 멕시코의 POSCO-Mexico가 2017년부터 경영실적이 개선되고 있고 이런 추세가 향후 지속될 전망이어서 포스코의 미래 50년을 빛낼 공격수들이다.

해외공장들은 세계시장 상황의 변화와 철강제품에 대한 국제적 규제의 임의적 변동에 대처할 수 있는 전진기지라고 할 수 있다. 특히 인도, 인도네시아, 멕시코 공장들은 중앙아시아 및 인도, 남미,

〈그림 12-3〉 포스코의 해외 생산법인 및 가공센터

아시아, 아메리카 P: 생산법인, 유럽, 아메리카 M: 가공센터.

유럽 시장을 개척할 수 있는 요충지에 자리 잡고 있어 시장변동 상황에 대처할 포스코의 유연성과 적응력을 보완하고, 동시에 그 나라의 산업발전에 기여한다는 이중적 의미를 갖는다. 후발국에 대한 포스코의 기술이전 효과는 이미 각국에서 호평을 받고 있다. 무철국가에서 세계적 철강국가로 발돋움한 포스코만이 베풀 수 있는 동반자적 정서이다.

해외 전진기지는 생산공장 및 판매센터이기도 하지만, 포스코의 문명자산을 세계로 확장하는 문명발전소이기도 하다. 글로벌 네트워크의 구축이야말로 글로벌 포스코의 핵심 사업인데, 난제가 하나 둘이 아니다. 포스코는 인도네시아에 세계 최초로 일관제철소를 만

베트남에 위치한 POSCO-Vietnam 전경

인도네시아에 위치한 PT. Krakatau POSCO

들었다. 인도네시아의 잠재력에 투자한 것인데, 신일철주금은 포스코의 이런 결단을 냉소적으로 바라봤다. 일관제철소가 성과를 내려면 적어도 1천만 톤 규모의 고로를 지어야 한다는 철강산업의 상식에 근거한 우려이자 냉소였는데, 아무튼 포스코는 실행했다. 향후 1천만 톤 규모의 고로를 지을 예정이고, 또 아시아 전역을 커버한다는 원대한 계획을 세웠다. 일관제철소의 해외 구축은 전무후무한 세계사적 사건이었다.

그렇지만, 문제가 산적해 있다. 철강산업은 국가가 직접 개입하는 기간산업이기 때문에 항상 인도네시아 정부와 상대해야 한다는 정치적 난관이 존재한다. 포스코가 정치적 협상 역량을 키워야 한다는 것을 뜻한다. 다른 국가에 해외기지를 구축할 때에도 같은 사정이 존재한다. 정치적 역량을 어떻게 키울 것인가? 이와 함께, 전진기지가 구축되는 국가의 전통적 습속과 문화적 특성을 이해할 인문학적, 인류학적 지식역량도 동시에 배양해야 한다. 철강산업에 이런 역량을 갖춘 인재가 얼마나 있는가?

19세기 말과 20세기 초, 유럽 산업국들의 해외시장 개척 당시의 전략을 점검할 필요가 있다. 물론 그것이 식민전략이기는 했지만 참고할 만하다. 영국은 군대와 관료가 해외협상을 맡았다. 협상언어로는 영어를 고집했다. 독일은 달랐다. 기업가, 관료, 그리고 각국 전문가가 동시에 진출해서 협상을 벌였다. 물론 당해 국가의 언어를 사용했다. 19세기 후반, 독일은 영국을 앞지르기 시작했다. 산업경쟁력도 그러했거니와, 식민지 국가와의 무역협상에서도 감정이입과 공감의 방식을 십분 발휘한 덕분이었다. 제국의 시대는 갔다. 상호협력의 시대에 상대국이 환영하는 해외진출을 성사시키려면 인문학적, 문화학적 지식이 더욱 필요하다는 말이다.

포스코 내 철강인력 중 인문학적 인재는 얼마나 있는가? 해외공장 주재원들은 파견 이전에 어느 정도 교육훈련을 받는가? 그것은 상호호혜적 관점에서 과연 적합한 지식인가? 차제에 해외진출 전략과 파견인력 교육에 관한 장기적 설계를 마련해야 한다. 포스코 내부에 세계 각국 전문가, 그것도 인문학적, 문화학적 전문가가 없다면 글로벌 포스코를 향한 모든 꿈은 망상이 된다.

가야할 길:
스마타이제이션과 신수종 찾기

포스코의 소리 없는 질주, 용의주도하게 추진해 온 혁신의 질주를 '조용한 혁명silent revolution'으로 명명하자. 조용한 혁명, 고뇌에 찬 전사적 분투와 헌신을 오직 기술혁신과 제품경쟁력을 위해 수렴하는 창의적 경로다. 그룹사 주력인 철강산업의 기술개발과 자원투자는 포스코의 미래 동력을 견인할 가장 중요한 분야인 만큼 혁명의 전사다. 2014년부터 철강산업의 경쟁력은 비약적으로 개선돼 2017년에는 연결매출액 60.7조 원, 영업이익 4.6조 원대를 기록했다. 철강산업의 본원경쟁력을 토대로 그룹사 전체로는 머지않아 매출액 100

조 원을 거뜬히 돌파할 것으로 보인다. 철강산업의 경쟁력을 바탕으로 한 신수종 찾기는 포스코그룹의 운명을 좌우할 중대한 과제다. 스마타이제이션과 신수종 찾기가 융합해 폭발적 시너지를 분출하는 것이 향후 50년의 새 길이자 가야 할 길이다.

가야할 길의 전체적 조감은 〈그림 12-4〉로 집약된다. '미래성장성'과 '경쟁력'을 축으로 그룹사가 향후 50년간 집중할 비즈니스 부문을 도해圖解하면 대체적인 진로가 드러난다. 보이지 않는 길, 가야 할 길을 '가시화visualizing'하는 것이 새로운 50년을 출발하는 이 시점에서 포스코 패밀리에게는 이정표 그 자체다. 필수사업과 신수종의 내용을 개괄하면 다음과 같다. 15

① '철강'의 높은 경쟁력이 '필수적 사업영역'과 '신성장 사업'을 개척해 나가는 원동력이다.

② 필수적 사업영역은 그동안 해왔고, 앞으로 반드시 해야 할 영역이다. 아직은 경쟁력과 성장성이 대체로 낮은 ICT, 에너지, 건설, 무역 부문이 그것인데, 미래 시장의 동향에 맞춰 포스코의 역량을 쏟아야 한다.

③ 아직은 경쟁력이 낮으나 성장성은 매우 높은 영역이 '신성장 사업'이다. 농생업Agro, 바이오Bio, 경량소재, 에너지 내장소재로서 포스코의 장점을 십분 발휘할 수 있는 산업영역이다.

그렇다면, 세 영역의 사업을 그래프의 오른쪽 위, 즉 '경쟁력'과

15 포스코 경영전략실, 〈중장기 경영전략 보고서〉, 2017.

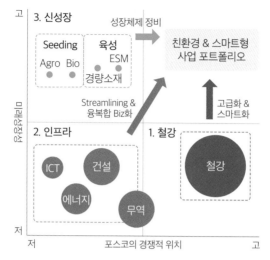

〈그림 12-4〉 그룹의 미래 사업영역

화살표는 포트폴리오의 전환 방향, 원 크기는 영업이익 규모('17F)

'성장성'이 모두 높은 위치로 끌어올리는 것이야말로 포스코가 걸어
갈 미래 50년의 길이다. 이른바 '친환경 & 스마트형 사업 포트폴리
오'다. 신성장 분야는 신속한 착수와 신중한 육성이 중요하고, 인프
라 분야는 융복합화 정보 네트워크를 가동하는 것, 철강 분야는 고
급화와 스마트화가 필수 요건이다. 미래성장성은 사회적, 환경적
변수의 함수이기에 기업이 임의로 조정할 수 없는 요소이지만, 경쟁
력을 높여 나가면 반드시 견고한 성장의 기회가 열릴 것이라는 믿음
이 중요하다. 예를 들어, 에너지의 경우 광光에너지의 발전과 축전
에 관련된 획기적인 첨단기술을 개발한다면 예기치 않았던 캐시 카
우cash cow가 될 것으로 보인다.

미래 50년, 각 사업분야가 지향할 목표는 분명하다. 철강 분야는 글로벌 시장에서 최고 강자로 등극하는 것the strongest player, 인프라 분야는 각 영역에서 선두그룹을 유지하는 것top tier solution player, 신성장 분야는 신소재에서 선두그룹top tier, 라이프 관련 분야에서 세계적 사회가치 생산자global CSV player가 되는 것이 목표다.

이런 목표가 순조롭게 달성된다고 가정하면, 향후 10년 내에 연결매출액 100조 원, 영업이익 13조 원을 기록할 수 있다. 포스코는 창립 100주년을 맞는 2068년에 연결매출액 500조 원, 영업이익 70조 원을 미래 50년 목표로 설정했다. 혁명의 전사가 성취해야 할 웅대한 목표다. 16

목표 성취에는 경영진의 남다른 노력과 상황변화에 대처하는 신속한 결단, 그리고 실행능력이 요청된다. 철강산업은 혁신운동을 주도하는 주력부대로서 안개를 헤쳐 나가는 선발대 역할을 수행해야 할 과제를 안고 있다. 그런데 앞에서 보았듯이, 중국발 공급과잉, 미국의 덤핑규제와 보호무역주의 확산, 일본과 유럽 철강사들의 약진, 업체 간 통합화와 대형화 등 이익압박margin squeeze 요인이 산재한 실정이다.

---

16 이 장기적 비전을 실현하려면 포스코에게는 특단의 경영혁신이 요청된다. 특히 앞에서 제시한 4개의 사업영역에 길고 활기찬 생명력을 부여하기 위한 전략이다. ⓐ Portfolio-shift를 통한 미래성장 구조 강건화, ⓑ 전략국가 중심 Global Presence 공고화, ⓒ 소프트와 융합한 Biz Model 혁신, ⓓ 창의문화 기반 Smart 경영 인프라 구축이 그것이다. 포스코 경영전략실.

포스코는 이런 장벽을 높기 위해 월드프리미엄 제품을 60%대로 끌어올려 수익성을 증진하고, IT 기술 기반 고객소통 강화전략인 '솔루션 마케팅'을 적극 전개한다는 계획을 세웠다. 일단 2020년 월드프리미엄 제품 2천만 톤, 솔루션 마케팅 판매량 650만 톤을 달성한다는 계획이다. 타 기업이 따라올 수 없는 특화 분야에서 '선택과 집중' 전략을 구사하면 가능하다는 판단이다. 예를 들어, 미래자동차, 친환경 소재, 차세대 건설용 강재 등 11대 제품의 개발에 박차를 가하고, 포스코의 특장인 기가스틸 생산의 주도권을 확보하는 것이 그것이다. 또한 해외 생산기지와의 상생적 협업은 포스코의 세계전략에 신선한 돌파구를 마련해 줄 것으로 기대된다.

철강을 필두로 그룹사 필수사업 영역과 신수종의 경쟁력을 높이는 가장 중대한 화두가 바로 스마타이제이션smartization이다. 스마타이제이션은 생산과 유통, 경영과 실행, 사업부문 간 지적 역량의 융복합 과정에 첨단 IT 기술을 접목하고 그것을 통해 집단지성을 높여가는 일련의 혁신과정을 뜻한다. IT기술이 정교하고 긴밀한 네트워킹을 구현하듯 스마타이제이션은 소리 없이 추진되는 '혁신 포스코'의 핵심 구동력이다.

둔중한 철강산업이 스마타이제이션과 어울리는가? 어울린다. 뿐만 아니라, 스마타이제이션의 발원지이자 스마트 테크놀로지의 발전소이기도 하다. 철강생산 현장에서 발명된 스마트 기술은 향후 20년 내에 가시화될 '스마트 시티smart city'의 본원적 기술이 될 수 있다. 사물인터넷 기반 지능형 생산공정을 '스마트 팩토리'라고 한다면,

스마트 팩토리의 기본 프레임은 21세기 뉴 노멀시대 스마트 시티와 스마트 네이션smart nation으로 진화, 발전해 갈 수 있다는 뜻이다. 우리는 그런 모습을 공상과학영화에서 이미 목격했고, 일부는 이미 구현과정에 있다.

스마트화라는 혁신과정은 포스코 미래 사업영역의 경쟁력과 성장력을 끌어올리는 추동력이다. 그룹사 사업영역은 신성장 부문의 변동에 따라 다소 달라지겠지만, 향후 50년 포스코그룹은 스마트화를 특화하거나 서로 융복합해 시너지 효과를 극대화하는 방향으로 진군할 예정이다.

새로운 50년을 출발하는 이 시점에서 필수사업과 신수종을 성공시키려면 포스코에 요청되는 보완책과 대비책은 무엇인가? 인적 자본과 조직에 대한 성찰의 시간이다.

첫째, 미래예측 능력을 키워야 한다. 포스코 내에는 포스코경영연구원을 필두로 기술연구소, 기술대학 등 우수한 연구인력들이 다수 포진해 있다. 산업변동과 시장상황에 관해서는 탁월한 연구 역량을 갖췄다고 판단되지만, 정치·사회의 글로벌 트렌드, 기업과 소비자의 가치관 변화, 문화적 취향과 변화 추세 등 인문학적·사회과학적 예측 인력은 매우 부족한 것이 현실이다. 그렇다고 세계적 미래학자의 혜안을 자주 빌려 올 수도 없다. 앞에서 지적하였듯이, 포스코의 인문학적·인류학적·문화학적 역량을 높여 나가는 것이 필요하다.

예를 들어, 스틸하우스가 미래의 주거양식과 취향을 선도하려면 주택과 관련한 사람들의 가치관 변화와 생활방식의 변동 추세에 민감한 촉각을 세우고 있어야 한다. 신생 에너지 역시 마찬가지다. 미국 스탠퍼드대학에는 에너지 혁신팀이 가동되고 있는데, 여기에는 지구과학자, 지질학자는 물론 사회학자, 정치학자, 인류학자가 모두 참여한다. 에너지의 미래 쓰임새와 활용도는 정치체제와 사회구조 및 생활방식에 의해 변화하기 때문이다.

둘째, 철강산업은 포스코의 기반이었다. 그런데 향후 50년에도 그러할 것인가? 그러할 가능성과 어느 날 갑자기 캐시 카우의 기능이 급격히 쇠락할 가능성을 모두 고려해서 새로운 50년의 성장 시나리오를 짜야 한다. 철강산업 외에 새로운 캐시 카우는 무엇인가? 이 질문에 대한 비장의 카드를 준비해 둬야 한다는 말이다. 새로운 50년은 새로운 캐시 카우에 대한 고민의 시작이다.

셋째, 조직문화에 대한 본원적 성찰과 재구조화가 필요하다. 앞 장의 관찰에서 우리는 이미 포스코의 조직문화와 그 특성을 가늠할 수 있는 여러 모습을 목격했다. 한마디로 말하면, 조직은 촘촘히 짜여 있다. 너무 잘 짜이고 세련되어서 원색적 사고와 행동, 이탈과 저항, 개성과 이견異見이 억눌릴 정도다. 경제학자인 앨버트 허쉬만 Albert Hirschman은 《떠날 것인가 남을 것인가Exit, Voice, and Loyalty》에서 '주장의 수용'을 조직원의 충성을 이끌어 낼 요건으로 주목했다.

조직원들은 자신들의 요구를 주장Voice하는 게 보통인데, 그것을 수용하면 충성, 그것을 거절하면 이탈한다는 간단한 명제다. 그런데 주장은 건설적 제안을 포함하여 부정적 저항과 냉소, 사보타지, 비난 등 다양하다. 파괴적 혁신이 가능하려면 항상 건설적 제안만이 중요한 것이 아니라 조직원의 비합리적, 원색적 요구도 가능한 환경이어야 하고, 경영진은 그런 것에도 귀를 기울이는 태도를 길러야 한다. 혁신은 모험에서 나온다. 혁신은 비합리적 목소리에도 들어 있다. 만족도가 과도하게 높은 직장은 안정지향적, 현상유지적 태도를 강화한다.

포스코는 '튀는 사람'이 없는 조직이다. 그렇게 설계되어 있고, 개성 있는 신참자도 곧 그런 조직문화에 동화된다. 포스코경영연구원의 중진연구원 C씨는 포스코가 삼성과 닮았다고 말한다. 촘촘히 짜여 있고, 이탈이나 저항이 없으며, 술자리에서조차 조직에 대한 비난을 삼간다. 현대자동차는 이런 점에서 사뭇 다르다. 구성원들은 회사를 항상 비판하고 비난할 준비가 되어 있고, 또 실제로 회식과 술자리에서 그런 비판이 오간다. 그런데 기업 프로젝트를 실행할 때에는 온몸을 바친다. 그야말로 올인한다. 역동적이다. 조직문화의 차이다.

마음속 깊이 생성되는 회사에 대한 불만, 평가, 개선책을 어떻게 생생한 목소리로 발현시킬 것인가를 고민해야 한다. 매우 엄격한 '보고서 문화'는 포스코 직원들의 불만 리스트 중 1순위다. 모든 것을 보고서에 담아야 한다. 조직문화가 그렇듯 전후사정과 돌발상황, 프로젝트의 실행내용과 경과, 난점 등을 세밀하게 서술해야 능력을 인정받는다. 문제는 우수한 인력들이 보고서 작성에 힘을 쏟아 정작 긴요한 창의적 사고의 여유공간이 침해받는다는 사실이다. 제철소 중간관리직 A씨가 보여 준 보고서는 거의 20쪽에 달했다. 해당 프로젝트의 중요도로 판단하자면 중간 정도인데도 말이다. 대학 리포트였다면 A+ 학점을 받고도 남을 만했다.

튀는 사람이 없는 무난한 인격체, 촘촘한 조직문화로 필수사업 영역과 신수종 사업을 성공시킬 수 있는가? 철강에서 획득한 경험지와 문화적 습속으로 바이오, 농생업, 에너지와 같은 '튀는 사업'을 수행할 수 있을까? 이런 문제들을 점검해야 한다. 앞에서도 지적했지만, 우수한 인력자원의 능력개발, 다업무화, 글로벌 시장을 개척할 수 있는 인문학적 지식역량, 소통능력을 키우는 것이 향후 과제에서 중요한 위치를 점한다.

'가야할 길'을 개척하는 것은 사람과 조직이다. 어떤 유형의 인적자본, 어떤 유형의 조직이 미래 50년의 개척에 효율적인지를 모색하고 '파괴적 혁신'을 실행할 독전대督戰隊를 키워 내야 한다.

글로벌 포스코 모델

역사적 고난을 딛고 국민적 성원에 힘입어 포항, 광양제철소는 기적을 만들어 냈다. 포항 해안에서, 광양 매립지에서 임직원들이 흘린 피와 땀은 결실을 거뒀다. 50년의 노력과 헌신이 세계 철강사를 다시 쓰게 할 정도로 뚜렷한 업적을 남긴 것이다. 미래 50년의 출발점에 서서 포스코는 국민 성원에 보답하는 상징물을 헌납할 것을 기획 중이다. 창립 50주년을 기념해 국민에게 봉헌하는 멋진 선물은 무엇일까, 기대해 볼 만하다.

철에서 문명의 씨앗이 싹텄고, 철에서 미래 문명의 상상력이 발아한다는 사실을 깨닫는 것만으로도 커다란 의미를 갖는다. 세계적 제철소로서 포스코가 상상력 교육과 창의적 문화의 진원지라는 것을 일깨우는 좋은 계기가 될 전망이다.

제철소는 반도체와 ICT산업이 갖는 미래 이미지와 전혀 다를 바 없는 미래 첨단과학의 전진기지다. 요즘 각광받는 5G 기술과 조강 생산 설비 작동 간에는 아무런 차이가 없다. 역으로 생산설비와 생산기술에 5G가 내장되어 그 엄청난 규모의 공장이 가동된다. 제철소라는 둔중한 이미지에 'Smartness'라는 경쾌하고 민첩한 용어가 적용되는 이유이고, 포항, 광양제철소가 창안한 생산방식과 기업품격, 그리고 기업의 문명론적 함의를 'POSCO the Great' 개념으로 집약해도 충분한 이유이다.

'POSCO the Great'의 요체는 인간, 기술, 문화의 상호결합이다. 가장 생산성이 높은 방식, 인간의 인격을 가장 중시하는 방식, 그리하여 인간과 기술의 융복합이 인본주의적 문화humanistic culture로 발현되는 포스코의 성정性情이 'POSCO the Great'다.

1960년대에 프랑크프루트학파의 일원인 마르쿠제Herbert Marcuse는 그의 저서 《에로스와 문명》에서 기술이 인간을 노동에서 해방시켜 준다고 예견한 바 있다. 그러나 그의 예견은 시대적 조류보다 한 박자 빨랐다. 1970~1990년대는 기술이 인간을 구속한 시대, 인간이 기계에 속박된 시대였다. 그의 예견은 혹독한 비판을 받았다. 그러나 21세기 문명시대에 들어 그의 예견이 오히려 재조명되는 중이다. AI, 바이오 혁명, ICT 등으로 무장한 초연결사회에서 기술은 인간적 수요에 부응하는 방식으로 전환되고 있다. 물론 이에 대한 반론도 만만치 않지만, 미래학자들은 첨단 과학기술이 인간의 염원인 노동으로부터의 해방을 어느 정도 실현한다는 점에 동의한다. 포스코의 문명론적 명칭인 'POSCO the Great'가 바로 그러하다. 인간, 기술, 문화의 일체화다.

타 기업과 구별되는 'POSCO the Great'의 성정과 그 내부 동학은 무엇인가? 그것을 제조하는 원형세포, 즉 DNA 말이다. 우리는 제2부에서 포스코 모델의 내부를 탐색했다. 작업장 조직이 혁신, 학습, 토론 구조로 짜여 있으며, 현장직, 관리직 직원들이 그것을 조직자산으로 하여 한국형 '생산성 동맹'을 창출했음을 목격했다.

생산성 동맹이 바로 포스코 모델의 핵核이다. 그것은 공公의식을 혈액血液으로 하여 '협력경쟁'이라는 포스코 특유의 특성을 만들어 낸다. 작업장에서 작동하는 포스코 모델을 사회 전역으로 확장해 공익을 극대화하는 공동체조직, 나아가 '글로벌 포스코'가 되는 것이야말로 미래 50년 포스코가 걸어갈 궁극적 도달점이다. 이름하여 '글로벌 포스코 모델'Global POSCO Model이다. 이를 그림으로 보면 〈그림 12-5〉와 같다.

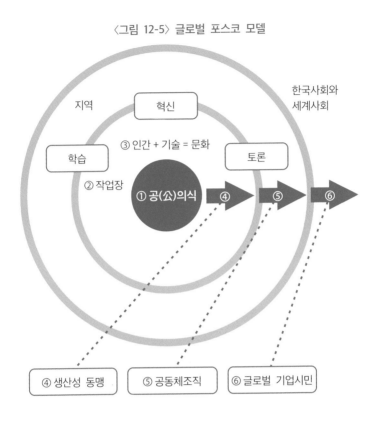

〈그림 12-5〉 글로벌 포스코 모델

① 가장 중요한 핵심에 공公의식이 자리한다. 포스코를 다른 기업과 구별해 주는 태생적 특성이자 장점이다. 그것은 혈액과도 같아서 작업장의 조직구조를 만들어 내는 유전자 역할을 한다. 그 유전 자는 인간과 기술을 상생적 방식으로 결합하는 문화의 씨앗이다. 사익私益보다 공익公益을 우선시한 태생적 기질이 인간과 기술의 인본주의적 결합방식을 배태했다.

② 작업장은 혁신, 학습, 토론 과정의 결합이다. 우리는 제6장에서 포스코 작업조직이 구성원들로 하여금 끊임없이 학습 의욕을 불태우게 하고, 학습 결과를 공유하게 만들며, 문제 해결을 위해 숙의를 발동하도록 격려하는 모습을 관찰했다. 각 성원이 지식과 정보로 무장하고, 자기 파트에 대해 자율적 기술권력을 행사하는 모습도 목격했다. 기술권력을 행사하는 노동자의 노동은 더 이상 '소외된 노동'이 아니다. 그것은 생산성 향상의 비밀병기다.

③ 작업장에는 혁신, 학습, 토론의 시너지를 융합하는 현장전략 POSTIM이 작동한다. 톰 피터스Tom Peters가 창안한 식스 시그마 기법을 포스코가 수십 년간 갈고닦아 그 응용력과 효율성을 한 차원 높인 토털 혁신기법Total Innovation Methodology이다. POSTIM 은 프로젝트를 통한 수익성 향상에 초점을 둔 PSS+, 안전 기반의 현장 강건화에 초점을 둔 QSS+, 둘을 합해 즐겁고 효율적인 현장을 만드는 기법인 SWP를 개별, 팀별 차원에서 융복합해서 작업현장을 최고의 협력 상생조직으로 끌어올린다. 이 과정에서 인간과 기술이 결합한다. 협력, 상생에서 포스코를 따라갈 기업은 그리 흔치 않다.

④ 포스코 작업장이 '생산성 동맹production coalition'으로 이뤄진 것은 우연이 아니다. 생산성 동맹이란 현장직, 관리직 사원들이 최고의 노력을 투입하고 그 대가로 최고의 보상이 주어지는 상호연대

를 의미한다. 이를 상생적 상호연대라고 한다면, 포스코는 한국
의 경제, 사회에 너무나 요긴한 연대 네트워크를 만들어 내는 원
형적 기업이다.

⑤ 작업장 수준의 생산성 동맹이 지역사회로 확장된 것이 '공동체조
직community organization'이다. 포스코 구성원들이 일상화한 사회활
동, 봉사활동, 자매결연을 통한 사회적 수요의 충족활동이 그런
것에 해당한다. 포스코 패밀리는 사회적 약자, 취약계층, 빈곤
가정 등 국가의 손길이 닿지 않는 곳에서 발생하는 사회적 요구
에 응답할 준비가 되어 있고 또 항시적으로 응답한다. 공동체조
직이다.

⑥ 이런 공동체조직이 사회 일반으로 확장된 것이 바로 기업시민
corporate citizenship이다. 포항, 광양 지역에 문화관, 박물관, 체육
관을 건립하는 것이 여기에 해당하고, 국민적 성원에 대한 보답
으로서 서울의 숲에 건립하게 될 청소년과학기술체험관이 그러
하다. 물론 아직은 기업시민의 요건을 충분히 충족한 것은 아니
지만, 국가적 정책에 부응하여 중소기업과 한계기업 직원을 대상
으로 기술교육을 실시한다거나, 실업구제 정책, 협력사와 외주
사의 처우 개선 및 이익금 분배 등으로 눈을 돌린 것은 기업시민
의 모범을 보인다고 하겠다. 공公의식으로의 출발이다.

공公의식으로 50년을 성장한 '기업시민' 포스코가 세계적 차원에서 공共의식을 생성하고 확장할 때 비로소 '글로벌 포스코global POSCO'의 골격이 생성된다. 글로벌 포스코는 앞에서 제시한 한국형 기업시민을 인본주의적 가치로 질적 변화를 거듭해 지구촌으로 확장한 미래형 기업이다. 포스코가 지난 50년 한국의 생존방식을 획기적으로 발전시켰다면, 기업시민의 인격체인 성숙한 시민, 더불어 사는 시민Mitbürger의 공共의식을 전 지구촌에 실천하는 것이야말로 향후 50년 글로벌 포스코가 지향할 인류사적, 문명사적 과제라 할 것이다. '글로벌 포스코 모델'은 공익과 윤리의 세계적 생산조직이다.

한 가지 중요한 제안을 결론 형식으로 제시하고자 한다.

'누구나 CEO 캠페인'이다. 포스코의 가장 중대한 결점이 'CEO 리스크'라는 사실은 잘 알려져 있으며, 그에 수반하는 유동적 거버넌스governance가 오히려 작업현장의 사기에 영향을 미칠 개연성이 농후하다. 정권 교체에 따라 CEO가 동시에 교체되는 악순환을 피하는 것이 우선 절박한 사안이지만, 그것은 포스코 패밀리의 의향대로 되지는 않는다. 국민 정서가 바뀌고, 정부-기업 간 관계가 선진화되어야 가능한 일이다. 포스코가 민영화된 지는 벌써 18년이 지났지만, 정권과 포스코의 관계는 상호 독립적이지 못했다. 정권의 입김에서 자유롭지 못했음은 잘 알려진 바다. 재벌 역시 혈연적 승계에서 전문경영인 체제로의 전환이 필요한 시점에서 포스코의 독립성과 자율성은 미래 50년을 위해 소중한 덕목임에 틀림없다.

차제에 사내에 경영학교를 개설하여 미래의 CEO를 배양하는 핵심 기구로 정착시키는 일을 생각해 볼 필요가 있겠다. '누구나 CEO 캠페인'이 암시하는 것처럼, 대상자는 전 직원이다. 포항, 광양제철소를 둘러보면, 모든 구성원이 자신의 업무에 골몰해 사회적, 정치적 사안이나 경제정책에 대한 기업 차원의 대응책을 구상하고 탐구할 여유를 별로 갖지 못한다.

근속 35년 차 제강파트 A부장은 이제야 겨우 외부로 눈을 돌릴 여유를 갖게 되었다고 고백했다. A부장이 자신의 업무에는 통달했겠지만, 혹여 임원급으로 승진했을 때 갖춰야 할 리더십, 경영지식, 사회적 통찰력 등은 한순간에 배양되는 것이 아니다. 더욱이, 이사회에서 누군가를 CEO로 지명한다고 할 때 그가 CEO로서의 자질과 능력을 배양했는지를 판단할 자료가 부족하다. 그의 사내 경력, 직무수행평가 등을 종합하는 정도 외에 종합적 평가자료가 절실하다. 이런 상황에서라면, 모든 임직원이 직급별, 직책별로 리더십 교육을 조기에 시작할 필요가 있다. 아니면, 기존의 교육 프로그램을 '리더십 훈련'으로 묶어도 좋겠다.

종업원 3만 6천 명, 한국 시가총액 6위, 세계적 철강기업 포스코의 항해 책임을 짊어질 사람은 CEO로서의 훈련과정을 착실히 거쳐야 한다. 미래 CEO의 훈련 프로그램이자 포스코의 앞날에 대한 진취적 기획과 정밀한 항해지도 작성을 가능하게 해주는 교육 프로그램이어야 한다. 임원급들이 정기적으로 모여 강의를 듣고 토론하는 회의체가 작동하고는 있지만, 그것만으로는 능력과 혜안, 자질과 리더십을 두루 갖춘 포스코 CEO를 배양하기에 부족한 점이 많다. 새로운 교육기구는 작업현장과 경영진, 임직원과 일반사회를 연결하는 네트워크 지식network knowledge에 더 많은 비중을 두고, 미래 50년 포스코의 항해지도를 작성하고 집단지성과 경영능력을 배양하는 데 초점을 맞춰야 한다.

혁신의 용광로, 출정가(出征歌)가 울려 퍼지는 포항과 광양에서 미래 50년 글로벌 포스코를 향한 힘찬 첫발을 내딛는다.

기업시민,
미래경영의 길이 되다

문명사적 대전환기,
ESG 시대를 앞서가는 기업시민 스토리

곽수근·유규창·송호근·문형구 외 지음

변혁의 시대, 사회와 함께하는 미래기업의 길을 찾다

COVID-19라는 미증유의 재난을 맞아 수많은 기업들이
의료·방역 지원에 적극적으로 나서는 모습을 보며 세계는
사회의 한 축인 기업의 해결사로서의 역할에 주목하게 되었다.
시민이 고유의 역할을 수행하듯 기업도 사회에 대해 기여해야
한다는 개념인 기업시민은 더 이상 먼 미래의 목표가 아니다.
모든 기업이 지금부터 걸어가야 할 시대적 여정이다.

　국내 대표 석학들이 정리한 기업시민경영의 구체적 해석과
함께 포스코를 중심으로 한 기업시민 우수사례, 업무현장 실천
핵심 포인트 등을 일목요연하게 정리한 이 책은 현장 기업인들의
기업시민 실천서가 될 것이다.

신국판 | 304면 | 18,500원

나남 nanam www.nanam.net | 031-955-4601

기업시민,
미래경영을 그리다

곽수근 · 송호근 · 문형구 외 지음

'기업시민', 지속가능한 경영의 미래

무분별한 세계적 금융자본으로 인해 발생한 2008년 세계금융위기
이후, 기업도 사회의 일원으로서 주주뿐 아니라 기업을 둘러싼
이해관계자들에 대해서도 관심을 기울여야 한다는 주장이
확산되기 시작하였다.

'기업시민'이란 시민사회에서 시민이 고유의 역할을 수행하는
것과 같이 기업도 사회공동체의 일원으로서 경제적 이윤 창출을
넘어 공급사, 협력사, 고객사 등 비즈니스 파트너와 협업하여
함께 성장하고, 사회문제 해결에도 동참하여 궁극적으로 더 큰
기업가치를 창출해야 한다는 개념이다.

이 책에서는 19명의 국내외 석학들이 기업시민의 기본 개념,
기업시민과 경영의 관계, 기업이 나아가야 할 방향 등 기업시민의
현재와 미래를 다양한 시각으로 제시한다.

신국판 | 344면 | 18,500원

나남
nanam www.nanam.net | 031-955-4601

기업시민의 길 되기와 만들기

송호근(포스텍 석좌교수) 외 지음

왜 지금, 기업시민인가?
포스코를 통해 바라본 변혁의 주체, 기업시민

급속한 세계화로 시민의 사회경제적 권리가 훼손될 위험에 처한
오늘날, 세계화의 주요 행위자인 글로벌 기업이 정부를 대신하여
공동체와 함께하는 '기업시민'이 되어야 한다.
　기업시민은 '기업의 사회적 책임'(CSR), '기업 공유가치'(CSV)
개념을 넘어서 국가와 시민사회의 요청에 응답하려는
보다 적극적인 행동 개념이자 정체성 변환 개념이다.
이 책에서는 기업시민 개념의 정의와 현황을 검토한 후,
우리나라에서 기업시민 정신을 구현할 대표 기업으로,
오래전부터 사회공헌활동을 내면화해 온 포스코를 주목한다.

신국판 | 312면 | 18,000원

나남 nanam www.nanam.net | 031-955-4601

혁신의 용광로

송호근 지음

- **2022년 서문** — 희망의 결정체, 기업시민

- 포스코 100일의 시련, 100일의 기적:
  포항제철소 냉천범람 수해복구 현장관찰기

나남
nanam

차례

2022년 서문
희망의 결정체, 기업시민

이 책의 집필을 끝낸 어느 날 아침, 제목이 떠올랐다. '혁신의 용광로'. 내가 직접 목격한 고로高爐는 명칭과는 달리 육중했고 신비로웠다. 뜨거운 화염으로 용해한 철광석에 각종 성분을 결합해 만들어진 시뻘건 쇳물이 철강 산업의 출발선이다. 그곳에 포스코의 경쟁력을 세계화한 비밀이 숨어 있다. 용강은 화차에 실려 압연과 열연 공장으로 우송돼 주문생산 과정에 들어간다. 용강이 제품 생산으로 이어지는 길고 긴 과정은 모두 첨단 기술의 연속이다. 얼핏 봐서는 그 첨단 기술이 어떻게 적용되고 제품과 융합되는지 알아차릴 수 없다. 그 전 과정이 포항제철소와 광양제철소의 장엄한 전경을 이룬다. 조선, 자동차, 석유화학 공장들과 제철 공장을 구분하는 상징 단어가 바로 고로, 즉 용광로다. 그것도 끊임없는 혁신으로 이뤄지는 용광로, 그래서 '혁신의 용광로'다.

2018년 이 책이 나온 후 4년 동안 포스코는 내부의 혁신 동력을 극대화하여 변신의 노력을 거듭했다. 필자가 다시 방문해 현장 조사를 한다면 단기간에 이룩한 엄청난 변화량에 변화 속도에 경이로움을 감추지 못할 것이다. 포스코그룹의 외양은 물론 경영진과 임직원들의 세계관이 획기적으로 바뀌었기 때문이다. 우선, 2022년 봄, 포스코홀딩스(지주회사)가 출범했다. 각 그룹사에 자율권을 부여하고 독자적 발전을 구가하되 그룹사의 개성과 역량을 융합하고 조율하는 사령부가 만들어진 것이다. 포스코홀딩스는 포스코그룹이 철강을 토대로 신소재와 신산업 분야의 최고 기업으로 진군할 수 있도록 독려한다. 포스코는 조강생산 4,300만 톤, 연속 13년째 세계 철강사 경쟁력 1위를 지켜 내는 명실공히 글로벌 리더다. 이런 세계적 역량을 토대로 한 신소재 분야로의 진전은 놀랄 정도다. 전기차와 로봇 시대의 핵심 에너지인 이차전지 소재, 니켈, 리튬 사업은 이미 세계적 관심을 끌 만큼 정상 궤도에 올랐으며, 수소, 에너지, 건축/인프라, 바이오 사업과 함께 2030년 포스코그룹의 성장을 견인할 동력이 됐다. 포스코그룹은 2030년에 기업가치를 현재의 3배 이상으로 확대 증진하겠다는 야심 찬 목표를 향해 진군 중이다.

회사 내 노사환경도 급변하였다. 2018년 당시 포스코는 타 대기업과는 달리 '노경협의회'가 노사관계를 실질적으로 이끌어 나갔다. 노조가 아니었지만 노조보다 더 실리적이었고 현장직 노동자의 입장을 대변하고자 했다. 노경협의회는 협력사의 현실에도 관심을 기울여 여러 가지 우호적인 정책을 추진하기도 했다. 대립적 갈등을 최소화하면서 노사 모두에게 유익한 방향의 행동양식을 견지하고자 노력한 덕분이었다. 그러던 것이 시대의 흐름에 따라 노동조합이 조직되면서 포스코도 이제 노사관계의 새로운 국면에 들어섰다. 대립보다는 상호이해, 갈등보다는 타협을 추구해온 포스코 특유의 협력 정신은 새로운 노사관계를 정립함에 있어서도 전국적인 롤 모델이 될 것으로 나는 믿는다.

포스코의 멈추지 않는 혁신은 인류 생활의 문법을 뒤바꾼 '문명 대변혁'에 대한 포스코의 응전이다. 지금 전개되고 있는 21세기 문명의 법칙은 20세기의 지혜로는 전혀 예측 불가능하다. 산업의 중심이 디지털과 ICT로 이동하면서 제조업의 혁신 경쟁 구도가 전면적으로 바뀌었다. 제조업에 디지털, ICT를 접목하는 것, AI와 로봇 기술을 융합해 거듭나지 않으면 곧바로 퇴출 위기에 직면한다. 여기에 지난 3년간 세계를 휩쓴 팬데믹의 충격이 세계화의 지도를 바꾸어 놓았다. 글로벌 기업들은 미증유의 파고를 헤쳐 나가야 하는 절체절명의 과제를 안았다. 길게 보면 인류 문명은 부드러운 상승곡선처럼 진화하는 것으로 보이지만, 혁신은 사실상 과거의 패러다임을 깨고 단절적 수직상승을 구가하는 지난한 작업이다. 일찍이 찰스 다윈Charles Darwin은 진화를 적자생존으로 설명했는데, 생존의 핵심은 '변이modification'다. 변이를 하지 못하면 도태된다. 변이가 바로 혁신이다. 기존 법칙과는 전혀 다른 환경

변화에 적응하는 별개의 종種이 탄생하는 것이다.

포스코는 이제 별개의 종이 됐다. 혁신을 거듭하는 별종別種 ─ 지난 20여 년간 최고경영진과 임직원들이 바친 눈물겨운 헌신과 노력의 결집이다. 그들의 인생과 지혜가 이 시각에도 쏟아지는 고로의 용강에 오롯이 녹아 있다. 용강은 희망의 출발선이다. 용강이 흐르는 경로를 바꾸는 것이 변이의 핵심인데, 지난 4년간 일어난 변이의 중심에 '기업시민'이 있다. 기업시민은 기업의 체질을 바꾸는 새로운 경영이념으로서 문명대변혁에 응하는 포스코 함대의 우렁찬 고동소리였다. 21세기 자본주의는 지난 세기의 그것이 아니다. 상품생산과 시장구조가 바뀌었고 생산과 유통의 목표와 가치도 수정해야 한다는 세기적 명법命法에 포스코는 기업시민이란 경영이념으로 화답했다.

생산과 시장을 두 축으로 하는 자본주의는 이제 이익극대화를 추구하는 기존 체계에서 투자자, 고객과 소비자, 생산자를 모두 이롭게 하는 이해관계자 자본주의stakeholder capitalism로 전환했다. 여기에 기업이 준수해야 하는 인류의 명령이 부가됐다. 이른바 ESG가 모든 기업활동의 뉴 노멀로 명시된 것이다. 상품생산 그 자체가 인류의 서식지인 지구를 온전하게 지켜내야 한다는 것 Environmental, 기업활동이 사회적 차별을 해소해야 한다는 것Social, 이를 위해 지배구조가 공정하고 투명해야 한다는 것Governance이 그것이다. 글로벌 기업을 감시하는 국제기구가 이미 만들어졌고,

2025년에는 ESG 수치를 기준으로 기업의 생존 자체가 엄격히 통제되는 시간대가 다가온다.

E(환경), S(사회), G(지배구조)를 일대 변혁하라는 지구촌의 외압은 글로벌 기업의 명줄을 죌 만큼 거세다. 세계 최대의 투자사인 블랙록은 ESG 업적평가로 투자 여부를 결정한다고 이미 공표했다. EU는 4만 9천 개 기업의 ESG 성과정보에 따른 세금 차별부과 방침을 공시했고, 영국 역시 대기업의 기후 관련 재정을 재무제표에 공개하도록 명시했다. 조금 늦었지만 한국 또한 2025년부터 ESG 지표 공시를 입법화했다. 유럽에서 내연자동차의 생산과 수입은 곧 중단된다. 포스코는 ESG 대열에 앞장서 이미 탄소 제로Net Zero 선언에 동참했고, 수소경제 실현을 약속했다. 야심차고 힘든 도전임에 틀림없다.

이런 변이의 중심에 '기업시민'이 있다. 4년 전 최고경영자로 취임한 최정우 회장의 결단이었다. 포스코에 내재된 유전자를 바꾸는 것은 바로 21세기적 체질개선에 해당한다. 고도성장기 50년을 이끈 비전이었던 '제철보국製鐵報國'을 이해관계자 자본주의와 ESG 명법에 부응해 진화시킨 것이 '기업시민'이다. 제철보국의 정체성을 오롯이 끌어안으면서도 미래 100년 기업이 되고자 하는 절규의 응집체였다. 국민들의 열망과 격려로 이룩한 50년 성과를 미래 희망의 횃불로 전환하는 경영이념이자 새로운 시대의 구조변화를 진두지휘할 획기적 이정표다.

기업시민 개념은 2002년 뉴욕에서 개최된 세계경제포럼에서 처음 등장한 이후 "Global Corporate Citizenship"이라는 전 세계 34개 대기업들의 공동 선언으로 이어졌다. 엑슨모빌, 휴렛팩커드, 마이크로소프트, 나이키 등 대표적인 글로벌 기업들은 연차보고서에 기업시민 정신을 명시해 최근 ESG와 연결하는 통로를 개척했다. 그때까지만 해도 기업시민은 지향해야 할 보편적 가치관을 뜻하는 보통명사였다고 한다면, 포스코에 와서 '고유명사'로 변한 것은 어찌 보면 세기적 사건이다. 그 자체를 경영이념으로 채택한 것은 포스코가 최초다. 글로벌 기업들은 추구해야 할 가치관으로서 기업시민적 정신을 열거했다면, 포스코는 아예 경영이념, 즉 문패로 못을 박았다. '기업시민 포스코'다.

포스코의 임직원들은 50년간 배양한 전통적 유전자인 수직적 시선을 수평적 각도로 전환했다. 동시대를 살아가는 시민과 사회로 시선이 이동하자 공감sympathy과 동정compassion이 새로운 유전자로 살아나기 시작했다. 《자본론》의 저자 애덤 스미스Adam Smith는 인간다운 자본주의를 만드는 가장 중요한 요소로 공감과 동정을 꼽았다. 그것만 있다면, '보이지 않는 손'은 인류를 이롭게 한다고 믿었다. 300여 년 지속된 냉혹한 자본주의의 골짜기를 지나 이제 인간다운 자본주의의 지평으로 나가는 선두에 기업시민이 있다.

그리하여, '사명감, 공동체의식, 도전정신'을 요체로 하는 제철보국 정신은 시민기업 정신과 결합해 새로운 변이를 낳는 중이다.

기업시민은 이 새로운 변이에 '아웃워드 마인드셋outward mindset, 협력적 소통, 실천의지Go the Extra Mile'를 투입해 획기적인 별종을 생산하는 중이다. 경제적 가치만이 아니라 사회적 가치의 창출을 통해 자본주의의 원래 이상이었던 재생산, 상호호혜, 재분배를 동시에 가능하게 만드는 문명의 총아가 되고자 하는 것이다.

가능한가? 가능하도록 만들어야 한다. 인류문명은 불가능에의 도전이다. 포스코는 우선 사회적 관계 맺기 양식을 바꾸는 것으로 시작했다. 기업시민헌장과 CCMSCorporate Citizenship Management Standards를 제정해 선포했고, 고객가치와 브랜드가치를 동반성장 궤도에 올려 더불어 진화하는 생태계를 만들겠다고 약속했다. 포스코는 지난 4년간의 성과를 바탕으로 업무모듈과 시민적 공통모듈을 결합한 CCMS 2.0으로 나아가고 있다. 기업의 경계를 넘어 사회적 관계 또는 사회적 네트워크를 풍부하게 일구고, 기업 행위의 새로운 규범을 시민성civicness에 맞춰 조율하는 공익적 전환이다. 사회적 책무를 의식하고 실행하는 조직적, 개인적 차원의 행위양식은 기업시민의 출발점이다. 의심할 바 없이 이 시대는 사회적 가치가 곧 경제적 가치로 번역되고 전환되는 문명의 시간이다.

필자가 서문을 쓰는 이 시각에도 포스코 임직원들은 수해 복구에 구슬땀을 흘리고 있다. 창사 이래 초유의 침수 사태는 한국 제조업의 심장인 포항제철을 위태롭게 만들었다. 공장 폐쇄를 떠올렸을 정도로 참담했다. 280만 평 중 110만 평이 물에 잠겼으니까 임직원은 물론 국민 모두 마음을 졸였다. 영일만을 밝히던 포항제철에 불이 꺼질 줄 누가 상상이라도 했겠는가? 그러나 다시 불을 켰다. 젖은 기계를 닦고 말리고 수리했다. 나의 기계, 국민의 기계, 후손들의 기계이니까. 지하공간에 쌓인 뻘흙을 제거하고 설비를 정비했다. 12월 15일, 침수 100여 일 만에 전 공정의 90%가 회복됐다. 철강인의 헌신과 열정은 힌남노 태풍보다 강했다. 시련 극복 과정에서 임직원들은 세대 협력이 뿜어내는 합일의 힘을 체험했고, 개개인 뇌리에 축적된 경험지와 암묵지가 죽어 가는 기계에 새로운 생명을 불어넣는 현장을 목격했다. 어디서도 볼 수 없는 포스코만의 유전자다. 재앙과도 같았던 이 고난은 포스코로 하여금 향후 100년의 내구력을 갖추게 한 계기다.

제철소를 구출한 자발적 헌신, 포스코의 혁신을 향한 임직원의 열정에 존경을 표한다. 그 변화의 세밀화를 그려 내기에는 새로운 연구 작업이 필요하지만, 《혁신의 용광로》에서 표명한 기대와 희망에 신작로를 개척했다는 사실을 새로운 서문에 공지하는 것만으로도 저자로서는 충분히 벅찬 일이다. 포스코는 우리의 미래 희망이다.

2022년 12월 26일

송호근

포스코 100일의 시련, 100일의 기적

포항제철소 냉천범람 수해복구 현장관찰기
(〈매일경제〉, 2022. 12. 25.)

포스코에 다시 불이 켜졌다. 영일만 수평선을 향해 일자로 뻗은 세계 최고의 공장, 한국의 자부심이자 산업 동맥인 포스코 굴뚝에서 맑은 증기가 뿜어지는 풍경은 50년 동안 한 번도 멈추지 않았다. 그런데 불이 꺼졌다. 쇳물을 쏟아 내던 고로도 멈춰 섰다. 수마가 덮쳤다는 뉴스가 타전됐다.

포스코 임직원들은 물에 잠긴 현장에서 망연자실했다. 포항시민과 일반 국민은 절망과 희망이 엇갈리는 시간을 보냈다. 공장을 폐쇄하고 다시 지어야 한다는 비탄의 신음도 들렸다. 공장 폐쇄는 한국 산업의 파산을 뜻한다. 지상 1~2미터까지 차오른 물이 지하 15미터 공간을 채우고도 모자라 땅 위로 솟구친 것임을 알아챈 시민은 거의 없었다.

세계철강사에 기록될 침수 사태에서 결국 희망을 건져 낸 것은 포스코의 저력이었다. 임직원은 공장에서 밤을 새웠다. 100일의

11

사투였다. 그리고 불을 켰다. 생산시설이 가동되기 시작했다. 시련 100일 끝에 기적을 건져 낸 그들의 얼굴은 눈물과 땀으로 얼룩졌다.

100일의 기적을 일궈 낸 현장을 필자가 둘러봤다. 지하엔 진흙 얼룩이 묻은 기계들이 굉음을 냈고, 작업반원의 표정은 조심스레 밝아졌다. 새로운 인생을 출발하는 심정이라고 했다. 여기에 내 놓는 현장관찰기가 신년을 맞는 국민의 마음에 희망의 불빛이 되기를 바라 본다.

물이 차오릅니다!

이백희 제철소장은 재직 35년 차 베테랑이다. 굴뚝 연기 색깔만 봐도 뭐가 잘못됐는지 단번에 안다. 힌남노가 포항 상공을 거쳐 울릉도로 빠져나가던 2022년 9월 6일 새벽 6시경 집무실에서 밤을 새운 이 소장은 최고경영진에게 무사함을 보고했다. 밤을 꼬박 지새운 서울 본사 최고경영진도 한숨 놓았다. 폭우도 잦아들었다. 안도감도 잠시, 이 소장은 폭발음을 들었다. 제철소 압연공장 인근에 있는 수전변전소임을 직감적으로 알아차렸다. 전등이 나갔고 공장 전역이 깜깜해졌다.

무전기에서 다급한 목소리가 터져 나왔다. "소장님, 물이 차오릅니다!" 이 소장은 창문으로 공장을 가로지르는 중앙대로에 뭔가 넘실대는 흐름을 목격했다. 희미한 새벽 여명 속에서 그게 뭔지 정확히 가늠하기 어려웠지만, 물임을 직감했다. 물은 이미 공장 전역으로 몰려들고 있었다. 주차된 자동차가 나뭇잎처럼 둥둥 떠다녔다. 창사 이래 초유의 수마水魔였다.

격류로 돌변한 냉천冷川

포항시민들이 찬내로 부르는 냉천은 지난 100년간 그 존재감을 드러내 본 적이 없다. 포스코 왼편을 흐르는 형산강에 비해 그 존재 자체가 미미했다. 건천乾川이라 불릴 만큼 수량이 적었다. 주변에 수변공원을 꾸미고 산책로와 체육시설을 설치하는 것이 더 유용해 보인 까닭이다.

강폭을 좁히고 양안에 시설을 유치해도 범람을 우려하는 목소리는 거의 없었다. 형산강이라면 몰라도 '냉천'과 '범람'은 절대로 어울리지 않는 짝이었다. 그 고정관념을 비웃기라도 하듯 건천은 물을 불렸고, 급기야 격류로 돌변했다.

6일 새벽부터 쏟아진 폭우는 시간당 101밀리미터, 4시간 만에 354밀리미터를 기록했다. 기상청에 의하면 200년 기록을 갈아치운 폭우였다. 포스코 서쪽 담장에서 약 10킬로미터 떨어진 가뭄 방지 오어사지池가 물을 토해 내기 시작했다. 냉천의 수원지인 오어사 저수지를 떠난 물이 포스코 서쪽 3문과 담장에 도달하는 데에는 약 90분 정도, 이 소장의 무전기에서 다급한 목소리가 터져 나온 그 시각이었다.

격류는 거칠 것이 없었다. 통나무와 바윗돌을 굴리고 주변 펜션을 격타했다. 통나무, 냉장고, 가재도구가 포스코 담장에서 불과 50미터 떨어진 냉천교 교각에 걸렸다. 교각이 댐으로 변했다. 물길이 막힌 격류가 새 길을 뚫었다. 왼쪽 이마트를 강타했고 포스코 담장을 무너뜨렸다. 620만 톤의 물이 인근 일대를 수장하는 데에 걸린 시간은 고작 1시간 남짓, 280만 평 부지 중 110만 평이 물에 잠겼다. 고압 15만 볼트 전압이 걸린 2열연공장 변압기가 그때 터졌고, 지하설비가 진흙물에 묻혔다. 순식간이었다.

필자가 경험한 바로 포항에는 비가 잘 내리지 않는다. 건천이 많고 저수지는 절반가량 말라 있다. 포스코 왼편을 흐르는 형산강은 수중보가 설치돼 수량과 유속이 통제된다. 냉천은 애초에 관심 대상이 아니었다. 신체 전면 근육과 옆구리가 단단한 권투선수가 등 쪽 중간 부분을 무심결에 강타당한 것이다. 권투경기라면 반칙이겠지만 기후위기가 어디 그런 걸 가리겠는가. 올해 포항 강수량이 유난히 많은 데는 기후위기 탓도 있겠는데, 냉천이 성난 격류가 될지 모른다는 상상을 아예 지워 버린 지역의 통념도 이제 점검을 필요로 한다.

김학동 부회장 주재로 열린 복구공정회의

신神의 한 수!

이 소장은 즉시 상황대책반을 꾸렸다. 그날부터 김학동 부회장 주재로 아침 8시, 오후 5시 두 차례 대책 회의가 계속됐다. 서울 최고경영진과 직원들도 비상대기했다. 초유의 사태 앞에 제철소 현장 임원진은 어찌 할 바를 몰랐다. 전원과 에너지원이 모두 차단되고 생산시설이 물에 잠긴 공장을 어디서부터 손을 대야 할지 막막했다.

'이제 끝난 건가?' 임직원의 가슴 속에 고인 두려운 질문이었다. 전날 오후 5시, 제철소 전 공장 가동을 잠시 중단한다는 경영진의 결단이 내려진 상태라서 다행히 인명 피해는 없었다. 공장 컴퓨터에 조업중단 지시가 몇 차례 떴다. 최소한의 비상근무 인원만 남고 모두 귀가해서 사태를 관망해야 했다. 작업반장들도 의아해했다. '태풍을 한두 번 맞은 것도 아닌데 웬 조업중단?'

365일 24시간 돌아가야 하는 작업을 일시 중단한다는 것은 일 10만 톤의 생산 손실을 감수하는 비상 결단이었으니 현장 직원들의 의구심이 터져 나올 만했다. 그래도 현장 임원진은 조업중단을 관철했다. 고로를 세웠고, 전원을 내렸다. 그건 결국 '신의 한 수'였고, 물바다가 된 현장을 보고 다들 가슴을 쓸어내렸다. 그렇지 않았다면 전원이 걸린 설비가 폭발했을 것이다.

실제로 물바다가 된 도금공장 지하 용융아연도가니Pot가 6일 새벽에 폭발했다. 460도 용융아연이 물과 뒤섞이면서 두어 차례 폭발했는데 그 충격으로 로봇 팔이 떨어져 나갔고 천장에 매달린 기계가 파손돼 무너져 내렸다. 당시 15명 작업반원은 통제실로 황급히 대피해서 다행히 인명 피해는 없었다. 파괴된 도가니를 채운 물속에 오어사 저수지에서 떠내려온 잉어와 자라가 헤엄치는 모습이 발견됐다.

물고기는 수해 공장 전역에서 발견됐다. 전원이 켜진 상태였다면 그놈들은 감전으로 죽었을 것이었다. 전 공장에 설치된 전동모터 44,000개, 전력으로 작동하는 설비 수만 개 역시 합선 때문에 폐기 처분해야 했을 것이다. 무엇보다 지하에서 작업하던 직원들이 감전되거나 익사하는 상상에는 몸서리가 쳐진다. 참사가 달리 없었을 것이다. 그것은 영원한 공장폐쇄를 뜻한다. 포항제철소가 폐공장이 되는 것을 어떻게 상상할 수 있으랴? 한국 산업의 동맥이 끊어진 것과 다름없다.

명장님, 어떻게 해요?

그런데 초기에는 심정이 그랬다. 직원들이 막힌 길을 돌아 물에 잠긴 작업실로 들어선 것은 정오 무렵, 지옥을 목격했다. 지상 물은 바다로 빠져나갔는데 지하엔 여전히 물이 찰랑거렸다. 내 인생의 동반자, 내 가족 생계를 책임진 '나의 기계my machine'가 수장된 것을 목격한 마음은 어땠을까? 대책이 없었다는 말이 맞을 것이다. 재직 46년 차 손병락 전기명장도 같은 심정이었다. 46년의 세월이 주마등처럼 스쳤다.

　현장 작업반장이 울면서 물었다. "명장님, 이제 어떡해요?" 명장도 막막하기는 마찬가지였다. 명장의 낙담은 모두를 주저앉힌다. 몇 초가 흘렀다. 손 명장이 목소리를 가다듬고 겨우 말했다. "뭘 어떡해? 어찌 해봐야지!" 손 명장은 바로 2열연공장으로 달려갔다.

복구 중인 포스코 2열연공장을 둘러보는 저자와 관계자들

암흑천지 제철소

변압기 폭발로 변전소가 기능을 멈추고 제철소는 암흑이 됐다. 유선전화는 물론 핸드폰도 먹통이었다. 장비와 도구가 물에 잠겼다. 손전등과 촛불로 길을 밝혔다. 변전소의 물을 퍼내고, 부품을 교체하고, 흙탕물을 닦아 낸 지 3일째, 암흑천지에 불이 들어왔다. 공장 간 통화가 재개되자 복구 작업이 시작됐다. 전등이 달린 안전모를 쓰고 물을 퍼내던 직원들은 그제야 한시름을 놨다. 젖은 부품을 말리는 드라이어가 속속 공수됐고, 물펌프가 가동됐다.

협력사 직원과 광양과 서울에서 한걸음에 달려온 그룹사 직원들이 삽과 양동이를 들고 지하에 내려가 뻘흙을 퍼 날랐다. 제철소 압연지역, 길이 400미터 지하통로를 두더지처럼 파고들었다. 끝도 없는 수작업이었지만 침수된 설비가 속속 모습을 드러냈다. 처참한 광경이 따로 없었다고 했다. "저걸 다시 쓸 수 있을까?" 며칠 밤을 새운 직원들의 가슴속엔 그런 근심이 물결쳤다. 잠시 쉬는 시간에 잠도 오지 않았다.

고로를 살려라!

제철소는 고로가 생명이다. 고로는 쉬지 않는다. 고로가 서면 제철소도 정지된다. '고로를 세운다'는 말은 전원과 에너지 공급을 유지하는 상태에서 다만 쇳물을 뽑지 않는다는 것을 뜻한다. 다행히 냉천에서 가장 먼 곳에 위치한 고로지역은 물에 잠기지 않았지만 휴풍(고로 정지)이 문제였다.

휴풍은 길어야 7일을 넘기지 못한다. 7일을 넘기면 내부에서 연소되던 코크스와 철광석 용융물이 내화벽에 엉켜 결국 폐기해야 한다. 고로를 건조하는 데에만 5천억 원이 들고 기간은 2년 남짓 소요된다. 휴풍은 7일이 생명선이다. 그런데 용선(용융된 철광석)을 실어 나르는 잠수함 모양의 토페도래들카TLC 속 용선이 시

포스코 도금공장의 피해상황을 확인하는 저자와 관계자들

간지체와 폭우로 이미 굳었다는 문제에 봉착했다. 고로에서 분출된 용선량은 임의로 조작할 수 없기에 그것을 감당할 TLC를 충분히 마련해야 하는 게 고로반의 철칙이다.

시간이 되면 용선은 쏟아진다. TLC가 없다면 고로를 세워야 하고, 7일을 넘기면 고로를 폐기해야 한다는 이 운명적 법칙 앞에 고로반은 난상토론에 들어갔다. 이미 TLC 54대 중 10여 대는 수리하지 않으면 사용할 수 없는 지경이었다. 포클레인을 동원해 굳어버린 용선을 깨뜨리기도 했지만 역부족이었다. 난상토론 끝에 사砂처리를 시도하기로 했다. 용선을 모래 위에 쏟아 일단 간수하는 것. 그러나 용선량을 감당할 수 없었고 사철을 제강공장에서 그대로 쓸 수도 없었다.

한 번도 휴풍을 경험해 보지 않은 대가는 컸다. 시간이 되면 고로는 용선을 쏟아 낸다. TLC에 실리지 않은 용선이 지하 철로에 그냥 쏟아지면 그야말로 대형 사고다. 지하 침수처럼 용선 침수가 일어나 고로를 더 이상 운용할 수 없다. 처음에는 적재용량이 절반 정도 남은 TLC를 급하게나마 투입했는데 가동되기 시작한 고로를 감당하기란 불가능했다.

"이제 고로를 죽여야 하는가?" 고로를 책임지고 있는 김진보 부소장은 혼란스러웠다. 왜 이런 시련을 나에게 내리는지 원망하기도 했다. 래들카를 구하는 것! 수소문해 보니 다행히 광양제철소에 12대, 현대제철에 5대가 있었다. 바지선으로 급히 운송하여 제철소로 공급됐다. 17대가 확보되자 한숨을 돌렸다고 했다.

휴풍 6.5일을 경과한 마지막 고로가 가동되기 시작했다. 그러나 여전히 침수 상태를 벗어나지 못한 제강·압연 공장의 설비들이 문제였을 것이다. 필자가 고로반을 방문한 그 시각, TLC는 아무 일 없었다는 듯 선로를 천천히 움직이고 있었다. 제강공장으로 가는 용선은 추운 날씨에도 열기를 뿜어냈다.

My Machine을 지켜라!

포스코 직원들의 기계 사랑은 유별나다. 가족 다음으로 소중하게 다룬다. 평생 그 기계와 생사를 같이한다는 신념은 다른 곳에서는 찾기 어렵다. '나의 기계' 상태는 항상 컴퓨터에 기록되고 공개된다. 문제가 발생하면 새벽에도 달려온다. 내 기계이고, 국민의 기계이고, 후손들의 기계다. 성장과 풍요를 생산하는 기계가 잠겼다. 뻘흙을 뒤집어썼다. 재가동이 가능한지 불투명하다. 지상 설비들은 닦아 내면 충분하지만 물에 잠긴 기계는 어찌하랴?

흙을 닦아 내고 부속품을 갈아 끼우고 분해조립을 계속한 100여 일 동안 포스코 임직원들의 마음속은 시커멓게 타들어 갔다. 100일 동안 현장과 사무실에서, 집무실에서 새우잠을 잤다. 압연공장과 도금공장, 복구 일정이 순조롭게 진행되는 시각에도 수십 킬로미터나 되는 전선 뭉치와 수천 개 전기설비와 변압기, 수만 개 모터, 로봇 시설과 롤러, 계기판과 제어장비를 꼼꼼히 수리하느라 진땀을 흘렸다.

시설 현장을 둘러보는 필자는 보는 것만으로도 식은땀이 났다. 바닥은 미끄러웠고, 벽면에는 진흙이 묻어 있었고, 설비는 제자리를 찾아 새로 설치한 흔적이 역력했다. 제강공장은 지하 20미터, 무거운 쇳덩이라도 물속에서는 부력을 받아 조금씩 흔들린다. 기계를 연결한 파이프가 헐거워지기도 하고, 덩치가 큰 기계는 수압에 밀려 자리 이동을 한다. 한 치의 오차도 허용하지 않는 정밀 철강 생산과정에서 기계설비가 제대로 작동해야 함은 불문가지, 수십 일째 물에 잠긴 기계들이 어떤 오작동을 일으킬지 아무도 장담하지 못하는 상태에서 임직원들은 묵묵히 복구 작업에 매진할 따름이었다.

배수 작업의 공신은 이철우 경상북도 지사. 지하 공간 물을 빼는 데에 포스코가 보유한 펌프로는 효율성이 없었다. 진흙 때문에 펌프가 고장 나기 일쑤였다. 침수 이틀째에 현장을 방문한 이 지사가 소방청에 긴급 지원요청을 했다.

대한민국에서 가장 용량이 큰 방사포 2대가 도착했다. 방사포를 가동한 소방관은 불과 이틀 만에 주요 공간의 물을 빼냈다. "대한민국의 경제 기둥이 살아야지요!" 임무를 마친 소방관이 떠나면서 남긴 그 말에 임직원들은 다시 기운을 냈다. 흙탕물 제거는 수작업이어야 했다. 협력사 직원과 그룹사 직원이 전국 각지에서 몰려와 손을 빌려 줬다. 복구 작업 100일간 연인원 130여만 명이 십시일반 힘을 보탰다. 휴일을 빼면 하루 1만 5천 명꼴. 김경석 노조위원장은 노조대의원들과 함께 음료수, 커피, 빵과 타월을 들고 작업 현장을 일일이 찾아다녔다.

절체절명의 위기 앞에 임원, 직원, 노조가 한 몸이 됐다. 침수된 My machine이 속속 모습을 드러냈다. 공장 110만 평 침수, 모터 13,500개 및 설비 수천 개 피해가 집계됐다. 상공정(제선과

제강) 이 그나마 가동되기 시작했으니, 하공정(압연, 냉연, 도금)
의 정상화가 시급했지만 침수된 기계들이 제대로 작동할지 확신
하는 사람은 없었다.

140톤 모터를 살려라!

복구 작업이 본격적으로 시작됐다. 우선 모터를 뜯어 물기를 제거
했다. 흙을 닦아 냈다. 쓸 수 있을지 의구심을 버렸다. 건조기로
말렸고 분해와 조립 작업을 반복했다. 손병락 명장은 2열연공장
대형 모터 앞에 섰다. 140톤짜리를 포함하여 모두 13대. 압연과정
의 동력을 만드는 주기 모터가 흙탕물을 뒤집어쓴 채 서 있었다.

　일본 기술자들은 새로 주문해야 한다고 입을 모았다. 제작에만
12개월, 한 대당 50억 원, 그동안 압연공장은 가동을 중단해야 한
단다. 주기 모터를 응시하던 손 명장이 말했다. "해보지요, 뭘."
일단 커버를 벗겨 내고 동체를 분리한 후 오물을 제거했다. 코일
사이 오물은 오작동을 일으킨다. 평생 전기 모터를 다뤄 온 손 명
장의 눈에는 살아날 것 같아 보였다고 했다. 며칠간 주기 모터의
부품을 뜯고 만지고 살핀 결과는 기적이었다.

　시운전을 해보니 이전과 동일한 굉음을 내며 돌았다고 했다. 눈
물이 돌았다. 상공정과 후공정의 대형 모터 45대와 전기설비, 제

후판제품야드 등에 쌓인 진흙을 치우는 포스코 직원들

어 장비들이 그렇게 살아났다. 침수된 13,500개 중 3%가 죽었는데 신속히 교체됐다. 손이 모자랐다. 침수공정 모터와 장비들을 전국 각지 정비소로 보내 수리했는데 대부분 살아서 돌아왔다. 10월 중순경 자신감이 희미하게 움텄다고 했다. 마치 저승사자에게 불려 갔다가 돌아온 것처럼 말이다. 포스코플랜텍 어느 직원이 말했다. "운명을 걸고 했어요."

이제는 모터를 돌리기 위한 대형 패널(전기제어판) 복구가 관건이었다. 그 패널은 일본 제품, 모터 작동에 필요한 대형 드라이버로 제작하는 데에만 6개월이 걸리는 첨단 장비였다. 매주 현장을 지휘했던 최정우 회장이 직접 나섰다. 다행히 일본 회사에 완성된 제품이 출하를 기다리고 있었는데 목적지는 인도 철강회사(JSW)였다.

최 회장이 인도 경영진에 긴급타전을 했다. 철강협회 부회장인 그는 고맙게도 최 회장의 절박한 요청을 들어줬다. 3일 후 패널을 실은 비행기가 착륙했고 급히 공수됐다. 드디어 2열연공장에도 불이 들어왔다. 행운이었다.

고객사가 낭패하지 않게

생산시설 부분 복구와 동시에 포스코 경영진은 고객사 관리에 나섰다. 공급 차질을 빚으면 전국 산업체에 생산 차질이 야기되고 시장 혼란을 가중시킨다. 침수 초기, 심각한 경제 타격을 우려하는 목소리가 높았음을 떠올려야 했다. 사실 공급 차질을 빚지 않는다는 각오는 침수 초기부터 결정한 전략 1호였다.

473개 고객사와 수십 개 납품사를 직접 방문해서 수급계획을 알렸다. 우선, 광양제철소를 풀가동하고, 인도·중국 소재 해외 공장을 가동해서 추가생산에 들어갔다. 다음으로, 포스코 글로벌 네트워크를 활용해 생산하지 못한 제품을 공급해 고객사를 안심시켰다. 소재 납품이 막힌 업체에는 대출을 늘리거나 철강ESG펀드 1, 707억 원을 활용할 기회를 부여했다.

포스코는 이 과정에서 큰 교훈을 얻었다. 해외 글로벌 네트워크
가 큰 도움이 됐다는 것, 그리고 광양제철소가 이중 생산dual
production의 효율적 파트너라는 사실이다. 포항제철소의 고유제품
이 광양에서도 생산 가능하다는 것을 알았고, 광양 역시 유사시
포항의 도움을 받으면 된다는 확신을 얻었다. 복구 작업 동안 광
양제철소와 협력사 직원들은 먼 길을 마다 않고 달려왔다. 두 공
장은 일란성 쌍둥이다.

불빛이 차례로 돌아왔다

상공정 불빛이 다시 들어온 것은 9월 중순, 후공정은 그로부터 차
례로 가동이 재개됐다. 마치 금강산 1만 2천 봉을 넘는 숨 가쁜 시
간이었다고 털어놨다. 포항시민들도 일부 켜진 포스코 야경에 한
숨을 돌렸다. 맑은 증기가 뿜어지는 광경이 그렇게 반가울 줄 전
에는 상상하지 못했다고도 했다. 후공정에도 차츰 불이 켜져서 침
수 100일째인 12월 15일에는 전 공정의 90%가 정상 가동에 진입
했다. 18개 공장 중 15개가 이전 수준을 회복했고, 나머지 공장도
부분 가동을 시작했다.

STS 1냉연과 도금공장은 1월 말 완전 회복을 예정하고 있다.

침수피해를 극복하고 다시 불빛을 밝힌 포스코 공장 야경

제품 선적을 담당한 야적장에도 활기가 돌아왔다. 저 멀리 영일만 근해에 철광석을 실은 선박이 입항하고 있었다. 현장을 둘러보는 필자에게 직원들이 뿌듯한 표정으로 말을 건넸다. "죽음을 경험했습니다. 이젠 자신이 있습니다!" 100일의 시련, 100일의 기적이었다.

돈으로 살 수 없는 것!

포스코는 이번 사태로 천문학적 액수의 손실을 봤다. 약 2조 원으로 추산되는 손실, 그러나 2조가 아깝지 않다는 말도 들렸다. 돈으로 살 수 없는 것을 얻었다는 것, 위기 극복에 십시일반 한마음이 되는 포스코 유전자를 재확인했다는 사실이다.

침수 첫날, 속옷 20여 벌을 챙겨 들고 오는 직원들이 눈에 띄었다. 아예 밤을 새울 작정을 했을 것이다. 신발, 유니폼 등이 물에 잠겼으니 장기출장을 가는 짐을 꾸렸을 것이다. 피로에 지친 이 소장은 인상적인 풍경을 기억하며 표정이 다소 밝아졌다. 열연공장 지하 15미터에서 진흙을 퍼내던 젊은이. 물어보니 22세, 입사 2개월 신입사원이었다. 눈물이 핑 돌았다고 했다.

포스코 DNA는 살아 있다! 협력정신을 재확인한 불행이었다. 비싼 대가를 치렀지만 분명 저 자발적 헌신 유전자가 미래 개척의 동력임을 누구나 실감했다고 했다. 복구에는 매뉴얼이 없다. 직원들이 배양한 경험지知가 매뉴얼이었다. 죽어 가는 기계 앞에 직원들은 두려운 선택을 했다. 죽거나, 살리거나. 경험지, 암묵지가 기계들에 생기를 찾아 줬다.

어느 현장이든 MZ세대를 다시 봤다는 말에도 강한 동감을 표시했다. 분해는 기성세대, 수리에 필요한 새로운 착안은 젊은 세대의 몫이었다고 했다. 손발이 맞았다. 평소의 소원감을 떨치고 그렇게 열정적으로 헌신하는 모습에 서로 감동했다는 것이다.

"개인주의라고 치부했던 평소의 내 생각이 틀렸나 봅니다. 복구 현장에는 MZ세대나 기성세대 구분이 없었지요!" 상호신뢰가 물난리로 생겨났다. 아니, 원래 잠복해 있던 그것이 비상사태를 계기로 발현된 것인지 모른다. 상호신뢰, 자발적 헌신, 세대교감은 돈으로 살 수 없는 소중한 가치다. 직원뿐 아니라 고객사, 공급사, 협력사 등 이해관계자 모두가 하나로 뭉쳤다.

해병대의 출현은 사기를 북돋았다. 수륙양용차가 물길을 내는데 무엇이 두려우랴. 군부대, 시민 등 지역사회의 격려와 응원은 엄청난 힘이 됐다. 기업시민 포스코의 가치를 빛낸 원군들이다. 포스코가 앞장서 그 시민적 가치를 무한 생산해 사회를 풍요롭게 하는 데에 일조하라는 시민적 명령이다.

100일의 기적

시뻘건 쇳물이 롤러 위를 다시 질주하기 시작했다. 육중한 압착기가 굉음을 내며 슬라브를 눌렀다. 증기가 뿜어져 올랐다. 기계는 모른다. 100일 동안 무슨 일이 일어났는지, 포기와 체념과 희망 사이를 어떻게 오갔는지를. 한국 제조업이 바닥에 추락했다가 다시 생환했다는 사실을. 냉연공장에는 1미리로 얇아진 강판이 빠른 속도로 수직 공정을 돌았다. 자동차 공장과 전기제품 공장에 납품되는 강판이었다.

고로가 서고, 제강공정과 압연공정이 폐기됐다면 어떤 사태가 발생했을까. 생각만 해도 몸서리쳐지는 상상이었다. 100일의 시련은 100일의 기적으로 끝났다. 힌남노 태풍보다 강했던 철강인